- (11) Amphitheatrum Flavium (Kolosseum)
- (12) Thermen des Traian
- (13) Tempel des Divus Claudius
- (14) Aquädukt Aqua Claudia
- (15) Circus Maximus

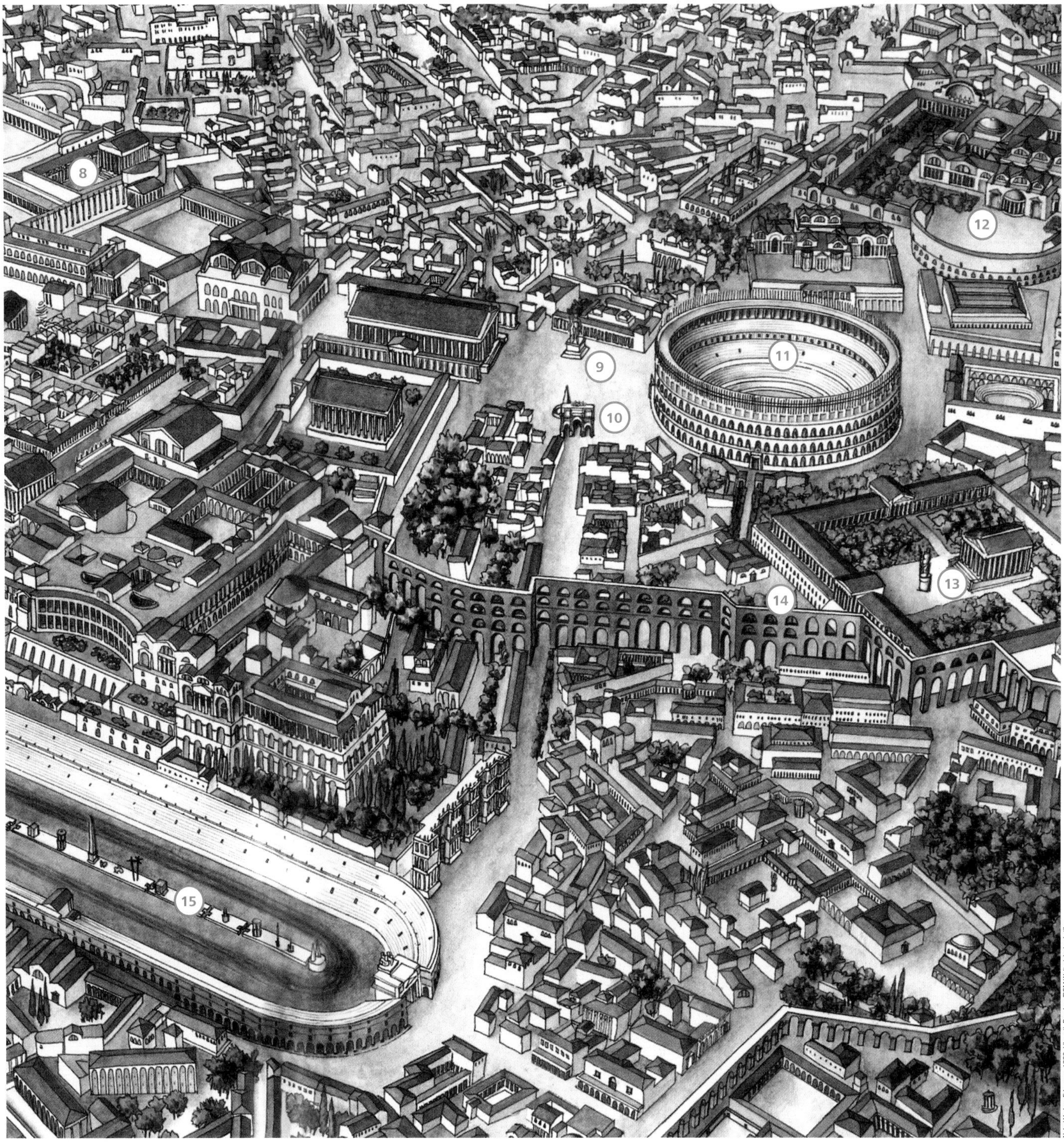

Dieses Werk wurde auf Grundlage eines zielorientierten Lehrplans verfasst. Konkretisierung, Gewichtung und Umsetzung der Inhalte erfolgen durch die Lehrerinnen und Lehrer.
Liebe Schülerin, lieber Schüler,
du bekommst dieses Schulbuch von der Republik Österreich für deine Ausbildung. Bücher helfen nicht nur beim Lernen, sondern sind auch Freunde fürs Leben.

Mit Bescheid des Bundesministeriums für Bildung vom 22. September 2016, GZ 5.050/0020-IT/3/2016, gemäß den Lehrplänen 2016 als für den Unterrichtsgebrauch an allgemein bildenden höheren Schulen für die 5. und 6. Klasse im Unterrichtsgegenstand Latein auch bezüglich Kompetenzorientierung und Bildungsstandards geeignet erklärt.

Schulbuchnummer (Buch): **180.677**
Schulbuchnummer (Buch mit E-Book): **181.509**
Schulbuchnummer (Buch mit E-Book PLUS): **195.090**

4. Auflage (2019) Die bisherigen Auflagen können im Unterricht nebeneinander verwendet werden. In der 3. Auflage wurden aufgrund von Änderungen im „Consensus" geringfügige Änderungen durchgeführt: S. 86 f. (Abl. comparationis). 197 f. (Suffixe)

Gedruckt auf umweltfreundlich hergestelltem Papier
Lektorat: Barbara Strobl-Kirnbauer
Herstellung: Irene Demelmair, Oliver Theinschnack
Bildredaktion: Susanne Suk
Umschlaggestaltung und Layout: Irene Demelmair
Illustrationen: Lois Jesner, Linz
Karten/Kartografie: Wolfgang Thummerer, Waidhofen/Ybbs
Satz: Andreas Wolkerstorfer
Umschlagfoto: Getty Images/Martin Child
Audioproduktion: Karl Möstl, Wien

Schulbuchvergütung/Bildrechte: © Bildrecht/Wien
Alle Ausschnitte mit Zustimmung der Bildrecht/Wien

Die Audios zu diesem Buch kannst du auch über die VERITAS-Mediathek nutzen.

VERITAS
MEDIA
THEK

- Lade dir die **Gratis-App** im App Store (Apple) oder Play Store (Android) herunter.
- Suche das Audio oder Video über die Kapitelnavigation oder mit der Suchfunktion.
- Streame nun die Datei oder lade sie herunter.

ISBN (Buch): 978-3-7101-2016-9
ISBN (Buch mit E-Book): 978-3-7101-2029-9
ISBN (Buch mit E-Book PLUS): 978-3-7101-3147-9

Jetzt **E-Book** zum Schulbuch aktivieren!

Zusätzliche Materialien zum Schulbuch (wie die Audio-Dateien zum Vokabeltraining) im **E-Book**!
Aktuelle Infos zur Aktivierung unter: www.scook.at/materialien

Für weitere Informationen steht Ihnen gerne Ihre VERITAS-Kundenberatung zur Verfügung.
Rufen Sie einfach an, schicken Sie ein Fax oder ein E-Mail!
Tel.: +43 732 776451-2280, Fax: +43 732 776451-2239
E-Mail: kundenberatung@veritas.at
Besuchen Sie uns auf unserer Website www.veritas.at

Wolfram Kautzky · Oliver Hissek

Medias In Res!

Latein für den Anfangsunterricht

mit Texten zum Einstiegsmodul

5 bis 6

Gemeinsam besser lernen

INHALTSVERZEICHNIS

5. Klasse (1. und 2. Semester)

RÖMISCHER ALLTAG

DIE RÖMISCHE FRÜHZEIT

AUS DER GRIECHISCHEN MYTHOLOGIE

DIE RÖMISCHE REPUBLIK

6. Klasse (3. Semester – Kompetenzmodul 3)

DER TROJANISCHE KRIEG

DIE RÖMISCHE KAISERZEIT UND DAS CHRISTENTUM

6. Klasse (4. Semester – Kompetenzmodul 4)

DIE ROMANISIERUNG EUROPAS

ÖSTERREICH IN LATEINISCHEN QUELLEN

DAS CHRISTENTUM ALS PRÄGENDE KRAFT EUROPAS

BEGEGNUNG MIT FREMDEN KULTUREN

Salve, discipula! Salve, discipule!

Dieses Lateinlehrbuch trägt den Titel *Medias In Res!*, was so viel heißt wie „Mitten hinein in die Dinge!" – oder noch kürzer gesagt: „Gehen wir's an!"

Das Buch besteht aus **zwei Abschnitten:**

A) Der Grammatikkurs (für die ersten drei Semester des Anfangsunterrichts)

Hier lernst du in 30 Kapiteln die Grundgrammatik und den Basiswortschatz. Jedes Kapitel ist nach dem „Vier-Seiten-Prinzip" aufgebaut:

1. Seite: **Lektionstext:** Jeweils fünf Kapitel bilden eine inhaltliche Einheit (vgl. das Farbleitsystem!): So erfährst du abwechselnd etwas vom römischen Alltag, von antiken Sagengestalten und (in chronologischer Anordnung) von römischer Geschichte. Unterhalb der Texte findest du jeweils eine auf den Text bezogene Arbeitsaufgabe.
2. Seite: **Vokabel** (*vocabularium*) + Latein (und Griechisch!) im Alltag (Sprichwörter, Redensarten)

   Im unteren Abschnitt der Lektions- und Vokabelseiten gibt es, sozusagen als „Lektions-Schmankerln", die wichtigsten Infos über das **Leben der Römer** (*De Romanis*) bzw. **der Griechen** (*De Graecis*).
3. Seite: **Grammatik-Erklärungen** (*grammatica*): Hier gilt das Motto: So ausführlich wie nötig, aber so übersichtlich wie möglich. Zum schnellen Nachschlagen der Formenlehre kannst du auch die Seiten 188 ff. benützen, wo du sämtliche Konjugationen und Deklinationen auf einen Blick findest.
4. Seite: **Übungen** (*exercitationes*): Sie sind jeweils auf die aktuelle Lektion abgestimmt. Weitere zusammenfassende Übungen (*repetitiones*), die du dir speziell vor Schularbeiten zu Gemüte führen solltest, gibt's ab Seite 142.

Eine Besonderheit dieses Buches ist der Abschnitt **„Wortklauberei"**, der nach jeweils fünf Kapiteln zwischen die Lektionen eingeschoben ist. Hier werden Themen behandelt, die sich nicht nur auf Latein, sondern auf Sprache allgemein beziehen: Was sind Fremd-, was sind Lehnwörter?, Worum handelt es sich bei einer Wortfamilie? Welche sind die romanischen Sprachen? (etc.) Gleichzeitig wirst du hier mit den wichtigsten Begriffen vertraut gemacht, die du später bei den Originaltext-Schularbeiten beherrschen musst.

B) Der Einstieg in die Autorenlektüre (für das zweite Semester der 6. Klasse)

Hier findest du die ersten **Originaltexte**, also solche, die nicht von den Lehrbuchautoren, sondern von verschiedenen Autoren der Antike, des Mittelalters und der Neuzeit verfasst wurden. Thematisch beziehen sie sich auf den Themenbereich „Schlüsseltexte aus der europäischen Geistes- und Kulturgeschichte" – mehr dazu auf Seite 154.

Noch ein Tipp zum Abschluss: Passend zum Lehrbuch gibt es jede Menge praktische **Zusatzmaterialien**, die dir das Lernen erleichtern werden (vgl. auch die hintere Umschlagseite!):

- → **Das E-Book** zum Buch, in dem du z.B. die Vokabel zu je 5 Lektionen nach Wortarten zusammengefasst lernen kannst
- → das **MIR-Übungsbuch** für das 1. und 2. Lernjahr
- → das Deklinations- und Konjugationstraining **„Top in Form(en)"**
- → das **MIR-Schularbeitentraining**
- → den auf das Lehrbuch abgestimmten VERITAS-**Vokabeltrainer**, den du als App auf dein Handy herunterladen kannst (vgl. hintere Umschlagseite)

So, und nun geht's *MEDIAS IN RES!* Viel Spaß beim Erlernen der *lingua Latina* wünschen dir

Wolfram Kautzky & Oliver Hissek

Sechs Fragen – sechs Antworten

1 Warum heißt die Sprache der alten Römer „Latein“ und nicht „Römisch“?

Die lateinische Sprache hat ihren Namen vom Stamm der Latiner. Diese wohnten in Latium, der Landschaft rings um die spätere Stadt Rom, und bildeten sozusagen die „Keimzelle“ der Römer. Noch heute heißt diese Provinz *Lazio* – wie auch der Name der Fußballmannschaft *Lazio Roma* zeigt.

2 Verwendeten die Römer dieselben Buchstaben wie wir?

Großteils ja: Im lateinischen Alphabet (das aus dem griechischen entstanden ist) fehlen gegenüber dem deutschen nur die Buchstaben J, K und W (Y und Z kommen nur in griechischen Fremd- und Lehnwörtern vor). Außerdem gibt es im Lateinischen keine Umlaute (Ä wird AE geschrieben, Ö als OE).

3 Wie spricht man lateinische Wörter aus?

Praktischerweise so, wie sie geschrieben sind. Nur bei C gibt es zwei unterschiedliche Varianten:

- Aussprache **immer als K**: *circus* → sprich Kirkus, *Caesar* → sprich Käsar. Diese Aussprache war die „klassische“, wurde also zur Zeit Cäsars (pardon: Käsars) und Ciceros (pardon: Kikeros) verwendet.
- Aussprache als **K vor dunklen Vokalen** (a, o, u), aber als **Z vor hellen Vokalen** (e, i): *circus* → sprich Zirkus, *Caesar* → sprich Zäsar. Diese Variante setzte sich in der Spätantike (ab dem 4. Jh. n. Chr.) durch.

Wie du das C aussprichst, ist also keine Frage von richtig oder falsch, sondern von „klassisch“ oder „spätantik“!

4 Gibt es im Lateinischen Akzente?

Nein. Lateinische Wörter sind entweder auf der vorletzten oder drittletzten Silbe betont – meistens wirst du das gefühlsmäßig richtig machen. (Beispielsweise heißt es *família* und nicht *familía* – was irgendwie logisch ist, nicht?) Wenn die Betonung nicht von vornherein klar ist (vor allem bei der Nennform von Zeitwörtern), findest du im Vocabularium einen Akzent auf der betonten Silbe.

Übrigens: Die Römer verwendeten lange Zeit nur Großbuchstaben und verzichteten überhaupt auf Satzzeichen (was wir natürlich nicht tun!).

5 Wie viele Fälle gibt es im Lateinischen?

Sechs. Ihre Namen solltest du dir, falls sie dir noch nicht bekannt sind, gut merken: Nominativ (1.F.), Genetiv (2.F.), Dativ (3.F.), Akkusativ (4.F.), Vokativ (5.F.), Ablativ (6.F.). Mehr über die einzelnen Fälle erfährst du in den folgenden Lektionen.

6 Ist Latein eine „tote“ Sprache?

Keineswegs, denn Latein lebt auf vielfache Weise weiter: in den romanischen Sprachen (wirf beim Vokabellernen immer auch einen Blick auf die Spalte ganz rechts!), als Wissenschaftssprache (du könntest einmal versuchen, ein Rezept oder einen Arztbefund zu entschlüsseln!), in vielen Sprichwörtern und Redewendungen (siehe Seite 196!), in der Werbung (Beispiele dafür: E-Book), in Texten, die heute noch lateinisch verfasst werden – und sogar im Radio: Seit vielen Jahren strahlen der Finnische Rundfunk und Radio Bremen mehrmals wöchentlich Weltnachrichten in lateinischer Sprache aus. Wie du siehst, lernst du also eine Sprache, die keinesfalls tot, sondern ganz im Gegenteil putzmunter ist!

Die griechisch-römischen Götter

	Griechischer Name	Römischer Name	Zuständigkeit	Attribute
1	Artemis	Diana, -ae	Jagd, Natur	Pfeil und Bogen
2	Apollo	Apollo, Apollinis	Musik, Weissagung	Lyra
3	Dionysos	Bacchus, -i	Wein	Trauben
4	Ares	Mars, Martis	Krieg	Lanze, Helm, Schild
5	Hera	Iuno, Iunonis	Ehe	Pfau
6	Zeus	Iuppiter, Iovis	Himmel, Recht	Blitze, Adler
7	Demeter	Ceres, Cereris	Ackerbau	Getreideähren
8	Athene	Minerva, -ae	Weisheit, Kunst	Helm, Lanze, Schild; Eule
9	Poseidon	Neptunus, -i	Meer	Dreizack
10	Hephaistos	Vulcanus, -i	Feuer, Schmiedekunst	Hammer und Amboss
11	Hermes	Mercurius, -i	Götterbote, Handel, Diebe	Heroldsstab (mit zwei Schlangen), Flügelschuhe, Hut
12	Aphrodite	Venus, Veneris	Liebe	Muschel (die „Meerentstiegene")
13	Nike	Victoria, -ae	Sieg	Flügel, Palmzweig
14	Eros	Amor, Amoris (= Cupido, Cupidinis)	Liebe	Flügel, Pfeil und Bogen

1 DE[1] SCHOLA

Claudia, eine römische Schülerin, zeigt uns ihren allerliebsten Aufenthaltsort, ihre Klasse …:

Hic sedet Iulia. Iulia **amica mea est**. Iulia **discipula bona** est. Amicae meae **semper** discipulae bonae **sunt**. Hic Quintus **et** Gaius sedent. Gaius **amicus** meus est. Gaius et Quintus amici boni, **sed discipuli mali** sunt. Quintus semper **laetus** est et **saepe ridet**. **Cur nunc** laetus **non** est? – **Pensum magnum** est. **Itaque** discipuli non **gaudent**. Pensa saepe magna sunt. Itaque discipuli **diu laborant**. Quintus non **libenter** laborat.

Grammaticus[2] severus[3] est. Saepe **interrogat**, discipuli **respondent**. Quintus non libenter respondet: Saepe falso[4] respondet. **Tum** discipuli et discipulae rident, grammaticus[2] **clamat**. Itaque Quintus saepe non respondet. Sed Iulia, discipula bona, libenter respondet. Grammaticus[2] tum non clamat, sed **laudat**.

1 de: „über"; **2 grammaticus**: „Grammaticus", „Sprachlehrer"; **3 severus/a/um**: „streng"; **4 falso** (Adv.): „falsch"

? RICHTIG oder FALSCH?

	R	F
1. Gaius ist ein guter Schüler.	R	F
2. Quintus gibt immer falsche Antworten.	R	F

	R	F
3. Meistens gibt's viel Aufgabe.	R	F
4. Der Sprachlehrer lobt Julia.	R	F

Proverbium

Non scholae, sed vitae discimus

„Nicht für die Schule, sondern für das Leben lernen wir": Dieses bekannte Zitat geht auf den römischen Autor Seneca zurück, wird aber eigentlich verkehrt zitiert. Tatsächlich kritisierte Seneca nämlich die Tatsache, dass in der Redeschule zu viel Unnötiges gelehrt wird, mit den Worten *Non vitae, sed scholae discimus* (= „Nicht für das Leben, sondern für die Schule lernen wir").

Übrigens: lat. *schola* leitet sich vom griechischen Wort *scholé* ab, das so viel wie „Freizeit" bedeutet – allerdings nicht im Sinn von „Unterhaltung", sondern von „Muße", die man für die wirklich schönen Dinge des Lebens (also z.B. das Lernen ☺) aufwenden kann.

Schule bei den Römern

Im Unterschied zu heute gab es bei den Römern kein staatliches Schulsystem und daher auch **keine Schulpflicht**. Trotzdem besuchten die meisten Buben und Mädchen zumindest die (private) Grundschule. Auch Sklaven konnten meist lesen und schreiben. Die Zahl der Analphabeten war also deutlich geringer als im Mittelalter.

picturedesk.com/akg-images

Der in der Mitte sitzende Grammaticus hält seinen Leseunterricht ab.

Die Ausbildung erfolgte – ähnlich wie heute – in drei Stufen:

a) Grundschule (*ludus*, 7 bis 12 Jahre): Beim *magister ludi* (oder *litterator)* lernte man zunächst Lesen und Schreiben. Der Unterricht begann vor Sonnenaufgang und dauerte (mit Mittagspause) bis zum späten Nachmittag. Da der Staat keine Schulgebäude zur Verfügung stellte, wurde in zentral gelegenen Privaträumen unterrichtet. Schulbänke waren überflüssig, da die Schülerinnen und Schüler ihre Schreibtafeln (Wachstafeln) auf den Knien halten mussten. Auf Disziplin und Ordnung wurde großer Wert gelegt. Das zeigt sich unter anderem daran, dass der berühmte Dichter Horaz seinen Lehrer Orbilius als *plagosus* = „Schlägerich" bezeichnete.

Vocabularium

☐	**schola** f.	2.F. scholae*	Schule	*engl. school, ital. scuola, span. escuela*
☐	**hic** (Adv.)		hier	
☐	**sedet**	sedi, sessum*	er/sie/es sitzt	*vgl. Sediment (= Ablagerung), Re-sidenz (= Wohnsitz)*
☐	**amica** f.	2.F. amicae	Freundin	*frz. amie, ital. amica, span. amiga*
☐	**meus/a/um**		mein	*besitzanzeigendes Fürwort (Possessivpronomen)*
☐	**est**		er/sie/es ist	*frz. est, ital. è, span. es*
☐	**discipula** f.	2.F. discipulae	Schülerin	
☐	**bonus/a/um**		gut	*frz. bon, ital. buono, span. bueno; vgl. Bona-Öl; der Bonus*
☐	**semper** (Adv.)		immer	*ital. sempre, span. siempre; vgl. Semperit = „Es/Er geht immer"*
☐	**sunt**	fui, –	sie sind	*frz. sont, ital. sono, span. son*
☐	**et**		und	*frz. et, ital. e*
☐	**amicus** m.	2.F. amici	Freund	*frz. ami, ital. amico, span. amigo*
☐	**sed**		aber; sondern	
☐	**discipulus** m.	2.F. discipuli	Schüler	
☐	**malus/a/um**		schlecht	*span. malo/a; vgl. Bonus-Malus-System*
☐	**laetus/a/um**		froh, fröhlich	*ital. lieto; vgl. die Vornamen Laetitia und Letizia*
☐	**saepe** (Adv.)		oft	
☐	**ridet**	risi, risum	er/sie/es lacht	*frz. rire, ital. ridere, span. reír; engl. ridiculous*
☐	**cur?**		warum?	
☐	**nunc** (Adv.)		jetzt, nun	*vgl. engl. now*
☐	**non**		nicht	*frz. + ital. non, span. no*
☐	**pensum** n.	2.F. pensi	Aufgabe	*vgl. das Arbeitspensum*
☐	**magnus/a/um**		groß	*vgl. Magnum (Eis; Schusswaffe)*
☐	**ítaque**		deshalb, daher	
☐	**gaudet**	gavisus sum	er/sie/es freut sich	*vgl. die Gaudi (= Spaß)*
☐	**diu** (Adv.)		lange	
☐	**labórat**	laboravi, laboratum	er/sie/es arbeitet	*vgl. engl. lab(o)ur; das Labor*
☐	**libenter** (Adv.)		gern	
☐	**intérrogat**	interrogavi, -atum	er/sie/es fragt	*vgl. engl. interrogation mark (= Fragezeichen)*
☐	**respondet**	respondi, responsum	er/sie/es antwortet	*ital. rispondere; vgl. Kor-respondenz (= Briefwechsel)*
☐	**tum** (= tunc)		dann, damals	
☐	**clamat**	clamavi, clamatum	er/sie/es ruft, schreit	*ital. chiamare, span. llamar; vgl. re-klamieren, Re-klame*
☐	**laudat**	laudavi, laudatum	er/sie/es lobt	*vgl. Laudatio (= Lobrede)*

* Die in der zweiten Spalte angeführten Formen (Nomina: 2. Fall Sg.; Verba: Perfekt) brauchst du einstweilen nicht zu lernen, da du sie erst in späteren Kapiteln kennenlernen wirst. Wenn du sie allerdings jetzt schon mitlernst, sparst du dir später die Mühe!

b) Literaturschule (12 bis 16 Jahre): Hier stand die Lektüre römischer und griechischer Autoren (z. B. Cicero, Vergil, Horaz bzw. Homer) auf dem Programm. Ihre Texte wurden laut gelesen, auswendig gelernt, interpretiert und grammatikalisch analysiert (daher der Name *grammaticus* für den Literaturschullehrer).

c) Redeschule (ab 16 Jahren): Sie bildete die Voraussetzung für alle, die den Beruf des Politikers oder Anwalts ergreifen wollten. Der *rhetor* (Redelehrer), der die Redekunst in Theorie und Praxis unterrichtete, genoss höheres soziales Ansehen als die übrigen Lehrer. Ab der Kaiserzeit gab es auch vom Staat bezahlte Rhetorik-Lehrer.

Viele Römer (z. B. Cäsar, Cicero) schlossen ihre Ausbildung mit **Studienreisen nach Griechenland** (Athen, Rhodos etc.) ab, wo sie sich in Rhetorik und Philosophie den letzten Feinschliff holten.

Andere Zeiten, andere Sitten: Schulszene auf einem Wandgemälde aus Herculaneum

1 Grammatica

Allgemeines

Es gibt im Lateinischen **keine Artikel:**

- *discipulus* = „**der/ein** Schüler"
- *discipula* = „**die/eine** Schülerin"

Persönliche Fürwörter werden oft nicht geschrieben:

- *sedet* = „**er/sie/es** sitzt"
- *sedent* = „**sie** sitzen"

TIPP: Die wichtigsten Informationen stecken also in der lateinischen **Wortendung!**

Nomina (Namenwörter)

Lateinische Nomina (auch „Substantiva" genannt) werden nach ihrer Nominativendung in verschiedene **Deklinationsklassen** eingeteilt. Praktischerweise kannst du aus der Deklinationsklasse meistens das **Geschlecht** des Wortes ableiten:

	a-Deklination	*o*-Deklination	
	feminin (f.)	maskulin (m.)	neutrum (n.)
Sg. 1.F.	*amica* „die Freundin"	*amicus* „der Freund"	*pensum* „die Aufgabe"
Pl. 1.F.	*amicae* „die Freundinnen"	*amici* „die Freunde"	*pensa* „die Aufgaben"

NOTA BENE!
Die Endung *-a* ist leider doppeldeutig:

- *amica* → 1. Fall Sg. feminin
- *pensa* → 1. Fall Pl. eines neutralen Wortes (1. Fall Sg.: *pensum!*)

TIPP: Du solltest dir also den 1.F. Sg. (= die Form, die im Vocabularium steht) gut einprägen!

Adjektiva (Eigenschaftswörter)

Lateinische Adjektiva passen sich an die Nomina, auf die sie sich beziehen, in **Fall, Zahl** und **Geschlecht** an:

discipulus bonus = „der gute Schüler" (→ maskulin)

discipula bona = „die gute Schülerin" (→ feminin)

pensum magnum = „die große Aufgabe" (→ neutrum)

Adjektiva werden daher im Vokabelverzeichnis immer mit **drei Endungen** angegeben:
magnus/a/um (= *magnus 3*)

	maskulin (m.)	feminin (f.)	neutrum (n.)
Sg. 1.F.	*magnus*	*magna*	*magnum*
Pl. 1.F.	*magni*	*magnae*	*magna*

Verba (Zeitwörter)

Lateinische Verba bestehen aus **Stamm und Personalendung** (z. B. *clama-t*, *sede-t*).
Der Endlaut des Stammes bestimmt, zu welcher **Konjugationsklasse** das Verbum gehört:

- Stamm auf *-a* → *a*-Konjugation
- Stamm auf *-e* → *e*-Konjugation

Die Endung für die 3.P. Sg. lautet ***-t***, jene für die 3.P. Pl. ***-nt***:

	a-Konjugation	*e*-Konjugation
Sg. 3.P.	***clama**-t* „er/sie/es ruft"	***sede**-t* „er/sie/es sitzt"
Pl. 3.P.	***clama**-nt* „sie rufen"	***sede**-nt* „sie sitzen"

Exercitationes

I. Ergänze die fehlenden Endungen und übersetze:

1. Pensum magn_um_ est.
2. Gaius discipul_us_ bon_us_ non est.
3. Amici laet_i_ sunt.
4. Iulia amic_a_ me_a_ est.
5. Claudia et Iulia discipul_a_ bon_a_ sunt.
6. Cur Iulia laet_a_ non est?

II. Stelle die angegebenen Adjektiva zu den (auch inhaltlich!) passenden Nomina und übersetze die Wortgruppe dann:

boni – meus – laeta – bonae – magna – malum

1. Claudia laeta fröhliche Claudia
2. amicae bonae schöne Freundin
3. discipuli boni gute Schüler
4. pensum malum schlechte Aufgabe
5. amicus meus mein Freund
6. schola magna große Schule

III. Ergänze die richtigen Endungen der Prädikate und übersetze:

1. Cur discipulae non respond_ent_?
2. Hic amica mea sed_et_.
3. Quintus et Gaius non libenter labor_ant_.
4. Cur amici semper rid_et_?
5. Quintus et amicae non gaud_ent_.
6. Amicus laetus clam_at_.

IV. Setze in den Plural bzw. Singular und übersetze dann:

1. Amicus meus laetus est.
2. Discipuli nunc gaudent.
3. Amica mea saepe ridet.
4. Pensa magna sunt.
5. Discipulus bonus libenter respondet.
6. Amicae meae laetae sunt.

V. Welches Wort passt nicht zu den anderen? Warum?

1.	2.	3.	4.	5.	6.
☐ magna	☒ libenter Adv.	☒ pensa Adj.	☐ amica	☐ laeti	☐ hic
☐ bona	☐ est	☐ amicae	☐ discipula	☒ amici Nom.	☐ diu
☒ schola Nomina	☐ sedet	☐ schola	☒ pensa Adj.	☐ boni	☒ est Adv.
☐ laeta	☐ rident	☐ discipuli	☐ schola	☐ mali	☐ tum

VI. Verbinde die Satzhälften und übersetze:

1. Quintus et Gaius ...
2. Pensa semper ...
3. Grammaticus[1]...
4. Amica mea ...
5. Discipuli boni ...
6. Iulia et amica ...

a) saepe laudat.
b) laeta est.
c) magna sunt.
d) saepe rident.
e) amici boni sunt.
f) diu laborant.

1 **grammaticus** m.: „Grammaticus", „Sprachlehrer"

VII. Übersetze ins Lateinische:

1. Hier ist meine Freundin.
2. Quintus und Gaius sind meine Freunde.
3. Die guten Schülerinnen und Schüler freuen sich.
4. Die Freundinnen sind immer froh.

VIII. Setze die angegebenen Wörter an passender Stelle ein und übersetze:

bonae – clamat – discipulae – discipulus – laborant – libenter – magna – magnum

Iulia et Claudia saepe diu _laborant_. Itaque _discipulae_ bonae sunt. Quintus _discipulus_ malus est. Non _libenter_ laborat. Saepe _clamat_: „Cur pensum _magnum_ est?" Tum Iulia et Claudia, amicae _bonae_, rident: „Pensa _magna_ non sunt, sed nonnulli[1] discipuli stulti[2] sunt!"

1 **nonnulli/ae/a** (Pl.): „einige"; 2 **stultus/a/um**: „dumm"

2 QUID GRAMMATICUS[1] DOCET?

Wieder sind wir in Claudias Klasse. Die Schülerinnen und Schüler warten voller Begeisterung auf ihren Lehrer.

Ubi est grammaticus[1]? Discipuli grammaticum **iam** diu **exspectant**. Nunc grammaticus **intrat** et clamat: „**Salvete**, discipuli!", et discipuli respondent: „Salve, **magister!**"

Grammaticus magister bonus est. Itaque discipuli magistrum **amant**. Grammaticus **non solum linguam Latinam, sed etiam** linguam **Graecam** docet. Linguam Graecam et **libros** Graecos amat. Saepe clamat: „**Quam pulchra** est lingua Graeca et quam pulchra sunt **verba** Graeca!" Sed discipuli linguam Graecam non amant. **Secum cogitant**: „Lingua Graeca non est pulchra, sed horrenda[2]!"

Quid magister nunc discipulos docet? **Pueri** et **puellae** gaudent, **quod** magister linguam Latinam docet. Magister interrogat: „**Quis** pensum secum non **habet**?" Quintus pensum secum non habet, sed non respondet, quod Iuliam, puellam pulchram, **spectat**. „Ubi sunt **oculi tui** et ubi est pensum tuum?", magister Quintum interrogat. Clamat: „Pueri semper pensa secum non habent et semper id unum[3] cogitant!" Claudia et Iulia rident, quod magister Quintum **monet**. Sed magister etiam puellas monet: „Et puellae semper rident!" Magister **iratus** nunc verba Graeca docet.

1 grammaticus: „Grammaticus", „Sprachlehrer"; **2 horrendus/a/um**: „schrecklich"; **3 id unum**: „nur an das eine"

? RICHTIG oder FALSCH?

1. Der Sprachlehrer unterrichtet Latein und Griechisch.	R	F
2. Die Kinder freuen sich über den Latein-Unterricht.	R	F
3. Quintus himmelt Claudia an.	R	F
4. Der Lehrer behauptet, dass die Mädchen die Aufgabe nie machen.	R	F

Barbarisch (von griech. *bárbaros* = „stammelnd", „unverständlich sprechend"): Das lateinische Adjektiv *barbarus/a/um* war ursprünglich nicht abschätzig gemeint, sondern bedeutete „ausländisch", „fremd". Als *barbarus* galt für die zweisprachigen Römer jeder, der nicht Latein und Griechisch konnte, z. B. die Germanen und andere „unzivilisierte" Völker. Daraus entwickelte sich die bei uns geläufige Bedeutung „roh", „ungesittet".

Antike Schreibmaterialien

Die Römer kannten noch kein Papier. Sie hatten folgende Schreibmaterialien zur Auswahl:

a) Wachstäfelchen:
Holzrahmen mit einer Wachsschicht, in die man mit einem Griffel (*stilus*) Buchstaben einritzte. Wendete man den Griffel, konnte man das Wachs mit dem abgeflachten Griffelende wieder glatt streichen. Für Anfänger praktisch waren Täfelchen, auf denen unter der Wachsschicht die Buchstaben vorgezeichnet waren.

Wachstafel SuperStock/DeAgostini

Tintenfass SuperStock/DeAgostini

Calamus (Schreibrohr) picturedesk.com/akg-images/Philippe Maillard

Vocabularium

quid?		was?	
docet	docui, doctum	er/sie/es lehrt, unterrichtet	*vgl. dozieren, Dozent (= Hochschullehrer)*
ubi?		wo?	
iam		schon	*span. ya*
exspectat	exspectavi, -atum	er/sie/es erwartet	*engl. to expect*
intrat	intravi, intratum	er/sie/es tritt ein, betritt	*engl. to enter, frz. entrer, ital. entrare, span. entrar*
salve!/salvete!		sei/seid gegrüßt!	*ital. salve*
magister m.	2.F. magistri	Lehrer	*frz. maître; vgl. Maestro (= Dirigent)*
amat	amavi, amatum	er/sie/es liebt	*vgl. Amateur (= „Liebhaber", ↔ Profi)*
non solum – sed etiam		nicht nur – sondern auch	
etiam		auch, sogar	*↔ iam =*
lingua f.	2.F. linguae	1) Zunge; 2) Sprache	*engl. language, frz. langue, ital. lingua*
Latinus/a/um	(Adjektiv!)	lateinisch	
liber m.	2.F. libri	Buch	*ital. + span. libro; vgl. engl. library (= Bibliothek)*
Graecus/a/um	(Adjektiv!)	griechisch	*engl. Greek, Greece, span. griego*
quam		wie	
pulcher/chra/chrum		schön, hübsch	
verbum n.	2.F. verbi	Wort	*vgl. verbal (= durch Worte)*
secum		mit sich, bei sich	
cogitat	cogitavi, cogitatum	er/sie/es denkt	
puer m.	2.F. pueri	Bub	*pueril (= kindlich)*
puella f.	2.F. puellae	Mädchen	
quod		weil	*↔ quid =*
quis?		wer?	
habet	habui, habitum	er/sie/es hat	*engl. to have, frz. avoir, ital. avere, span. haber*
spectat	spectavi, -atum	er/sie/es schaut an, er/sie/es betrachtet	*vgl. Spektakel, spektakulär; engl. spectator (= Zuschauer)*
oculus m.	2.F. oculi	Auge	*vgl. Mon-okel (= Einglas), Okular*
tuus/a/um		dein	*ital. tuo, span. tu*
monet	monui, monitum	er/sie/es (er)mahnt	*vgl. Monitor (= elektronisches Anzeigegerät)*
iratus/a/um		zornig, erzürnt	

b) Papyrus:
Aus dem Mark der in Ägypten wachsenden Papyrusstaude gewonnen. Mehrere Streifen Papyrus wurden zusammengeklebt, sodass daraus Rollen entstanden. Nachteil: teuer und wasserempfindlich. (Die Wiener Nationalbibliothek besitzt übrigens eine der größten Papyrussammlungen der Welt!)

c) Pergament:
Geglättete Tierhaut (von Schafen oder Ziegen). Dieses Beschreibmaterial wurde als billigeres Konkurrenzprodukt zu Papyrus in der kleinasiatischen Stadt Pergamon „erfunden" und bald zum Exportschlager. Vorteile: Im Gegensatz zum Papyrus ist Haut wasserunempfindlich und auf beiden Seiten beschreibbar. Dem Pergament verdanken wir die Urform unseres Taschenbuches: Die Blätter wurden gefaltet und am Rand zusammengenäht. Auf Pergament schrieb man wie auf Papyrus mit einem zugespitzten Schreibrohr (*calamus*) und schwarzer Tinte, die aus Ruß, Klebstoff und Wasser hergestellt wurde.

Nachbildung einer Papyrusrolle.
Üblicherweise wurde von links nach rechts gelesen/gerollt. Geschrieben wurde in Kolumnen (von columna = Säule).

2 Grammatica

Wörter auf *-er*

Unter den männlichen **Nomina** der o-Deklination gibt es nicht nur solche auf *-us*, sondern auch einige auf *-er:*

magister = „der Lehrer"
puer = „der Bub"

Auch unter den **Adjektiva** haben einige in der männlichen Form die Endung *-er* statt *-us:*

pulcher (m.), *pulchra* (f.), *pulchrum* (n.) = „schön"

Abgesehen vom 1.F. Sg. deklinieren diese Wörter so wie die übrigen Wörter der *o*-Deklination (*amicus* bzw. *magnus/a/um*).

Akkusativ (4. Fall)

Der Akkusativ hat folgendes „Erkennungszeichen":

Sg. → *-m*
Pl. → *-s* (m. + f.) bzw. *-a* (n.)

Nach dem Akkusativ fragt man mit „WEN?" oder „WAS?":
Quintus Iuliam spectat. = „Quintus betrachtet Julia."
(WEN betrachtet er?)

		a-Dekl.	*o*-Deklination			
		feminin	maskulin			neutrum
Sg.	1.F.	*amica*	*amicus*	*magister**	*puer**	*pensum*
		↓	↓	↓	↓	↓
	4.F.	*amicam*	*amicum*	*magistrum*	*puerum*	*pensum*
Pl.	1.F.	*amicae*	*amici*	*magistri*	*pueri*	*pensa*
		↓	↓	↓	↓	↓
	4.F.	*amicas*	*amicos*	*magistros*	*pueros*	*pensa*

NOTA BENE!

1) Die Endung ***-um*** kann **Akkusativ** Sg. sein, bei neutralen Wörtern aber auch **Nominativ** Sg.:

- *amicum* → 4. F. von *amicus* = „den Freund"
- *pensum* → 1. F. von *pensum* = „die Aufgabe" (z. B.: macht mir großen Spaß)
  → 4. F. von *pensum* = „die Aufgabe" (z. B.: mache ich nicht)

2) Bei **neutralen** Wörtern sind **Nominativ** und **Akkusativ** immer **gleich**! Nom. und Akk. Plural enden bei allen Neutra auf ***-a***.

*) Der Unterschied zwischen *magister* und *puer* besteht darin, dass bei *puer* in allen Fällen das *-e-* erhalten bleibt, während es bei *magister* verschwindet.

Adjektiva (Eigenschaftswörter)

Die Adjektiva haben im Akkusativ dieselben Endungen wie die Nomina:

		m.	f.	n.
Sg.	1.F.	*bonus*	*bona*	*bonum*
		↓	↓	↓
	4.F.	*bonum*	*bonam*	*bonum*
Pl.	1.F.	*boni*	*bonae*	*bona*
		↓	↓	↓
	4.F.	*bonos*	*bonas*	*bona*

Ebenso dekliniert:

1. F.: *pulcher, pulchra, pulchrum*
↓
4. F.: *pulchrum, pulchram, pulchrum*

(etc.)

Exercitationes

I. Setze in den Akkusativ:

1. puella pulchra → puellam pulchram
2. magister laetus → magistrum laetum
3. amicae bonae → amicas bonas
4. pensa magna → pensa magna
5. oculus pulcher → oculum pulchrum
6. discipuli mali → discipulos malos

II. Setze alle Satzglieder in den Plural bzw. Singular und übersetze die neuen Sätze:

1. Magister iratus puerum exspectat.
2. Cur amica irata est?
3. Magister discipulam bonam laudat.
4. Ubi sunt amici tui?
5. Pueri puellas pulchras spectant.
6. Discipulus librum Graecum amat.

III. Ergänze die fehlenden Endungen und übersetze:

1. Quam pulchr______ sunt oculi tu______!
2. Magister lingu m Graec um docet.
3. Magist______ semper discipulos mal______ interrogant.
4. Cur Quint______ semper amicam tu______ spectat?
5. Puer______ laeti Claudi______ exspectant.
6. Cur magist______ Quintum non laudat?

IV. Übersetze ins Lateinische:

1. Quintus schaut gerne schöne Mädchen an.
2. Er liebt Julia.
3. Aber Julia schaut den Buben nicht an.
4. Daher denkt Quintus:
5. „Auch Claudia ist ein schönes Mädchen!"
6. Aber Claudia liebt schon Gaius.

V. Übersetze:

1. Was unterrichtet der Lehrer?
2. Wer unterrichtet die Schüler?
3. Der Lehrer lobt die guten Schüler.
4. Claudia liebt die lateinischen Bücher.
5. Die Buben betrachten die hübschen Mädchen.
6. Wie schön sind deine Augen!
7. Julia liebt Quintus.
8. Quintus liebt Julia.
9. Sie ist zornig.
10. Sie sind zornig.
11. Es ist schön.
12. Sie ist schön.

VI. Welches Wort passt nicht zu den anderen? Gib die Begründung an!

1.
- [ ] magister
- [x] oculum
- [ ] schola
- [ ] amicus

2.
- [x] puerum
- [ ] amicum
- [ ] pensum
- [ ] magistrum

3.
- [ ] oculus
- [ ] iratus
- [ ] Latinus
- [ ] laetus

4.
- [ ] bonum
- [ ] laetum
- [ ] secum
- [ ] pulchrum

5.
- [ ] lingua
- [x] puella
- [ ] verba
- [ ] schola

6.
- [ ] pensa
- [ ] pueri
- [ ] amicae
- [ ] lingua

VII. Pueri laeti sunt

Iam diu magister, quod linguam Graecam amat, laetus verba Graeca docet. Quintus et Gaius, discipuli mali, linguam Graecam non amant. Itaque non magistrum spectant, sed puellas. Laeti sunt et saepe rident. Sed magister laetus non est. Iratus clamat et pueros monet. Etiam Claudia et Iulia, quod pensum magnum exspectant, iratae sunt. Secum cogitant: „Cur pueri semper rident?" Magister nunc pensum magnum dat[1]. Itaque non solum pueri, sed etiam puellae diu laborant.

1 **dat**: „er gibt"

3 QUAM PULCHRA ROMA EST!

Quintus und Gaius haben Besuch aus Griechenland bekommen: Ihre Freunde Alexander und Lydia wollen Roms Sehenswürdigkeiten kennenlernen.

Quintus et Gaius et amici **per vias** pulchras **ambulant**. **Multa aedificia** pulchra **vident**. Quintus Gaius**que** aedificia **clara monstrant**:

Quintus: „Videte, amici! Hic est amphitheatrum[1], ubi saepe **spectacula** pulchra videmus."

Alexander: „Quam magnum amphitheatrum est! Vide, Lydia, **ibi** multae **statuae** sunt!"

Lydia: „Statuas video. Quinte, cur ibi statuae sunt?"

Quintus: „Statuae **viros** claros monstrant."

Alexander: „Gai, habetis**ne** etiam theatrum[2]?"

Gaius: „**Certe** non solum amphitheatrum, sed etiam theatrum habemus."

Quintus: „Nunc **forum Romanum** intramus. Spectate **templa** pulchra!"

Lydia: „Quam multa templa hic sunt! Quinte, cur **tam** multa templa habetis?"

Quintus: „Hic multa templa sunt, quod multos **deos** habemus."

Gaius: „Etiam multas **deas** habemus. Sed multa aedificia templa non sunt. Ibi est curia[3], **ante** curiam basilicam[4] vides."

Alexander: „Et quid est **post** curiam[3]?"

Quintus: „Post curiam puella pulchra est."

Alexander: „Dixi[5]: *quid* est, non *quis* est post curiam!"

Gaius: „Post curiam carcer[6] est."

Nunc amici aedificia pulchra diu spectant, **solum** Quintus **ad** curiam ambulat.

1 amphitheatrum n.: „Amphitheater"; **2 theatrum** n.: „Theater"; **3 curia** f.: „Rathaus"; **4 basilica** f.: „Basilika" (Markt- und Gerichtshalle); **5 dixi**: „ich habe gesagt"; **6 carcer** m.: „Gefängnis", „Kerker"

? RICHTIG oder FALSCH?

1. Quintus und Gaius zeigen ihren griechischen Freunden auch das Forum und das Rathaus.	R	F
2. In Rom gab es so viele Tempel, weil die Römer viele verschiedene Götter hatten.	R	F
3. Gaius verabschiedet sich am Ende des Rundgangs zu einem Rendezvous.	R	F

Forum Romanum

Fotolia.com/borisb17

Curia – das besterhaltene Gebäude des Forums

Das Forum Romanum war ursprünglich der Marktplatz Roms und entwickelte sich im Laufe der Zeit zum politischen und gesellschaftlichen Zentrum. Dort befanden sich die wichtigsten öffentlichen Gebäude Roms: Rednertribüne (Rostra), Tempel, Markthallen (Basiliken), Statuen, Ehrensäulen, Triumphbögen sowie die **Curia** (Rathaus): Sie sticht heute insofern aus den übrigen Gebäuden heraus, als sie noch vollständig erhalten ist. (Ihr Name lebt übrigens in der obersten Behörde des Vatikans, der päpstlichen Kurie, weiter.) Auf dem Forum befindet sich auch das Grab Cäsars, an dem auch heute noch „Cäsar-Fans" Blumen deponieren. Neben dem Forum Romanum entstanden in der Kaiserzeit weitere Foren, die in erster Linie Repräsentationszwecken dienten, z. B. das Augustus-Forum und das Trajans-Forum.

Vocabularium

Vokabel	Formen	Bedeutung	Hinweise
Roma f.	2.F. Romae	Rom	
per (Präp. + Akk.)		durch	*vgl. perforieren (= durchlöchern), per… (Mail, Post etc.)*
via f.	2.F. viae	Weg, Straße	*ital. via, span. vía; vgl. Viadukt (= Brücke über ein Tal)*
ambulo, -as	ambulavi, ambulatum	gehen, spazieren	*vgl. Ambulatorium, Ambulanz (siehe unten)*
multi/ae/a (Plural)		viele	*vgl. Multivitaminsaft, Multitasking, Multitalent*
multum (n. Sg.)		viel	*ital. molto*
aedificium n.	2.F. aedificii	Gebäude	*ital. + span. edificio*
video, -es	vidi, visum	sehen	*ital. vedere; vgl. das Video, Videorekorder*
-que		und	*z. B. Quintus Gaiusque = Quintus et Gaius*
clarus/a/um		1) berühmt; 2) hell	*vgl. klar; Clara (= „die Berühmte")*
monstro, -as	monstravi, monstratum	zeigen	*vgl. Monstranz (= Behälter, in dem die Hostie gezeigt wird)*
spectaculum n.	2.F. spectaculi	Schauspiel	*vgl. Spektakel; ↔ spectat =*
ibi		dort	*↔ ubi =*
statua f.	2.F. statuae	Statue	*ital. statua, span. estatua*
vir m.	2.F. viri	Mann	*vgl. Triumvirat (= Dreimännerbund); viril (= männlich)*
-ne		(Fragepartikel, unübersetzt)	*z. B. Amasne Iuliam? = „Liebst du Julia?"*
certe (Adv.)		sicherlich	*ital. certo, span. cierto, engl. certainly*
forum n.	2.F. fori	Forum; Marktplatz	*vgl. Forensik = Gerichtsmedizin (das Gericht tagte am Forum!)*
Romanus/a/um		römisch	*engl. Roman; vgl. Romanisierung*
templum n.	2.F. templi	Tempel	*frz. temple, ital. tempio, span. templo*
tam		so	*↔ tum =*
deus m.	2.F. dei	Gott	*frz. dieu, ital. dio, span. dios*
dea f.	2.F. deae	Göttin	*frz. déesse, ital. dea, span. diosa*
ante (Präp. + Akk.)		vor	*vgl. Antipasto (= Vorspeise), antizipieren (= vorwegnehmen)*
post (Präp. + Akk.)		nach; hinter	*vgl. post mortem (= „nach dem Tod")*
solum (Adv.)		nur	*ital. solo, span. sólo; vgl. non solum – sed etiam*
ad (Präp. + Akk.)		zu, an, bei	

Ambulatorium Ein Ambulatorium ist, ebenso wie eine Spitalsambulanz, eine ärztliche Beratungsstelle für Patientinnen und Patienten, die nicht stationär aufgenommen werden, sondern nach der Behandlung wieder nach Hause gehen (= *ambulo, -as*) können.

Theater

Die Bauform des Theaters übernahmen die Römer von den **Griechen**. Wenngleich die Spiele in den Amphitheatern noch um einiges populärer waren (s. S. 22), fassten auch die römischen Theater erstaunlich viele Zuschauer. (So hatte der erste steinerne Theaterbau in Rom, das Theater des Pompeius, 10.000 Plätze – vgl. die Wiener Oper: 1.700 Plätze.) Die Römer zogen Lustspiele (Komödien) den Tragödien vor. Auch jede größere Provinzstadt gönnte sich ein eigenes Theater – besonders gut erhalten ist das römische Theater in Orange (Südfrankreich).
Trotzdem genossen die **Schauspieler** in Rom wenig Ansehen. Meist handelte es sich um Sklaven oder Freigelassene, die durch ihre Maskierung als Individuen ganz hinter ihren Rollen zurücktraten.

Das römische Theater in Arausio (Orange in Südfrankreich), 2. Jh. n. Chr.

3 Grammatica

Konjugation

Da im Lateinischen persönliche Fürwörter nur selten geschrieben werden, sagt die **Endung** aus, um welche Person es sich handelt. Die folgenden Endungen gelten für alle Konjugationen im **Präsensstamm** (= Präsens, Futur, Imperfekt):

Sg.			Pl.		
1.P.	*-o**	(→ ich)	1.P.	*-mus*	(→ wir)
2.P.	*-s*	(→ du)	2.P.	*-tis*	(→ ihr)
3.P.	*-t*	(→ er/sie/es)	3.P.	*-nt*	(→ sie)

*) bei einigen Zeiten und Verben auch *-m* (→ S. 34, 72, 94, 104)

Durch das Anfügen dieser Personalendungen an den **Stamm** ergeben sich für das **Präsens** folgende Konjugationsmuster:

		a-Konjugation		*e*-Konjugation	
Sg.	1.P.	***amo****	„ich liebe"	***mone-o***	„ich mahne"
	2.P.	***ama-s***	„du liebst"	***mone-s***	„du mahnst"
	3.P.	***ama-t***	„er/sie liebt"	***mone-t***	„er/sie mahnt"
Pl.	1.P.	***ama-mus***	„wir lieben"	***mone-mus***	„wir mahnen"
	2.P.	***ama-tis***	„ihr liebt"	***mone-tis***	„ihr mahnt"
	3.P.	***ama-nt***	„sie lieben"	***mone-nt***	„sie mahnen"

*) entstanden aus *ama*-o

Imperativ (Befehlsform)

Der Imperativ ist die Befehlsform. Sie besteht im **Singular** aus dem reinen, also endungslosen Stamm, im **Plural** aus dem Stamm + *-te*:

	a-Konjugation		*e*-Konjugation	
Sg.	***specta!***	„schau!"	***responde!***	„antworte!"
Pl.	***specta-te!***	„schaut!"	***responde-te!***	„antwortet!"

Vokativ (5. Fall, Anredefall)

Im Lateinischen gibt es einen eigenen Fall für die **direkte Anrede**:
den Vokativ („Ruf-Fall"). Er sieht in der Regel aus **wie der Nominativ**.

*Specta, **amica!*** = „Schau, Freundin!"
*Spectate, **amici!*** = „Schaut, Freunde!"

Ausnahmen im **Singular**:

- Maskuline Wörter der *o*-Deklination auf ***-us*** → Vokativ Sg. auf *-e* (z. B.: *amice!* = „Freund!")
- Nomina auf ***-ius*** → Vokativ Sg. auf *-i* (z. B.: *Gai!* = „Gaius!")

Überblick:

Sg.				
1.F.	*Iulia*	*Quintus*	*Gaius*	*vir*
5.F.	***Iulia!***	***Quinte!***	***Gai!***	***vir!***

(Im **Plural** gilt die oben genannte Regel ausnahmslos: 5. F. = 1. F.)

TIPP:
- Einen Vokativ erkennst du am Beistrich davor und/oder am Ruf- bzw. Fragezeichen danach!
- Da der Vokativ der Anredefall ist, darfst du im Deutschen keinen Artikel davor setzen!

Exercitationes

I. Forme die Aussagesätze zu Befehlen um und übersetze:

Bsp.: Iulia intrat. (Aussage) → Intra, Iulia! (Befehl)

1. Alexander et Quintus laborant.
2. Marcus respondet.
3. Discipuli forum spectant.
4. Gaius amicos exspectat.

II. Ergänze die Endungen und übersetze:

1. Quintus Marcum interrogat: „Quid ibi vid______, Marc______?"
2. Discipuli magistrum interrogant: „Quid nunc doces, magist______?"
3. Magister Claudiam Quintumque interrogat: „Cur rid______, Claud______ et Quint______?"
4. Claudia pueros interrogat: „Cur gaud______, puer______?"
5. Puellae Gaium interrogant: „Quis ibi sed______, Ga______?"

III. Setze in den folgenden Sätzen alle Satzglieder in den Plural bzw. den Singular:

1. Puer puellam pulchram amat.
2. Ante templum statuam magnam video.
3. Videte, ibi templa clara sunt!
4. Iam diu pueros exspectamus.
5. Interroga magistrum!
6. Spectasne semper puellam pulchram, puer?

IV. Ordne die Nebensätze den passenden Hauptsätzen zu und übersetze:

1. Magister iratus est, ...
2. Puellae saepe rident, ...
3. Puellae per forum ambulant, ...
4. Amici amphitheatrum intrant, ...
5. Quintus saepe pensum secum non habet, ...
6. Nunc Gaius scholam intrat, ...

a) quod laetae sunt. b) quod pueri clamant. c) ubi multa templa sunt. d) quod non libenter laborat. e) ubi amici iam diu laborant. f) ubi spectacula clara spectant.

V. Übersetze ins Lateinische:

1. Quintus sitzt vor der Schule.
2. Gaius sieht den Freund und fragt:
3. „Warum sitzt du hier, Quintus?"
4. Quintus antwortet: „Ich erwarte Julia."
5. „Nach der Schule spazieren wir zum Forum."
6. Jetzt lacht der Freund:
7. „Julia und Alexander spazieren schon lang durch die Straßen und lachen viel."

VI. Was machen die Schülerinnen und Schüler in der Schule? Die Buchstaben sind leider durcheinandergeraten!

1. nsedte: ____________________
2. garinteront: ____________________
3. itancogt: ____________________
4. derint: ____________________
5. manclat: ____________________
6. erstpnnoed: ____________________

VII. Setze die angegebenen Prädikate richtig ein und übersetze:

ambulant – ambulat – clamat – est – exspectat – exspecto – salvete – spectamus – vide – videt

Quintus per forum ____________ . Tum Claudiam Iuliamque ____________. Quintus: ____________, puellae! Spectatisne hic templa clara?" Claudia: „Templa non ____________, sed Iulia amicas ____________." Quintus: „Libenter vobiscum[1] amicas ____________! Suntne pulchrae?" Iulia: „Cur non laboras? Pensum magnum habemus!" Quintus: „Pensum magnum non ____________. Itaque hic ambulo." Claudia: „____________, Iulia! Ibi amicas tuas video." Quintus et Claudia et Iulia ad amicas ____________. Puer nunc puellas spectat; tum ____________: „Quam libenter vobiscum[1] maneo[2]!"

1 vobiscum: „mit euch"; **2 maneo**: „ich bleibe"

4 DE SPECTACULIS

Die Freunde statten nun auch dem Amphitheater einen Besuch ab.

Alius alia gaudia habet!

Gaius Alexandro et Lydiae spectacula monstrat. Itaque **cum** amicis, sed **sine** Quinto, qui[1] adhuc[2] post curiam[3] est, amphitheatrum[4] intrat, ubi iam multi viri et **feminae** sunt. Spectacula clara exspectant. Nunc gladiatores[5] et bestiae[6] magnae intrant. Magnum est **gaudium** virorum feminarumque. Gaius amicis **narrat**: „**Romani** magnam **copiam** bestiarum[6] **e terris alienis** apportant[7]."

Gladiatores[5] nunc cum bestiis[6] **pugnant**. Sed non solum cum bestiis pugnant, sed etiam bestias **necant**. Romani gaudent clamantque, sed Lydiae spectaculum non **placet**: „Cur gladiatores[5] bestias pulchras necant?" Gaius puellae non respondet, quod nunc gladiatores **novi** intrant. Alexander interrogat: „Cur **alius** gladiator **gladium** habet, sed **alius** sine gladio pugnat?" Gaius respondet: „Retiarius[8] est. Non gladium, sed reticulum[9] habet."

Diu pugnant, **postremo** gladiator retiarium[8] **superat**, sed non necat. Gaius narrat: „**Si bene** pugnant, Caesar[10] viris **vitam donat**. – Videte! Ibi captivi[11] intrant. Nunc **pro** vita **sua** pugnant. Spectaculum pulchrum non est."

Itaque amici **ab** amphitheatro ad forum ambulant, ubi etiam Quintum vident. Interrogant: „Salve, Quinte! Cur hic sedes **neque** spectacula vidisti[12]?" Quintus respondet: „Salvete, amici! Alius[13] alia gaudia habet!"

1 qui: „der", „welcher"; **2 adhuc**: „noch (immer)"; **3 curia**, -ae f.: „Rathaus"; **4 amphitheatrum**, -i n.: „Amphitheater"; **5 gladiatores**: m. Pl. von gladiator: „Gladiator" („Schwertkämpfer"); **6 bestia**, -ae f.: „(wildes) Tier"; **7 apporto**, -as: „herbeischaffen"; **8 retiarius**, -i m.: „Retiarius" („Netzkämpfer"); **9 reticulum**, -i n.: „Netz"; **10 Caesar** m.: hier: „Kaiser"; **11 captivus**, -i m.: „Gefangener"; **12 vidisti**: „du hast gesehen"; **13 alius**: hier: „jeder"

? RICHTIG oder FALSCH?

1. Die Römer importierten wilde Tiere.	R	F
2. Alle Gladiatoren kämpften mit dem Schwert.	R	F
3. Alexander ist ein Experte für Gladiatorenkämpfe.	R	F
4. Quintus interessiert sich mehr für die Schauspiele als für Mädchen.	R	F

Gladiatorenspiele

Nicht die Römer waren die Erfinder dieser „Sportart", sondern die **Etrusker**, die im 6. Jh. v. Chr. in Rom regiert hatten: Gemäß ihrer Religion wollten sie die Seelen ihrer Gefallenen durch das Blut der Gefangenen versöhnen. Diese Leichenspiele wurden von den Gefangenen mit dem Schwert (*gladius*) ausgetragen. Die **Römer** übernahmen diesen Brauch, machten daraus aber im Laufe der Zeit ein Spektakel, das nur mehr der Unterhaltung des Volkes diente. Der Eintritt zu den *ludi* war in der Regel frei, als Veranstalter traten hohe Beamte (Konsuln, Prätoren, Ädilen), später aber auch die Kaiser auf, die sich durch prächtige Spiele Popularität erhofften. Gladiatorenspiele wurden – trotz der Herrschaft christlicher Kaiser! – bis ins 5. Jh. n. Chr., also fast bis zum Ende des weströmischen Reiches, veranstaltet.

Gladiator im Kampf mit einem Leoparden (Mosaik aus Latium)

Vocabularium

de (Präp. + Abl.)		1) von (… herab); 2) über	*frz. de, ital. di, span. de*
cum (Präp. + Abl.)		mit	*ital. + span. con*
sine (Präp. + Abl.)		ohne	*frz. sans, ital. senza, span. sin*
femina	**feminae*** f.	Frau	*vgl. Feministin, feminin*
gaudium	**gaudii** n.	Freude	*vgl. „a Mordsgaudi" (= ein riesiger Spaß)*
narro, -as	narravi, narratum	erzählen	*span. narrar; vgl. engl. narrator =*
Romani (Pl.)	**Romanorum** m.	die Römer	*engl. the Romans („die Römer")*
copia	**copiae** f.	Menge, Vorrat	*ital. + span. copia; vgl. Kopie*
e / ex (Präp. + Abl.)		aus, von	*(siehe Grammatica)*
terra	**terrae** f.	Land; Erde	*vgl. Terrarium, Terrasse, Parterre (= Erdgeschoß)*
alienus/a/um		fremd	*vgl. Aliens (= die Außerirdischen/Fremden)*
pugno, -as	pugnavi, -atum	kämpfen	
neco, -as	necavi, -atum	töten	
placeo, -es	placui, -itum	gefallen	*frz. plaire, ital. piacere*
novus/a/um		neu	*vgl. re-novieren (= erneuern), In-novation*
alius/a/ud		ein anderer	*↔ alienus/a/um =*
alius – alius		der eine – der andere	*z. B. alius interrogat, alius respondet =*
gladius	**gladii** m.	Schwert	*vgl. Gladiator (= „Schwertkämpfer"), Gladiole*
postremo (Adv.)		schließlich	
supero, -as	superavi, superatum	1) besiegen; 2) übertreffen	
si		wenn, falls	*span. si, ital. se*
bene (Adv.)		gut	*frz. bien, ital. bene, span. bien; vgl. Benefizkonzert*
vita	**vitae** f.	Leben	*ital. vita, span. vida; vgl. Vitamine; vital (= lebendig)*
dono, -as	donavi, donatum	schenken	
pro (Präp. + Abl.)		für	*Pro und Kontra (= Für und Wider)*
suus/a/um		sein, ihr	*Possessivpronomen; ital. suo, span. su*
a / ab (Präp. + Abl.)		von	*(siehe Grammatica)*
prae (Präp. + Abl.)		vor	*vgl. Präposition (= Vorwort)*
neque (= nec)		und nicht	

*) Ab dieser Lektion findest du in der zweiten Spalte der Vokabel bei den **Nomina** immer den Genetiv und das Geschlecht angegeben. Beides musst du ab jetzt unbedingt mitlernen.

Amphitheater

Typisch ist die elliptische Form der Arena, um die – anders als im Theater – die Sitzreihen rundherum (griech. *amphi*) angeordnet sind. Ursprünglich wurden Amphitheater aus Holz, erst in der Kaiserzeit aus Stein gebaut. Die berühmteste Arena (lat. *arena* = „Sand"!) ist das *Amphitheatrum Flavium* in Rom, bekannter als **„Kolosseum"**. Diesen Namen erhielt es im Mittelalter, und zwar wegen einer Kolossalstatue des Sonnengottes Helios, die in der Nähe aufgestellt war. Es wurde im Jahr 80 n. Chr. mit 100-tägigen Spielen eröffnet. Bei diesen Spielen sollen Tausende Gladiatoren gekämpft haben und 9.000 Tiere getötet worden sein. Das Kolosseum war 60 m hoch, fasste 50.000 Zuschauer und konnte zum Schutz vor der Sonne mit einem riesigen Segel überspannt werden. Fast jede größere Stadt im Römischen Reich verfügte über ein oder auch mehrere Amphitheater. So gab es z. B. in Carnuntum (Niederösterreich) je eines für die Soldaten und die Zivilbevölkerung.

Das Amphitheatrum Flavium („Kolosseum") in Rom; daneben die Statue des Helios (Rekonstruktionszeichnung um 1890)

4 Grammatica

Nomina der a-/o-Deklination

			a-Dekl.	*o*-Deklination			
		FRAGE	feminin	maskulin			neutrum
Singular	1	Wer?/Was?	*amica*	*amicus*	*magister*	*puer*	*templum*
	2	Wessen?	*amicae*	*amici*	*magistri*	*pueri*	*templi*
	3	Wem?	*amicae*	*amico*	*magistro*	*puero*	*templo*
	4	Wen?/Was?	*amicam*	*amicum*	*magistrum*	*puerum*	*templum*
	5	(Anrede)	*amica!*	*amice!*	*magister!*	*puer!*	*templum!*
	6	* (z. B. *cum*)	*amicā*	*amico*	*magistro*	*puero*	*templo*
Plural	1	Wer?/Was?	*amicae*	*amici*	*magistri*	*pueri*	*templa*
	2	Wessen?	*amicarum*	*amicorum*	*magistrorum*	*puerorum*	*templorum*
	3	Wem?	*amicis*	*amicis*	*magistris*	*pueris*	*templis*
	4	Wen?/Was?	*amicas*	*amicos*	*magistros*	*pueros*	*templa*
	5	(Anrede)	*amicae!*	*amici!*	*magistri!*	*pueri!*	*templa!*
	6	* (z. B. *cum*)	*amicis*	*amicis*	*magistris*	*pueris*	*templis*

*) Der 6. Fall (Ablativ) steht nach bestimmten **Präpositionen** (siehe unten) und auf bestimmte **Fragen** (→ S. 34 und 50).

Da manche Endungen mehrere unterschiedliche Fälle bezeichnen (z. B. *-ae* = 2. + 3. Fall Sg., 1. + 5. Fall Pl.), musst du beim Übersetzen nach den Fällen **fragen**:

Quintus Lydiae forum monstrat.
= „Quintus (WER? → 1.F.) zeigt Lydia (WEM? → 3.F.) das Forum (WEN?/WAS? → 4.F.)."

Adjektiva der *a-/o-*Deklination

Analog zu ***amicus, amica*** und ***templum*** wandeln auch Adjektiva wie ***bonus/a/um (= bonus 3)*** ab:

	Singular			Plural		
	m.	f.	n.	m.	f.	n.
1	*bonus*	*bona*	*bonum*	*boni*	*bonae*	*bona*
2	*boni*	*bonae*	*boni*	*bonorum*	*bonarum*	*bonorum*
3	*bono*	*bonae*	*bono*	*bonis*	*bonis*	*bonis*
4	*bonum*	*bonam*	*bonum*	*bonos*	*bonas*	*bona*
5	*bone!*	*bona!*	*bonum!*	*boni!*	*bonae!*	*bona!*
6	*bono*	*bonā*	*bono*	*bonis*	*bonis*	*bonis*

Genauso deklinieren **Adjektiva auf** *-er*: 1.F. *pulcher, pulchra, pulchrum,* 2.F. *pulchri, pulchrae, pulchri* etc. (5.F. Sg. m. *pulcher!*)

Präpositionen (Vorwörter)

A) Präpositionen mit **Ablativ**:

*a / ab** = „von"
*e / ex** = „aus", „von"
de = „von (… herab)"; „über"
cum = „mit"
sine = „ohne"
pro = „für"
prae = „vor"

B) Präpositionen mit **Akkusativ**:

Nach allen anderen Präpositionen steht der Akkusativ – z. B. nach *ante* („vor"), *post* („hinter"), *ad* („zu", „an", „bei"), *per* („durch").

*) *ab* und *ex* stehen vor Vokalen (Selbstlauten), z. B. *ex (ab) amphitheatro* (vgl. im Englischen: *an apple*)
a und *e* stehen vor Konsonanten (Mitlauten), z. B. *e (a) templo* (vgl. im Englischen: *a banana*)

Exercitationes

I. Bestimme die Fälle der fett gedruckten Wörter:

Heute will Markus **die Freundin** (______) besuchen. Soll er **der Freundin** (______) **Blumen** (______) mitbringen? Sicher würden auch **den Eltern** (______) **der Freundin** (______) **Blumen** (______) gefallen. Und **die kleinen Brüder** (______) erwarten bestimmt auch **Geschenke** (______). Vielleicht sollte lieber die **Freundin** (______) **Markus** (______) besuchen?

II. Bestimme Fall, Zahl und Geschlecht und übersetze: (Es gibt immer mehrere Möglichkeiten; Vokative brauchst du nicht anzugeben, bei Ablativen denke dir die Präposition *a/ab* davor!)

1. aedificia: ______________________________
2. puellae: ______________________________
3. oculi: ______________________________
4. magistro: ______________________________
5. templum: ______________________________

III. Ergänze die Endungen der Objekte! Schreibe dazu, ob es sich um Objekte im Dativ (3. Fall) oder Akkusativ (4. Fall) handelt!

1. Puellae Quinto pens______ su______ non monstrant.
2. Discipuli mali saepe magist______ non respondent.
3. Quid puell______ donatis, amici?
4. Magister discipul______ de terris alienis narrat.
5. Spectacula mult______ vir______ et femin______ placent.
6. Quintus amic______ Graec______ nunc for______ et viam pulchr______ monstrat.

IV. Verbinde die Satzhälften und übersetze:

1. Gaius ante .....
2. Puellae per .....
3. Claudia cum .....
4. Magister de .....
5. Quintus de .....
6. Discipuli post .....
7. Iulia pro .....
8. Gaius ad .....

a) deis Graecis narrat.
b) amica ridet.
c) scholam diu laborant.
d) vias ambulant.
e) templum sedet.
f) puellis pulchris cogitat.
g) Quinto respondet.
h) amicam novam est.

V. Setze die angegebenen Namen ein und übersetze:

Alexandro – Gai – Iuliae – Quinte – Quinti – Quintum – Quintus

Alexander, puer Graecus, cum Quinto et puellis per forum ambulat. Iulia ______________ interrogat: „Gaium non video. Ubi est?" Quintus ______________ respondet: „Gaius ad amphitheatrum est." Tum Gaius ab amphitheatro ad amicos ambulat. „Salve, ______________!", Iulia clamat. „Narrasne ______________ de templis claris?" Ita[1] puer amicis de templis narrat.

Tum etiam magister per forum ambulat et discipulos videt. „Salvete, discipuli! Quid hic spectatis?", magister interrogat. Iulia respondet: „Alexandro, amico ______________, forum monstramus." Magister nunc diu de deis Romanis et Graecis narrat. Tum interrogat: „Ubi est templum Iovis[2], ______________?" Sed puer non respondet. Ubi est ______________? Iam diu post statuam sedet et dormit[3].

1 ita: „so"; **2 Iuppiter** (Genetiv: Iovis): „Jupiter"; **3 dormit:** „er/sie/es schläft"

5 DE THERMIS[1]

Nach dem Besuch der grausamen Darbietungen im Amphitheater diskutieren die Freunde über den „Unterhaltungswert" der Gladiatorenspiele:

Lydia ad Gaium: „**Mihi** spectacula gaudio[2] non sunt." Gaius respondet: „Cur spectacula **te** non **delectant**? **Nonne** pulchra sunt? Multos Romanos delectant!" Alexander: „**Ego** spectacula amo, sed multis **Graecis** non placent." „**Ita** est", Lydia **inquit**, „et **tu**, Gai? **Num tibi** spectacula **vestra** placent?" Gaius respondet:

„Mihi **quoque** non placent. Itaque **vobis** nunc thermas[1] **nostras** monstrare **in animo habeo**. Certe non solum **nos**, sed etiam **vos** delectant!" Tum Gaius Claudiam et Iuliam in foro videt: „Quis **vestrum nobiscum in** thermas venit[3]?" „Libenter **vobiscum** venimus!", puellae respondent.

Nunc amici in thermas intrant. Gaius: „Hic est frigidarium[4]", inquit, „ibi est caldarium[5]. Etiam palaestram[6] et bibliothecam[7] habemus. Itaque multis Romanis diu in thermis **manere** placet." Puellae ad caldarium[5] **properant**. „Quam pulchrum est in **aqua** calida[8] sedere!", clamant. Sed pueris in aqua sedere non placet. Itaque **iterum** et iterum in aquam saltant[9]. Gaudium magnum est. – Sed nonnulli[10] viri **minime** gaudent: „In aquam saltare vobis non **licet**! **Otium** nostrum turbatis[11]!" Itaque Gaius Alexanderque nunc cum puellis in aqua sedent. Sed ubi est Quintus? **Sub** aqua est et puellas **terret**. Puellae clamant, tum rident – et otium virorum turbant.

1 **thermae**, -arum f. (Pl.): „Thermen", „Bad"; 2 **gaudio non sunt**: „(sie) bereiten keine Freude"; 3 **venit**: „er/sie kommt" (3.P. Sg.); 4 **frigidarium**, -i n.: „Kaltwasserbad"; 5 **caldarium**, -i n.: „Warmbad"; 6 **palaestra**, -ae f.: „Sportanlage"; 7 **bibliotheca**, -ae f.: „Bibliothek"; 8 **calidus/a/um**: „warm"; 9 **saltare** 1: „springen"; 10 **nonnulli**/ae/a: „einige"; 11 **turbare** 1: „stören"

? RICHTIG oder FALSCH?

	R	F
1. Viele Griechen konnten sich für Gladiatorenkämpfe begeistern.	R	F
2. Thermen konnten auch über eine Bibliothek verfügen.	R	F
3. Die Mädchen sitzen gerne im warmen Wasser.	R	F
4. Die Erwachsenen sind sauer, weil die Mädchen ins Wasser springen.	R	F

Wanne aus den Caracalla-Thermen (Piazza Farnese, Rom)

Thermen

Bei den Thermen (abgeleitet vom griechischen Wort *thermós* = „warm") handelte es sich um luxuriöse Badeanstalten, die neben Räumlichkeiten für das Baden (*Caldarium* = Warmwasserbad, *Tepidarium* = Dampfbad, *Frigidarium* = Kaltbad, *Laconicum* = Sauna) auch Sportanlagen, Gärten, Tavernen, Bibliotheken und Vortragssäle umfassten. Geöffnet waren die Bäder von Mittag bis Sonnenuntergang und viele Römerinnen und Römer verbrachten den ganzen Nachmittag dort. Ursprünglich waren die Baderäume für Männer und Frauen getrennt, später kam auch das gemischte Baden auf. Der Eintritt war entweder frei oder sehr billig. Die größten und bekanntesten Thermen wurden von Kaisern errichtet: die Caracalla-Thermen (heute im Sommer fallweise Schauplatz von Opernaufführungen) und die Diokletiansthermen. Dort konnten bis zu 3.000 Personen gleichzeitig baden.

Vocabularium

mihi / tibi / sibi (Dativ)		mir / dir / sich	*(siehe Grammatica)*
me / te / se (Akkusativ)		mich / dich / sich	*(siehe Grammatica)*
delectáre*	**delecto 1**, -avi, -atum	(jemanden) erfreuen	*sich an etwas delektieren (= erfreuen)*
nonne?		nicht?	*aus: non-ne? (Frage)*
ego / tu		ich / du	*(siehe Grammatica); vgl. Egoist*
Graeci (Pl.)	**Graecorum** m.	die Griechen	*↔ Graecus/a/um =*
ita		so	*ita est = „ja" (wörtlich?)*
inquit		er/sie sagt(e)	*(in die direkte Rede eingeschoben)*
num?		etwa?	*z. B. Num rides? = „Lachst du etwa?"*
vester/tra/trum		euer, eure	*franz. vôtre, ital. vostro/a*
quoque (nachgestellt)		auch	*z. B. etiam tu = tu quoque*
nobis / vobis (Dativ)		uns / euch	*(siehe Grammatica)*
noster/tra/trum		unser, unsere	*franz. nôtre; vgl. Pater noster =*
in (+ Abl.)	(Frage WO?)	in, auf	*in aedificio (WO?) = „im Gebäude"*
animus	**animi** m.	1) Sinn, Geist; 2) Mut	*vgl. animieren (= „anregen")*
in animo habére		vorhaben	*wörtl.: „im Sinn haben"*
nos / vos (Nom. + Akk.)		wir; uns / ihr; euch	*(siehe Grammatica)*
quis nostrum		wer von uns	*(siehe Grammatica)*
quis vestrum		wer von euch	*(siehe Grammatica)*
nobiscum / vobiscum		mit uns / mit euch	*(siehe Grammatica)*
in (+ Akk.)	(Frage WOHIN?)	in, nach; gegen	*in aedificium (WOHIN?) = „ins Gebäude"*
manére	**maneo 2**, mansi, mansum	bleiben	*vgl. permanent (= dauerhaft)*
properáre	**propero 1**, -avi, -atum	eilen	
aqua	**aquae** f.	Wasser	*ital. acqua, span. agua; vgl. Aquarium*
iterum (Adv.)		wieder(um)	*(Eselsbrücke: „iterum = wiederum")*
minime (Adv.)		keineswegs; nein	*vgl. minimal (= sehr klein, sehr gering)*
licet (nur 3.P. Sg.)	licuit	es ist erlaubt, es ist möglich	*vgl. die Lizenz (= Erlaubnis, Berechtigung)*
otium	**otii** n.	Freizeit, Erholung, Muße	*ital. ozio, span. ocio*
sub (+ Akk.)	(Frage WOHIN?)	unter (...hin)	*vgl. Subvention (= finanzielle Hilfe)*
sub (+ Abl.)	(Frage WO?)	unter	*vgl. engl. subway, submarine*
terrére	**terreo 2**, terrui, territum	(jemanden) erschrecken	*vgl. jemanden terrorisieren, Terrorist*

*) Ab dieser Lektion findest du in der ersten Spalte bei Verben immer die **Nennform (Infinitiv)**, angegeben. In der zweiten Spalte steht zunächst, fett gedruckt, die 1. Person sowie die Konjugationsklasse, zu der das Verb gehört (unbedingt mitlernen!). Bei den nicht fett gedruckten Formen handelt es sich um das **Perfekt**, das erst ab Lec. 14 auf dem Programm steht. Wenn du es dir schon jetzt einprägst, sparst du dir später die Mühe!

Aquädukte

Über die römischen Wasserleitungen wurde aus den Bergen oder den Seen in der Umgebung Frischwasser in die Städte gebracht, um die Brunnen und Bäder zu speisen. Private Wasseranschlüsse konnten sich nur wenige Reiche leisten. Der Großteil der bis zu 90 km langen Wasserleitungen verlief unterirdisch; um ein gleichbleibendes Gefälle (ca. 3 Meter pro Kilometer!) zu erhalten, waren aber auch zahlreiche Aquädukte nötig. Ihr typisches Merkmal ist die Arkadenform. Zu den besterhaltenen Aquädukten außerhalb Roms zählen der Pont du Gard (Frankreich) .

SPA Viele Hotels verfügen heutzutage über ein Spa. Gemeint ist damit eine Wellnessabteilung, in der es Saunen, Dampfbäder etc. gibt. Dementsprechend steht die Abkürzung Spa für *Sanus per aquam* („Gesund durch Wasser")!

Der Pont du Gard in Südfrankreich

5 Grammatica

Personalpronomina (Persönliche Fürwörter)

		1. Person		2. Person		3. Person (Reflexivpronomen)	
Singular	1	*ego*[1]	„ich"	*tu*[1]	„du"	–	
	2	*mei*[2]	„meiner"	*tui*[2]	„deiner"	*sui*[2]	„seiner", „ihrer"
	3	*mihi*	„mir"	*tibi*	„dir"	*sibi*	„sich"
	4	*me*	„mich"	*te*	„dich"	*se*	„sich"
	6	*a me*	„von mir"	*a te*	„von dir"	*a se*	„von sich"
		mecum	„mit mir"	*tecum*	„mit dir"	*secum*	„mit sich"
Plural	1	*nos*[1]	„wir"	*vos*[1]	„ihr"	–	
	2	*nostri*[2]	„unser"	*vestri*[2]	„euer"	*sui*[2]	„ihrer"
		nostrum[3]	„von uns"	*vestrum*[3]	„von euch"	–	
	3	*nobis*	„uns"	*vobis*	„euch"	*sibi*	„sich"
	4	*nos*	„uns"	*vos*	„euch"	*se*	„sich"
	6	*a nobis*	„von uns"	*a vobis*	„von euch"	*a se*	„von sich"
		nobiscum	„mit uns"	*vobiscum*	„mit euch"	*secum*	„mit sich"

[1] Die Nominative des Personalpronomens werden nur bei besonderer Betonung geschrieben:
Bsp.: ***Ego** Iuliam amo, **tu** Claudiam.* = „**Ich** liebe Julia, **du** (liebst) Claudia."

[2] ***mei, tui, sui, nostri, vestri*** sind die (sehr selten vorkommenden) Objektsgenetive:
Bsp.: *memor sum **tui*** = „ich gedenke deiner (= ich denke an dich)"

[3] ***nostrum*** und ***vestrum*** sind die (häufiger vorkommenden) Teilungsgenetive (Genetivus partitivus; vgl. Lec. 11, S. 56):
Bsp.: *quis **vestrum**?* = „wer **von euch**?", *multi **nostrum*** = „viele **von uns**"

Possessivpronomina (Besitzanzeigende Fürwörter)

deklinieren wie Adjektiva:

	1. Person		2. Person		3. Person	
Sg.	*meus/a/um*	„mein(e)"	*tuus/a/um*	„dein(e)"	*suus/a/um*[1]	„sein(e)" / „ihr(e)"
Pl.	*noster/tra/trum*	„unser(e)"	*vester/tra/trum*	„euer/eure"	*suus/a/um*[1]	„ihr(e)"

[1] *suus/a/um* ist **reflexiv** (rückbezüglich), d.h. es bezieht sich immer auf das **Subjekt** des Satzes und wird dementsprechend mit „sein" oder „ihr" übersetzt:

Quintus amicam suam amat. = „Quintus liebt **seine** Freundin."

Claudia amicam suam amat. = „Claudia liebt **ihre** Freundin."

Quintus et Claudia amicos suos amant. = „Quintus und Claudia lieben **ihre** Freunde."

Präpositionen mit Akkusativ oder Ablativ

Die Präpositionen *in* und *sub* stehen entweder mit Akkusativ oder Ablativ. Dementsprechend musst du bei ihnen (im Gegensatz zu allen anderen Präpositionen!) **fragen**:

- *in* + **Akk.** / *sub* + **Akk.** → Frage: **WOHIN?** (der Akkusativ gibt eine RICHTUNG an)
- *in* + **Abl.** / *sub* + **Abl.** → Frage: **WO?** (der Ablativ gibt einen PUNKT an)

Beispiele: *in aquam saltat* = „er springt ins Wasser" (Akk. → WOHIN?)
in aqua sedent = „sie sitzen im Wasser" (Abl. → WO?)

Infinitiv (Nennform)

Der **Infinitiv Präsens aktiv** ist an der Endung *-re* zu erkennen:

a-Konjugation		*e*-Konjugation	
amā-re	„(zu) lieben"	***monē-re***	„(zu) mahnen"

Exercitationes

I. Ergänze die Endungen:

1. Discipuli nunc certe in schol______ sunt.
2. Quam diu Quintus sub aqu______ manet!
3. Amici magistri in terr______ alien______ laborant.
4. Pueri cum puell______ in schol______ properant.
5. Vos post schol______ in for______ exspecto.
6. Pueri thermas[1] intrant et in aqu______ properant.
7. Quintus gaudet, quod solus[2] cum Claudi______ in templ______ est.

1 **thermae**, -arum f.: „Thermen"; 2 **solus**/a/um: „alleine"

II. Setze alle Satzglieder (auch die Pronomina) in den Plural bzw. den Singular:

1. Amici nos ad statuas exspectant.
2. Placetne tibi mecum ambulare?
3. Monstrate nobis pensa vestra, discipuli!
4. Ego amicam meam amo, tu amicam tuam amas.
5. Amica tua mihi quoque placet.
6. Narra mihi de te, amice!
7. Amici nostri pensa sua secum non habent.
8. Libenter vobiscum spectacula pulchra spectamus.

III. Setze die Infinitive der angegebenen Verba in die passenden Sätze ein und übersetze:

ambulo – clamo – doceo – sedeo – specto – video

1. Quis vestrum spectacula ______________ non amat?
2. Num vobis in schola ______________ placet?
3. Per vias pulchras ______________ nobis semper placet.
4. Amici Quinti forum ______________ in animo habent.
5. In schola ______________ discipulis non licet.
6. Magister verba Graeca ______________ in animo habet.

IV. Übersetze ins Lateinische:

1. Unser Lehrer spaziert mit uns auf dem Forum.
2. Er erzählt uns und unseren Freunden viel.
3. Oft lobt er uns, immer ist er fröhlich.
4. Lacht auch euer Lehrer oft?
5. Wir lieben sogar unseren Lateinlehrer[1].
6. Liebt auch ihr euren Lateinlehrer[1]?

1 **Lateinlehrer** = magister Latinus

V. Setze die angegebenen Pronomina ein und übersetze:

ego – mea – meum – mihi – nobiscum – nos – tibi – tu – vestra – vobis – vobiscum – vos – vos

Post scholam Quintus Gaiusque ad Iuliam properant.

Gaius: „Salve, Iulia! Placetne ______________ nunc ______________ in thermas[1] venire[2]?"

Iulia: „______________ in thermas[1] venire[2] me semper delectat, sed pensum ______________ tam magnum est."

Quintus: „______________ pensum magnum non habemus. Cur ______________ pensum magnum habes?"

Iulia: „______________ quoque pensum magnum habetis, sed ______________ laborare non placet!"

Gaius: „Ita est. Sed pensa in thermis[1] scribere[3] in animo habemus."

Iulia: „Consilium[4] vestrum ______________ non placet. Iam video: ______________ in aqua sedetis et ______________ non solum ______________, sed etiam ______________ pensa scribo[5]."

1 **thermae**, -arum f.: „Thermen"; 2 **venire** (Inf.): „kommen"; 3 **scribere** (Inf.): „schreiben"; 4 **consilium**, -i n.: „Plan"; 5 **scribo**: „ich schreibe"

1 Die lateinische Sprache und ihre „Töchter"

Einer der (vielen) Gründe, warum dir der Lateinunterricht später einmal sehr nützlich sein wird, besteht darin, dass du dir beim Erlernen der sogenannten „romanischen Sprachen", die sich ja aus der lateinischen Sprache entwickelt haben, sehr leicht tun wirst.

? Liste mithilfe der Karte auf der inneren Umschlagseite hinten die fünf meistgesprochenen romanischen Sprachen auf!

____

Die enge Verwandtschaft dieser Sprachen untereinander lässt sich leicht am Beispiel des Begriffs „Freund" zeigen:

? Schaffst du es, herauszufinden, aus welcher dieser fünf Sprachen die in der Grafik angeführten Wörter stammen? (Ein Wort ist in zwei Sprachen gleich.)

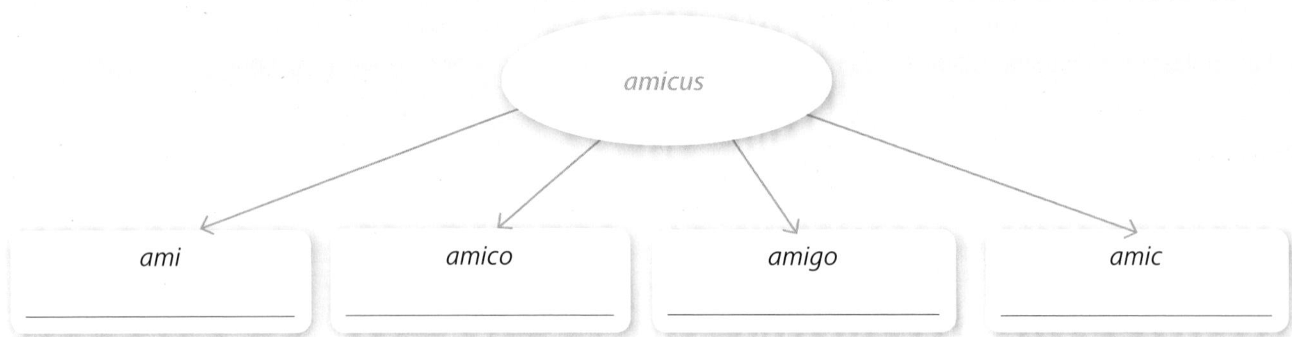

Abgesehen von den romanischen Sprachen gibt es in Europa (neben anderen) noch zwei weitere große Sprachgruppen.

? Ordne die folgenden Sprachen den beiden unten genannten Sprachfamilien zu:
Polnisch – Englisch – Niederländisch – Dänisch – Russisch – Kroatisch – Schwedisch – Deutsch – Tschechisch

- die slawischen Sprachen: ______________________________
- die germanischen Sprachen: ______________________________

? Diese Sprachen, die so unterschiedlich klingen, sind alle miteinander verwandt. Wie heißt die riesige Sprachfamilie, der (mit Ausnahme des Ungarischen, des Finnischen und des Estnischen) so gut wie alle Sprachen Europas angehören?

____

2 Groß- und Kleinschreibung großgeschrieben!

Beim Durcharbeiten der ersten fünf Lektionen wird dir schon aufgefallen sein, dass bei lateinischen Texten praktisch alle Wörter kleingeschrieben werden. Zwei Ausnahmen gibt es jedoch:

- Am **Satzbeginn** werden alle Wörter großgeschrieben.
- Alle **Eigennamen** werden großgeschrieben, z. B. *Romani* („die Römer"), *Roma* („Rom"), *Graeci* („die Griechen") etc.

Im Unterschied zum Deutschen gilt Letzteres aber nicht nur für Nomina, sondern auch für **Adjektiva**, z. B.: „das lateinische Buch" = *liber Latinus* (→ die Groß- und Kleinschreibung ist hier also genau umgekehrt wie im Deutschen!)*

* Das Lateinische entspricht hier dem Englischen, vgl. z. B. the *Roman culture* („die römische Kultur").

? Wie schreibt man lateinisch:

a) der römische Tempel = ______________________________

b) das griechische Mädchen = ______________________________

3 Vokale, Konsonanten & Co.

Lateinische Wörter bestehen aus drei verschiedenen Arten von Lauten:
- **Vokale** (Selbstlaute): A – E – I – O – U – (Y*)
- **Konsonanten** (Mitlaute): B – C – D – F – G – H – L – M – N – P – Q – R – S – T – V – X – (Z*)
- **Diphthonge** (Zwielaute = Kombination von zwei Vokalen): AE – AU – OE – EI (etc.)

? Welche drei Konsonanten kommen (abgesehen von Z) im Lateinischen nicht vor? ____________

Welche Buchstaben werden stattdessen geschrieben? ____________

*Y wurde von den Römern nur in griechischen Fremdwörtern geschrieben, z. B. *syllaba* („Silbe"), *sympathia* („Übereinstimmung"), *symphonia* („harmonische Musik") etc. Auch Z wurde nur in griechischen Fremdwörtern und Eigennamen geschrieben, z. B. *zona* („Gürtel"), *Zacynthos*, *Zama* u.a.

4 Grammatikalische Ausdrücke, die du nach den Lektionen 1 bis 5 können solltest

? Ergänze die zweite und die dritte Spalte!

Name	Übersetzung	deutsches Beispiel
Deklination		
Konjugation		
Nomen/Substantiv		
Adjektiv		
Verbum		
Infinitiv		
Imperativ		
Personalpronomen		
Possessivpronomen		

5 Präpositionen und Präfixe

Du hast in den ersten Lektionen schon eine Menge **Präpositionen** (Vorwörter) kennengelernt, die sich entweder mit dem Ablativ oder dem Akkusativ verbinden.

? Zähle alle bisher gelernten Präpositionen auf:

a) Präpositionen mit **Ablativ**: ____

b) Präpositionen mit **Akkusativ**: ____

Manche Präpositionen können sich auch mit einem Verbum verbinden. Man spricht dann von einem **Präfix** bzw. einer **Vorsilbe**. Die Bedeutung dieser Vorsilbe ist meist eng verwandt mit der der Präposition (des Vorworts). Gut zu sehen ist das am Wort *prae*: sowohl als Präposition als auch als Präfix bedeutet es „vor".

? Das Präfix *prae-* kommt auch in vielen Fremdwörtern vor. Versuche, notfalls mithilfe eines Fremdwörterlexikons, die Bedeutung der folgenden Fremdwörter herauszufinden!

Fremdwort	Bedeutung
Präludium	
präparieren	
prähistorisch	
Prävention	

Fremdwort	Bedeutung
Prädestination	
Präfix	
Präposition	
Präsentation	

6 DE ROMULO ET REMO

Procas, der König von Alba Longa, hat die Herrschaft seinem älteren Sohn Numitor vermacht. Doch Amulius, der jüngere Sohn, reißt die Herrschaft an sich. Damit ihm nicht einst Nachkommen des Numitor den Thron streitig machen können, macht er dessen Tochter Rhea Silvia zur Vestalin, zur Priesterin der Göttin Vesta. Diese waren hoch angesehen, mussten sich aber zur Jungfräulichkeit verpflichten.

Sed Rheae Silviae, **filiae** Numitoris[1], **tamen duo filii** sunt, Romulus et Remus. Itaque Amulius pueros **parvos** in aqua exponit[2]. **Paulo post** lupa[3] aquae **appropinquat**, ubi Romulum Remumque videt. **Liberos autem** non necat, sed alit[4]. **Deinde** pastor[5] pueros secum **portat** et educat[6].

Multis **annis** post Romulus et Remus – nunc iam viri sunt – **oppidum aedificare** in animo habent. Duo autem viri in oppido novo **regnare** non **possunt**. Itaque auspicia[7] deorum spectant. Remus **sex** vultures[8] videt, Romulus autem **duodecim**. „Potesne auspicium[7] videre?“, Romulus interrogat. „Ego **dis** (= deis) **gratus sum**. Mihi **auxilio** deorum oppidum novum aedificare licet.“ Deinde cum aliis viris **nonnulla** aedificia et vallum[9] aedificat.

Remus nunc oppido novo appropinquat. „Quam **magnificum** oppidum tibi est!“, ridet. „Sed vide: **Trans** vallum[9] tuum saltare[10] possum!“ Romulus autem iratus gladio suo Remum necat clamatque: „Sic deinde, quicumque[11] trans vallum[9] oppidi mei saltat[10]!“

1 Numitoris (2.F.): „des Numitor“; **2 exponit**: „er/sie/es setzt aus“; **3 lupa**, -ae f.: „Wölfin“; **4 alit**: „er/sie/es ernährt“; **5 pastor**: „Hirte“; **6 educare** 1: „erziehen“; **7 auspicium**, -i n.: „Vorzeichen“; **8 vultures** (Pl.): „Geier“; **9 vallum**, -i n.: „Wall“, „Mauer“; **10 saltare** 1: „springen“; **11 sic deinde, quicumque** ...: „so soll es in Zukunft jedem ergehen, der ...“

? Ergänze die Lücken mithilfe des Lektionstextes:

Rhea Silvia ist die Tochter des ______________. Ihr Onkel ______________ lässt die neugeborenen Zwillinge aussetzen. Diese werden aber von einer ______________ gerettet und von einem ______________ aufgezogen. Als sie erwachsen sind, ziehen Romulus und Remus im Streit um die Herrschaft ______________ als „Schiedsrichter“ heran.

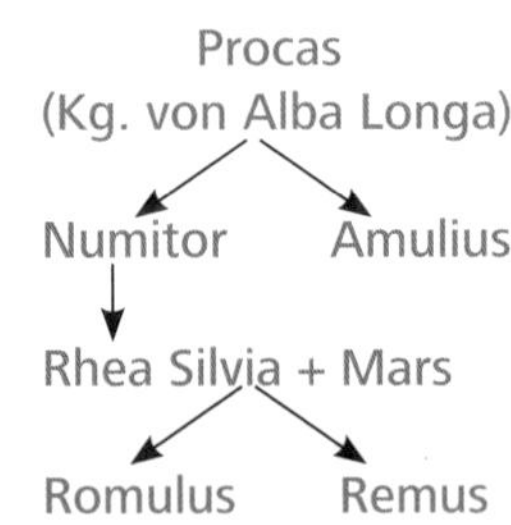

Der Ursprung Roms

Die kapitolinische Wölfin (Palazzo dei Conservatori, Rom)

Als Ahnherr und Stammvater der Römer gilt **Äneas**, der Sohn der Venus. Nach seiner Flucht aus dem von den Griechen zerstörten Troja (in der heutigen Türkei) landete er nach langen Irrfahrten, die ihn auch zur karthagischen Königin Dido führten (vgl. Text V, S. 35), schließlich in Italien und gründete dort die Stadt Lavinium. Seine Nachfahren erbauten und regierten Alba Longa, bis Romulus, wie oben erzählt, die Stadt Rom gründete.

Vater von Romulus und Remus ist übrigens der Kriegsgott **Mars**, der Rhea Silvia in ihrem Tempel geschwängert haben soll. Die Römer zählten also neben Jupiter (Ahnherr der Trojaner und somit auch des Äneas) und Venus (Mutter des Äneas, vgl. auch S. 90) noch einen dritten Gott zu ihren Vorfahren.

Vocabularium

filia	filiae f.	Tochter	*vgl. Filiale (= Tochterunternehmen)*
tamen		dennoch, trotzdem	*↔ tam =*
duo/duae/duo		zwei	*ital. due, span. dos; vgl. Duett, Duo*
filius	filii m.	Sohn	*frz. fils, ital. figlio*
parvus/a/um		klein	*↔ magnus =*
paulo post		wenig später	
post (nach Abl.)		später	*↔ post + Akk. =*
appropinquáre	appropinquo 1, -avi, -atum	sich nähern	*engl. to approach*
liberi (Pl.)	liberorum m.	die Kinder	*↔ libri, librorum =*
autem		aber	*immer nachgestellt: ego autem = sed ego („aber ich")*
deinde		dann	
portáre	porto 1, portavi, -atum	tragen, bringen	*franz. porter, ital. portare; vgl. trans-portieren, ap-portieren („heranbringen")*
annus	anni m.	Jahr	*frz. an, ital. anno, span. año; vgl. Annalen (= Jahrbücher)*
oppidum	oppidi n.	Stadt	
aedificáre	aedifico 1, -avi, -atum	erbauen	*frz. édifier, ital. edificare; vgl. aedificium =*
regnáre	regno 1, regnavi, -atum	herrschen, regieren	*frz. régner, ital. regnare, span. reinar, engl. to reign*
posse	possum, potui, –	können	*(siehe Grammatica); vgl. engl. possible*
sex		sechs	*vgl. Sextett*
duodecim		zwölf	*ital. dodici; vgl. das Dutzend (= zwölf Stück)*
dis = deis	(3./6.F. Pl. m.)	den Göttern	
di = dei (= dii)	(1.F. Pl. m.)	die Götter	
gratus/a/um		1) dankbar 2) lieb, angenehm	*ital. grato*
esse	sum, fui, –	(zu) sein	*(siehe Grammatica)*
auxilium	auxilii n.	Hilfe	*span. auxilio; vgl. engl. auxiliary verbs (= Hilfszeitwörter)*
nonnulli/ae/a (Pl.)		einige	
magníficus/a/um		großartig, prächtig	*frz. magnifique, ital. magnifico, span. magnífico*
trans (+ Akk.)		über; jenseits von	*vgl. Transit, Transfer, Transformator; „Transdanubien"*

Die römische Wölfin: Die in der Gründungsgeschichte Roms erwähnte Wölfin wurde später zum Wappentier der Stadt. Die berühmteste Darstellung ist die sogenannte kapitolinische Wölfin. Die auf dem Kapitol im Konservatorenpalast ausgestellte Bronzeplastik wurde lange Zeit für ein etruskisches Kunstwerk aus dem 6. Jh. v. Chr. gehalten. Neueste Untersuchungen legen aber nahe, dass die *Lupa Capitolina* aus dem Mittelalter stammt. Fest steht, dass die Knaben erst in der Renaissance ergänzt wurden.

Eine weniger schmeichelhafte Deutung der in der Sage vorkommenden *lupa* besagt, dass es sich bei der Ziehmutter von Romulus und Remus nicht um eine Wölfin, sondern um eine Prostituierte gehandelt habe: Diese wurden nämlich wegen des Geheuls, das sie zum Anlocken der Kundschaft ausstießen, ebenfalls *lupae* genannt.

Auch das Wappen des Fußballklubs AS Roma zeigt die Lupa Romana.

6 Grammatica

esse („sein") und *posse* („können")

Die Verba *esse* und *posse* werden unregelmäßig abgewandelt, weisen aber viele Parallelen zueinander auf: *posse* („können") ist nämlich eine Zusammensetzung aus *potis* („fähig") + *esse* („sein").

		Präsens			
Sg.	1.P.	***sum***	„ich bin"	***possum***	„ich kann"
	2.P.	***es***	„du bist"	***potes***	„du kannst"
	3.P.	***est***	„er/sie/es ist"	***potest***	„er/sie/es kann"
Pl.	1.P.	***sumus***	„wir sind"	***possumus***	„wir können"
	2.P.	***estis***	„ihr seid"	***potestis***	„ihr könnt"
	3.P.	***sunt***	„sie sind"	***possunt***	„sie können"
		Infinitiv Präsens			
		esse	„(zu) sein"	***posse***	„(zu) können"
		Imperative			
	Sg.	***es!***	„sei!"		–
	Pl.	***este!***	„seid!"		–

NOTA BENE!
In einigen Formen von *posse* hat sich die Silbe *pot-* zu *pos-* verändert, und zwar immer dort, wo die nachfolgende Silbe mit *s* beginnt (*sum, sumus, sunt*). Man nennt diese Anpassung eines Buchstaben an den folgenden **Assimilation** (→ S. 119):

- *pot-sumus* → *pos-sumus*
- *ad-portare* → *ap-portare*

TIPP: Wenn du bei den Formen von *posse* die Silbe *pos-* bzw. *pot-* weglässt, erhältst du die zugrunde liegende Form von *esse*!

Dativ des Besitzers *(Dativus possessivus)*

Eine Eigenheit des Lateinischen ist der Dativ des Besitzers (*Dativus possessivus*). Ihn darf man **nicht wörtlich** übersetzen, sondern man muss ihn zu einem „haben"-Satz umformen:

Rheae Silviae duo filii sunt. =
(Der Rhea Silvia sind zwei Söhne. →)
„Rhea Silvia **hat** zwei Söhne."

Mihi amica pulchra est. =
(Mir ist eine hübsche Freundin. →)
„Ich **habe** eine hübsche Freundin."

Mittelsablativ *(Ablativus instrumenti)*

Der Ablativ steht im Lateinischen nicht nur nach bestimmten Präpositionen (→ S. 24 und 28), sondern auch auf bestimmte **Fragen**. Die häufigste lautet „WOMIT?" / „WODURCH?". Ein solcher Ablativ heißt Mittelsablativ *(Ablativus instrumenti)*, da er das Mittel angibt, mithilfe dessen etwas gemacht wird.

Übersetzung: „mit", „durch":

*Romulus Remum **gladio** necat.* = „Romulus tötet Remus **mit dem Schwert**."

TIPP: DINGE und SACHBEGRIFFE stehen im Ablativ meistens **ohne**, PERSONEN meist **mit** Präposition:

- „mit dem Freund" = *cum amico* (→ Person!)
- „mit dem Schwert" = *gladio* (→ Sache!)

Exercitationes

I. Setze die passenden Formen von *esse* oder *posse* ein und übersetze:

Magister cum discipulis per Romam ambulat. In foro ____________ discipulis placet. Nunc magister discipulique ante templum pulchrum ____________. Magister interrogat: „Ubi nunc sumus? Quis vestrum respondere ____________?

– Gai, ubi ____________?" – „Hic ____________, sed respondere non ____________!"

Deinde magister puellas interrogat: „Claudia et Iulia, certe vos respondere ____________!"

Iulia respondere ____________: „Ante templum Vestae deae ____________."

II. Übersetze die folgenden Sätze, die alle einen Dativus possessivus beinhalten, in gutes Deutsch!

1. Romanis multi di sunt.
2. Iuliae oculi pulchri sunt.
3. Estne tibi novus amicus, Iulia?
4. Nonnullis pueris multae amicae sunt.
5. Mihi saepe otium est.
6. Nobis multi libri novi sunt.
7. Romanis saepe magna copia liberorum est.
8. Magistro nostro filius parvus est.

III. Setze die angegebenen Nomina in den Ablativ und übersetze den ganzen Satz:

1. Magister Quintum ____________ interrogat. (lingua Graeca)
2. Quintus solum ____________ puellarum magistro respondere potest. (auxilium)
3. Magister nunc puerum ____________ laudat. (multa verba)
4. Postremo magister discipulos ____________ delectat. (pensum magnum)

IV. Setze die angegebenen Verba in der richtigen Form ein und übersetze:

1. ____________-ne de Romulo Remoque narrare, discipuli? (posse)
2. Cur filios Rheae Silviae necare in animo ____________, Amuli? (habere)
3. ____________-ne auspicia[1] deorum, Romule et Reme? (videre)
4. Remo oppidum novum ____________ non licet. (aedificare)
5. ____________ mihi oppidum tuum, Romule! (monstrare)
6. Oppido novo vallum[2] magnum non ____________. (esse)

1 auspicium, -i n.: „Vorzeichen", **2 vallum**, -i n.: „Wall" „Mauer"

V. Ergänze die fehlenden Endungen und übersetze:

De Aenea[1]

Graeci multos annos ad Troiam, oppidum clarum magnificumque, pugnant. Postremo oppid______ expugnant[2] multosque vir______ necant. Aeneas[1] autem fugere[3] potest. Filium parvum quoque ex oppid______ portat et deinde cum multis viris et femin______ Carthaginem[4], in oppidum novum et pulchrum, properat. Quod regina[5], femin______ pulchra, Aeneae[1] placet, hic manere in animo habet. Di autem aliud imperant[6]. Itaque in Italiam[7] properat, ubi diu cum nonnull______ populis[8] pugnat. Postremo eos[9] superat et in Italia[7] manere potest. Nonnullis annis post Iulus, filius Aeneae[1], oppidum novum, Albam Longam, aedific______.

1 Aeneas, -ae m.: „Äneas" (ein Trojaner); **2 expugnare** 1: „erobern"; **3 fugere** M: „flüchten"; **4 Carthaginem**: „nach Karthago"; **5 regina**, -ae f.: „Königin"; **6 imperare** 1: „befehlen"; **7 Italia**, -ae f.: „Italien"; **8 populus**, -i m.: „Volk"; **9 eos** (Akk.): „sie"

7 DE ROMANIS ET SABINIS[1]

Romulus ist nun König der neuen Stadt Rom. Doch die Besiedelung der Stadt verläuft nicht ganz problemlos.

Romulus nunc in oppido novo regnat. Multi viri in oppidum **veniunt**, quod ibi **habitare** in animo habent. Sed viris feminae non sunt! Itaque, **ut apud** Livium[2] **legimus**, Romulus **consilium capit**: **Nuntios** ad Sabinos[1], **populum** vicinum[3], **mittit**. Nuntii Sabinis **dicunt**: „Venite in oppidum nostrum! Vobis spectacula pulchra **paramus**." Sabini verba nuntiorum magno cum gaudio **audiunt** et libenter veniunt. **Nam** ita etiam oppidum novum spectare possunt.

Dum autem Sabini spectacula vident, Romani **subito** filias Sabinorum **rapiunt** et secum **domum** portant. Sabini, quod **arma** sua secum non habent, filias **adiuvare** non possunt et irati Romam **relinquunt**. **Domi** autem, quod **iniuriam** Romanorum **tolerare** non possunt, arma capiunt iterumque Romae appropinquant. **Bellum gerere** in animo habent. Paulo antequam[4] bellum **inter** Romanos et Sabinos oritur[5], filiae ad viros **contendunt**. „Bellum gerere **necesse** non est!", clamant. „Libenter hic apud Romanos manemus. Nam viri boni sunt."

1 Sabini, -orum m.: „die Sabiner" (Nachbarvolk Roms); **2 Livius**, -i m.: „Livius" (röm. Geschichtsschreiber); **3 vicinus/a/um**: „benachbart"; **4 antequam**: „bevor"; **5 oritur**: „er/sie/es entsteht"

? Ergänze die Lücken!

1. Romulus schickt Boten zu den Sabinern, weil die Römer ____________________ .
2. Die Sabiner können ihren Töchtern nicht helfen, weil ____________________ .
3. Der Krieg zwischen Römern und Sabinern wird dadurch verhindert, dass ____________________ ____________________ .

Die römische Frühzeit

Romulus gilt als erster von insgesamt **sieben Königen**. Der Sage nach soll er im Jahr **753 v. Chr.** Rom gegründet haben („753 – Rom schlüpft aus dem Ei"). Die Stadt lag besonders günstig: an einer alten Handelsstraße, die dort durch eine Furt den Tiber durchquerte, und nicht allzu weit vom Meer entfernt (wo später Roms Hafen Ostia entstand). Außerdem boten **sieben Hügel** sichere und gesunde Wohnmöglichkeiten. Die Siedler sollen zuerst den Hügel *Palatin* besetzt haben. Später kamen die auf dem *Quirinal* lebenden Nachbarn dazu – ein Vorgang, der sich in der Geschichte vom Raub der Sabinerinnen widerspiegelt: Die fremden und feindlichen Sabiner wurden zu Mitbewohnern und Verwandten gemacht. Diese Fähigkeit zur Integration fremder Völker zeichnete die Römer auch später immer wieder aus.

Die Völker Italiens zur Zeit der Gründung der römischen Republik

Vocabularium

veníre	**venio 4,** veni, ventum	kommen	*frz. venir, ital. venire, span. venir*
habitáre	**habito 1,** -avi, -atum	wohnen; bewohnen	*frz. habiter, ital. abitare, span. habitar*
ut		1) wie; 2) als	*ut = als (temporal), vgl. S. 104*
apud (+ Akk.)		bei	
légere	**lego 3,** legi, lectum	lesen	*ital. leggere; vgl. Lektüre, Legende*
consilium	**consilii** n.	Plan, Beschluss; Rat	*frz. conseil, ital. consiglio, span. consejo*
cápere	**capio M,** cepi, captum	1) fassen, ergreifen; 2) fangen; 3) nehmen	*(vgl. S. 53!); ital. capire; vgl. kapern, kapieren (= verstehen)*
nuntius	**nuntii** m.	Bote; Nachricht	*vgl. Nuntius (= päpstlicher Botschafter)*
populus	**populi** m.	Volk	*vgl. populär (= beim Volk beliebt), Populismus*
míttere	**mitto 3,** misi, missum	schicken	*vgl. Missionar (= einer, der ausgeschickt wurde)*
dícere	**dico 3,** dixi, dictum	1) sagen; 2) nennen	*vgl. Diktat; Diktion (= Ausdrucksweise)*
paráre	**paro 1,** paravi, -atum	1) vorbereiten, bereiten; 2) erwerben	*vgl. etwas parat haben (= etwas vorbereitet haben)*
audíre	**audio 4,** audivi, -itum	hören	*vgl. Audio-Datei, Audienz; Auditorium (= Hörsaal)*
nam		denn, nämlich	
dum (+ Präsens)		während	
subito (Adv.)		plötzlich	*↔ ital. subito = „sofort"!*
rápere	**rapio M,** rapui, raptum	rauben	*frz. ravir, ital. rapire*
domum		nach Hause	
arma (Pl.)	**armorum** n.	Waffen	*frz. arme, ital. + span. arma; vgl. Armee, Alarm (aus „Ad arma!" = „Zu den Waffen"), Armada*
adiuváre	**ádiuvo 1,** -iuvi, -iutum	unterstützen, helfen	*vgl. Adjutant (= Hilfsoffizier eines Kommandanten)*
relínquere	**relinquo 3,** reliqui, relictum	1) verlassen; 2) zurücklassen	*vgl. Reliquien (= Überreste von Heiligen), Relikt (= Überbleibsel)*
domi		zu Hause	*↔ domum =*
iniuria	**iniuriae** f.	Unrecht	
toleráre	**tolero 1,** -avi, -atum	ertragen	*vgl. tolerant sein (= nachsichtig sein)*
bellum	**belli** n.	Krieg	*vgl. Rebellion, Duell (duellum = bellum!)*
bellum gérere	gessi, gestum	Krieg führen	
inter (+ Akk.)		zwischen	*vgl. international, Intercity-Zug, Intervall, interaktiv*
conténdere	**contendo 3,** -tendi, -tentum	1) eilen; 2) kämpfen	*Grundbedeutung: „die Kräfte anspannen"*
necesse est		es ist notwendig	*engl. necessary; vgl. das Necessaire (= Behälter mit Reisebedarf)*

Nach dem Tod des Romulus (er soll während einer Sonnenfinsternis plötzlich verschwunden und unter die Götter aufgenommen worden sein) regierten der Sage nach noch sechs weitere Könige die Stadt Rom. Die letzten von ihnen stammten aus dem Nachbarvolk der **Etrusker**. Sie wurden von den Römern *Tusci* genannt, wovon sich der Name *Toskana* ableitet. Die Etrusker waren den Römern zu dieser Zeit kulturell überlegen. Von ihnen übernahmen die Römer unter anderem die Gladiatorenspiele (vgl. Lec. 4), die Zirkusspiele, den Triumphzug, den Bau von Wasserleitungen und Kanälen (z. B. die *Cloaca Maxima* zur Trockenlegung des Forums), die Toga, das Atriumhaus sowie die Zukunftsdeutung. Unter den Etruskern begann Rom auch zu expandieren. Mitte des 6. Jh. war Rom bereits die mächtigste Stadt in Latium. 510 v. Chr. wurde der letzte etruskische König von den Römern gewaltsam vertrieben (vgl. Lec. 8).

AUDI

Hättest du gewusst, dass diese Automarke eigentlich ein Imperativ ist? Der Gründer der Firma war ein gewisser Herr Horch. (Deine Großeltern werden sich an die „Horch-Autos" vielleicht noch erinnern können.) Nachdem er sich mit dem Vorstand der von ihm gegründeten Firma zerstritten hatte, gründete er 1910 eine neue Autofirma und benannte diese nach der lateinischen Übersetzung seines Familiennamens (Horch = höre = lat. *audi*).

Veni, vidi, vici

Diesen wohl berühmtesten lateinischen Satz („Ich kam, sah, siegte.") soll Cäsar nach einem Blitzsieg (innerhalb von nur vier Stunden) gegen den kleinasiatischen König Pharnakes im Jahr 47 v. Chr. geäußert haben.

7 Grammatica

Konjugationen

Neben der *a*- und *e*-Konjugation gibt es noch drei weitere Konjugationsklassen, die sich allerdings nur in wenigen Details voneinander unterscheiden. Wie *a*- und *e*-Konjugation sind auch sie nach dem Auslaut ihres Stammes benannt:

- **konsonantische Konjugation** → Stamm endet auf einen Konsonanten (Mitlaut)
- ***i*-Konjugation** → Stamm endet auf langes *i*
- **Mischkonjugation*** → Stamm endet auf kurzes *i*

*) „Mischkonjugation" deswegen, weil die Formen teils nach der konsonantischen, teils nach der *i*-Konjugation gebildet werden.

Da bei der konsonantischen Konjugation der Stamm auf einen Mitlaut endet, tritt als Bindeglied zwischen Stamm und Endung ein sogenannter **Bindevokal**, der meistens **-*i*-** lautet:

mitt - i - s

↓

Stamm – Bindevokal – Endung

An den Stamm werden bei allen Konjugationen dieselben Personalendungen angefügt (vgl. S. 20):

		a-Konj.	*e*-Konj.	kons. Konj.	*i*-Konj.	Mischkonj.
		Präsens				
Sg.	1.P.	*amo*[1]	*habe-o*	*mitt-o*	*audi-o*	*capi-o*
	2.P.	*ama-s*	*habe-s*	*mitt-i-s*	*audi-s*	*capi-s*
	3.P.	*ama-t*	*habe-t*	*mitt-i-t*	*audi-t*	*capi-t*
Pl.	1.P.	*ama-mus*	*habe-mus*	*mítt-i-mus*	*audí-mus*	*cápi-mus*
	2.P.	*ama-tis*	*habe-tis*	*mítt-i-tis*	*audí-tis*	*cápi-tis*
	3.P.	*ama-nt*	*habe-nt*	*mítt-u-nt*	*áudi-u-nt*	*cápi-u-nt*
		Infinitiv Präsens				
		amá-re	*habé-re*	*mítt-e-re*	*audí-re*	*cápe-re*
		Imperative				
	Sg.	*ama!*	*habe!*	*mitt-e!*[2]	*audí!*	*cápe!*
	Pl.	*amá-te!*	*habé-te!*	*mítt-i-te!*	*audí-te!*	*cápi-te!*

[1] *amo* aus *ama-o*;

[2] Ausnahmen: *dic!* („sag!") und *duc!* („führ!", vgl. Lec. 10)

NOTA BENE!

Zu welcher Konjugationsklasse ein Verbum gehört, erkennst du nicht an der 1. Person Sg. oder am Infinitiv alleine, sondern erst aus der Kombination von 1. + 2. Person Sg. und Infinitiv Präsens:

-o, -as, -are → a-Konjugation
(Abkürzung: *-are 1*): z. B. ***amare 1***

-eo, -es, -ére → e-Konjugation
(Abkürzung: *-ére 2*): z. B. ***habére 2***

-o, -is, -ere → konsonantische Konjugation
(Abkürzung: *-ere 3*): z. B. ***míttere 3***

-io, -is, -ire → i-Konjugation
(Abkürzung: *-ire 4*): z. B. ***audire 4***

-io, -is, -ere → Mischkonjugation
(Abkürzung: *-ere M*): z. B. ***cápere M***

TIPP: Um bei den Verba auf *-ere* (*e*-, konsonantische- und Mischkonjugation) die Konjugationszugehörigkeit deutlich zu machen, ist bei diesen Infinitiven im Vocabularium jeweils der Akzent angegeben (*-ére* → *e*-Konjugation, *-ere* → Misch- oder konsonantische Konjugation).

Exercitationes

I. Bilde von den folgenden Verba die 3. Person Sg. und Pl. und die Imperative Sg. und Pl.:

1. contendere 2. venire 3. parare 4. rapere 5. terrere 6. legere

II. Setze die angegebenen Verba in der richtigen Form ein und übersetze:

1. Iulia amicam in oppidum ______. (mittere)
2. Cur tam laeti ______, liberi? (esse)
3. ______ verba magistri, discipuli! (audire)
4. ______-ne nos, Claudia? (adiuvare)
5. Pueri magistro respondere non ______. (posse)
6. Discipuli scholam ______ et domum ______. (relinquere / properare)
7. Quid ______, Gai? (dicere)
8. ______, quod nobis nunc otium ______. (gaudere / esse)
9. ______ ad forum, Iulia! (venire)

III. Übersetze ins Lateinische:

1. Warum kommst du nicht zu mir, Julia?
2. Immer sagst du: „Ich kann nicht kommen, Gaius!"
3. Aber mit Quintus gehst du oft spazieren.
4. Meine Freunde sehen euch immer auf dem Forum!

IV. Welches Wort passt nicht zu den anderen? Warum?

1.	2.	3.	4.	5.	6.
☐ amici	☐ propero	☐ manere	☐ bellis	☐ aedificii	☐ aqua
☐ veni	☐ habito	☐ dicere	☐ armis	☐ gladii	☐ amica
☐ populi	☐ adiuvo	☐ sedere	☐ geris	☐ nuntii	☐ copia
☐ anni	☐ subito	☐ ridere	☐ terris	☐ filii	☐ arma

V. Verbinde die Satzhälften und übersetze:

1. Nobis de bellis …
2. Discipulos bonos …
3. Quintus librum Graecum …
4. Vos certe ad spectacula …
5. Nos in aedificio novo …
6. Nos templa spectare semper …
7. Ego quoque domi …

a) habitamus. b) legere non placet. c) legere non potest. d) venitis.
e) delectat. f) laudare necesse est. g) manere in animo habeo.

VI. Setze die fehlenden Endungen ein und übersetze:

Parentes[1] Quintum in scholam mitt______. Dicunt: „Contend______ in scholam!" Quintus autem non contend______, sed cum Gaio amico per vias ambul______. Itaque pueri post alios discipulos in scholam veni______. Magister clamat: „Cur nunc ven______? Vos iam exspectamus! Dum vos ambul______, nos iam diu de Roma leg______. Pot______-ne de Romulo Remoque narrare?" Quintus dicit: „Certe possumus: Remus Romulusque Troiam[2] relinqu______; deinde Remus Romulum nec______." – Alii discipuli rid______, magister clamat: „Stulti[3] estis!" Meridie[4] discipulos domum mitt______. Quintus et Gaius ad portam[5] proper______, sed tum magistrum audi______: „Hic man______, pueri! Vobis scholam relinqu______ non licet. Nunc de Romulo Remoque leg______!"

1 parentes: „Eltern"; **2 Troia**, -ae f.: „Troja"; **3 stultus/a/um**: „dumm"; **4 meridie**: „zu Mittag"; **5 porta**, -ae f.: „Tür"

8 DE LUCRETIA

Nach Romulus regieren sechs weitere Könige. Der siebente ist Tarquinius Superbus, ein tyrannischer Herrscher aus Etrurien (heutige Toskana). In seiner Regierungszeit kommt es zur Belagerung von Roms Nachbarstadt Ardea. Eines Abends beginnen die Königssöhne und andere Führer des Heeres zu diskutieren, wessen Frau wohl die tugendhafteste und anständigste sei. Da schlägt Collatinus vor, noch in der Nacht nach Rom zu reiten, um zu beweisen, dass seine Frau Lucretia die Frauen der Übrigen bei weitem übertreffe.

Viri **tres horas** equitant[1], tum Romae appropinquant et ad feminas veniunt. Quid **faciunt** feminae? **Neque dormiunt neque** domi sunt, sed cum amicis in convivio[2] sunt: **Sola** Lucretia cum **duabus** ancillis[3] domi est et laborat. Sextus Tarquinius, **unus** e tribus filiis Tarquinii Superbi, Lucretiam videt et secum cogitat: „Quam pulchra est Lucretia!" Deinde Lucretiam relinquunt et ad Ardeam contendunt. Hora **prima** iterum in **castris** sunt.

Postero die[4] Sextus Tarquinius solus ad Lucretiam venit. Feminam pulchram vi[5] sibi parare in animo habet. Sed Lucretia **resistit**: „Femina fida[6] sum neque adulterium[7] **committere** possum!" Tarquinius autem dicit: „**Nisi** mihi **pares**, te cum **servo** tuo neco!" Nunc Lucretia viro alieno **non iam** resistit.

Paulo post Lucretia nuntium in castra ad virum mittit. Collatinus venit et de stupro[8] Sexti Tarquinii audit. „Tu", inquit, „sine **culpa** es!" Tamen Lucretia clamat: „**Nullis** aliis feminis **exemplum** infidelitatis[9] praebere[10] in animo habeo!" Deinde se cultro[11] necat.

Populus Romanus postremo de stupro[8] audit et **maxime** iratus est. Collatinum adiuvat **familiam**que Tarquiniorum ex oppido **expellit**.

1 equitare 1: „reiten"; **2 convivium**, -i n.: „Festmahl"; **3 ancilla**, -ae f.: „Magd", „Dienerin"; **4 postero die**: „am nächsten Tag"; **5 vi**: „mit Gewalt", „gewaltsam"; **6 fidus/a/um**: „treu"; **7 adulterium**, -i n.: „Ehebruch"; **8 stuprum**, -i n.: „Gewalttat", „Schandtat"; **9 infidelitatis** (2.F.).: „für/von Untreue"; **10 praebere** 2: „bieten", „geben"; **11 culter**, -tri m.: „Messer", „Dolch"

? Kreuze von den vorgegebenen Möglichkeiten die richtige(n) Übersetzung(en) an!

Collatinum adiuvat (Zeile 22) bedeutet:	
1. „Er/sie/es unterstützt Collatinus."	
2. „Er/sie/es hilft Collatinus."	
3. „Collatinus hilft."	

Die Verfassung der römischen Republik

Nachdem Tarquinius vertrieben worden war, wollten die Römer die Monarchie nicht aufrechterhalten. Also wurde die Macht auf mehrere Amtsträger (Beamte) aufgeteilt – Rom wurde zur **Republik**. Dabei mussten sich die zahlenmäßig überlegenen, aber politisch rechtlosen **Plebejer** ihre Rechte gegen die privilegierten Adeligen (**Patrizier**) erst erkämpfen. Nach Abschluss dieser zirka 200 Jahre dauernden **Ständekämpfe** sah die römische Verfassung so aus:

- **Senat**: „Ältestenrat"; aus den vornehmsten Familien und ehemaligen Beamten. Er gab den amtierenden Beamten nur Empfehlungen, die aber meist befolgt wurden.
- **Quästoren**: Aufsicht über Staatsvermögen und Steuereintreibung („Finanzminister").
- **Ädilen**: Aufsicht über Straßen, Verkehr, Wasserleitungen, Getreideversorgung („Infrastrukturminister").
- **Prätoren**: Rechtsprechung („Justizminister").
- **Konsuln**: Leitung von Senatssitzungen und Volksversammlung, Einbringen von Gesetzesanträgen, Oberbefehl über das Heer.
- **Diktator**: in Krisensituationen für max. sechs Monate zum Oberbefehlshaber ernannt.
- **Volkstribunen**: Vertreter der Plebejer; Vetorecht (= Einspruchsrecht) gegen Beamten-Beschlüsse.
- **Volksversammlung**: alle erwachsenen männlichen Bürger.

Machtkontrolle:
Um übergroße Machtfülle der Amtsträger zu verhindern, legten die Römer zwei Prinzipien fest:

- die **Annuität** (Begrenzung der Amtszeit auf maximal ein Jahr)
- die **Kollegialität** (mindestens zwei Personen in jedem Amt).

Vocabularium

tres (m./f.)	tria (n.)	drei	*frz. trois, ital. tre, span. tres; vgl. Triathlon; Triumvirat (= Dreimännerbund)*
hora	**horae** f.	Stunde	*engl. hour, frz. heure, ital. ora, span. hora*
fácere	**facio M,** feci, factum	tun, machen	*frz. faire, ital. fare*
neque – neque	(= nec – nec)	weder – noch	*vgl. neque =*
dormire	**dormio 4,** -ivi, -itum	schlafen	*frz. dormir, ital. dormire, span. dormir*
solus/a/um	2.F. **sol**ius, 3.F. **soli**	allein	*ital. + span. solo/a; vgl. Solo, Solist*
duo/duae/duo		zwei	*(siehe Grammatica); ital. due; vgl. Duett, Duo*
unus/a/um	2.F. **un**ius, 3.F. **uni**	1) ein; 2) einzig	*frz. un, ital. uno, span. un; Unikat (= Einzelstück)*
primus/a/um		der erste	*ital. primo; vgl. Primel, Primar, Primat, prima, primär*
castra (Pl.)	**castrorum** n.	das Lager (Sg.)	*vgl. Kastell (= kleines Lager), engl. castle*
resístere	**resisto 3,** restiti, –	sich widersetzen, Widerstand leisten	*engl. to resist; vgl. resistent (= widerstandsfähig)*
commíttere	**committo 3,** commisi, commissum	begehen (ein Verbrechen); beginnen (einen Krieg)	*engl. to commit (a crime)*
nisi		wenn nicht, falls nicht	*↔ si =*
parére	**pareo 2,** parui, –	gehorchen	*vgl. parieren; ↔ parare 1 =*
servus	**servi** m.	Sklave	*Servus! (erg. sum) = „Ich bin dein Diener"*
non iam		nicht mehr	*↔ iam =*
culpa	**culpae** f.	Schuld	*ital. colpa, span. culpa*
nullus/a/um	2.F. **null**ius, 3.F. **nulli**	kein	*vgl. Null; ↔ nonnulli =*
exemplum	**exempli** n.	Beispiel	*engl. for example („zum Beispiel")*
maxime (Adv.)		sehr; am meisten	*vgl. maximal*
familia	**familiae** f.	Familie	*engl. family, frz. famille, ital. famiglia*
expéllere	**expello 3,** expuli, expulsum	1) vertreiben; 2) verjagen	

Dezember

Warum steckt in unserem zwölften Monat eigentlich das lateinische Zahlwort *decem* = „zehn"? Das ist darauf zurückzuführen, dass das römische Jahr ursprünglich mit dem März begann. Folglich war der September der siebente, der Oktober der achte Monat etc. Im Jahre 153 v. Chr. wurde der Jahresbeginn auf Jänner (der ursprünglich der elfte Monat gewesen war!) verlegt. Da aber die ursprünglichen Monatsbezeichnungen beibehalten wurden, „stimmte" von nun an die Nummerierung nicht mehr.

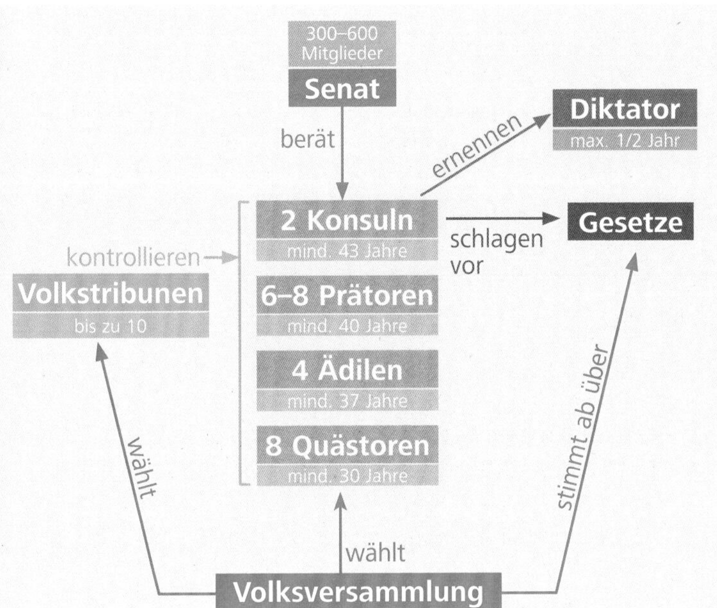

Wer hatte wirklich die Macht?

Die Römer nannten ihren Staat zwar *res publica* („öffentliche Sache"), in der Realität stellte er aber eine Mischung von drei verschiedenen Staatsformen dar:

- monarchisches Element (Monarchie: „Herrschaft eines Einzelnen"): Die **Konsuln** haben hohe Befehlsgewalt.
- aristokratisches Element (Aristokratie: „Herrschaft der Besten"): Der **Senat** besteht aus den Mitgliedern der alten Adelsfamilien.
- demokratisches Element (Demokratie: „Herrschaft des Volkes"): Die **Volksversammlung** besteht aus allen freien Bürgern (ausgenommen aber Frauen, Freigelassene und Sklaven!).

8 Grammatica

Numeralia (Zahlwörter)

Ziffer	Grundzahlen		Ordnungszahlen	
I	*unus, una, unum* *unius* *uni* *unum, unam, unum* *uno, una, uno*	„ein(s)"	*primus/a/um*	„der/die/das Erste"
II	*duo, duae, duo* *duorum, duarum, duorum* *duobus, duabus, duobus* *duos, duas, duo* *duobus, duabus, duobus*	„zwei"	*secundus/a/um*	„der/die/das Zweite"
III	*tres, tres, tria* *trium* *tribus* *tres, tres, tria* *tribus*	„drei"	*tertius/a/um*	„der/die/das Dritte"
IV	*quattuor*	„vier"	*quartus/a/um*	„der/die/das Vierte"
V	*quinque*	„fünf"	*quintus/a/um*	„der/die/das Fünfte"
VI	*sex*	„sechs"	*sextus/a/um*	„der/die/das Sechste"
VII	*septem*	„sieben"	*septimus/a/um*	„der/die/das Siebente"
VIII	*octo*	„acht"	*octavus/a/um*	„der/die/das Achte"
IX	*novem*	„neun"	*nonus/a/um*	„der/die/das Neunte"
X	*decem*	„zehn"	*decimus/a/um*	„der/die/das Zehnte"
C	*centum*	„hundert"	*centesimus/a/um*	„der/die/das Hundertste"
M	*mille*[1]	„tausend"	*millesimus/a/um*	„der/die/das Tausendste"

[1] Zu *mille* (nicht deklinierbar) gibt es einen **Plural**, z. B. *duo milia* (= 2000). Diese Form dekliniert:
1.F. ***milia***, 2.F. ***milium***, 3.F. ***milibus***, 4.F. ***milia***, 6.F. (cum) ***milibus***

? In welchem Jahr hat Kaiser Franz Joseph diesen Teil der Wiener Hofburg fertiggestellt?

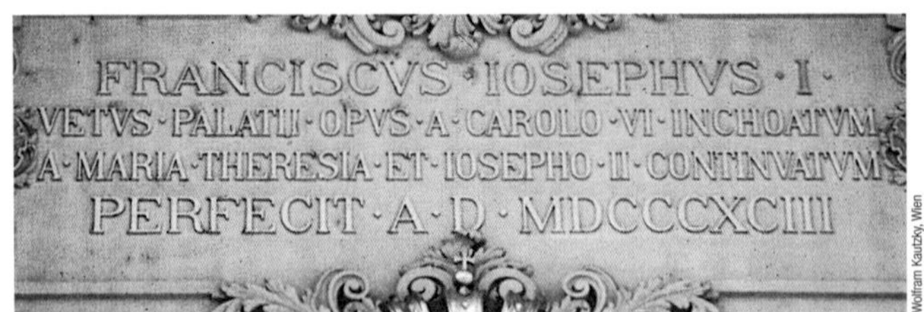

Inschrift auf dem Michaelertor (Wiener Hofburg)

Wolfram Kautzky, Wien

NOTA BENE!
- A. D. = *anno Domini* („im Jahr des Herrn" = nach Christi Geburt).
- Das Zahlzeichen D steht für 500.

Zeitablativ (*Ablativus temporis*) und Akkusativ der Zeitstrecke

- Bei Zeitbegriffen („Tag", „Monat", Jahr" etc.) steht auf die Frage „WANN?" der **Zeitablativ** (*Ablativus temporis*) **ohne** Präposition:

  hora prima *iterum in castris sunt* = „**in** der (zur) ersten Stunde* sind sie wieder im Lager"
  secundo anno = „**im** zweiten Jahr"

  * Unter der *prima hora* verstanden die Römer die Stunde, in der es hell wurde, was natürlich von der Jahreszeit abhängig war. Da der Tag von Sonnenaufgang bis Sonnenuntergang in jedem Fall in zwölf *horae* eingeteilt war, variierte die Dauer einer *hora* zwischen Winter und Sommer stark.

- Dagegen steht auf die Frage „WIE LANGE?" der **Akkusativ** (**Akkusativ der Zeitstrecke**):

  tres horas *equitant* = „sie reiten drei Stunden **(lang)**"

Exercitationes

I. Setze passende Zahlwörter ein und übersetze:

1. Romulus Romam in ________________ collibus[1] aedificat.
2. Tarquinius Superbus est ________________ rex[2] Romanorum.
3. Grammaticus[3] ________________ linguas docet.
4. Nos nunc iam linguam ________________ discimus[4].
5. Rheae Silviae ________________ filii sunt.
6. ________________ oculos et ________________ digitos[5] habemus.
7. Septem et ________________ sunt duodecim.

1 collibus: Abl. Pl. von collis: „Hügel"; **2 rex** m.: „König"; **3 grammaticus**, -i m.: „Sprachlehrer"; **4 discere** 3: „lernen"; **5 digitus**, -i m.: „Finger"

II. Setze alle Satzglieder in den Plural bzw. Singular! (Die Pronomina und Zahlwörter musst du dabei verändern!)

1. Iam duas horas pensa nostra facimus.
2. Exemplo meo filium doceo.
3. Nobis nonnulli servi sunt.
4. Cur amicam tuam relinquis?
5. Pugnate gladiis vestris!
6. Discipulus unam linguam legere potest.

III. Setze die nötigen Grundzahlwörter bzw. Ordnungszahlwörter ein und übersetze:

Hora ________________ (I) discipuli de Romanis claris audiunt. Hora ________________ (II) alius magister de Romanis claris narrat. Quod hora ________________ (III) magister iterum de Romanis claris narrare in animo habet, Gaius clamat: „Iam ________________ (II) horas de Romanis claris audimus. Num ________________ (VI) horas de Romanis claris audire necesse est? ________________ (I) horam de Romanis claris audire nobis placet. Post horam ________________ (III) autem Romanos claros non iam amamus."

IV. Übersetze ins Lateinische:

1. Quintus kommt mit zwei Freunden zu Julia.
2. Julia fragt: „Was macht ihr hier?"
3. Die drei Buben sagen: „Unterstütze uns! Wir können unsere Aufgaben nicht machen."
4. Aber Julia hat nicht vor, die Aufgaben der drei Buben zu machen.
5. Daher hat Julia jetzt Freizeit und die Buben kommen ohne ihre Aufgaben nach Hause.

V. De Mucio Scaevola[1]

Populus Romanus iratus familiam Tarquiniorum expellit. Tarquinius autem ad Tuscos[2], ubi Porsenna[3] regnat, contendit. Ibi Porsennae dicit: „Quod iniuriam Romanorum tolerare non possum, bellum cum populo Romano gerere in animo habeo. Adiuvasne me? Auxilio tuo Romanos certe superare possum."
Ita Tusci[2] castra ad Romam faciunt et oppidum diu oppugnant[4]. Tum Mucius, vir Romanus, consilium capit: „Si Porsennam[3] neco, Tusci certe terram nostram relinquunt." Itaque solus in castra Tuscorum[2] properat. Tusci autem Mucium capiunt et ad Porsennam[3] ducunt[5]. „Quod me necare in animo habes", Porsenna dicit, „te nunc flammis[6] neco." Sed Mucius clamat: „Vide! Viri Romani flammas[6] non timent[7]." Deinde manum dextram[8] in flammas[6] tendit[9]. Tum Porsenna, quod fortitudinem[10] Romanorum maxime timet[7], Mucio vitam donat et paulo post copias[11] suas domum ducit[5].

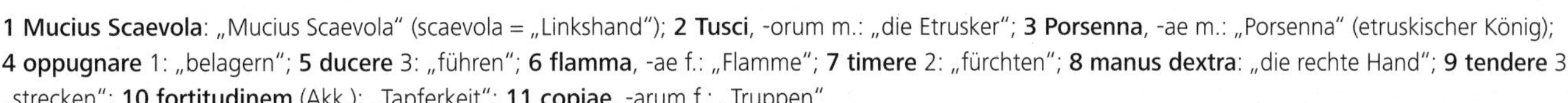
1 Mucius Scaevola: „Mucius Scaevola" (scaevola = „Linkshand"); **2 Tusci**, -orum m.: „die Etrusker"; **3 Porsenna**, -ae m.: „Porsenna" (etruskischer König); **4 oppugnare** 1: „belagern"; **5 ducere** 3: „führen"; **6 flamma**, -ae f.: „Flamme"; **7 timere** 2: „fürchten"; **8 manus dextra**: „die rechte Hand"; **9 tendere** 3: „strecken"; **10 fortitudinem** (Akk.): „Tapferkeit"; **11 copiae**, -arum f.: „Truppen"

9 QUEM ROMANI MAXIME TIMENT?

Rom ist nach dem Sturz des Königtums schon über 100 Jahre Republik, doch die Bewohner müssen sich noch immer mit inneren und äußeren Feinden herumschlagen. Am gefährlichsten sind die Gallier, die im Jahr 390 v. Chr. bis Rom vordringen.

Galli Romanos ad Alliam[1] **flumen** superant multosque **milites** necant. Deinde Romae appropinquant. Romani autem aedificia sua relinquunt et in Capitolium[2] **fugiunt**. Ita Galli Romam **occupare** possunt et multa aedificia **delent**.

Deinde etiam Capitolium[2] **oppugnant**, sed **expugnare** non possunt. Itaque **nocte**, dum Romani dormiunt, Capitolium expugnare **constituunt**. Alius post alium **clam** ad Capitolium **ascendit**.

Neque **homines** neque **canes** Gallos audiunt. Sed anseres[3] non dormiunt. Quod anseres **Iunoni sacri** sunt, Romani, **quamquam** iam cibo[4] **carent**, anseres non necaverunt[5]. Nunc anseres magna **voce** clamant. Marcus Manlius, vir (in) bello egregius[6], **clamorem** anserum[3] audit et **statim ceteros** Romanos excitat[7]. Deinde arma sua capit et primum Gallorum de Capitolio[2] deicit[8]. Nunc ceteri quoque milites Romani arma capiunt. Ad Manlium contendunt et Gallos superare possunt.

Ita anseres[3] Capitolium **servant**. Manlius quoque sibi magnam **gloriam** parat et itaque **nomen** „Capitolinus" **accipit**.

1 **Allia**, -ae f.: „Allia" (Fluss nahe Rom); 2 **Capitolium**, -i n.: „das Kapitol" (Hügel mit Burg und Jupitertempel); 3 **anser**, -eris m.: „Gans"; 4 **cibus**, -i m.: „Nahrung"; 5 **necaverunt** (Perfekt): „sie haben getötet"; 6 **egregius/a/um**: „hervorragend"; 7 **excitare** 1: „aufwecken"; 8 **deicere** M: „hinabstoßen"

? Welche Übersetzung ist die beste? Erstelle eine Rangliste von 1. bis 3.!

iam cibo carent (Z. 12) =	
„Sie entbehren schon die Nahrung."	
„Sie haben keine Nahrung mehr."	
„Sie sind schon frei von Nahrung."	

Die Kelten

Die **Kelten**, von den Römern **Gallier** genannt, prägten zwischen dem 6. und dem 1. Jh. v. Chr. die Kultur weiter Teile Europas. Sie besiedelten von SW-Deutschland ausgehend England, Irland, Frankreich, Spanien, den Donauraum und den Ostalpenraum (inklusive Österreich, wo das *Regnum Noricum* entstand). Von Südosteuropa aus gelangten die Kelten sogar bis nach Kleinasien (heutige Türkei), wo sie das Reich der „Galater" (griech. Bezeichnung für die Gallier, vgl. den Namen des Fußballvereins Galatasaray Istanbul!) gründeten.

Um 400 v. Chr. hatten sich die Kelten auch in Norditalien (in der Poebene) niedergelassen. Von dort aus drangen sie unter ihrem Führer Brennus bis nach **Rom** vor, das sie bis auf das Kapitol erobern konnten.

„Ultimus non minimus, Manumilitarix vici dux est. Gravissimus, fortissimus, suspiciosissimus, rei militaris iamdiu expertus est: a suis colitur, timetur ab hostibus. Manumilitarix autem nihil nisi hoc unum timet: ne in caput sui caelum cadat! At, ut ipse saepe dicit, "nondum est cras quod non heri factum'st!"

Vocabularium

quem?		wen?	*(siehe Grammatica)*
timére	timeo 2, timui, –	fürchten; sich fürchten	*ital. temere, span. temer*
Galli	Gallorum m.	die Gallier (= Kelten)	*frz. Gaulois*
flumen	flúminis n.	Fluss	*ital. fiume*
miles	mílitis m.	Soldat	*vgl. Militär*
fúgere (+ Akk.)	fugio M, fugi, –	flüchten (vor), fliehen	*vgl. Zentrifuge, Refugium (= Rückzugsort)*
occupare	occupo 1, -avi, -atum	besetzen	*frz. occuper, ital. occupare; vgl. okkupieren*
delére	deleo 2, delevi, deletum	zerstören	*vgl. engl. to delete = „löschen"*
oppugnare	oppugno 1, -avi, -atum	bestürmen, belagern	*wörtlich: „dagegenkämpfen"*
expugnare	expugno 1, -avi, -atum	erobern	*wörtlich: „herauskämpfen"*
nox	noctis f. (2. F. Pl. -ium)	Nacht	*frz. nuit, ital. notte, span. noche*
constitúere	constituo 3, constitui, constitutum	beschließen, festsetzen	*vgl. Konstitution (= Verfassung)*
clam (Adv.)		heimlich	*vgl. klammheimlich (= ganz heimlich)*
ascéndere	ascendo 3, ascendi, ascensum	hinaufsteigen, besteigen	*vgl. Aszendent; vgl. frz. ascenseur; ital. ascensore, span. ascensor*
homo	hóminis m.	Mensch	*frz. homme; Homo sapiens =*
canis	canis m.	Hund	*frz. chien, ital. cane; Cave canem (siehe unten)*
Iuno	Iunonis f.	Juno (griech. Hera)	*Gattin des Jupiter (griech. Hera → S. 9)*
sacer/cra/crum		1) heilig; 2) geweiht	*vgl. Sakristei, Sakrament, sakral*
quamquam		obwohl	
carére (+ Abl.)	careo 2, carui, –	frei sein (von ...), nicht haben	*z. B. otio careo = (ich bin frei von Freizeit →) „ich habe keine Freizeit"; vgl. Karenz*
vox	vocis f.	Stimme	*engl. voice, frz. voix, ital. voce, span. voz*
clamor	clamóris m.	Geschrei, Lärm	*frz. clameur, ital. clamore; vgl. clamare =*
statim (Adv.)		sofort, sogleich	
ceteri/ae/a (Pl.)		die übrigen	*etc. (et cetera) = „und das Übrige"*
servare	servo 1, -avi, -atum	1) retten; 2) bewahren	*vgl. konservieren*
gloria	gloriae f.	Ruhm, Ehre	*vgl. Gloria; glorreich (= ruhmreich)*
nomen	nóminis n.	Name	*vgl. Nomen est omen = „Der Name ist Vorzeichen"*
accípere	accipio M, accepi, acceptum	1) erhalten, 2) aufnehmen, 3) annehmen	*vgl. akzeptieren (= etwas annehmen)*

200 Jahre später gelang es den Römern, den Spieß umzudrehen: Oberitalien wurde zur römischen Provinz *Gallia Cisalpina* („Gallien diesseits der Alpen") gemacht.
Im 1. Jh. v. Chr. unterwarf Cäsar das gallische Kernland (vgl. Lec. 18), womit die **Romanisierung** (vgl. S. 157) des Landes begann.

Ein in den **Asterix**-Bänden immer wiederkehrender Spruch des Häuptlings Maiestix (lat. Manumilitarix, vgl. Bildtext links) hat übrigens einen realen historischen Hintergrund: Als keltische Gesandte 335 v. Chr. von Alexander dem Großen gefragt wurden, wovor ihr Volk sich fürchte, gaben sie zur Antwort: Die Kelten hätten nur vor einem Angst, nämlich dass ihnen der Himmel auf den Kopf falle (d.h. dass das Universum einstürze).

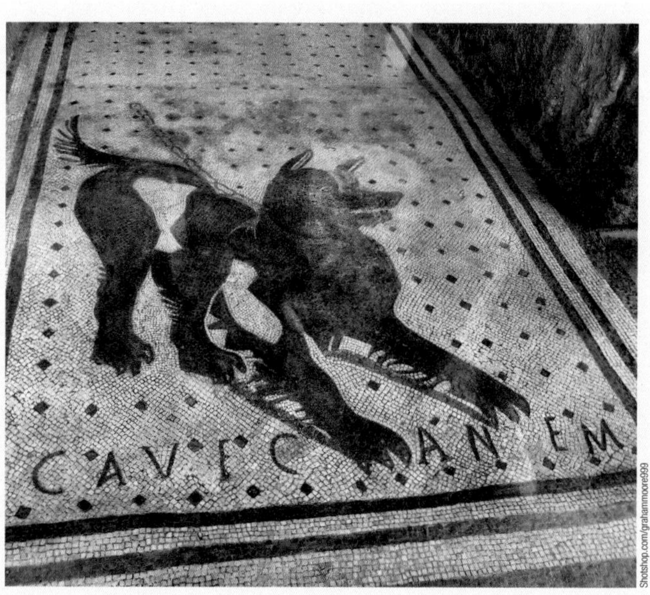

Altrömische Hundewarnung (Mosaik aus Pompeji)

9 Grammatica

„Dritte" Deklination: Konsonantenstämme

Die dritte Deklination ist ein Sammelbegriff für verschiedene Nomina (Substantiva), die zwar sehr **unterschiedliche Nominative**, sonst aber weitgehend gleiche Kasusendungen haben. Die in diesem Stück vorkommenden Wörter gehören zu den sogenannten **Konsonantenstämmen**, da ihr **Stamm** auf einen **Konsonanten** (Mitlaut) endet.
Den Stamm erkennst du, wenn du vom Genetiv Sg. die Endung *-is* weglässt:

- *homin-is* → Stamm *homin-*
- *voc-is* → Stamm *voc-*
- *flumin-is* → Stamm *flumin-*

Das Geschlecht der Wörter der 3. Deklination kann **maskulin, feminin** oder **neutrum** sein.

			3. Deklination (Konsonantenstämme)		
		FRAGE	maskulin	feminin	neutrum
Singular	1	Wer?/Was?	*homo*	*vox*	*flumen*
	2	Wessen?	*hominis*	*vocis*	*fluminis*
	3	Wem?	*homini*	*voci*	*flumini*
	4	Wen?/Was?	*hominem*	*vocem*	*flumen*
	5	(Anrede)	*homo!*	*vox!*	*flumen!*
	6	Womit? Wodurch?	*cum homine*	*voce*	*flumine*
Plural	1	Wer?	*homines*	*voces*	*flumina*
	2	Wessen?	*hominum*	*vocum*	*fluminum*
	3	Wem?	*hominibus*	*vocibus*	*fluminibus*
	4	Wen?/Was?	*homines*	*voces*	*flumina*
	5	(Anrede)	*homines!*	*voces!*	*flumina!*
	6	Womit? Wodurch?	*cum hominibus*	*vocibus*	*fluminibus*

NOTA BENE!
Einige Endungen der 3. Deklination sind „verwechslungsanfällig" mit der *a-* bzw. *o*-Deklination:

-is
↗ 3. Dekl. → 2.F. Sg. (z. B. *hominis* = „des Menschen")
↘ *a-/o*-Dekl. → 3./6.F. Pl. (z. B. *amicis* = „den Freunden" / „den Freundinnen")

-i
↗ 3. Dekl. → 3.F. Sg. (z. B. *homini* = „dem Menschen")
↘ *o*-Dekl. → 2.F. Sg. (z. B. *amici* = „des Freundes")
1.F. Pl. (z. B. *amici* = „die Freunde")

TIPP: Dass ein Wort zur 3. Deklination gehört, erkennst du am Genetiv Singular auf *-is*. Bei den Vokabeln musst du daher immer den Genetiv Singular (und das Geschlecht) mitlernen!

Quis?/Quid? („Wer?"/„Was?")

Bei ***quis?/quid?*** handelt es sich um das **substantivische** Fragepronomen (Interrogativpronomen). Substantivisch heißt, dass es nicht übereingestimmt wird, sondern wie ein Substantiv (= Nomen) alleine steht:

z. B. *Quem vides?* = „Wen siehst du?"

Das **adjektivische** Fragepronomen ist dagegen mit einem Nomen übereingestimmt: *qui, quae, quod* (→ S. 60):

z. B. *Quem canem vides?* = „Welchen Hund siehst du?"

1.F.	*quis?*	*quid?*	„wer?"	„was?"
2.F.	*cuius?*		„wessen?"	
3.F.	*cui?*		„wem?"	
4.F.	*quem?*	*quid?*	„wen?"	„was?"
6.F.	*a quo?* *cum quo?*		„von wem?" „mit wem?"	

Suchbild:
Quis videt canem?

Exercitationes

I. Bestimme Fall und Zahl und übersetze:

1. nominibus: ______________________________
   ____
2. vocum: ______________________________
3. annum: ______________________________
4. servi: ______________________________
   ____
5. militi: ______________________________
6. noctis: ______________________________

II. Ordne den Nomina die passenden Adjektiva zu und übersetze:

aliud – magni – clarus – magnorum – parvo – pulchris

1. homo ______________________________
2. nomen ______________________________
3. clamoris ______________________________
4. vocibus ______________________________
5. fluminum ______________________________
6. cani ______________________________

III. Bestimme die Fälle und übersetze ins Lateinische:

1. vielen Flüssen 2. mit lateinischen Namen 3. große Menschen (2 Mögl.) 4. des berühmten Soldaten 5. durch meine Stimme 6. das große Geschrei (2 Mögl.) 7. in der schönen Nacht 8. die berühmten Namen (2 Mögl.)

IV. Ergänze die Endungen und übersetze:

Magister discipulis multum de Iuno______ narrat: „Iuno homin______ non semper adiuvat. Nam saepe irata est, quod Iuppiter[1] non solum Iunon______, sed etiam multas alias feminas amat. Quinte, potesne mihi nomin______ aliarum feminarum dicere?" Quintus autem voc______ magistri non audit, quod iam diu dormit. Itaque magister magnā voc______ clamat: „Quinte!" Puer statim exsultat[2]. „Cur semper dormis, Quinte? Quid nocte facere soles[3]?", magister interrogat. – „Multis noct______ dormire non possum", Quintus respondet, „nam tam diu pensa mea facio."

1 Iuppiter: „Jupiter"; **2 exsultare** 1: „aufspringen"; **3 solere** 2: „gewohnt sein"

V. Ergänze die Endungen und übersetze:

1. Quid hora prima fac______, amici?
2. Culpa unius discipuli alii quoque pensum magnum exspecta______.
3. Graeci oppidum alienum iam novem annos oppugn______.
4. Galli duo milia militum nostrorum cap______.
5. Cur mihi non par______, Quinte?

VI. De iniuria Gallorum

Milites Gallorum Romam occupant multosque Romanos necant. Deinde Capitolium[1], ubi ceteri Romani nunc sunt, diu oppugnant. Quod Capitolium expugnare non possunt, exspectant, dum[2] populus Romanus famem[3] tolerare non iam potest. Tum Romani consilium capiunt: „Si Galli de fame[3] nostra dubitant[4], certe Romam relinquunt." Itaque panem[5] de Capitolio[1] iaciunt[6]. Galli tamen sub Capitolio[1] manent. Postremo Romani Brennum[7], ducem[8] Gallorum, ad se vocant[9] interrogantque: „Relinquitisne oppidum nostrum, si vobis magnam copiam auri[10] donamus?" Brennus[7] respondet: „Si mille pondo[11] auri[10] accipimus, statim Romam relinquimus." Itaque Romani aurum[10] ad Gallos portant, tum autem pondera[12] Gallorum vident. „Pondera[12] vestra iniqua[13] sunt!", clamant. Brennus autem gladium quoque inter pondera[12] iacit[6] et magna voce clamat: „Vae victis[14]!"

1 Capitolium, -i n.: „Kapitol"; **2 dum**: hier: „bis"; **3 fames**, -is f.: „Hunger"; **4 dubitare 1** (de): „zweifeln (an)"; **5 panis**, -is m.: „Brot"; **6 iacere** M: „werfen"; **7 Brennus**, -i m.: „Brennus"; **8 dux**, ducis m: „Führer"; **9 vocare** 1: „rufen"; **10 aurum**, -i n.: „Gold"; **11 pondo** (undeklinierbar): „Pfund"; **12 pondus**, -eris n.: „Gewicht"; **13 iniquus/a/um**: „falsch"; **14 Vae victis!**: „Wehe den Besiegten!"

10 DE HANNIBALE[1]

Ein weiterer großer Rivale Roms tritt im dritten Jh. v. Chr. auf: die Karthager. Nachdem sie im ersten Punischen Krieg (264–241 v. Chr.) Sizilien an die Römer verloren haben, erobern sie große Teile Spaniens. Als der karthagische Feldherr Hannibal auch die mit den Römern verbündete spanische Stadt Sagunt angreift, erklären die Römer den Karthagern abermals den Krieg.

Hannibal, **imperator** magna **virtute**, **copias** suas ex Hispania[2] in Italiam[3] **ducere** constituit. Ita Saguntum[4] cum militibus relinquit. Sed non **navibus** per **mare** in Italiam contendit, sed milites suos auxilio elephantorum[5] trans Alpes ducere **audet**. Multos milites et etiam nonnullos elephantos **amittit**. Tamen postremo in Italiam venit. Ibi nonnullis **pugnis** Romanos **vincere** potest magnasque **partes** Italiae vastat[6]. Romani magno in **timore** sunt. **Ne** Romā **quidem** Hannibalem **prohibere** possunt: Nam Carthaginienses[7] copias Romanas ad Cannas[8] vincunt multosque milites **occidunt**, deinde Romae appropinquant. „Hannibal ante **portas**!", paulo post Romani clamant. Hannibal autem **urbem** oppugnare non audet. Deinde Romani Publium Cornelium Scipionem[9], virum **summo honore**, imperatorem **faciunt**. Scipio bellum non iam in Italia, sed in Africa[10] gerere constituit copiasque trans mare ducit. Hannibal nunc, quamquam Italiam non libenter relinquit, in **patriam** contendit. Tamen Scipio copias Carthaginiensium[7] vincit et **pacem** cum **hostibus** facit. Ita Scipio Romanos magno timore **liberat** et nomen „Africanum" accipit.

1 **Hannibal**, -alis m.: „Hannibal"; 2 **Hispania**, -ae f.: „Spanien"; 3 **Italia**, -ae f.: „Italien"; 4 **Saguntum**, -i n.: „Sagunt" (Stadt in Spanien); 5 **elephantus**, -i m.: „Elefant"; 6 **vastare** 1: „verwüsten"; 7 **Carthaginienses**, -ium m. (Pl.): „die Karthager"; 8 **Cannae**, -arum f. (Pl.): „Cannae" (Stadt in Süditalien); 9 **Publius Cornelius Scipio** (-onis): „Scipio" (römischer Feldherr und Konsul); 10 **Africa**, -ae f.: „Afrika"

? Warum hat es Hannibal nicht geschafft, die Römer zu besiegen? Zitiere den Satz, aus dem das am deutlichsten hervorgeht!

Lat.	
Dt.	

Die Punischen Kriege

Die Elefanten werden auf Flößen über die Rhône transportiert. (Gemälde von Henri Motte, 1875)

Alamy Stock Photo/Interfoto

Die sogenannten Punischen Kriege, in denen die Punier (= Karthager) mit den Römern um die Vorherrschaft im westlichen Mittelmeerraum kämpften, dauerten über 100 Jahre (264–146 v. Chr.). Nachdem die Römer den Puniern im ersten der drei Kriege **Sizilien** abgenommen und es zur **ersten römischen Provinz** gemacht hatten, brachte Hannibal im **zweiten Punischen Krieg** (218–202 v. Chr.) die Römer an den Rand der Niederlage. Nach seinem Zug über die Alpen (angeblich mit etwa 50.000 Mann und 37 Elefanten, von denen nur einer überlebt haben soll) verlor er durch ein Sumpffieber ein Auge (Einäugigkeit galt in der Antike als Zeichen besonderer Tapferkeit!). Trotzdem fügte er den Römern am **Trasimenischen See** (Umbrien) und bei

Vocabularium

imperator	imperatoris m.	1) Feldherr; 2) Kaiser	*eigentl.: „Befehlshaber" (vgl. imperare!)*
virtus	virtutis f.	1) Tapferkeit; 2) Tugend	*eigentl.: „Mannhaftigkeit" (vgl. vir = Mann)*
copiae (Pl.)	copiarum f.	Truppen	*↔ copia, -ae (Sg.) =*
dúcere	duco 3, duxi, ductum	führen	*vgl. reduzieren*
navis	navis f.	Schiff	*Navigation (= Steuerung des Schiffs); vgl. engl. navy*
mare	maris n.	Meer	*frz. mer, ital. mare, vgl. Marine =*
audére	audeo 2, ausus sum	wagen	*frz. oser, ital. osare, span. osar*
amíttere	amitto 3 amisi, amissum	verlieren	*wörtl.: „wegschicken"*
pugna	pugnae f.	Kampf	*vgl. pugnare =*
víncere	vinco 3, vici, victum	siegen, besiegen	*frz. vaincre, ital. vincere, span. vencer*
pars	partis f.	Teil	*engl. part; vgl. partiell (= teilweise)*
timor	timóris m.	Furcht, Angst	*ital. timore, span. temor; vgl. timere =*
ne ... quidem		nicht einmal ...	*z. B. ne tu quidem =*
prohibére	prohibeo 2, -ui, -itum	1) ab-, fernhalten; 2) hindern, verhindern	*ital. proibire, span. prohibir; vgl. engl. to prohibit („verbieten")*
occídere	occído 3, occidi, occisum	töten	*ital. uccidere*
porta	portae f.	Tor, Tür	*frz. porte, ital. porta; vgl. Portal, Portier*
urbs	urbis f.	Stadt	*vgl. engl. suburb; urban (= städtisch)*
summus/a/um		der höchste; sehr hoch	*vgl. Summe; engl. summit (= Höhepunkt)*
honor	honóris m.	Ehre, Ansehen	*vgl. honorieren (= belohnen); engl. honour*
fácere	(mit doppeltem Akk.)	zu etwas machen	*z. B. te amicam meam facio =*
patria	patriae f.	Heimat	*ital. + span. patria; vgl. Patriot =*
pax	pacis f.	Friede	*engl. peace; vgl. Pazifist (= Kriegsgegner)*
hostis	hostis m.	Feind	*vgl. engl. hostile (= feindlich)*
liberare (+ Abl.)	libero 1, -avi, -atum	befreien (von)	*vgl. liberalisieren (= von Regelungen befreien)*

Urbi et orbi

So heißt der Segen, den der Papst zu Ostern und zu Weihnachten „der Stadt und dem Erdkreis" (= der ganzen Welt) spendet. Unter *urbs* verstanden die Römer immer ihre Hauptstadt, also Rom.

Hannibal ante portas

„Hannibal vor den Toren" sollen die Römer im Jahr 211 v. Chr. gerufen haben, als Hannibal mit seinem Heer vor der Stadt Rom auftauchte. Als Originalwortlaut ist übrigens nicht ***ante** portas*, sondern ***ad** portas* („bei den Toren") überliefert.

Cannae (Apulien) zwei katastrophale Niederlagen zu. Der endgültige Sieg über seine Erzfeinde blieb ihm versagt: Es gelang ihm nicht, die Stadt Rom zu erobern. Durch die Hinhaltetaktik der Römer wurde sein Heer, das sich schon über zehn Jahre in Italien befand, zunehmend geschwächt. Schließlich drehten die Römer unter ihrem Feldherrn **Publius Cornelius Scipio** den Spieß um und griffen Hannibals Heimatstadt Karthago an. In der **Schlacht von Zama** (202 v. Chr.) unterlag Hannibal. 20 Jahre später beging er, von den Römern noch immer verfolgt, als Flüchtling Selbstmord durch Gift (vgl. den Text auf Seite 51).

Im **dritten Punischen Krieg** (149–146 v. Chr.) zerstörten die Römer Karthago so gründlich, dass die karthagische Hochkultur nahezu spurlos verschwand.

Auf den Ruinen Karthagos erbauten die Römer ein – nunmehr allerdings römisches – Karthago.

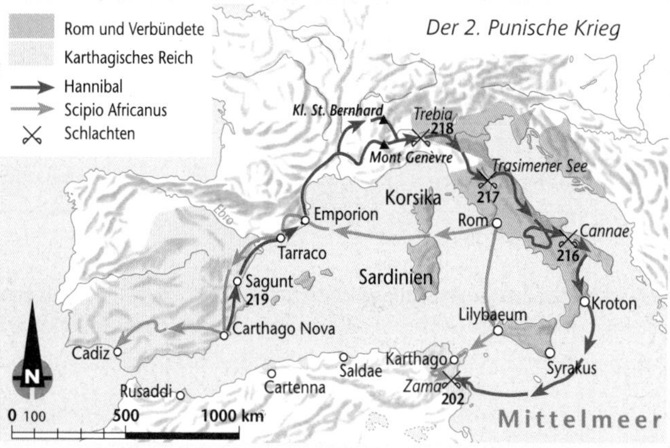

10 Grammatica

„Dritte" Deklination: Misch- und *i*-Stämme

Zur dritten Deklination gehören nicht nur die Konsonantenstämme (siehe vorige Lektion), sondern auch die Mischstämme und die i-Stämme. Die drei Untergruppen unterscheiden sich nur in einigen wenigen Details voneinander: im **Akkusativ** und **Ablativ Sg.** sowie im **Genetiv Pl.**
Auch bei Misch- und i-Stämmen sind die Nominative sehr unterschiedlich, gemeinsam ist allen Wörtern wieder der Genetiv auf *-is*.

			Mischstämme		*i*-Stämme	
		Frage	feminin	feminin	feminin	neutrum
Singular	1	Wer?/Was?	*navis* („Schiff")	*urbs* („Stadt")	*turris* („Turm")	*mare* („Meer")
	2	Wessen?	*navis*	*urbis*	*turris*	*maris*
	3	Wem?	*navi*	*urbi*	*turri*	*mari*
	4	Wen?/Was?	*navem*	*urbem*	*turrim*	*mare*
	5	(Anrede)	*navis!*	*urbs!*	*turris!*	*mare!*
	6	Womit? Wodurch?	*nave*	*urbe*	*turri*	*mari*
Plural	1	Wer?	*naves*	*urbes*	*turres*	*maria*
	2	Wessen?	*navium*	*urbium*	*turrium*	*marium*
	3	Wem?	*navibus*	*urbibus*	*turribus*	*maribus*
	4	Wen?/Was?	*naves*	*urbes*	*turres*	*maria*
	5	(Anrede)	*naves!*	*urbes!*	*turres!*	*maria!*
	6	Womit? Wodurch?	*navibus*	*urbibus*	*turribus*	*maribus*

Die **Mischstämme** sind großteils **feminin**. Zu ihnen gehören zwei Gruppen von Nomina:

- Wörter, bei denen der **1. und 2. F. gleich** (nämlich auf ***-is***) lauten: z. B. *navis, -is* („Schiff").
- Wörter, deren Stamm auf **zwei oder mehr Mitlaute** endet: z. B. *urbs, **urb**-is* („Stadt")*; pars, **part**-is* („Teil").

Auch bei den ***i*-Stämmen** gibt es zwei Gruppen:

- **feminin** sind bestimmte, extra zu lernende Wörter wie *turris, -is* („Turm").
- **neutrum** sind alle Nomina auf *-e* oder *-al*: z. B. *mare, -is* („*Meer*")*; animal, -alis* („Tier").

Zusammenfassung: Unterschiede in der 3. Deklination

	4.F. Sg. m./f.	6.F. Sg.	1./4.F. Pl. n.	2.F. Pl. n.
Konsonantenstämme:	*-em*	*-e*	*-a*	*-um*
Mischstämme:	*-em*	*-e*	–	*-ium*
i-Stämme:	*-im*	*-i*	*-ia*	*-ium*

NOTA BENE!

- Die Gemeinsamkeiten der drei Untergruppen der 3. Deklination sind wesentlich größer als ihre Unterschiede.
- Zu den i-Stämmen gehören nur wenige, selten vorkommende Wörter, wie z. B. *mare* und *turris*.

Ablativ der Trennung *(Ablativus separationis)*

Er steht auf die Frage „WOVON?" und wird dementsprechend mit „**von**" übersetzt:

timore liberare = „**von** der Furcht befreien"
urbe prohibere = „**von** der Stadt fern halten"

Ablativ der Eigenschaft *(Ablativus qualitatis)*

Er gibt die Eigenschaft einer Person an. Erstübersetzung: „**von**", oft aber auch **frei**:

vir summa virtute = „ein Mann **von** höchster Tapferkeit" / „ein sehr tapferer Mann"

Exercitationes

I. Ergänze die Endungen und übersetze:

1. militum Graec______
2. virtuti tu______
3. urbium clar______
4. in mari magn______
5. partem parv______
6. pace nov______
7. navi nostr______
8. nomina clar______
9. hominis Graec______

II. Überlege, um welche Ablative es sich in den folgenden Sätzen handelt, und übersetze:

1. Milites nostri hostes patria prohibere non iam possunt.
2. Scipio, imperator magno honore, multa milia militum navibus in Africam ducit.
3. Romani tribus bellis Carthaginienses vincunt.
4. Quis nos culpa magna liberare potest?
5. Graeci nocte oppidum hostium occupant delentque.
6. Imperator duos annos cum Gallis bellum gerit; tertio anno hostes vincere potest.
7. Marcus Manlius, vir magna virtute, auxilio ceterorum militum Gallos vincit.

III. Übersetze ins Lateinische:

1. Die griechischen Freunde kommen mit einem großen Schiff.
2. Julia geht mit Claudia beim Fluss spazieren.
3. Was kann uns von der Schule abhalten?
4. In der ersten Stunde schlafe ich immer.
5. In der zweiten Stunde schlafen auch die Übrigen.

IV. Setze die angegebenen Nomina (im richtigen Fall!) in die passenden Sätze ein:

magna virtus – multae naves – oppidum suum – summus honor – milites nostri

1. Magister noster vir ____________ est.
2. Milites hostium ____________ pugnant.
3. Romani copias Gallorum ____________ prohibere non possunt.
4. Quam magna est virtus ____________!
5. Imperator ____________ copias trans mare ducit.

V. Im folgenden magischen Quadrat sind jede Menge „kleine Wörter" (Adverbia, Pronomina etc.) versteckt. Finde möglichst viele davon! (Alle Leserichtungen sind erlaubt.)

C T M E T U A M E
O L A I A M U N N
G T A M E N R E E
S C T M U D D Q B
T S U U B N S U N
A I M R I O U E A
T B U E N N O N M
I I D T U S H I C
M L U I D V U R C

VI. De Hannibale[1]

Romani Carthaginienses[2] vincunt et pacem faciunt. Hannibal autem e patria fugit et ad Prusiam[3] venit. Quod ibi iterum bellum parat, Romani Hannibalem occidere constituunt et nuntios cum nonnullis militibus nave ad Prusiam mittunt. Nuntii ad Prusiam veniunt dicuntque: „Trade[4] nobis Hannibalem, hostem nostrum! Ita populum Romanum timore magno liberare potes." Prusias, quod Hannibalem servare non audet, respondet: „Hannibalem, quod hospes[5] meus est, tradere[4] mihi non licet. Sed certe aedificium, ubi habitat, invenire[6] potestis." Ita Hannibal paulo post milites Romanos ante portam videt. Statim per aliam portam occultam[7] – nam aedificio multae portae sunt – fugere constituit. Ubique[8] autem milites Romani sunt. Itaque Hannibal, vir summa virtute, clamat: „Romani me occidere non possunt!", et venenum[9] sumit[10].

1 Hannibal, -alis m.: „Hannibal"; **2 Carthaginienses**, -ium m.: „die Karthager"; **3 Prusias**, -ae m.: „Prusias" (König von Bithynien); **4 tradere** 3: „ausliefern"; **5 hospes**, -itis m.: „Gast"; **6 invenire** 4: „finden"; **7 occultus**/a/um: „geheim"; **8 ubique**: „überall"; **9 venenum**, -i n.: „Gift"; **10 sumere** 3: „nehmen"

Wortklauberei

1 Grammatikalische Ausdrücke, die du nach den Lektionen 6 bis 10 können solltest

? Ergänze die zweite und die dritte Spalte!

Name	Übersetzung	Beispiel
Infinitiv		
Imperativ		
Deklination		
Konjugation		
Dativus possessivus		
Vokal		
Konsonant		
Diphthong		

2 Geschlechtsregeln

In den Lektionen 9 und 10 hast du eine ganze Reihe von Nomina kennengelernt, die alle zur sogenannten „Dritten Deklination" gehören. Während bei der a-Deklination die Wörter in der Regel feminin (z. B. ***aqua, terra, vita***) und bei der o-Deklination meist maskulin (z. B. ***gladius, annus, oculus***) bzw. neutrum (z. B. ***otium, oppidum, exemplum***) sind, können die Wörter der „Dritten Deklination" ganz unterschiedliche Geschlechter haben.

Glücklicherweise gibt es einige Regeln, die dir das Einprägen der Geschlechter leichter machen:

maskulin:	• alle auf *-or/-oris*	z. B.
feminin:	• die meisten auf *-is/-is*	
	• alle auf *-us/-utis*	
	• die meisten auf *-x*	
	• die meisten, die mit **zwei Konsonanten** enden	
neutrum:	• alle auf *-men/-minis*	
„natürliches Geschlecht":	• männliche Lebewesen → mask.	
	• weibliche Lebewesen → fem.	

? Füge in die dritte Spalte die entsprechenden Beispielwörter aus den Lektionen 9 und 10 ein!

3 Komposita

Unter einem Kompositum (Plural: Komposita) versteht man ein zusammengesetztes Wort.

? Komposita gibt es in allen Sprachen. Welche Komposita zum deutschen Verbum „tragen" fallen dir ein?

____

Im Lateinischen hast du auch schon einige Komposita kennengelernt, wie z. B. zum Wort ***pugnare*** („kämpfen").

? Ergänze die Bedeutungen zu den folgenden beiden Komposita:

a) *expugnare* = ____________________ b) *oppugnare* = ____________________

4 Ein Wort – viele Bedeutungen!

Oft ist es gar nicht leicht, für ein bestimmtes Wort *eine* Bedeutung anzugeben, die alle Bedeutungsnuancen abdeckt. Ein gutes Beispiel dafür ist das Verbum ***capere*** (vgl. Lec. 7): Zu diesem Wort findest du in jedem Wörterbuch unzählige Bedeutungen. Sinnvoll ist es daher, wenn du dir als Grundbedeutung **„etwas fassen"** merkst. Diese Bedeutung wird dir helfen, in verschiedenen Zusammenhängen die jeweils passende Übersetzung zu finden.

? Schaffst du es, in der folgenden Grafik die richtigen Bedeutungen zu finden? Folgende stehen zur Auswahl: „erfassen", „einnehmen", „nehmen", „ergreifen".

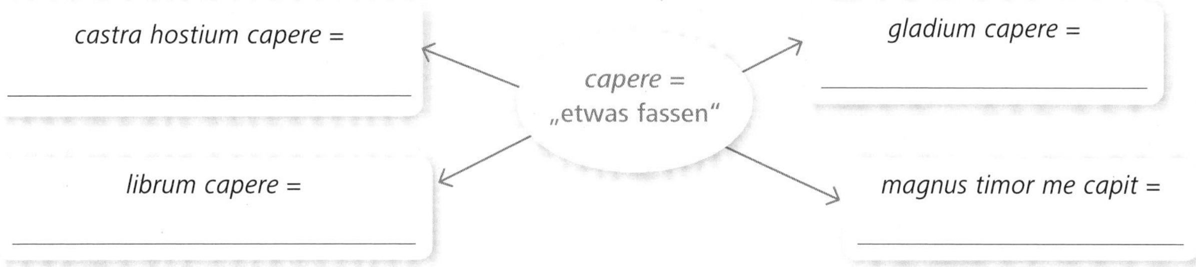

5 Aufgepasst auf Pluralwörter!

Im Lateinischen sind dir bereits mehrere Nomina begegnet, die es nur im Plural gibt. Du erkennst sie im Vokabelverzeichnis daran, dass bei ihnen auch der Genetiv im Plural steht: z. B. ***castra, -orum n.*** = „Lager". (Das Wort könnte ja theoretisch auch *castra, -ae f.* heißen!)

? a) Ergänze zu den folgenden Wörtern die Genetive und das Geschlecht und gib auch ihre Bedeutung an!

1. Fall	2. Fall + Geschlecht	Bedeutung
copiae		
arma		
liberi		

1. Fall	2. Fall + Geschlecht	Bedeutung
Graeci		
Romani		
Galli		

? b) Was heißt dagegen *Graecus/a/um* bzw. *Romanus/a/um?* ______

6 Wörter, die du nicht verwechseln solltest

Dummerweise gibt es im Lateinischen einige Wörter, die sich nur durch einen einzigen Buchstaben voneinander unterscheiden und doch etwas ganz anderes heißen. Tja, kleine Ursache – große Wirkung!

? In der folgenden Tabelle findest du einige solcher „Prachtexemplare" aus den Lektionen 1 bis 10. Schaffst du es, ihnen die richtigen Bedeutungen zuzuordnen?

audire	
audere	
parare	
parere	
nos	
vos	

novus	
nonus	
ab	
ad	
ibi	
ubi	

*tam**	
*tum**	
alius	
alienus	
manere	
monere	

* Vgl. dazu die Eselsbrücken auf S. 75!

11 QUIS IOVEM NON AMAT?

Jupiter hat sich in Europa, die Tochter des phönizischen Königs Agenor, verliebt. Als diese eines Tages mit ihren Freundinnen im Meer badet, fasst der Gott einen Plan, wie er sich der schönen Prinzessin nähern kann, ohne sie sofort zu erschrecken.

Iuppiter **scit**: „Puella me, deum summae potestatis[1], certe timet.“ Itaque **id** consilium capit: Mercurium[2], nuntium deorum, ad se **vocat** et ei **imperat**: „Propera, mi fili, ad **montem**, ubi boves[3] **regis** sunt, et duc eos ad **litus**!“ Mercurius statim paret: Nam is Iovem adiuvare et **eius iussa conficere solet**.

Paulo post boves[3] ad **eundem locum** veniunt, ubi regis filia cum **virginibus ludere** solet. Nunc Iuppiter se in **taurum** niveum[4] convertit[5] et se **multitudini** bo(v)um immiscet[6]. Europa taurum niveum statim **conspicit**. „Videte eum taurum summae **pulchritudinis**!“, clamat amicasque interrogat: „Quis vestrum iam taurum tam pulchrum vidit[7]?“ Europa, quamquam **primo** taurum magnum **tangere** timet, tamen ad eum appropinquat, deinde **corpus** eius palpat[8], postremo etiam in eius tergo[9] sedere audet. Iuppiter gaudet et cum onere[10] grato in litore ambulat.

Sed subito terram relinquit et **mox** iam in mari est. Virgo, quod amicas videre non iam potest, nunc magno in timore est. Deus autem eam secum per mare in Cretam[11] **insulam** portat.

1 potestas, -atis f.: „Macht“; **2 Mercurius**, -i m.: „Merkur“; **3 bos**, bovis m.: „Rind“; **4 niveus/a/um**: „schneeweiß“; **5 convertere** 3: „verwandeln“; **6 se immiscere** (+ Dat.): „sich unter … mischen“; **7 vidit**: „er/sie hat gesehen“; **8 palpare** 1: „streicheln“; **9 tergum**, -i n.: „Rücken“; **10 onus**, -eris n.: „Last“; **11 Creta**, -ae f.: „Kreta“

? RICHTIG oder FALSCH?

1. Merkur führt immer Jupiters Befehle aus.	R	F
2. Jupiter verwandelt sich in einen Stier und kommt allein zu Europa.	R	F
3. Die Prinzessin beginnt den weißen Stier sofort zu streicheln.	R	F
4. Europa bleibt bis zum Schluss unerschrocken.	R	F

Rückseite der griechischen 2-Euro-Münze: Europa auf dem Stier

Europa

Dass die von Zeus nach Kreta entführte phönizische Prinzessin Europa zur Namensgeberin unseres Kontinents wurde, ist natürlich eine Sage. Tatsache ist aber, dass auf Kreta mit der **minoischen Kultur** (→ S. 62 f.) die erste europäische Hochkultur entstand: Die orientalische Kultur war also gewissermaßen nach Westen „gewandert“, und dieser Vorgang spiegelt sich im Europa-Mythos wider.

Die schon in der Antike oft dargestellte **Jungfrau auf dem Stier** wird heute oft als Symbol für das neue, zusammenwachsende Europa verwendet.

„Mehr oder weniger Europa“ (Harm Bengen)

Vocabularium

Iuppiter	Iovis m.	Jupiter	*griech. Zeus (→ S. 9)*
scire	scio 4, scivi, scitum	wissen	*vgl. engl. science =*
is, ea, id		1) dieser/e/es 2) er, sie, es	*hinweisendes Fürwort (siehe Grammatica)*
vocare	voco 1, -avi, -atum	1) rufen; 2) nennen	*vgl. vox, vocis; vgl. Vokativ („Ruf-Fall"), Advokat*
imperare	impero 1, -avi, -atum	befehlen	*vgl. Imperator, Imperativ =*
mons	montis m.	Berg	*engl. mount, frz. mont, ital. + span. monte*
rex	regis m.	König	*frz. roi, ital. re, span. rey*
litus	lítoris n.	Küste, Strand	*ital. lido, span. litoral*
eius	(2.F. Sg.)	dessen/deren	*(siehe Grammatica)*
eorum/earum	(2.F. Pl.)	deren	*(siehe Grammatica)*
iussum	iussi n.	Befehl	
confícere	conficio M, confeci, confectum	1) ausführen, anfertigen 2) beenden	*vgl. facere M =*
solére	soleo 2, solitus sum	gewohnt sein, pflegen	*span. soler*
idem, éadem, idem		der-, die-, dasselbe	*(siehe Grammatica); vgl. ident, identisch*
locus	loci m.	Ort, Stelle, Platz	*vgl. Lokal, lokalisieren; der Lokus (= WC)*
virgo	vírginis f.	Mädchen, Jungfrau	*engl. virgin, frz. vierge, ital. vergine, span. virgen*
lúdere	ludo 3, lusi, lusum	spielen	*vgl. Präludium (= Vorspiel)*
taurus	tauri m.	Stier	*ital. + span. toro, vgl. Torero (= Stierkämpfer)*
multitudo	multitudinis f.	Menge	*vgl. multi/ae/a =*
conspícere	conspicio M, conspexi, conspectum	erblicken	*vgl. in-spizieren (= genau untersuchen)*
pulchritudo	pulchritudinis f.	Schönheit	*vgl. pulcher/ra/rum*
primo (Adv.)		zuerst	*vgl. Primel; ↔ primus/a/um (Adj.) =*
tángere	tango 3, tetigi, tactum	berühren	*vgl. Tangente, tangieren, Tangens; engl. contact*
corpus	córporis n.	Körper	*vgl. der Korpus; das Corpus delicti (= Beweisstück)*
mox (Adv.)		bald	
insula	insulae f.	Insel	*engl. island, frz. île, ital. isola, span. isla*

Proverbium

Quod licet Iovi, non licet bovi.

„Was dem Jupiter erlaubt ist, ist einem Rindvieh nicht erlaubt." Gemeint ist mit diesem Spruch: Nicht alle haben dieselben Rechte, sondern manche haben aufgrund ihrer bevorzugten (sozialen) Stellung bestimmte Vorrechte – oder nehmen sie zumindest für sich in Anspruch.

Merkur

Mercurius (griech. Hermes), einer der zahlreichen Söhne des Jupiter (griech. Zeus), diente seinem Vater als **Götterbote**. Dementsprechend sind Heroldstab, Flügelschuhe und ein geflügelter Helm seine Markenzeichen. Als „der ewig Dahineilende" wurde er auch zum **Gott der Nachrichtenübermittler**, woran heute noch Zeitungsnamen wie der „Münchner Merkur" erinnern. Darüber hinaus galt er auch als Gott der **Kaufleute** (vgl. engl. *merchandising*, *market*) – und (eine aufschlussreiche Kombination!) der Diebe.

Merkur – der Gott der Kaufleute

11 Grammatica

Demonstrativpronomina

Demonstrativpronomina sind **hinweisende Fürwörter** (*demonstrare* = „zeigen", „hinweisen", vgl. Demonstration).

1) *is, ea, id*: **„dieser, diese, dieses"**

		m.	f.	n.			m.	f.	n.
Singular	1	*is*	*ea*	*id*	Plural	1	*ii*	*eae*	*ea*
	2		*eius*			2	*eorum*	*earum*	*eorum*
	3		*ei*			3		*iis (= eis)*	
	4	*eum*	*eam*	*id*		4	*eos*	*eas*	*ea*
	6	*eo*	*eā*	*eo*		6		*iis (= eis)*	

is, ea, id wird auf drei Arten verwendet:

a) als **Demonstrativpronomen** (➔ mit einem Nomen **übereingestimmt**): „dieser, diese, dieses"

*Videte **eum** taurum!* = „Seht **diesen** Stier!"

b) als **Personalpronomen** (persönliches Fürwort) der 3.P. (➔ **nicht übereingestimmt**): „er, sie, es"

*In monte boves regis sunt: Duc **eos** ad litus!*
= „Auf dem Berg sind die Rinder des Königs: Führe **sie** zur Küste!"

c) als **Possessivpronomen** (besitzanzeigendes Fürwort) ➔ nur in den Genetivformen
eius (Sg.) = „dessen"(„sein") / „deren" („ihr") und ***eorum / earum*** (Pl.) „deren" („ihr"):

*Mercurius Iovem adiuvat et **eius** iussa conficit.* = „Merkur hilft Jupiter und führt **dessen** Befehle aus."

2) *idem, eadem, idem*: **„derselbe, dieselbe, dasselbe"**

Dieses Pronomen setzt sich aus den Formen von *is, ea, id* und *-dem* („-selbe") zusammen:

		m.	f.	n.			m.	f.	n.
Singular	1	*idem*	*éadem*	*idem*	Plural	1	*iidem*	*eaedem*	*éadem*
	2		*eiusdem*			2	*eorundem*	*earundem*	*eorundem*
	3		*eidem*			3		*iisdem*	
	4	*eundem*	*eandem*	*idem*		4	*eosdem*	*easdem*	*éadem*
	6	*eodem*	*eā́dem*	*eodem*		6		*iisdem*	

Genetiv der Eigenschaft *(Genetivus qualitatis)*

Er gibt – wie der Ablativ der Eigenschaft (➔ S. 50) – die Eigenschaft einer Person oder Sache an. Er wird auch so wie der *Ablativus qualitatis* übersetzt: mit „von" oder frei (d. h. mit einem Adjektiv):

taurus summae pulchritudinis =	„ein Stier **von** höchster Schönheit" / „ein sehr schöner Stier"
puer decem annorum =	„ein Bub **von** zehn Jahren" / „ein zehnjähriger Bub"
miles magnae virtutis =	„ein Soldat **von** großer Tapferkeit" / „ein sehr tapferer Soldat"

Teilungsgenetiv *(Genetivus partitivus)*

Er steht nach Pronomina und Mengenangaben und hebt einen Teil aus einer Menge heraus.
Übersetzung: meist „von", z. B.:

quis vestrum?	„wer **von** euch?" (➔ S. 28)
multi nostrum	„viele **von** uns"
quid novi?	(was des Neuen =) „Was (gibt es) Neues?"
multum auri	(viel des Goldes =) „viel Gold"

Exercitationes

I. Setze die richtigen Formen von *is, ea, id* vor die folgenden Nomina und übersetze:

1. ________ urbis: ____________________
2. ________ montem: ____________________
3. ________ nave: ____________________
4. ________ hostibus: ____________________
5. ________ liberi: ____________________
6. ________ corpora: ____________________
7. ________ flumini: ____________________
8. ________ aedificium: ____________________

II. Setze die richtigen Formen von *idem, eadem, idem* ein und übersetze:

1. Quintus et Gaius semper ________ virgines amant.
2. Cur semper ________ pueri pensa non faciunt?
3. Magister nos semper ________ verbis laudat.
4. ________ hora Iuliam exspecto.
5. Estisne discipuli ________ magistri?
6. Semper pensa ________ discipulorum magistro non placent.
7. Discipuli discipulaeque ________ consilium capiunt: Domi manere constituunt.

III. Übersetze:

1. Hamilcar[1] filium, puerum novem annorum, secum in bellum ducit.
2. Iovi non solum Europa, sed multae virgines pulchro corpore placent.
3. Graeci eo bello non solum multos milites, sed etiam classem[2] centum navium amittunt.
4. Romulus urbem summae pulchritudinis aedificare in animo habet.
5. Milites Romani magnam copiam frumenti[3] secum portare solent.

1 **Hamilcar**, -aris m.: „Hamilkar" (Vater Hannibals); 2 **classis**, -is f.: „Flotte"; 3 **frumentum**, -i n.: „Getreide"

IV. Bestimme die genaue Funktion der fett gedruckten Nomina (z. B. Dativ des Besitzers) und übersetze den Satz:

1. Quis **discipulorum** libenter pensa facit?
2. **Magistro** duo filii quattuor **annorum** sunt.
3. Dum primus **discipulorum** iam in scholam intrat, Quintus domi bene dormit.
4. Licetne mihi **ea nocte** apud amicam manere?
5. Canis vester me semper **clamore** terret.
6. Cui **vestrum** eum montem **summae altitudinis**[1] nobiscum ascendere placet?
7. **Iuliae**, virgini **summae pulchritudinis**, nullus amicus est.
8. Canis noster **voce sua** homines alienos semper **porta** prohibet.

1 **altitudo**, -inis f.: „Höhe"

V. De Cadmo[1]

Dum Iuppiter Europam, virginem magna pulchritudine, secum per mare portat, Agenor[2] rex Cadmo[1] filio imperat: „Propera et quaere[3] Europam! Sine ea domum redire[4] tibi non licet." Cadmus paret et diu Europam quaerit[3]. Quod autem virginem videre non potest, ad Apollinem[5] deum venit: „Adiuva me!", clamat. „Monstra mihi patriam novam!" Et deus bovem[6] pulchrum mittit. Is bos[6] Cadmum per terras ducit. Ubi autem bos[6] considit[7], Cadmus oppidum novum aedificare constituit. Quod primo dis bovem[6] immolare[8] in animo habet, amicos ad fontem[9] mittit. Ibi autem draco[10] mirae[11] magnitudinis[12] habitat et statim multos eorum occidit. Paulo post Cadmus, quod amicos neque videt neque eorum voces audit, ad eundem fontem[9] properat et corpora amicorum draconemque[10] conspicit. Cadmus, vir summae virtutis, cum eo dracone[10] pugnare audet. Diu pugnant neque alius alium vincere potest, postremo autem Cadmus draconem[10] necat.

1 **Cadmus**, -i m.: „Kadmos"; 2 **Agenor**, -oris m.: „Agenor" (Vater der Europa und des Kadmos); 3 **quaerere** 3: „suchen"; 4 **redire** (Inf.): „zurückkehren"; 5 **Apollo**, -inis m.: „Apollo"; 6 **bos**, bovis m.: „Rind"; 7 **considere** 3: „sich hinlegen"; 8 **immolare** 1: „opfern"; 9 **fons**, fontis m.: „Quelle"; 10 **draco**, -onis m.: „Drache"; 11 **mirus/a/um**: „erstaunlich"; 12 **magnitudo**, -inis f.: „Größe"

12 DE MINOTAURO

Der Sohn von Europa und Jupiter ist der spätere König Minos, dessen Gattin den Minotaurus zur Welt bringt, ein Ungeheuer, das halb Mensch und halb Stier ist. Als Tribut für einen verlorenen Krieg müssen die Athener dem Minotaurus, der in einem gewaltigen Labyrinth eingeschlossen ist, alljährlich je sieben Buben und Mädchen zum Fraß schicken. Von diesem Unheil hört der athenische Königssohn Theseus.

Theseus e **patre quaerit**: „Cur **parentes** liberos suos in Cretam[1] mittunt?" – „Filios filiasque ad monstrum[2], **quod nihil nisi** liberos devorare[3] solet, mittere **debemus**", pater respondet.

„Quod monstrum liberos nostros devorat?", Theseus interrogat. Nunc de Minotauro, cui **caput** tauri et corpus hominis est, audit. Statim Theseus, qui **pericula** non timet, monstrum **interficere** constituit. Itaque eandem navem, in qua liberi **miseri** sunt, ascendit et in Cretam insulam **navigat**.

Ibi Ariadna, filia Minois[4] regis, Theseum conspicit. Quod is **adulescens** summae virtutis ei maxime placet, Ariadna Theseum **iuvare** constituit. Nam bene scit: **Nemo**, qui labyrinthum[5] intrat, exitum[6] **invenire** potest.

Itaque Daedalum, qui labyrinthum aedificavit[7], magna cum **cura** interrogat: „**Quomodo** Theseus labyrinthum relinquere potest? Nisi tu eum adiuvas, exitum[6] invenire non potest." Itaque Daedalus Ariadnae filum[8] **dat**. Id filum Theseus, dum labyrinthum intrat monstrumque quaerit, devolvit[9] et mox **medio** in labyrintho Minotaurum invenit. Eum gladio interficit et deinde auxilio fili[8] labyrinthum relinquere potest. Deinde Theseus cum liberis Ariadnaque navem, quae iam **parata** est, ascendit **atque** in patriam navigat. Sed in mari Theseus secum cogitat: „Ariadnam in matrimonium ducere[10] non possum. Nam filia regis hostium est." Itaque puellam in Naxo[11] insula, dum dormit, relinquit et sine ea domum navigat.

1 **Creta**, -ae f.: „Kreta"; 2 **monstrum**, -i n.: „Ungeheuer"; 3 **devorare** 1: „fressen"; 4 **Minos**, Minois m.: „Minos"; 5 **labyrinthus**, -i m.: „Labyrinth"; 6 **exitus** (Akk.: exitum): „Ausgang"; 7 **aedificavit** (Perfekt): „er hat erbaut"; 8 **filum**, -i n.: „Faden"; 9 **devolvere** 3: „abwickeln"; 10 **in matrimonium ducere**: „heiraten"; 11 **Naxos**, -i f.: „Naxos" (griech. Insel)

? Welcher Satz begründet, warum Theseus Ariadne nicht heiraten kann bzw. will?

Lat.	
Dt.	

Wie die Ägäis zu ihrem Namen kam

Theseus-Tempel im Wiener Volksgarten

Fotolia.com/Renata Sedmáková

Wenn du schon auf einer griechischen Insel Urlaub gemacht hast, weißt du wahrscheinlich, dass ein Teil dieser Inselwelt in der **Ägäis** liegt. Was das mit der Geschichte vom Minotaurus zu tun hat? **Ägeus** war der Vater des Theseus. Dieser hatte bei der Abfahrt nach Kreta auf seinen Schiffen zum Zeichen der Trauer um die dem Minotaurus geopferten Kinder schwarze Segel aufziehen lassen. Für den Fall der erfolgreichen Durchführung seiner „Mission impossible" hatte Theseus seinem Vater versprochen, die schwarzen durch weiße Segel zu ersetzen. Als er jedoch Ariadne bei der Heimfahrt auf der Insel Naxos sitzen gelassen hatte, straften ihn die Götter für seine Treulosigkeit, indem sie ihn das Auswechseln der Segeln vergessen ließen. Die Folge war fatal: Ägeus erblickte von Weitem die schwarzen Segel, glaubte an ein unglückliches Ende seines Sohnes – und stürzte sich aus Trauer ins Meer, das von nun an seinen Namen trug.

Vocabularium

pater	**patris** m.	Vater	*vgl. Patriarch (= Familienoberhaupt);* ↔ *patria, -ae = „Vaterland"*
quaérere	**quaero 3,** quaesivi, quaesitum	1) suchen (+ Akk.) 2) fragen (+ *ab/ex*)	*quaero amicam = ich suche die Freundin quaero ab amica = ich frage die Freundin*
parentes (Pl.)	**parentum** m.	Eltern	*engl. + franz. parents*
qui, quae, quod		welcher/e/es; der/die/das	*(Relativpronomen, siehe Grammatica)*
nihil		nichts	*vgl. Nihilist (= einer, der an nichts glaubt)*
nihil nisi		nichts außer; nur	*(wörtl.: „nichts, wenn nicht")*
debére (+ Inf.)	**debeo 2,** -ui, -itum	müssen	*frz. devoir, ital. dovere, span. deber*
caput	**capitis** n.	Kopf, Haupt	*vgl. engl. capital; vgl. Kapuze, Kapitän*
periculum	**periculi** n.	Gefahr	*vgl. ital. pericoloso*
interfícere	**interficio M,** interfeci, interfectum	töten	*= necare, occídere*
miser/era/erum		1) arm, elend; 2) unglücklich	*vgl. miserabel; die Misere (= Notlage)*
navigare	**navigo 1,** -avi, -atum	segeln, mit dem Schiff fahren	*vgl. navis, -is =*
adulescens	**adulescentis** m.	junger Mann	*vgl. die Adoleszenz (= Jugendalter)*
iuvare	**iuvo 1,** iuvi, iutum	unterstützen, helfen	*= adiuvare (Lec. 7)*
nemo		niemand	
invenire	**invenio 4,** inveni, inventum	1) finden; 2) erfinden	*wörtl.: „darauf-kommen"; engl. invention, to invent*
cura	**curae** f.	Sorge	*vgl. Kur*
quomodo		wie	*(wörtlich: „auf welche Weise?")*
modus	**modi** m.	Art, Weise	*vgl. Mode (= Art, sich anzuziehen)*
dare	**do 1,** dedi, datum	geben	*ital. dare, span. dar; vgl. Dativ („Gib-Fall")*
medius/a/um		der mittlere; in der Mitte	*vgl. engl. medium (z. B. Kleidergröße, Steak), medieval (= mittelalterlich)*
medio in labyrintho		mitten im Labyrinth	
paratus/a/um		bereit	*vgl. parare (Lec. 7); vgl. „etwas parat haben"*
atque (= ac)		und	*= et, -que*

Übrigens lassen sich viele geografische Bezeichnungen und Namen auf griechische Sagen zurückführen. Eine der wohl berühmtesten „Ursprungsgeschichten" ist die vom Absturz des Ikarus, nach dessen Absturzort die Insel Ikaria benannt ist (➜ Lec. 13).

Wie Ariadne zur „Göttergattin" wurde

Nachdem Theseus Ariadne auf Naxos zurückgelassen hatte, nahm der Gott **Bacchus** sie zur Frau (vgl. Richard Strauss' Oper „Ariadne auf Naxos"!). Bei Bacchus (griech. Dionysos) handelt es sich um den Weingott, der dementsprechend immer mit einem Kranz aus Weinlaub dargestellt ist.

Bacchus und Ariadne (Pompeo Batoni, um 1773/74)

12 Grammatica

qui, quae, quod

	Singular			Plural		
	m.	f.	n.	m.	f.	n.
1/5	*qui*	*quae*	*quod*	*qui*	*quae*	*quae*
2		*cuius*		*quorum*	*quarum*	*quorum*
3		*cui*			*quibus*	
4	*quem*	*quam*	*quod*	*quos*	*quas*	*quae*
6	*quo*	*qua*	*quo*		*quibus*	

NOTA BENE! Die Präposition *cum* wird an die Ablativformen meist angehängt: *quocum, quacum, quibuscum.*

Verwendungsarten von *qui, quae, quod:*

- **als adjektivisches Fragepronomen** (→ Bezugswort dahinter, vgl. auch S. 44): „welcher?", „welche?", „welches?"

  Quod monstrum liberos devorat? = „**Welches** Ungeheuer verschlingt die Kinder?"

- **als Relativpronomen** (als Einleitung eines Relativsatzes → nach Beistrich, Bezugswort davor): „der", „die", „das" / „welcher", „welche", „welches" (siehe unten)

  Monstrum, ***quod*** *liberos devorat, Minotaurus est.*
  = „Das Ungeheuer, **das (welches)** die Kinder verschlingt, ist der Minotaurus."

NOTA BENE!
Im Gegensatz zu *quis?, quid?* (vgl. Lec. 9) ist *qui, quae, quod* ein adjektivisches Fragepronomen, d.h. es ist – wie ein Adjektiv – immer mit einem Substantiv (Nomen) übereingestimmt, während *quis?/quid?* immer alleine steht:
vgl. *Qui puer clamat?* („Welcher Bub schreit?") ↔ *Quis clamat?* („Wer schreit?")

Relativsätze (bezügliche Gliedsätze, Attributsätze)

Die häufigste Verwendungsart von *qui, quae, quod* ist die als Relativpronomen (bezügliches Fürwort).

- Dieses bezieht sich in **Zahl** und **Geschlecht** auf ein (meist davor stehendes) Bezugswort.
- Der **Fall** richtet sich danach, wie man nach dem Pronomen im Gliedsatz fragt:

Theseus navem, in qua liberi sunt, ascendit. = „Theseus besteigt das Schiff, in dem die Kinder sind."

in qua:	Zahl:	→ Sg. (wie *navem*)
	Geschlecht:	→ feminin (wie *navem*)
	Fall:	→ 6. F. („Wo sind die Kinder?")

Übersetzung des Relativpronomens (achte besonders auf den Genetiv!):

	Singular			Plural
	maskulin	feminin	neutrum	m./f./n.
1	„der"	„die"	„das"	„die"
2	**„dessen"**	**„deren"**	**„dessen"**	**„deren"**
3	„dem"	„der"	„dem"	„denen"
4	„den"	„die"	„das"	„die"
6	„mit dem"	„mit der"	„mit dem"	„mit denen"

Die Übersetzung des lateinischen **Ablativs** hängt davon ab, um welchen Ablativ es sich handelt: „durch den", „mit dem", „von dem" etc.

Exercitationes

I. Unterstreiche Relativpronomen und Bezugswort und übersetze:

1. Theseus cum liberis, quos parentes in Cretam mittere debent, navem ascendit.
2. Ariadna Theseum, qui ei maxime placet, adiuvare constituit.
3. Ne canes quidem Gallos audiunt, qui nocte Capitolium ascendunt.
4. Virgines, quibuscum Europa ludere solet, sine filia regis domum properant.
5. Romani filias Sabinorum, quae spectacula pulchra exspectant, secum domum portant.
6. Parentes virginum, quibus in oppido novo manere placet, pacem cum Romanis faciunt.

II. Setze die passenden Relativpronomina ein und übersetze:

1. Gaius, ______________ magister iam diu in schola exspectat, per urbem ambulat.
2. Cui nostrum cum Iulia, ______________ multi pueri amant, ambulare non placet?
3. Claudia post scholam ad Iuliam venit, ______________ auxilio pensa sua facit.
4. Quintus libenter puellas pulchras, ______________ in foro ambulant, spectat.
5. Nemo nisi Gaius, ______________ parentes iuvare solent, pensum suum secum habet.

III. Ordne die Relativsätze den richtigen Hauptsätzen zu und übersetze:

1. Iuppiter Europam amicasque, ..., conspicit.
2. Europa, ..., Iovi quoque placet.
3. Itaque deus, ..., se in taurum convertit[1].
4. Virgo nunc eum taurum, ..., videt multisque verbis laudat.
5. Iuppiter iis verbis, ..., gaudet virginique appropinquat.
6. Europa taurum, ..., primo tangere non audet.

a) quae summa pulchritudine est
b) quae Europa dicit
c) quem multi homines timent
d) qui in litore ambulat
e) quae ad mare ludunt
f) cuius oculi ei maxime placent

1 convertere 3: „verwandeln"

IV. Setze die passenden Fragepronomina ein und übersetze:

1. ______________ pueros magister monet?
2. ______________ periculum maxime timetis?
3. ______________ puellam maxime amas?
4. ______________ caput Minotauro est?
5. ______________ pueris ea virgo non placet?
6. ______________ me adiuvare potest?

V. De Procruste[1]

Theseus non solum Minotaurum occidit, sed etiam homines aliis periculis liberat. Nonnullos latrones[2] occidit. Deinde ad Procrustem quoque, virum summa magnitudine[3], venit. Is, cum[4] viator[5] appropinquat, dicere solet: „Intra! In domo[6] mea lectus[7] tibi paratus est." Sed non solum unum, sed duos lectos[7] habet: Alius parvus, alius magnus est. Homines magnos ad lectum[7] parvum ducit dicitque: „Quam magnus es! Tamen mox in lecto[7] meo dormire potes." Deinde partes eorum corporum gladio praecidit[8]. Parvos autem homines ad lectum[7] magnum ducit et deinde malleo[9] magno extendit[10]. Ad eum virum Theseus quoque venit et eius domum[6] intrare non timet. Ibi Procrustes Theseo lectum[7] parvum monstrat. Tum autem Theseus, vir summa virtute, Procrustem eodem modo occidit, quo is iam multos homines miseros necavit[11]: Eius caput et pedes[12] praecidit[8].

1 Procrustes, -is m.: „Prokrustes" (griech.: „der Strecker"); **2 latro**, -onis m.: „Räuber"; **3 magnitudo**, -inis f.: „Größe"; **4 cum**: „wenn", „sooft"; **5 viator**, -oris m.: „Wanderer"; **6 domus** f.: „Haus"; **7 lectus**, -i m.: „Bett"; **8 praecidere** 3: „abschneiden"; **9 malleus**, -i m.: „Hammer"; **10 extendere** 3: „in die Länge strecken"; **11 necavit** (Perfekt): „er hat getötet"; **12 pes**, pedis m.: „Fuß"

13 DE DAEDALO ET ICARO

Dädalus ist ein berühmter Künstler und Erfinder. Wegen eines Mordes musste er aus Athen fliehen und wurde auf Kreta von König Minos aufgenommen, für den er unter anderem auch das Labyrinth erbaute. Nach einigen Jahren wird Dädalus aber von Heimweh geplagt.

Daedalus, qui iam multos annos in Creta est, **amore** patriae commotus[1] cum Icaro filio insulam relinquere **cupit**. Itaque a Minoe[2] rege **petit**: „Da nobis navem! In patriam nostram navigare in animo habemus." Sed Minos Daedalum, qui **manibus** suis non solum **artificia** pulchra, sed etiam multas **res** utiles[3] summa **arte** conficere potest, in insula retinet[4].

Daedalus autem secum cogitat: „Quomodo tamen fugere possumus?" **Casu**, dum ambulat, nonnullas pennas[5] invenit consiliumque capit: Pennas colligere[6] ac cera[7] **coniungere** et eo modo alas[8] facere constituit. Nonnullos **dies** laborat, tum **opus** suum conficit et filium vocat.

„Vide, mi fili", inquit, „alas[8] nostras! Iis Cretam relinquere et patriam petere possumus." Deinde filium, quod iam **meridies** est et **sol** medio in **caelo** est, monet: „Si soli appropinquas, cera[7], quae pennas[5] coniungit, tabescit[9]." Deinde Daedalus Icarusque alis[8] suis Cretam per caelum relinquunt. Icarus sine **metu** post Daedalum volat[10]. **Denique** autem verba patris **neglegit**: Altius[11] atque altius contendit et solem petit. Is alas[8] pueri **solvit** et Icarus de caelo in mare **cadit**. Daedalus, quod filium post se non iam videt, clamat: „Icare, Icare, ubi es?" Tum autem primo pennas[5] et deinde corpus filii **mortui** in aqua conspicit.

1 **commotus/a/um**: „bewegt", „veranlasst"; 2 **Minos**, -ois m.: „Minos"; 3 **utiles** (Akk. Pl.): „nützlich"; 4 **retinere** 2: „zurückhalten"; 5 **penna**, -ae f.: „Feder" (vgl. engl. pen); 6 **colligere** 3: „sammeln"; 7 **cera**, -ae f.: „Wachs"; 8 **ala**, -ae f.: „Flügel" (vgl. Alitalia); 9 **tabescere** 3: „schmelzen"; 10 **volare** 1: „fliegen"; 11 **altius** (Adv.): „höher"

? Teile den Text in vier Abschnitte und ordne diesen die folgenden Schlagwörter zu:

a) Bau der Flügel: → Zeile	c) Mahnung an den Sohn: → Zeile
b) Die Katastrophe: → Zeile	d) Dädalus hat Heimweh: → Zeile

Dädalus

Der geniale athenische Künstler und Erfinder (griech. *Daidalos*, abgeleitet von *daidallein* = „kunstvoll arbeiten") soll unter anderem die Axt, die Waage und das Segel erfunden haben.

Da er seinen noch talentierteren Neffen und Lehrling aus Eifersucht auf dessen Erfindungen (Zirkel, Säge, Töpferscheibe) von der Akropolis gestürzt hatte, musste er aus Athen fliehen. Zuflucht fand er mit seinem Sohn Ikarus bei König Minos auf **Kreta**, in dessen Auftrag er unter anderem das Labyrinth für den Minotaurus erbaute. Da er Ariadne den Faden gab (vgl. Lec. 12), fiel er später bei Minos in Ungnade. Nach seiner Flucht und dem Absturz des Ikarus flog er nach Sizilien, wo er von König Kokalos freundlich aufgenommen und gegen seinen früheren „Brötchengeber" geschützt wurde: Als Minos in Sizilien erschien, um die Auslieferung des Dädalus zu fordern, ließ Kokalos den kretischen König im Bad seines Palastes ersticken.

Die minoische Kultur

Im 3. Jahrtausend v. Chr. entwickelte sich auf Kreta eine blühende Kultur, die nach dem sagenhaften König Minos „minoische Kultur" genannt wird. Typisch für sie sind die riesigen, weit **verzweigten Palastanlagen**, die den Mittelpunkt der Städte bildeten. Zu den bedeutendsten Sehenswürdigkeiten auf Kreta zählen heute noch die Paläste von Knossos und Phaistos.

Man vermutet, dass das Labyrinth in der Minotaurus-Sage einen dieser verwinkelt angelegten Paläste widerspiegelt. Auch die Bedeutung des Stierkultes auf Kreta ist durch zahlreiche bildliche Darstellungen belegt.

Die minoische Kultur ist um 1600 v. Chr. durch eine Natur-

Vocabularium

amor	amoris m.	Liebe	*frz. amour, ital. amore, span. amor; vgl. Amor*
cúpere	cupio M, cupivi, -itum	wünschen, begehren	*↔ capere M =*
pétere	peto 3, petivi, petitum	„anstreben"	*(vgl. S. 75)*
pétere a/ab		bitten, erbitten	*peto a te auxilium = „ich bitte dich um Hilfe", „ich erbitte Hilfe von dir"*
manus	manus f.	Hand	*vgl. manuell, Manufaktur, Maniküre*
artificium	artificii n.	Kunstwerk	*zusammengesetzt aus: ars + facere*
res	rei f.	Sache	*vgl. Medias In Res!; vgl. realisieren, realistisch*
ars	artis f.	1) Kunst; 2) Technik	*engl. + frz. art, ital. + span. arte; vgl. Artist*
casus	casus m.	1) Fall; 2) Zufall; 3) Unglücksfall	*engl. case, frz. cas, ital. + span. caso*
coniúngere	coniungo 3, coniunxi, coniunctum	1) verbinden; 2) vereinigen	*vgl. Konjunktion (= Bindewort)*
dies	diei m.	Tag	*span. día; vgl. engl. diary (= Tagebuch)*
opus	operis n.	Werk	*ital. opera; vgl. das Opus (= Musikwerk)*
meridies	meridiei m.	Mittag	*vgl. Meridian (= „Mittagslinie"), a. m. (siehe unten)*
sol	solis m.	Sonne	*frz. soleil, ital. sole, span. sol; vgl. Solarium*
caelum	caeli n.	Himmel	*engl. ceiling, frz. ciel, ital.+ span. cielo*
metus	metus m.	Furcht, Angst	*= timor, -oris*
dénique (Adv.)		schließlich	*= postremo*
neglégere	néglego 3, neglexi, neglectum	missachten, ignorieren	*engl. to neglect, frz. négliger*
sólvere	solvo 3, solvi, solutum	auflösen, lösen	*engl. to solve (a problem); solution (= Lösung)*
cádere	cado 3, cécidi, –	fallen	*de-kadent (= verfallen, entartet); vgl. casus, -us (s. oben) =*
mortuus/a/um		tot, gestorben	*frz. mort; vgl. Mortalität (= Sterblichkeit)*

a.m / p.m.

Diese Zusätze zu den Zeitangaben im Englischen sind dir sicher nicht unbekannt. Wusstest du aber auch, wofür sie eigentlich stehen?

- *a.m. = ante meridiem* („vor Mittag")
- *p.m. = post meridiem* („nach Mittag")

katastrophe zugrunde gegangen – möglicherweise durch eine Flutwelle, die durch den Vulkanausbruch auf der ca. 130 Kilometer entfernten Insel Santorin ausgelöst wurde.

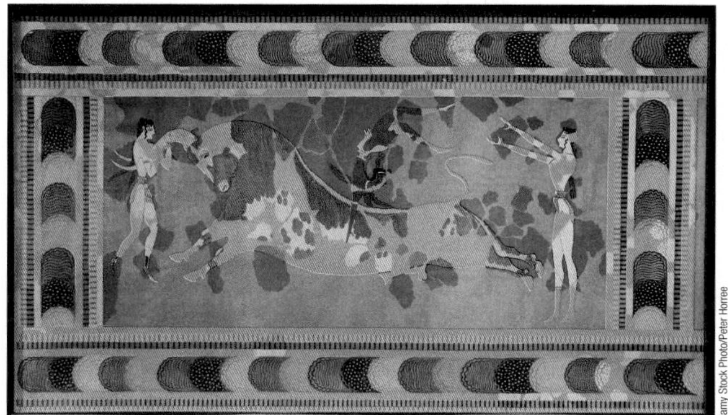

Alamy Stock Photo/Peter Horree

Akrobatischer Stiersprung (kultisches Ritual der minoischen Kultur)

Fotolia.com/banepetkovic

Palast von Knossos (Kreta)

Grammatica

e- und u-Deklination

Diese beiden Deklinationen unterscheiden sich in erster Linie durch den **Auslaut ihres Stammes**, der *-e* bzw. *-u* lautet (der reine, endungslose Stamm ist jeweils im Ablativ Sg. zu sehen). Die Endungen sind großteils identisch:

		e-Dekl.	*u*-Dekl.
		res, rei f.:	*casus, -us* m.:
Singluar	1/5	*res* („Sache")	*casus* („Fall")
	2	*rei*	*casus*
	3	*rei*	*casui*
	4	*rem*	*casum*
	6	*re*	*casu*
Plural	1/5	*res*	*casus*
	2	*rerum*	*casuum*
	3	*rebus*	*casibus*
	4	*res*	*casus*
	6	*rebus*	*casibus*

GESCHLECHTSREGELN:

- Nomina der **e-Deklination** sind feminin.
  (Ausnahmen: *dies* „Tag" und *meridies* „Mittag" sind **maskulin.**)
- Nomina der **u-Deklination** auf *-us* sind meist maskulin.
  (Ausnahmen: *domus* „Haus", *manus* „Hand" sind **feminin.**)

NOTA BENE!
Es gibt auch einige wenige *neutrale* Nomina auf **-u** (2.F. *-us*), z. B. *cornu, -us* „Horn" (1./4. Pl.: *cornua!*).

? In welchem Fall unterscheiden sich die Endungen der beiden Deklinationen nicht (nur) durch das *e* bzw. *u*?

Objektsgenetiv *(Genetivus obiectivus)*

Manchmal kann es vorkommen, dass die wörtliche Übersetzung eines lateinischen Genetivs keinen Sinn ergibt, so z. B. bei *amor patriae*: „die Liebe **der** Heimat" ist nicht sinnvoll, da die Heimat ja keine Person ist, die jemanden lieben kann. Also muss die Übersetzung wohl eher heißen: „die Liebe **zur** Heimat".

Einen solchen Genetiv, der nicht wörtlich, sondern nur mithilfe einer passenden Präposition übersetzt werden kann, nennt man ***Genetivus obiectivus***, da er das „Objekt" (den Gegenstand) einer Handlung bezeichnet:

amor patriae = „die Liebe **zur** Heimat" (= die Heimatliebe)
(→ jemand liebt die Heimat, sie ist „Objekt" seiner Liebe)

Es kann jedoch auch vorkommen, dass sowohl die „normale" Übersetzung als auch die mit Präposition möglich ist. In diesem Fall entscheidet der **Kontext** über die richtige Übersetzung:

metus Romanorum =

a) „die Angst **der** Römer" („normaler" Genetiv
→ die Römer fürchten sich, sie sind Subjekt*)

b) „die Angst **vor den** Römern" (*Gen. obiectivus*
→ man fürchtet die Römer, sie sind Objekt)

NOTA BENE!
Welche der beiden Übersetzungen die richtige ist, ergibt sich nur aus dem Zusammenhang! Insgesamt kommt der *Genetivus obiectivus* aber wesentlich seltener vor als der *Genetivus subiectivus!*

* Der „normale" Genetiv wird deshalb auch *Genetivus subiectivus* genannt.

Exercitationes

I. Bilde die passenden Formen von *is/ea/id* und übersetze die Wortgruppen:

1. __________ re: ____________________
2. __________ die: ____________________
3. __________ manui: ____________________
4. __________ casum: ____________________
5. __________ manuum: ____________________
6. __________ diem: ____________________

II. Ergänze die Endungen und übersetze:

De casibus Latinis

Magister a discipulis quaerit: „Quot[1] cas______ habent substantiva Latina?" – „Sunt sex cas______", Gaius respondet. „Bene!", magister inquit. „Et tu, Claudia, potesne mihi nomina cas______ Latinorum dicere?" Ea nomina quinque cas______ scit, sed nomen cas______ primi dicere non potest. Magister clamat: „Iam multos die______ vos eas re______ doceo!" Deinde Quintum interrogat: „Quinte, quod nomen est cas______ primo?" Quintus diu secum cogitat. Denique respondet: „Primitivus?", ceterique discipuli rident.

1 **quot**: „wie viele"

III. Überlege jeweils, ob es sich um einen Genetivus obiectivus oder einen Genetivus subiectivus handelt, und übersetze:

1. Daedalus, cui magna cura filii est, post se spectat.
2. Quamquam hostes iam Romae appropinquant, timor Romanorum tamen magnus non est.
3. Scipio Romanos timore Hannibalis liberat.
4. Romanorum metus elephantorum[1] magnus est.
5. Alieni, quod metus canis nostri magnus est, hortum[2] nostrum intrare non audent.
6. Amor amicae meae magnus est. (2 Mögl.)

1 **elephantus**, -i m.: „Elefant"; 2 **hortus**, -i m.: „Garten"

IV. Welches Relativpronomen ist das richtige? Beachte Zahl und Geschlecht des Bezugswortes! Übersetze dann den ganzen Satz!

1. Europa eum taurum, *quod / quam / quem* ad mare conspicit, primo manibus tangere non audet.
2. Ea nocte Tarquinius Lucretiam videt, *quae / cuius / quam* pulchritudinem multi homines laudant.
3. Theseus eodem die, *qua / cui / quo* in Cretam venit, Minotaurum occidere constituit.
4. Ariadna, *quae / cuius / quarum* pater rex Cretae insulae est, cum adulescente alieno navem ascendit.
5. Daedalo, *cui / quo / qui* artificia summae pulchritudinis conficere solet, Cretam insulam relinquere non licet.
6. Daedalus sibi et filio, *quocum / quem / cui* per caelum fugere in animo habet, alas[1] conficit.

1 **ala**, -ae f.: „Flügel"

V. De Neptuno[1] irato

1 Iovi cum Europa, quae in Creta insula habitat, filius nomine Minos[2] est.
Post nonnullos annos Neptunus deus Minoi, qui nunc rex eius insulae est, taurum
3 eximia[3] pulchritudine mittit et imperat: „Immola[4] mihi eum taurum!" Minos autem,
5 quod is taurus ei maxime placet, non paret, sed unum ex suis tauris immolat[4].
Itaque deus iratus Minoem ita punit[5]: Pasiphae[6] taurum Neptuni maxime amare
7 incipit[7]. Nemo eam amore tauri liberare potest. Denique, quod ab eo tauro etiam
filium concipere[8] cupit, Pasiphae a Daedalo auxilium petit.
Post nonnullos dies Daedalus feminae suum opus novum monstrat: vaccam[9] ligneam[10].
9 In ea Pasiphae paulo post a tauro filium concipit[8]. Homines autem, qui eum filium
conspiciunt, statim sciunt: Pater eius non est Minos. Nam ei animali[11] caput tauri est.

1 **Neptunus**, -i m.: „Neptun"; 2 **Minos**, -ois m.: „Minos"; 3 **eximius/a/um**: „außergewöhnlich"; 4 **immolare** 1: „opfern"; 5 **punire** 4: „bestrafen"; 6 **Pasiphae**, -es f.: „Pasiphaë" (Gattin des Minos); 7 **incipere** M: „beginnen"; 8 **concipere** M: „empfangen"; 9 **vacca**, -ae f.: „Kuh"; 10 **ligneus/a/um**: „hölzern"; 11 **animal**, -alis n.: „Lebewesen"

14 DE TARTARO[1]

Nach seinem Tod auf der Insel Sizilien (siehe „De Graecis" S. 62) wird König Minos wegen seiner gerechten Gesetzgebung Totenrichter in der Unterwelt. Als solcher schickt er die guten Menschen in das Elysium, die Insel der Seligen, die Frevler aber in den Tartarus. Zwei der Frevler, die im Tartarus für ihre Taten büßen, sind Tantalus und Sisyphus.

Tantalus rex non solum apud homines, sed etiam apud deos summo in honore fuit. **Hi** eum etiam ad **cenas** suas **invitaverant**. **Quodam** autem die Tantalus hoc **facinus** commisit: Quod **prudentiam** deorum probare[2] in animo habuit, filium suum occidit et dis apposuit[3]. Sed di facinus **intellexerunt** pueroque vitam **reddiderunt**. Tantalum autem in Tartarum miserunt, ubi has **poenas solvit**: Quamquam media in aqua **stat** sub quadam **arbore**, in qua multa poma[4] sunt, tamen semper **sitim famem**que tolerare debet. Nam **cum bibere** in animo habet, aqua recedit[5], et cum manus ad poma tendit[6], haec quoque tangere non potest.

Alius vir **improbus**, qui in Tartaro poenas solvit, Sisyphus est. Hic homo summae prudentiae nonnulla **scelera** commiserat. Etiam **Mortem**, quae eum secum in Tartarum ducere in animo habuit, ceperat et vicerat. Itaque homines, id quod est **contra naturam**, diu mori[7] non potuerunt. Facinoribus huius **generis** deos lacessiverat[8], qui eum hoc modo **puniverunt**: Semper magnum **saxum** summis **viribus** in montem volvere[9] debet. Cum autem **paene summo in monte** est, saxum iterum deorsum revolvitur[10].

1 **Tartarus**, -i m: „Tartarus" (Unterwelt); 2 **probare** 1: „auf die Probe stellen"; 3 **apponere** 3, apposui: „als Speise vorsetzen"; 4 **pomum**, -i n.: „Frucht"; 5 **recedere** 3, recessi: „zurückweichen"; 6 **tendere** 3, tetendi: „ausstrecken"; 7 **mori** (Infinitiv): „sterben"; 8 **lacessere** 3, lacessivi: „reizen"; 9 **volvere** 3: „wälzen", „rollen"; 10 **deorsum revolvitur**: „er rollt zurück"

Viribus unitis

Dieser Spruch bedeutet „Mit vereinten Kräften" und war das Motto des österreichischen Kaisers Franz Joseph I. (1848–1916). Er wollte damit den Zusammenhalt der zahlreichen Völker der österreichisch-ungarischen Monarchie betonen.

? Welche Übersetzung ist die beste? Ordne von 1. bis 3.!

homo summae prudentiae (Z. 15) =	
„Ein Mensch von höchster Klugheit."	
„Ein sehr kluger Mensch."	
„Ein Mensch höchster Klugheit."	

Antike Unterweltsvorstellungen

Die Griechen hatten eine recht genaue Vorstellung von ihrem Totenreich. Als Wächter fungierte der vielköpfige, schlangenhaarige Höllenhund **Kerberos** (lat. *Cerberus*). Dieser gestattete zwar jedem den Zutritt, aber keinem das Verlassen der Unterwelt. Nur wenigen Helden (z. B. Orpheus, Äneas, Theseus, Odysseus, Herakles) gelang die Rückkehr an die Oberwelt.

Über den Fluss **Acheron** gelangten die Toten in die Unterwelt. Voraussetzung für die Überfahrt war, dass man bestattet worden war, andernfalls drohte eine Wartezeit von 100 Jahren. Als Lohn für den Fährmann **Charon** diente der *Obolus*, eine kleine Münze, die den Toten in den Mund gelegt wurde.

Die Unterwelt selbst war in verschiedene Bereiche geteilt:

a) Im **Reich des Hades** halten sich die Verstorbenen auf, die zu ihren Lebzeiten keine besonders guten oder bösen Taten vollbracht haben.

b) Im **Tartaros** schmachten alle diejenigen, die sich gegen die Götter versündigt haben. Neben *Tantalus* und *Sisyphos* sind das *Ixion* (er missbrauchte das Vertrauen des Zeus und wurde zur Strafe an ein feuriges Rad gebunden) und die *Danaiden* (vgl. den Text auf Seite 69).

c) Das **Elysium**, die „Insel der Seligen", wird von den Lieblingen der Götter bevölkert. Zu ihnen gehören verschiedene Wohltäter des Menschengeschlechts, Priester, Sänger und Philosophen.

Vocabularium

hic, haec, hoc		dieser/e/es	*hinweisendes Fürwort (siehe Grammatica)*
cena	cenae f.	Mahlzeit, Mahl	*frz. cène, ital. + span. cena (= Abendessen)*
invitare	**invíto 1, -avi,** invitatum	einladen	*engl. to invite, frz. inviter, ital. invitare*
quidam, quaedam, quoddam	2.F. **cuiusdam,** 3.F. **cuidam**	Sg.: ein (gewisser); Pl.: einige	*Deklination wie qui/quae/quod + -dam*
fácinus	**facínoris** n.	1) Tat; 2) Untat	*abgeleitet vom Verbum facere (= tun)*
prudentia	**prudentiae** f.	Klugheit	*frz. prudence, ital. prudenza, span. prudencia*
intellégere	**intéllego 3, intellexi,** intellectum	erkennen, einsehen	*vgl. Intelligenz, intelligent*
réddere	**reddo 3, reddidi,** redditum	zurückgeben	*aus: re- („zurück-") + dare*
poena	**poenae** f.	Strafe	*vgl. Pönale (= Strafgeld), Penalty (= Strafstoß)*
poenas sólvere		eine Strafe verbüßen	*wörtlich: „Strafgeld zahlen"*
stare	**sto 1, steti,** statum	stehen	*vgl. Station, Statue; statisch (= stillstehend)*
arbor	**árboris** f.	Baum	*Nota bene: Bäume galten als weiblich!*
sitis	**sitis f.** (i-Stamm)	Durst	*ital. sete, span. sed*
fames	**famis** f.	Hunger	*frz. faim, ital. fame*
cum (Konjunktion)		1) wenn, sooft; 2) als	↔ *cum + Abl. =*
bíbere	**bibo 3, bibi,** –	trinken	*frz. boire, ital. bere, span. beber*
ímprobus/a/um		schlecht, böse	
scelus	**scéleris** n.	Verbrechen	
mors	**mortis** f.	Tod	*frz. mort, ital. morte, span. muerte*
contra (+ Akk.)		gegen	*vgl. Kontrast; Pro und Kontra (= Für und Wider)*
natura	**naturae** f.	Natur	*engl. + frz. nature, ital. natura*
genus	**géneris** n.	1) Art; 2) Geschlecht	*engl. gender, frz. genre, ital. genere*
punire	**punio 4, punivi,** -itum	bestrafen	*frz. punir, ital. punire; vgl. poena =*
saxum	**saxi** n.	Fels	*ital. sasso*
vis (Sg.)	**vim** (4.F.), **vi** (6.F.) f.	1) Kraft; 2) Gewalt	↔ *vir, viri (= Mann)*
vires (Pl.)	**virium** f.	die Kräfte	*Viribus unitis (siehe links)*
paene (Adv.)		fast, beinahe	*vgl. engl. pen-insula („Fast-Insel" = Halbinsel)*
summo in monte		auf der Spitze des Berges	*wörtl.: „auf dem höchsten Berg"*

Die **Herrscher der Unterwelt** sind *Hades* (*Pluto*, lat. *Dis*) und seine Gattin *Persephone* (lat. *Proserpina*).

Außerdem bevölkern noch drei weitere unerfreuliche Gestalten das Totenreich: Die *Moiren* (röm. Parzen) spinnen, erhalten und durchtrennen als **Schicksalsgöttinnen** den Lebensfaden der Menschen.

? Was versteht man heute unter

a) einem Zerberus? ______________________

b) einem Obolus? ______________________

c) einer Sisyphusarbeit? ______________________

d) Tantalus-Qualen? ______________________

Die Überfahrt zur Unterwelt (J. Patinir, um 1520): im Bild rechts der Hades mit Cerberus

14 Grammatica

Perfekt + Plusquamperfekt aktiv

Diese beiden lateinischen Zeiten sind im Gegensatz zum Deutschen *einfache* Verbalformen, d.h. sie werden nicht, wie im Deutschen, durch ein Hilfszeitwort + Mittelwort gebildet (z. B. „ich habe gesungen"), sondern indem bestimmte Endungen an den aktiven Perfektstamm treten.

Der aktive **Perfektstamm** ist von Konjugation zu Konjugation unterschiedlich:

	Präsensstamm	aktiver Perfektstamm
a-Konjugation:	*amo, amas … amáre*	*-av- (amav-)*
e-Konjugation:	*moneo, mones … monére*	*-u- (monu-)*
konsonantische K.:	*mitto, mittis … míttere*	verschieden* (z. B. *mis-*)
i-Konjugation:	*audio, audis … audíre*	*-iv- (audiv-)*
Mischkonjugation:	*capio, capis … cápere*	verschieden* (z. B. *cep-*)

* Das bedeutet (leider): Da es keine Regel gibt, musst du den Perfektstamm für jedes Wort der konsonantischen und Mischkonjugation extra lernen! Eine Liste der Verba findest du auf S. 199 ff.

Die **Endungen**, die an den Perfektstamm angefügt werden, sind dagegen für alle Konjugationen gleich:

Perfekt					
Singular	1.P.	*-i*	Plural	1.P.	*-imus*
	2.P.	*-isti*		2.P.	*-istis*
	3.P.	*-it*		3.P.	*-érunt*

Plusquamperfekt					
Singular	1.P.	*-eram*	Plural	1.P.	*-eramus*
	2.P.	*-eras*		2.P.	*-eratis*
	3.P.	*-erat*		3.P.	*-erant*

Beispiele für die a-Konjugation (übrige Konjugationen: → S. 190):

Perfekt			
Singular	1.P.	*amavi*	„ich habe geliebt"
	2.P.	*amavisti*	„du hast geliebt"
	3.P.	*amavit*	„er/sie hat geliebt"
Plural	1.P.	*amavimus*	„wir haben geliebt"
	2.P.	*amavistis*	„ihr habt geliebt"
	3.P.	*amavérunt*	„sie haben geliebt"

Plusquamperfekt			
Singular	1.P.	*amaveram*	„ich hatte geliebt"
	2.P.	*amaveras*	„du hattest geliebt"
	3.P.	*amaverat*	„er/sie hatte geliebt"
Plural	1.P.	*amaveramus*	„wir hatten geliebt"
	2.P.	*amaveratis*	„ihr hattet geliebt"
	3.P.	*amáverant*	„sie hatten geliebt"

Das **Perfekt** ist die lateinische **Erzählzeit**: Es beschreibt **einmalige**, in der Vergangenheit **abgeschlossene Vorgänge**. Es wird im Deutschen entweder mit dem **Präteritum** oder mit dem **Perfekt** wiedergegeben:

*Veni, vidi, vici.** = „Ich kam, sah und siegte." *(Anders als im Deutschen steht bei lateinischen Aufzählungen immer oder nie *et*!)

Das **Plusquamperfekt** (wörtlich: „mehr als vergangen") drückt eine Handlung aus, die **vor dem Perfekt** stattgefunden hat:

Quintus, qui Iuliam amaverat (Plqpf.), *postremo Claudiam in matrimonium duxit* (Perfekt).
= „Quintus, der Julia geliebt hatte, heiratete schließlich Claudia."

NOTA BENE!

Achtung auf die 3.P. Plural:

- *duxérunt* = „sie haben geführt" (→ Perfekt)
- *dúxerant* = „sie hatten geführt" (→ Plqpf.)

hic, haec, hoc

Bei diesem Wort handelt es sich um ein weiteres **Demonstrativpronomen**. Bedeutung: „dieser, diese, dieses":

Singular	1.F.	*hic*	*haec*	*hoc*
	2.F.		*huius*	
	3.F.		*huic*	
	4.F.	*hunc*	*hanc*	*hoc*
	6.F.	*hoc*	*hac*	*hoc*

Plural	1.F.	*hi*	*hae*	*haec*
	2.F.	*horum*	*harum*	*horum*
	3.F.		*his*	
	4.F.	*hos*	*has*	*haec*
	6.F.		*his*	

Exercitationes

I. Setze die folgenden Verba in das Perfekt und Plusquamperfekt:

1. laudas	3. ambulamus	5. scio	7. necat	9. sto
2. habent	4. timetis	6. punis	8. monent	10. intellegit

II. Bestimme bei den folgenden Verbformen, ob es sich um ein Präsens, Perfekt oder Plusquamperfekt handelt. Übersetze die Formen auch!

invitaverant – puniverunt – donaverat – reddunt – habuistis – vocaveram – coniungimus – prohibuimus – imperavit – sciverunt – cadit – liberavistis – legis – expugnaverant – parui – paravi – audivimus – regnaverat – habuerant – placuit – monstraveras – tangitis – exspectaveram

III. Setze die richtigen Formen von *hic, haec, hoc* ein und übersetze:

1. ________ scelus: ______________________
2. ________ die: ______________________
3. ________ rem: ______________________
4. ________ manui: ______________________
5. ________ mortis: ______________________
6. ________ corpora: ______________________

IV. Bestimme die angegebenen Formen von *hic, haec, hoc* und bilde die entsprechenden Formen von *is, ea, id*. Übersetze die Formen auch!

1. hic: 1.F. Sg. m. → = is („dieser")
2. has: ______________________
3. huic: ______________________
4. hanc: ______________________
5. hi: ______________________
6. his: ______________________
7. hos: ______________________
8. hunc: ______________________
9. huius: ______________________
10. hac: ______________________

V. Übersetze:

1. Quidam pueri non ante horam secundam in scholam venerunt.
2. Magister, qui semper pueros monuerat, denique etiam quasdam puellas monuit.
3. Di virum improbum, qui multa scelera commiserat, puniverunt.
4. Iam diu de pulchritudine cuiusdam puellae narravisti; cur hanc nobis non monstras?
5. Claudia semper quadam hora, cum parentes iam dormiverunt, amicum exspectavit.

VI. Filiae Danai facinus committunt

Danaus, cui quinquaginta[1] filiae erant[2], rex summo honore fuit. Sed quodam die vir nomine Aegyptus sibi eius regnum[3] vi parare constituit. Intellexerat autem: „Si Danaum occido, eius regnum[3] tamen meum non est. Etiam eius quinquaginta[1] filias interficere debeo. Quomodo hoc facere possum?" Quod autem Aegypto quinquaginta[1] filii erant[2], hoc consilium cepit: „Meos filios filiis Danai in matrimonium[4] dare possum!" Ita eodem die quinquaginta[1] adulescentes et totidem[5] virgines nuptias[6] fecerunt. Danaus autem filiis imperaverat: „Cum viri post cenam dormiunt, eos occidite!" Una sola e filiis huic iusso restitit, ceterae autem patri paruerunt nocteque viros suos interfecerunt. Itaque di eas in Tartarum[7] miserunt, ubi hoc modo poenas solvunt: Semper aquam e flumine portare et in dolium[8] ingerere[9] debent. Quod autem hoc dolium[8] pertusum[10] est, huius operis finis[11] non est.

1 quinquaginta: „fünfzig"; **2 erant**: „sie waren" (Impf.); **3 regnum**, -i n.: „Königreich"; **4 matrimonium**, -i n.: „Ehe"; **in matrimonium dare** (+ Dat.): „verheiraten mit"; **5 totidem**: „ebenso viele"; **6 nuptiae**, -arum f.: „Hochzeit"; **7 Tartarus**, -i m.: „Tartarus" (Unterwelt); **8 dolium**, -i n.: „Fass"; **9 ingerere** 3: „hineinschütten"; **10 pertusus/a/um**: „durchlöchert"; **11 finis**, -is m.: „Ende"

15 DE ORPHEO ET EURYDICE[1]

Am Eingang zur Unterwelt wachte der dreiköpfige Hund Cerberus und ließ niemanden mehr hinaus. Zu den ganz wenigen Menschen, denen es gelang, die Unterwelt zu betreten und auch wieder zu verlassen, gehört der berühmte Sänger Orpheus.

Orpheus, clarus cantator[2] **ille**, **et** homines **et animalia carminibus** suis delectare solebat. Sed non solum animalia, sed etiam arbores et saxa appropinquabant, dum Orpheus voce pulchra **canit**.

Olim Orpheus Eurydicen[1], quam maxime amabat, in **matrimonium** duxerat, sed paulo post serpens[3] illam necavit. Magnus fuit **dolor** Orphei. Diu **flebat dolebat**que, denique **ipse** in Tartarum[4] descendere[5] constituit.

Plutonem[6] et Proserpinam, regem **reginam**que Tartari, petivit eorumque animos carmine **movere** temptavit[7]. **Postquam** de amore suo et de doloribus magnis cecinit, **cunctae** umbrae[8] mortuorum flebant. Etiam Tantalus aquam **frustra** haurire[9] **desiit** et Sisyphus in suo saxo **consedit**.

Orpheus carmine suo Proserpinam quoque Plutonem[6]que, quibus amor **ignotus** non **erat**, movit. Itaque regina Eurydicen[1] vocavit et ad Orpheum dixit: „Hac **condicione uxorem** tibi reddimus: Dum **iter** in terram summam facis, tibi oculos ad illam **vertere** non licet. Si post te respicis[10], Eurydicen iterum amittis."

Ita Orpheus cum Eurydice **domum** Plutonis reliquit et per vias **longas** ac opacas[11] terrae iterum appropinquabat. Iam solis **lucem** vidit, cum verba Proserpinae neglexit et caput ad uxorem vertit. – Ea statim in Tartarum relapsa est[12]. Ipse autem ad terram redire[13] debuit.

1 **Eurydice**, -es (Akk.: Eurydicen): „Eurydike"; 2 **cantator**, -oris m.: „Sänger"; 3 **serpens**, -entis f.: „Schlange"; 4 **Tartarus**, -i m.: „Tartarus" (die Unterwelt); 5 **descendere** 3, descendi: „hinabsteigen"; 6 **Pluto**, -onis m.: „Pluto"; 7 **temptare** 1: „versuchen"; 8 **umbra**, -ae f.: „Schatten"; 9 **haurire** 4: „schöpfen"; 10 **respicere** M, respexi: „zurückblicken"; 11 **opacus/a/um**: „düster"; 12 **relapsa est**: „sie verschwand"; 13 **redire**: „zurückkehren"

? Hat Orpheus Schuld am endgültigen Verlust seiner Frau? Finde je ein Argument pro und kontra!

Orpheus ist schuldig, weil …
Orpheus ist unschuldig, weil …

Musik bei Griechen und Römern

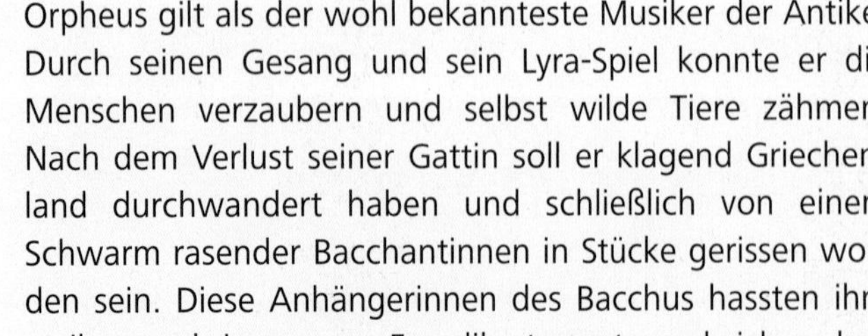

Orpheus gilt als der wohl bekannteste Musiker der Antike. Durch seinen Gesang und sein Lyra-Spiel konnte er die Menschen verzaubern und selbst wilde Tiere zähmen. Nach dem Verlust seiner Gattin soll er klagend Griechenland durchwandert haben und schließlich von einem Schwarm rasender Bacchantinnen in Stücke gerissen worden sein. Diese Anhängerinnen des Bacchus hassten ihn, weil er noch immer um Eurydike trauerte und sich zu keiner zweiten Ehe entschließen konnte.

Ein anderer griechischer Sänger, der fast wie ein heutiger Popstar verehrt worden sein soll, ist **Arion**. Ihm trachteten nicht Frauen, sondern Seeräuber nach dem Leben, doch wird er von einem Delfin gerettet. Seine Geschichte findest du auf Seite 73.

Über die **römische Musik** wissen wir in Ermangelung antiker Tonaufnahmen relativ wenig. Fest steht aber, dass die Römer wegen des angenehmen Klanges der lateinischen Sprache gern gesungen haben. Die antiken Autoren berichten von religiösen Kultliedern, Gesängen zur Arbeit, Tisch- und Schlafliedern sowie Wanderliedern (sogar das Jodeln ist belegt!). Besonders beliebt waren auch Spottlieder: So durften die Soldaten beim Triumphzug den siegreichen Feldherrn durch freche Gesänge ungestraft verspotten.

Die am weitesten verbreiteten Instrumente waren im Übrigen die Flöte (lat. *tibia*), die auch als Signalinstrument beim Heer verwendete Trompete (lat. *tuba!*) sowie die Leier (lat. *cithara* und *lyra*).

Vocabularium

ille, illa, illud		jener/e/es	*vgl. die Artikel: frz. le/la, ital. il/la, span. el/la*
et ... et		sowohl ... als auch	
animal (i-Stamm)	animalis n.	1) Tier; 2) Lebewesen	*engl. + frz. + span. animal, ital. animale*
carmen	cárminis n.	Lied	*vgl. Carmina Burana*
cánere	cano 3, cécini, –	singen, besingen	*frz. chanter, ital. cantare, span. cantar*
olim (Adv.)		einst	
matrimonium	matrimonii n.	Ehe	*ital. + span. matrimonio*
in matrimonium dúcere		heiraten (vom Mann aus)	*wörtl.: „(die Frau) in die Ehe führen"*
dolor	dolóris m.	Schmerz	*frz. douleur, ital. dolore, span. dolor*
flére	fleo 2, flevi, fletum	weinen	*vgl. flennen*
dolére	doleo 2, dolui, –	trauern, Schmerz empfinden	*vgl. dolor =*
ipse, ipsa, ipsum		selbst	*(siehe Grammatica)*
regina	reginae f.	Königin	*ital. regina*
movére	moveo 2, movi, motum	bewegen	*engl. to move, movie; vgl. motivieren, Motor*
postquam	(+ Perfekt)	nachdem	
cuncti/ae/a (Pl.!)		alle; alles (n.)	
frustra (Adv.)		vergeblich	*vgl. Frustration (= enttäuschte Erwartung)*
desínere	desino 3, desii, –	aufhören, ablassen	
consídere	consido 3, consedi, –	sich niedersetzen	*↔ sedere 2 =*
ignotus/a/um		unbekannt	
eram, eras... (etc.)		ich war, du warst ... (etc.)	*(Imperfekt von esse, siehe Grammatica)*
condicio	condicionis f.	Bedingung	*vgl. Konditionalsatz (= Bedingungssatz)*
uxor	uxoris f.	Gattin, Ehefrau	
iter	itineris n.	1) Weg; 2) Reise	*ital. + span. itinerario*
iter fácere		reisen, marschieren	*wörtl.: „eine Reise machen"*
vértere	verto 3, verti, versum	wenden, drehen	*vgl. konvertieren (= die Religion wechseln)*
domus	domus f.	Haus	*vgl. Dom, Domizil (= Wohnsitz)*
longus/a/um		lang	*engl. long; vgl. Longinus (= großer Mensch)*
lux	lucis f.	Licht	*ital. luce, span. luz; vgl. Luzifer („Lichtbringer")*

***Plus lucis* („Mehr Licht")**
war das Motto des österreichischen Chemikers Carl Auer von Welsbach (1858–1929), der unter anderem leistungsfähigere Gasglühlampen erfand. Dieselben Worte soll auch J. W. Goethe vor seinem Tod gesagt haben.

? Viele Musik-Begriffe leiten sich vom Lateinischen ab. Finde heraus, wie die zugrunde liegenden lateinischen Wörter heißen und was sie bedeuten!

Intervall: ______________________

Quintett: ______________________

Komponist: ______________________

Dirigent: ______________________

Oktave: ______________________

Dur: ______________________

Moll: ______________________

Dissonanz: ______________________

Crescendo: ______________________

Alamy Stock Photo/age fotostock

Orpheus (Mosaik aus der Türkei)

15 Grammatica

Imperfekt

Das lateinische Imperfekt wird vom **Präsensstamm** (!) gebildet. Zwischen den Stamm und die Endungen tritt das Erkennungszeichen *-ba-*: (Nota bene: Davor steht immer *-e-*, nur bei der a-Konjugation *-a-*!)

		a-Konj.	*e*-Konj.	kons. Konj.	*i*-Konj.	Mischkonj.	*esse*	*posse*
Singular	1.P.	***amábam***	***monébam***	***mittébam***	***audiébam***	***capiébam***	*éram*	*póteram*
	2.P.	***amábas***	***monébas***	***mittébas***	***audiébas***	***capiébas***	*éras*	*póteras*
	3.P.	***amábat***	***monébat***	***mittébat***	***audiébat***	***capiébat***	*érat*	*póterat*
Plural	1.P.	***amabámus***	***monebámus***	***mittebámus***	***audiebámus***	***capiebámus***	*erámus*	*poterámus*
	2.P.	***amabátis***	***monebátis***	***mittebátis***	***audiebátis***	***capiebátis***	*erátis*	*poterátis*
	3.P.	***amábant***	***monébant***	***mittébant***	***audiébant***	***capiébant***	*érant*	*póterant*

Übersetzung: Das Imperfekt stellt lang **andauernde** oder **wiederholte** Handlungen dar. Es wird mit dem **Präteritum** wiedergegeben:

Orpheus homines carminibus suis delectabat. = „Orpheus erfreute die Menschen mit seinen Liedern." (→ er tat es immer wieder)

Unterschied Perfekt ↔ Imperfekt:

	Lat. Imperfekt	Lat. Perfekt
Was drückt die Zeit aus?	a) wiederholte Handlung b) länger dauernde Handlung	einmalige Handlung (= Erzählzeit!)
Grafische Entsprechung:	Zeit**dauer** (Linie: –)	Zeit**punkt** (Punkt: •)
Wiedergabe im Deutschen:	Präteritum	Präteritum / Perfekt

Zeitleiste:

Plqpf. — Perfekt / Imperfekt — Präsens

NOTA BENE!
Perfekt und Imperfekt sind gleich weit vom Präsens entfernt, drücken aber Unterschiedliches aus.

Beispiel: *Dormiebam; subito magister me clamavit.* = „Ich schlief; plötzlich rief mich der Lehrer."
↑ Imperfekt: (an-)dauernd ↑ Perfekt: einmal

Demonstrativpronomina (hinweisende Fürwörter)

ille, illa, illud: „jener, jene, jenes"

Singular	1.F.	*ille*	*illa*	*illud*
	2.F.		*illius**	
	3.F.		*illi**	
	4.F.	*illum*	*illam*	*illud*
	6.F.	*illo*	*illa*	*illo*

Plural	1.F.	*illi*	*illae*	*illa*
	2.F.	*illorum*	*illarum*	*illorum*
	3.F.		*illis*	
	4.F.	*illos*	*illas*	*illa*
	6.F.	*illis*	*illis*	*illis*

ipse, ipsa, ipsum: „selbst"

Singular	1.F.	*ipse*	*ipsa*	*ipsum*
	2.F.		*ipsius**	
	3.F.		*ipsi**	
	4.F.	*ipsum*	*ipsam*	*ipsum*
	6.F.	*ipso*	*ipsa*	*ipso*

Plural	1.F.	*ipsi*	*ipsae*	*ipsa*
	2.F.	*ipsorum*	*ipsarum*	*ipsorum*
	3.F.		*ipsis*	
	4.F.	*ipsos*	*ipsas*	*ipsa*
	6.F.	*ipsis*	*ipsis*	*ipsis*

*) Viele Pronomina haben im Genetiv Sg. die Endung *-ius* und im Dativ Sg. *-i* (jeweils für alle drei Geschlechter). Auch einige **Adjektiva**, die ansonsten nach der *a-/o-*Deklination abwandeln, weisen diese Besonderheit (**„Pronominale Deklination"**) auf, z. B.: *solus/a/um* („allein"), *unus/a/um* („ein", „einzig"), *nullus/a/um* („kein").
(komplette Abwandlung: → S. 189)

Exercitationes

I. Übersetze:

1. jenem König: ____________________
2. diesen König: ____________________
3. ein gewisser König: ____________________
4. den Königen selbst: ____________________
5. denselben Königen: ____________________
6. jener Könige: ____________________
7. welche Könige: ____________________
8. des Königs selbst: ____________________

II. Unterstreiche im folgenden Text alle Pronomina und übersetze:

Discipuli magistro ea pensa, quae post meridiem fecerant, monstraverunt. Ille pensa eorum laudavit, tum ad Quintum quoque venit. Postquam eius pensum spectavit, clamavit: „Cur quidam discipuli pensa non ipsi faciunt? Hoc pensum non ipse fecisti, Quinte!"
Is autem dixit: „Certe pensum meum ipse feci!" - „Cur autem idem scripsisti[1], quod Claudia quoque scripsit[1]?", magister ab eo quaesivit. Puer huic respondit: „Quod casu semper idem cogitamus." His verbis iratus magister Quinto aliud pensum magnum dedit.

1 **scribere** 3, scripsi: „schreiben"

III. Setze ins Imperfekt, Perfekt und Plusquamperfekt und übersetze auch:

1. invitas 2. habet 3. puniunt 4. vinco

IV. Ordne die folgenden Formen der jeweils richtigen Spalte zu:

dederam – stabant – carebant – invitavistis – risimus – fecerant – fecerunt – duxerat – miseras – erant – ludebam – debui – dicebant – pugnaverant – punivit

Imperfekt	Perfekt	Plusquamperfekt

V. Übersetze die folgenden Sätze und überlege, welche der beiden angegebenen Verbformen sinnvoller ist!

1. Daedalus et Icarus, qui iam diu patriam petere in animo habuerant, postremo Cretam *reliquerunt / relinquebant*.
2. Icarus, qui soli appropinquavit, subito in mare *cecidit / cadebat*.
3. Tantalus, quod filium *interfecit / interficiebat*, summas poenas solvere debet.
4. Theseus Minotaurum, cui Athenienses[1] multos annos liberos suos *miserunt / mittebant*, ipse interficere constituit.
5. Quodam die Orpheus Eurydicen[2] in matrimonium *duxit / ducebat*.

1 **Athenienses**, -ium: „die Athener"; 2 **Eurydicen**: Akk. zu Eurydice

VI. De periculo cantatoris[1]

Arion[2] clarus cantator[1] Graecus erat. Is non solum in patria, sed etiam in Sicilia insula multos homines carminibus maxime delectabat. Quodam die ille cantator[1], qui in Sicilia magnas divitias[3] sibi paraverat, amore patriae commotus[4] iter domum facere constituit. Ita navem ascendit, qua Graeciam petivit. Sed ea in nave piratae[5] improbi erant, qui Arionis divitias[3] rapere et eum ipsum occidere in animo habebant. Arion, postquam eorum consilium intellexit, a piratis[5] petivit: „Licetne mihi carmen ultimum[6] canere?" Quod piratae[5] id concesserunt[7], Arion voce pulchra cecinit, deinde autem in aquam desiluit[8]. Sed di, quibus Arionis ars maxime placebat, hunc virum servaverunt: Delphinum[9] miserunt, qui Arionem per mare in patriam portavit.

1 **cantator**, -oris m.: „Sänger"; 2 **Arion**, -onis m.: „Arion"; 3 **divitiae**, -arum f.: „Schätze"; 4 **commotus/a/um**: „bewegt"; 5 **pirata**, -ae m.: „Pirat"; 6 **ultimus/a/um**: „der letzte"; 7 **concedere** 3, -cessi: „erlauben"; 8 **desilire** 4, desilui: „hinabspringen"; 9 **delphinus**, -i m.: „Delphin"

Wortklauberei

1 Grammatikalische Ausdrücke, die du nach den Lektionen 11 bis 15 können solltest:

Name	Übersetzung	Beispiel
Demonstrativpronomen		
Relativpronomen		
Interrogativpronomen		
Possessivpronomen		
Personalpronomen		

2 Die Nachsilbe (Suffix) *-tudo*:

In Lec. 11 hast du zwei Nomina kennengelernt, die von Adjektiven abgeleitet sind.

Adjektiv			Nomen	
multi/ae/a	„viele"	→	*multitudo, -inis*	„Menge"
pulcher/chra/chrum	„schön"	→	*pulchritudo, -inis*	„Schönheit"

? Wie könnten die Nomina zu den folgenden Adjektiva lauten? Fülle die Tabelle analog zu der oberen aus!

Adjektiv			Nomen	
magnus/a/um		→		
longus/a/um		→		
clarus/a/um		→		
solus/a/um		→		

Was du dir merken solltest:

- Wörter auf *-tudo*, *-tudinis* sind immer von Adjektiven abgeleitet. Diese Nachsilbe (= **Suffix**) drückt eine **Eigenschaft** aus (vgl. im Deutschen *-heit* und *-keit*).
- Wörter auf *-tudo*, *-tudinis* sind immer **feminin** (vgl. im Deutschen *die* Eitelkeit, *die* Bescheidenheit, *die* Dummheit etc.)
- Diese Endung lebt auch in den **romanischen Sprachen** (→ S. 140) weiter:

im **Italienischen** → *-tudine* (vgl. *la longitudine* = ________________)

im **Französischen** → *-tude* (vgl. *la longitude* = ________________)

im **Spanischen** → *-tud* (vgl. *la longitud* = ________________)

3 Wortfamilien:

Mehrere Wörter, die dieselbe Wurzel haben und in ihrer Bedeutung verwandt sind, bilden eine Wortfamilie. Ein deutsches Beispiel für eine Wortfamilie wäre: „fliegen" – „abfliegen" – „Flügel" – „Fliege" etc.

? Bestimme die Bedeutungen der Mitglieder der folgenden „Mini-Wortfamilie":

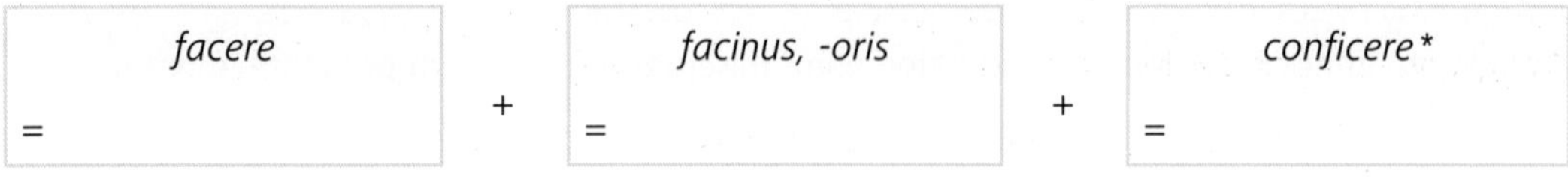

*entstanden aus *con-* und *facere* („Vokalschwächung", → S. 197)

4 Ein Wort – viele Bedeutungen!

Hier wieder ein Beispiel für ein Wort mit vielen Bedeutungsnuancen (→ S. 53). Im Verbum ***petere*** (vgl. Lec. 13) ist einerseits das Anvisieren von etwas, andererseits die Bewegung zu etwas hin enthalten. Als Grundbedeutung könntest du dir **„etwas anpeilen"** merken. Auch wenn du diese Bedeutung möglicherweise nur selten als Übersetzung anwenden kannst, wird sie dir doch helfen, in verschiedenen Kontexten die richtige Bedeutung zu finden.

? Schaffst du es, in der folgenden Grafik die richtigen Bedeutungen zu finden? Folgende stehen zur Auswahl: „wollen", „reisen", „bitten", „begehren", „angreifen".

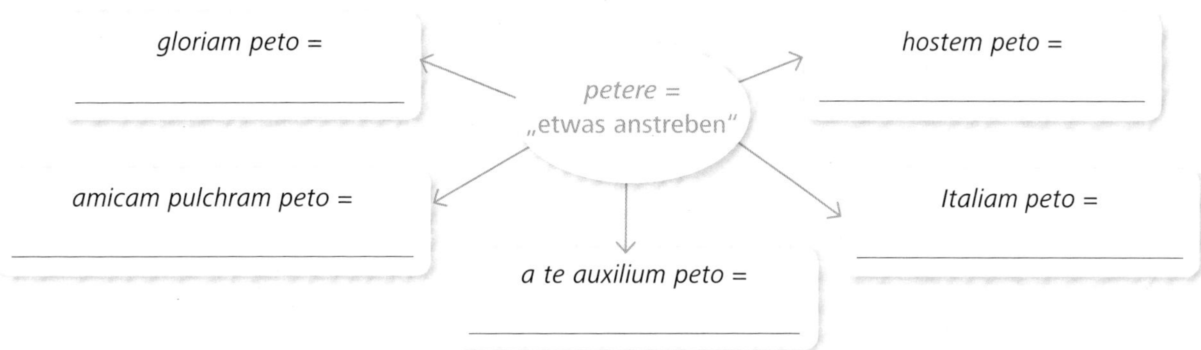

5 Wörter mit Geschichte!

Bei vielen (Fremd-)Wörtern lohnt es sich herauszufinden, wo ihre Herkunft liegt. Solche Wortgeschichten (der Fachausdruck dafür lautet **Etymologien**) sind nicht nur sprachlich aufschlussreich (viele dieser Wortgeschichten führen auf das Lateinische und Altgriechische zurück), sondern oft auch sehr spannend!

Hier ein Beispiel: Das Wort **Rivale** (Gegner) leitet sich von lat. *rivus, -i* „Fluss" ab. Warum das so ist? Im antiken Süditalien war (wie heute auch noch) Wasser ein kostbares, weil seltenes Gut. Wenn sich also zwei Leute am selben Fluss ansiedelten, waren sie folglich Gegner, da sie sich gegenseitig das Wasser streitig machten.

? Findest du mithilfe deiner bisherigen Vokabelkenntnisse heraus, auf welche lateinischen Wörter sich die folgenden Fremdwörter zurückführen lassen?

a) identisch: ______________________

b) Kapitän: ______________________

c) Maniküre: ______________________

d) Lokomotive: ______________________

e) domestizieren: ______________________

f) Daten: ______________________

g) engl. peninsula: ______________________

h) engl. library: ______________________

TIPP Wenn du ein Fan von Wortgeschichten bist, solltest du dir ein **etymologisches Wörterbuch** zulegen – dort findest du alles über die Herkunft der Wörter unserer Sprache!

6 Vokabellerntipp: Eselsbrücken

Um sich die Bedeutung von Vokabeln zu merken, ist jedes Mittel erlaubt – auch wenn sich eine Eselsbrücke vielleicht „dumm" anhört. Hier ein paar Tricks, wie du dir bestimmte leicht verwechselbare Wörter gut einprägen kannst:

- ***soleo*** („gewohnt sein") → Merksatz: „Ich bin **gewohnt**, **Sole**tti zu essen."
- ***ignotus*** („unbekannt") → Merksatz: „Mir ist **unbekannt**, was **ignotus** heißt."
- ***tam*** („so") → Merksatz: „Mach nicht **so** ein **Tamtam**!"

Bei den folgenden drei Wörtern kann dir auch der Klang helfen:

- ***tum*** („dann", „damals") → Merkwort: Alter-**tum** (Das Altertum hat etwas mit „damals" zu tun!)
- ***ipse*** („selbst") → akustisches Hilfsmittel: „**-ps-** / **-bs-**"
- ***iterum*** heißt „**wiederum**" (Reim!)

16 DE SPARTACO

Mit der Zerstörung Karthagos im Jahre 146 v. Chr. war eine große äußere Bedrohung für die Römer weggefallen. In den folgenden eineinhalb Jahrhunderten machten ihnen jedoch innenpolitische Spannungen, die sogar bis zum Bürgerkrieg führten, zu schaffen. Überdies sorgten die Aufstände der Sklaven, die in großer Zahl als Kriegsgefangene nach Rom gekommen waren, für Unruhe.

Romani, cum alienas **nationes** bellis superaverant, multos viros feminasque capiebant et servos in patriam ducebant. In his Spartacus quoque erat, vir **nobili** genere **natus**. Eum virum **fortem**, ut multos alios servos, Romani **gladiatorem** fecerunt. Nam semper magnā copiā gladiatorum pro spectaculis **crudelibus** egebant[1].

Itaque Spartacus **variis** armis pugnare **discebat**. Denique, quamquam **difficile** erat, cum nonnullis gladiatoribus ex oppido Capua, ubi magnus ludus[2] erat, fugere potuit. Parvum **exercitum** Romanum **brevi tempore** vicit. Deinde multi alii gladiatores et milia servorum, qui in latifundiis[3] vitam asperam[4] **agebant**, se Spartaco adiunxerunt[5]. Illam multitudinem armis **exercuit** et per Italiam duxit. Saepe eius copiae **celeres** fortesque exercitus Romanos vincebant. Nonnulla oppida expugnabant atque **agros latos** vastabant[6].

Postremo Spartacus ad Alpes[7] venit, ubi multos Gallos, qui se imperio[8] Romano liberare in animo habebant, in copias suas **recepit**. Deinde servos ex Italia ducere constituit, sed illos **continere** non iam potuit. **Cupiditate** praedae[9] **adducti** servi in Italia manere constituerunt. Nonnulli etiam urbem Romam oppugnare in animo habebant.

Tunc **senatus** Romanus periculum magnum **cognovit** et Crassum[10] imperatorem cum exercitu magno in servos misit. Ille pugnā **atroci** servos vicit Spartacumque interfecit. Deinde sex milia servorum in **cruce** fixit[11].

1 egere 2 (+ Abl.): „brauchen"; **2 ludus**, -i m.: (auch:) „Gladiatorenschule"; **3 latifundium**, -i n.: „Landgut"; **4 asper/era/erum**: „hart", „rau"; **5 adiungere** 3, adiunxi: „anschließen"; **6 vastare** 1: „verwüsten"; **7 Alpes**, -ium f.: „die Alpen"; **8 imperium**, -i n.: „Herrschaft"; **9 praeda**, -ae f.: „Beute"; **10 Crassus**, -i: „Crassus" (röm. Eigenname); **11 figere** 3, fixi: „befestigen", „schlagen"

? Liste vier im Text vorkommende Nomina zum Thema „Krieg" auf. Gib sie so an, wie sie im Vokabelverzeichnis stehen!

lat. Formen:	Bedeutung:	lat. Formen:	Bedeutung:

Sklavenmarkt im alten Rom (Jean-Leon Gérômes, 1884)

Sklaven

Als Rom im 3. und 2. Jahrhundert v. Chr. große Teile des Mittelmeerraumes erobert hatte, waren tausende Kriegsgefangene als Sklaven nach Rom gebracht worden. Zusätzlich machten auch Sklavenhändler und Piraten aus Profitgründen Jagd auf Menschen, um sie auf **Sklavenmärkten** (der größte befand sich auf der griechischen Insel Delos) zu verkaufen. Im 1. Jh. v. Chr. betrug die Zahl der Sklaven in Rom ca. 300.000 – fast ein Drittel der gesamten Stadtbevölkerung!

Die Tätigkeiten, zu denen Sklaven herangezogen wurden, waren sehr unterschiedlich. Im schlimmsten Fall mussten sie als Staatssklaven im Straßenbau, in Bergwerken oder auf großen Landgütern arbeiten. Wer es besser erwischte, landete in der *familia* eines Reichen, wo er für fast alle Tätigkeiten eingesetzt werden konnte: als Koch, als Mund-

Vocabularium

natio	**nationis** f.	Volk	*vgl. inter-national, Nation, Nationalismus*
nóbilis/e		1) vornehm; 2) adelig	*frz. noble, ital. nobile, span. noble; vgl. nobel*
natus/a/um		geboren; abstammend	*vgl. engl. native speaker*
fortis/e		tapfer	*↔ frz. fort + ital. forte („stark")!*
gladiator	**gladiatoris** m.	Gladiator	*wörtl.: „Schwertkämpfer" (vgl. gladius)*
crudélis/e		grausam	*engl. + frz. + span. cruel, ital. crudele*
varius/a/um		verschieden	*vgl. variieren (= abwechseln), Variante, Variation*
díscere	**disco 3, dídici, –**	lernen	*vgl. discipulus =*
difficilis/e		schwierig	*engl. difficult, frz. + ital. difficile, span. difícil*
exercitus	**exercitus** m.	Heer	*ital. esercito, span. ejerito; vgl. exercere (s.u.)*
brevis/e		kurz	*engl. brief, frz. bref, ital. + span. breve*
tempus	**témporis** n.	Zeit	*frz. temps, ital. tempo; vgl. Temporalsatz, temporär*
ágere	**ago 3, egi,** actum	1) tun; 2) verbringen	*vgl. agieren, reagieren; agil (= beweglich, flink)*
diem agere		den Tag verbringen	
exercére	**exerceo 2, -ui,** -itum	trainieren, üben	*engl. exercise; vgl. exerzieren =*
celer/eris/ere		schnell	*ital. celere; vgl. engl. celerity*
ager	**agri** m.	Feld; Pl.: Gebiet(e)	*vgl. Agrar-; vgl. engl. agriculture =*
latus/a/um		weit, breit	*vgl. Latifundien (= große Landgüter)*
recípere	**recipio M, recepi,** receptum	aufnehmen	*vgl. Rezeption, Rezept*
se recipere		sich zurückziehen	
continére	**contineo 2, continui, –**	1) zusammenhalten; 2) enthalten	*vgl. Kontinent; Container*
cupiditas	**cupiditatis** f.	Begierde, Gier	*vgl. cupere =*
adductus/a/um		veranlasst	
senatus	**senatus** m.	Senat	*eigtl.: „Ältestenrat" (vgl. senex = „alter Mann")*
cognóscere	**cognosco 3, cognovi,** cognitum	1) erkennen; 2) erfahren; 3) kennenlernen	*vgl. kognitiv, inkognito (= unerkannt)*
atrox (m./f./n.)	**atrocis** (2.F.)	wild, grässlich	*(siehe Grammatica)*
crux	**crucis** f.	Kreuz	*frz. croix, ital. croce, span. cruz; vgl. Kruzifix*

SPQR: Dieses „Logo" der Römer kennst du bestimmt aus den Asterix-Bänden. Es steht für *Senatus Populusque Romanus* („Senat und Volk von Rom") und war unter anderem auf den römischen Feldzeichen angebracht. Heute noch stehen diese Buchstaben auf vielen öffentlichen Einrichtungen der Stadt Rom, z. B. auf den Kanaldeckeln (siehe Bild unten!).

schenk, als Sänften- oder Fackelträger, als Sekretär, aber auch als Lehrer (besonders wenn er Griechisch konnte). Manche römische Herren ließen sich von Sklaven sogar die Stunden ansagen oder bei Spaziergängen Unebenheiten auf dem Weg ankündigen. Jedenfalls gab es keinen reichen Römer ohne Sklaven – manche sollen sogar mehrere hundert in ihrem Haus beschäftigt haben. Auch unter den **Gladiatoren** waren die Sklaven – neben Verbrechern, Gefangenen, aber auch Freiwilligen – zahlreich vertreten. Manche von ihnen wurden aufgrund ihrer Erfolge in der Arena zu „Stars" und konnten sich mit dem erworbenen Vermögen später freikaufen.

Der **Aufstand des Spartacus** war nicht die einzige Sklavenerhebung im römischen Reich. So war etwa in Sizilien der erste Sklavenstaat der Geschichte ausgerufen worden. Eigenartigerweise bezweckten diese Aufstände nicht die

Wolfram Kautzky, Wien

Abschaffung der Sklaverei an sich, sondern nur die Verbesserung der Lebensumstände.

16 Grammatica

Adjektiva der dritten Deklination

Neben den bisher bekannten Adjektiva der **a-/o-Deklination** (z. B. *magnus/a/um*) gibt es eine weitere, ebenso große Gruppe von Adjektiva, die nach der **dritten Deklination** abgewandelt werden. Sie haben großteils die Endungen der **i-Stämme** (vgl. S. 50), im Akkusativ Sg. aber ***-em.***
Gemeinsames Merkmal dieser Adjektiva ist nicht der Nominativ, sondern der Genetiv auf ***-is***!

Nach dem Nominativ unterscheidet man **drei Untergruppen**:

a) **eine** Endung für alle drei Geschlechter → z. B. *atrox* (m./f./n.)
b) **zwei** Endungen (am häufigsten!) → z. B. *fortis* (m./f.), *forte* (n.)
c) **drei** Endungen → z. B. *celer* (m.), *celeris* (f.), *celere* (n.)

		atrox, -ocis („wild")		*fortis/-e* („tapfer")		*celer/-eris/-ere* („schnell")		
		m./f.	n.	m./f.	n.	m.	f.	n.
Singular	1/5	*atrox*		*fortis*	*forte*	*celer*	*celeris*	*celere*
	2	*atrocis*		*fortis*		*celeris*		
	3	*atroci*		*forti*		*celeri*		
	4	*atrocem*	*atrox*	*fortem*	*forte*	*celerem*		*celere*
	6	*atroci*		*forti*		*celeri*		
Plural	1/5	*atroces*	*atrocia*	*fortes*	*fortia*	*celeres*		*celeria*
	2	*atrocium*		*fortium*		*celerium*		
	3	*atrocibus*		*fortibus*		*celeribus*		
	4	*atroces*	*atrocia*	*fortes*	*fortia*	*celeres*		*celeria*
	6	*atrocibus*		*fortibus*		*celeribus*		

NOTA BENE!

- Achtung auf die *Endung -i*: Im Gegensatz zu den meisten Nomina der 3. Deklination steht diese Endung nicht nur für den Dativ Sg., sondern auch für den **Ablativ Sg.**: *brevi tempore* (6.F. Sg.: „in kurzer Zeit")
- Umgekehrt ist die *Endung -e* bei diesen Adjektiven kein Ablativ Sg., sondern der **Nominativ** oder **Akkusativ Sg. Neutrum:** *tempus breve* (1./4. F. Sg. n.: „die kurze Zeit")

Apposition (Beisatz)

Wenn ein Nomen (oder Nomen + Adjektiv) ein anderes Nomen, das im selben Fall steht, näher erklärt, spricht man von einer **Apposition** („Beisatz"):

urbs Roma = „die Stadt Rom" (→ *urbs* erklärt *Roma* näher)
Romam, urbem pulchram, petimus. = „Wir besuchen die schöne Stadt Rom (= Rom, die schöne Stadt)."

NOTA BENE!
Beim Übersetzen muss die Apposition im Fall an das vorangestellte Nomen angepasst werden:
Romulus nuntios ad Sabinos (4. Fall), *populum vicinum* (4. Fall), *mittit.*
= „Romulus schickt Boten zu den Sabinern (3. Fall), einem benachbarten Volk (3. Fall)."

Prädikativum

Unter einem **Prädikativum** versteht man ein Nomen (oder Adjektiv), das im selben Fall wie ein anderes Nomen steht, aber nicht das Nomen, sondern das Prädikat näher bestimmt. Es wird mit „**als**" übersetzt:

Romani multos viros ***servos*** *in patriam ducebant.* = „Die Römer führten viele Männer **als** Sklaven in ihre Heimat."
Iulia ***prima*** *venit.* = „Julia kam **als** Erste."

TIPP: Wenn du ein Subjekt oder Objekt „zu viel" hast, probiere die Übersetzung mit „als"!

Exercitationes

I. Verbinde die Adjektiva mit den passenden Nomina, indem du jeweils die richtige Ziffer ins Kästchen schreibst.

1. spectaculum
2. facinore
3. virum
4. virorum
5. exercitus
6. libris

☐ fortem
☐ brevibus
☐ crudele
☐ celeris
☐ atroci
☐ nobilium

II. Ergänze die Endungen und übersetze:

1. virum crudel_____ = ____________________
2. tempus brev_____ = ____________________
3. opera difficil_____ = ____________________
4. rerum atroc_____ = ____________________
5. morte celer_____ = ____________________
6. homini miser_____ = ____________________

III. Übungssätze zum Prädikativum:

1. Romulus et Remus, qui liberi diu apud pastores[1] habitabant, oppidum aedificare constituunt.
2. Hannibal iam puer novem annorum hostis Romanorum erat.
3. Marcus Manlius primus Romanorum Gallos, qui Capitolium ascenderunt, conspexit.
4. Spartacus, postquam gladiator variis armis pugnare didicit, multos servos contra exercitum Romanum duxit.

1 **pastor**, -oris m.: „Hirte"

IV. Ergänze die fehlenden Endungen und übersetze:

Magister a discipul_____, qui iam multum de Spartaci bellis didicerunt, quaerit: „Quid mihi de Spartaco narrare potestis?" – „Romani hunc vir_____ nobil_____ ceperunt", Claudia respondet. „Non solum vir nobil_____, sed etiam miles fort_____ erat", Gaius scit. – „Bene", magister dicit, „et quos homin_____ miser_____ Spartacus liberavit, Quinte?" – Ill_____ puer respondet: „Discipulos?" – „Num discipul_____ homines miseri sunt?", magister interrogat. Gaius nunc amic_____ adiuvat clamatque: „Ita est. Ut servi discipuli quoque mult_____ hor_____ laborare debent neque pecuniam[1] accip_____. Si opera eorum magistris crudel_____ non placent, poen_____ atroc_____ accipiunt. Nos discipul_____ autem nemo liberat."

1 **pecunia**, -ae f.: „Geld"

V. Welche Adjektivform passt? Übersetze die Wortgruppe:

1. pensum (difficile / difficilem / difficilium)
2. viri (nobili / nobilis / nobile)
3. tempore (breve / brevia / brevi)
4. hostibus (crudelibus / crudelis / crudeles)
5. manum (celere / celerium / celerem)
6. pueris (fortis / forti / fortibus)

VI. De leone[1] grato

Olim homines, qui in amphitheatro spectaculum crudele exspectabant, hoc viderunt: Servus quidam, cui erat nomen Androclus, cum bestiis[2] pugnare debuit, quod dominum[3] suum fugerat. Iam medio in amphitheatro erat, cum leo[1] magnus intravit et ad Androclum contendit. Ille neque fugere neque pugnare audebat et mortem atrocem exspectavit. Leo[1] autem eum non necavit, sed, ut canis, eius manus lambit[4]. Caesar[5], qui hoc spectaculum viderat, Androclum ad se vocavit interrogavitque: „Cur ille leo[1] te non occidit?" Androclus ei narravit: „Postquam domum domini[3] mei reliqui, diu vitam in spelunca[6] agebam. In eandem autem speluncam ille leo doloribus magnis adductus se recepit. Nam magna spina[7] in eius pede[8] erat. Mox causam[9] dolorum vidi leonemque[1] illa spina[7] liberavi. Casu nunc milites tui eundem leonem[1] in amphitheatrum miserunt. Is statim me cognovit neque occidit."

1 **leo**, leonis m.: „Löwe"; 2 **bestia**, -ae f.: „(wildes) Tier"; 3 **dominus**, -i m.: „Herr"; 4 **lambere** 3: „lecken"; 5 **Caesar**, -aris: hier: „Kaiser"; 6 **spelunca**, -ae f.: „Höhle"; 7 **spina**, -ae f.: „Dorn"; 8 **pes**, pedis m.: „Fuß"; 9 **causa**, -ae f.: „Grund"

17 DE CICERONE[1]

Nach dem Bürgerkrieg zwischen den Popularen (Volkspartei) und den Optimaten (Adelspartei) ergriff Sulla als grausamer Diktator die Macht. Auch nach der Niederlegung der Diktatur kam es immer wieder zu Straßenkämpfen. Damals machte Marcus Tullius Cicero auf sich aufmerksam, ein talentierter Redner, der es trotz seiner Herkunft (er stammte aus dem Ritterstand und galt für die alteingesessenen Adeligen als „homo novus") bis zum Konsul brachte.

Cicero, vir cunctis **litteris** doctus[2], iam **iuvenis orator** clarus fuerat et ad **rem publicam** accesserat[3]. Postquam Siciliam summa **iustitia** administravit[4], **incolae** eius **provinciae** auxilium ab eo petiverunt. Nam Verres propraetor[5] ea in provincia sibi magnas **divitias** parare et multa artificia **antiqua** in patriam **ferre** solebat. Ita Cicero patronus[6] Siciliae Verrem, virum summa **nobilitate**, in **ius** vocavit[7]. Ille, postquam **orationem** Ciceronis audivit, **iudicium** non exspectavit, sed **sponte sua** in **exilium ire** constituit.

Nonnullis annis post Catilina, vir improbus nobili genere natus, **Romae** rebus novis[8] **studebat**. Secum cogitavit: „Ciceronem **consulem** interficiam. Cum ipse consul ero, nemo me potestate[9] superabit!" Iam magnas copias ante urbem **coegerat** atque **consules** interficere in animo habebat. Sed Cicero consilia nefaria[10] illius viri cognovit senatumque **convocavit**. Quod autem Catilina ipse medios inter **senatores** sedebat, Cicero haec **fere** dixit: „Cui nostrum consilia tua ignota sunt? Te ad mortem ducere iam diu debebamus. Habemus senatus consultum[11] in[12] te. Tamen dico: **Exi** ex urbe! Non **iubeo**, sed suadeo[13]. Si Romam relinques, rem publicam metu magno liberabis!"

Ita Catilina Romam reliquit et se ad copias suas recepit. **Socios** Catilinae, qui Romae manebant, Cicero **comprehendit** et supplicio[14] **affecit**. Deinde, **priusquam** Catilina cum militibus Romam **adiit**, senatus exercitum magnum misit, qui Catilinae copias vicit eumque ipsum interfecit.

1 Cicero, -onis m.: „Cicero"; **2 doctus/a/um**: „gelehrt"; **3 ad rem publicam accedere**: „die politische Laufbahn einschlagen"; **4 administrare** 1: „verwalten"; **5 propraetor**, -oris m.: „Statthalter"; **6 patronus**, -i m.: „Schutzherr", „Anwalt"; **7 in ius vocare**: „vor Gericht rufen"; **8 res novae**: „Umsturz"; **9 potestas, -atis** f: „Macht"; **10 nefarius/a/um**: „verbrecherisch"; **11 consultum**, -i n.: „Beschluss"; **12 in**: hier „gegen"; **13 suadere** 2, suasi: „raten"; **14 supplicium**, -i n.: „Todestrafe"; supplicio afficere: „hinrichten"

? Wo könnte der Text in zwei Teile geteilt werden? Gib jedem der beiden eine Überschrift (max. vier Wörter)!

	Zeile	Überschrift
Teil 1		

	Zeile	Überschrift
Teil 2		

Römisches Gerichtswesen

Cicero wurde durch den Prozess gegen Verres, den ehemaligen Statthalter von Sizilien, schlagartig berühmt: Mittels sorgfältiger Recherchen war es ihm gelungen, Hortensius, den prominenten Verteidiger des Verres, vor Gericht zu besiegen. Ciceros Reden *In Verrem* („Gegen Verres"; Prozessrede im Jahr 70 v. Chr.) und die vier Reden *In Catilinam* („Gegen Catilina"; politische Reden als Konsul des Jahres 63 v. Chr.) zählen zu den berühmtesten Reden der Weltliteratur. Insgesamt dürfte Cicero etwa **100 Reden** gehalten (und im Nachhinein auch veröffentlicht) haben, von denen 58 im Originalwortlaut erhalten sind.

Gerichtsverfahren waren in Rom ähnlich geregelt wie heute. Man unterschied auch zwischen Zivilprozessen (wenn die Privatinteressen eines *civis*, also Bürgers, verletzt wurden, also bei Diebstahl, Raub, Sachbeschädigung etc.) und Strafprozessen (wenn die Interessen des Staates verletzt wurden, z. B. bei Hochverrat, Amtsmissbrauch, aber auch bei Erpressung und Mord). Die Urteile wurden von einem Richter bzw. Geschworenengerichten (die Geschworenen wurden jährlich neu ausgelost) gefällt.

Im Gegensatz zum heutigen Gerichtswesen mussten in Rom Anwälte keine Juristen sein. Als Beistand vor Gericht bemühte man sich eher um einen guten Redner (wie etwa Cicero), der sich in komplizierteren juristischen Fragen bei Rechtsgelehrten beraten ließ. Auch gab es keinen Staatsanwalt; die Anklage vor Gericht wurde durch denjenigen vertreten, der ein Verbrechen angezeigt hatte.

Vocabularium

littera	litterae f.	Buchstabe	*vgl. die Lettern (= große Buchstaben)*
litterae (Pl.!)	litterarum f.	1) Wissenschaft; 2) Brief	*engl. letter; vgl. Literatur*
iuvenis	iuvenis m.	junger Mann (30–45 Jahre)	*ital. giovane; ↔ adulescens (ca. 18–30 Jahre)*
orator	oratoris m.	Redner	
res publica	rei publicae f.	Staat	*(wörtl.: „öffentliche Sache"); vgl. Republik*
iustitia	iustitiae f.	Gerechtigkeit	*vgl. Justiz (= staatliche Rechtspflege)*
incola	incolae m.	Bewohner, Einwohner	
provincia	provinciae f.	Provinz	*vgl. die Provence (Region in S-Frankreich)*
divitiae (Pl.!)	divitiarum f.	Reichtum	
antiquus/a/um		alt	*antik; vgl. Antiquitäten (= alte Kunstgegenstände)*
ferre	fero, fers, tuli, latum	tragen, bringen; ertragen	*(siehe Grammatica); vgl. Transfer*
nobilitas	nobilitatis f.	Adel	*vgl. Snob (= sine nobilitate); nobilis/e =*
ius	iuris n.	Recht	*Jus, Jura, Jurisdiktion (= Rechtssprechung)*
oratio	orationis f.	Rede	*vgl. orator (siehe oben) =*
iudicium	iudicii n.	Urteil	*ital. giudizio, span. juicio*
sponte sua		freiwillig	*vgl. spontan (= aus eigenem Antrieb)*
exilium	exilii n.	Exil, Verbannung	*Exil*
ire	eo, is, ii, itum	gehen	*(→ S. 82); vgl. Semperit = „Es geht immer"*
Romae	(Lokativ)	in Rom	
studére (+ Dat.)	studeo 2, studui, –	sich bemühen (um), streben (nach)	*studieren, Student*
cógere	cogo 3, coégi, coactum	1) sammeln; 2) zwingen	*aus: co-agere = wörtl.: „zusammentreiben"*
consul	cónsulis m.	Konsul	
convocare	cónvoco 1, -avi, -atum	zusammenrufen	*con- = „zusammen-" (vgl. S. 118)*
senator	senatoris m.	Senator	*vgl. senatus (Lec. 16) =*
fere		1) ungefähr; 2) fast	*↔ ferre (= „tragen")*
exíre	exeo, exis, exii, exitum	hinausgehen	*vgl. engl. exit; vgl. Exitus (= Tod)*
iubére (+ Akk.)	iubeo 2, iussi, iussum	befehlen; lassen (+ Inf.)	*iubeo te (Akk.) = ich befehle dir (Dativ!)*
socius	socii m.	Gefährte	*vgl. sozial, Sozialismus; Sozius (= Beifahrersitz)*
comprehéndere	comprehendo 3, comprehendi, -prehensum	1) ergreifen; 2) erfassen (auch geistig)	*vgl. engl. listening comprehension*
affícere	afficio M, affeci, affectum	erfüllen, versehen (mit)	*vgl. Affekt (= Gefühlsregung)*
priusquam		bevor	
adíre	adeo, adis, adii, aditum	1) hingehen; 2) sich wenden (an); 3) angreifen	

Die Prozesse fanden unter freiem Himmel auf dem Forum statt – daher der Ausdruck Forensik für Rechtsmedizin.

Neben Geldstrafen, Auspeitschungen und der Ächtung (Verlust des Privatvermögens und des Bürgerrechts) wurde bei den Römern auch oft die **Todesstrafe** ausgesprochen. Sie wurde entweder durch Enthauptungen, Erdrosselungen oder in der Arena (im Kampf gegen Gladiatoren oder wilde Tiere) vollzogen. Kreuzigungen wurden vor allem bei Sklaven durchgeführt (vgl. das Ende des Spartakus-Aufstandes, → Lec. 16). Prominente Täter wie Verres konnten sich dem Strafvollzug oft durch freiwilliges Exil entziehen. **Haftstrafen** wie heute gab es übrigens nicht – die Gefängnisse dienten nur zur Unterbringung der Angeklagten bis zum Prozess.

Der Konsul Cicero bei seiner berühmten Anklagerede gegen Catilina (rechts) im römischen Senat (Cesare Maccari, 1885; Rom, Palazzo Madama)

17 Grammatica

Futur

Das Futur wird je nach Konjugation auf zwei verschiedene Arten gebildet (vollständige Formen: → S. 190).

		a- und *e*-Konjugation: → „*bo/bis/bunt*"-Futur		übrige Konjugationen: →„*a/e*"-Futur		unregelmäßig:	
		a-Konjugation[1]		konsonantische Konjugation[2]		*esse*[3]	
Singular	1.P.	*amabo*	„ich werde lieben"	*mittam*	„ich werde schicken"	*ero*	„ich werde sein"
	2.P.	*amabis*	„du wirst lieben"	*mittes*	„du wirst schicken"	*eris*	„du wirst sein"
	3.P.	*amabit*	„er/sie wird lieben"	*mittet*	„er/sie wird schicken"	*erit*	„er/sie wird sein"
Plural	1.P.	*amabimus*	„wir werden lieben"	*mittemus*	„wir werden schicken"	*erimus*	„wir werden sein"
	2.P.	*amabitis*	„ihr werdet lieben"	*mittetis*	„ihr werdet schicken"	*eritis*	„ihr werdet sein"
	3.P.	*amabunt*	„sie werden lieben"	*mittent*	„sie werden schicken"	*erunt*	„sie werden sein"

1) ebenso: *monebo, monebis… monebunt* (*e*-Konj.)

2) ebenso: *capiam, capies*… (Mischkonj.) bzw. *audiam, audies*… (*i*-Konj.)

3) ebenso: *potero, poteris … poterunt*

NOTA BENE!

Während das „*bo/bis/bunt*"-Futur normalerweise leicht zu erkennen ist (es sei denn, du verwechselst es mit dem *-ba-* des Imperfekts), besteht beim „*a/e*"-Futur die Verwechslungsgefahr mit dem Präsens der *e*-Konjugation:

- ***mittes*** (konsonantische Konjugation) → **Futur** („du wirst schicken")
- ***habes*** (*e*-Konjugation) → **Präsens** („du hast")

TIPP: Es ist also wichtig, dass du die Stammformen jedes Verbs gut beherrschst, damit du weißt, zu welcher Konjugationsklasse das Wort gehört!

Die unregelmässigen Verba *ire* und *ferre*

		ire = „gehen"		
		Präsens	Futur	Perfekt
Singular	1.P.	*eo*	*ibo*	*ii*
	2.P.	*is*	*ibis*	*isti*
	3.P.	*it*	*ibit*	*iit*
Plural	1.P.	*imus*	*ibimus*	*iimus*
	2.P.	*itis*	*ibitis*	*istis*
	3.P.	*eunt*	*ibunt*	*ierunt*

		ferre = „tragen", „bringen"		
		Präsens	Futur	Perfekt
Singular	1.P.	*fero*	*feram*	*tuli*
	2.P.	*fers*	*feres*	*tulisti*
	3.P.	*fert*	*feret*	*tulit*
Plural	1.P.	*ferimus*	*feremus*	*tulimus*
	2.P.	*fertis*	*feretis*	*tulistis*
	3.P.	*ferunt*	*ferent*	*tulerunt*

TIPP: Alle hier nicht angeführten Formen findest du auf S. 194.

? Worin bestehen bei diesen beiden Verben die Unregelmäßigkeiten?

a) bei *ire*: ______________________

b) bei *ferre*: ______________________

Neutrum Plural bei Pronomina („*cuncta*"-Regel)

Steht ein lateinisches Pronomen alleine (d.h. ohne ein Nomen, mit dem es übereingestimmt ist) im 1./4.F. Plural Neutrum, muss es im Deutschen mit dem **Singular** wiedergegeben werden:

Haec (4.F. **Pl.** n.) *fere dixit.* = „Er sagte ungefähr dieses." (4.F. **Sg.** n.)

Ist ein solches Wort Subjekt, muss im Lateinischen auch das Prädikat im Plural stehen:

= *Cuncta, quae dicis, mihi placent.* (→ **Pl.**). = „Alles, was du sagst, gefällt mir." (→ **Sg.**)

Exercitationes

I. Setze die folgenden Verbformen ins Futur und übersetze sie! Bestimme zuerst immer, zu welcher Konjugation das Verb gehört!

1. movet → ________________
2. punio → ________________
3. petunt → ________________
4. dant → ________________
5. vocamus → ________________
6. ducimus → ________________
7. vincit → ________________
8. capit → ________________
9. est (!) → ________________
10. cogis → ________________
11. licet → ________________
12. capio → ________________

II. Setze in alle Zeiten (Futur, Imperfekt, Perfekt, Plusquamperfekt):

1. habet 2. agimus 3. invitas 4. cupio 5. sunt

III. Setze die passenden Formen des Präsens von *ire* oder *ferre* ein!

1. ________________ domum, liberi!
2. Haec navis celeris liberos in Cretam insulam ________________ .
3. ________________ domum et ________________ parentibus has litteras, Claudia!
4. Cui hunc librum ________________, Iulia?
5. Consul illum virum improbum in exilium ________________ iussit.
6. ________________ magistro eos libros, discipuli!
7. Ille vir Graecus multos servos in patriam ________________ studuit.
8. Cur non in scholam ________________, Quinte?

IV. Übersetze und achte dabei besonders auf die Formen, die Neutrum Plural sind:

1. Cur nobis haec monstras?
2. Ea, quae fecisti, mihi ignota non sunt.
3. Etiam apud Romanos discipuli multa discere debebant, quae iis non placebant.
4. Eadem, quae mihi dicis, certe iam multis aliis puellis dixisti.
5. Nonnulli homines semper haec petunt, quae sibi parare non possunt.

V. Setze die folgenden Formen von *ire* in den Text ein und übersetze:

eo – eunt – ierunt – imus – ii – iit – ire – is – isti – itis

Dum ceteri discipuli iam in scholam ________, Quintus bene dormiebat. Hora tertia surrexit[1] et solem in caelo vidit: „In scholam ________ nunc certe non iam necesse est", cogitavit. Itaque ad forum ________, ubi paulo post amicum conspexit: „Quo[2] ________, Gai?", clamavit. „Cur non in schola es?" Is respondit: „Domum ________. Nam magister nos eo die pulchro domum misit. Et tu? Cur non in scholam ________?" Quintus ei respondit: „Non in scholam ________, quod tam diu dormiveram. Quid nunc agere possumus? Cur non in thermas[3] ________? – Vide: Ibi Iulia Claudiaque veniunt. Certe iis quoque id consilium placebit!" Puellae pueros iam conspexerunt et eos interrogaverunt: „________-ne nobiscum in thermas[3]?" Ii responderunt: „Idem consilium nobis fuit!" Itaque pueri et puellae ad thermas[3] ________.

1 surgere 3, surrexi: „aufstehen"; **2 quo**: „wohin"; **3 thermae**, -arum f. (Pl.): „Thermen", „Bad"

18 CAESAR GALLOS SUPERAT

Julius Cäsar, ein Zeitgenosse Ciceros, erwarb sich vor allem durch militärische Erfolge eine politische Machtposition. Nach seinem Konsulat im Jahre 59 v. Chr. wurden ihm die Provinzen Gallia Cisalpina (Oberitalien) und Gallia Transalpina (Südfrankreich) übertragen. Cäsar verließ aber schon bald das römische Provinzgebiet und begann im – noch – freien Gallien Krieg zu führen.

Iulius Caesar, qui inter clarissimos Romanos est, non solum fortior, sed etiam **prudentior quam** multi alii imperatores erat. Nam nonnullas **civitates Galliae**, quae se sua sponte **tradiderant**, in **amicitiam** recepit. Quod eae civitates deinde **legiones** Romanas adiuvabant, Caesar **paucis** annis **totam** Galliam occupavit.

At Vercingetorix[1], vir magna **auctoritate**, **omnes** fere civitates coniunxit et iterum ad bellum incitavit[2]. Postquam Caesar Gallos nonnullis **proeliis** vicit, Vercingetorix se cum copiis in Alesiam oppidum recepit et per nuntios a ceteris civitatibus auxilia[3] petivit. **Quae** exercitum magnum miserunt. Sed copiae Caesaris celeriores fuerunt: Alesiam **circumvenerunt**, priusquam auxilia[3] **advenerunt**.

Paulo post, quod Galli **frumento** iam carebant, Vercingetorix **concilium** convocavit. Quo in concilio alii dixerunt: „Nos Romanis tradere debemus!" At alii: „Pugnare necesse est! Nam **honestius** est in pugna cadere quam **servitutem** Romanorum ferre." Critognatus autem nobili genere natus hoc consilium atrocissimum dedit: „Nos tradere", inquit, „non debemus! Cur non corporibus hominum, qui **aetate aut** valetudine[4] ad bellum inutiles[5] sunt, nos alamus[6]?"

At Galli, **ubi** auxilia[3] appropinquare viderunt, oppido exire et in Romanos impetum[7] facere constituerunt. Proelium, quod prioribus pugnis **acrius** erat, **coepit**. Postquam milites diu summa vi pugnaverunt, denique Romani vicerunt. Vercingetorix arma sua proiecit[8] seque Caesari tradidit. Post illud bellum Caesar Vercingetorigem triumphans[9] per Romam duxit. Sex annis post ille fortissimus dux[10] Gallorum Romae interfectus est[11].

1 **Vercingetorix**, -igis m.: „Vercingetorix" (Gallierfürst); 2 **incitare** 1: „aufhetzen"; 3 **auxilia**, -orum n. (Pl.): „Hilfstruppen"; 4 **valetudo**, -inis f.: „Gesundheitszustand"; 5 **inutilis/e**: „nutzlos"; 6 **alamus** (Konjunktiv): „wir sollen ... ernähren"; 7 **impetus**, -us m.: „Angriff"; 8 **proicere** M, proieci: „hinwerfen"; 9 **triumphans**: „im Triumphzug"; 10 **dux**, ducis m.: „Führer"; 11 **interfectus est** (Perf. Passiv): „er ist getötet worden"

? Fasse den Inhalt der Zeilen 16–24 mit eigenen Worten in max. drei Sätzen zusammen!

Die Romanisierung Galliens

Cäsars Unterwerfung Galliens in den Jahren 58–51 v. Chr. beeinflusste die Geschichte Europas nicht unbeträchtlich. Hätten die Römer in der oben geschilderten Schlacht von Alesia nicht gesiegt, würden die Franzosen heute wohl kaum eine **romanische Sprache** sprechen. (Die Deutschen sprechen dagegen eine germanische Sprache, da sich ihre Vorgänger erfolgreich gegen die Expansionsgelüste der Römer zur Wehr setzten und ihr Land folglich nie römische Provinz wurde.)

Durch die Besetzung Galliens kam es zur **Romanisierung** des Landes: Das Straßennetz wurde ausgebaut, Städte nach römischem Vorbild errichtet, die Verwaltung wurde von römischen Beamten ausgeübt (→ S. 156).

Die Eroberung Galliens durch die Römer haben sich auch der französische Autor René Goscinny und sein Zeichner Albert Uderzo in ihren **Asterix**-Comics zum Thema gemacht. Viele der von ihnen dargestellten Details (wie z. B. das Aussehen der Gallier) sind historisch korrekt, wenn auch fallweise ins Groteske übersteigert.

Cäsar-Statue vor dem Wiener Parlament

Vocabularium

C. Iulius Caesar	**Iulii Caésaris**	Gaius Julius Cäsar	*vgl. Kaiser, Zar; C. = altlateinisch für G!*
prudens (m./f./n.)	**prudentis** (2.F.)	klug	*frz. prudent, ital. + span. prudente*
quam	(nach Komparativ)	als	*vgl. Plusquamperfekt („mehr als vergangen")*
civitas	**civitatis** f.	1) Stamm; 2) Gemeinde; 3) Staat	*vgl. engl. city, frz. cité, ital. città, span. ciudad*
Gallia	**Galliae** f.	Gallien	*= das heutige Frankreich; frz. Gaule*
trádere	**trado 3, trádidi,** traditum	1) ausliefern; 2) überliefern	*vgl. Tradition (= Überlieferung)*
se tradere		sich ergeben	
amicitia	**amicitiae** f.	Freundschaft	*ital. amicizia; vgl. amicus, amica*
legio	**legionis** f.	Legion	*(ca. 4000–6000 Mann)*
pauci/ae/a		wenige	*frz. peu, ital. poco („wenig")*
totus/a/um	**2.F. totíus, 3.F. toti**	ganz	*frz. tout, ital. tutto; vgl. total*
at		aber	*= autem, sed; ↔ atque (ac) = „und"*
auctoritas	**auctoritatis** f.	Ansehen, Einfluss	*vgl. Autorität*
omnis/e (Sg.)		1) jeder; 2) ganz	*ital. ogni; vgl. omnipräsent*
omnes (Pl. m./f.)	**2.F. omnium**	alle (Pl. m./f.)	*vgl. Omnibus (wörtl. = „für alle")*
omnia (Pl. neutrum)		alles (Sg. neutrum!)	*z. B. omnia scio = „ich weiß alles"*
proelium	**proelii** n.	Schlacht	*z. B. proelium committere =*
qui, quae, quod	(am Satzanfang)	dieser, diese, dieses	*(„Relativer Anschluss", → S. 86)*
circumvenire	**circumvenio 4, circumveni,** -ventum	umzingeln	*circum („herum-") + venire*
advenire	**advenio 4, -veni,** -ventum	hinkommen, ankommen	*vgl. Advent (= Ankunft Christi)*
frumentum	**frumenti** n.	Getreide	*ital. frumento*
concilium	**concilii** n.	Versammlung	*vgl. Konzil; ↔ consilium =*
honestus/a/um		ehrenhaft, ehrenvoll	*engl. honest = „anständig", „ehrlich"*
servitus	**servitutis** f.	Sklaverei	*vgl. servus =*
aetas	**aetatis** f.	1) Alter; 2) Zeitalter, Zeit	*ital. età, span. edad*
aut		oder	*↔ autem =*
ubi (+ Perfekt)		sobald	*↔ ubi als Fragewort =*
prior (m./f.), **prius** (n.)		der/die/das frühere	*vgl. Priorität (= Vorrang, Vorzug)*
acer/acris/acre		1) heftig; 2) spitz, scharf	
incípere	**incipio M, coepi,** coeptum	beginnen, anfangen	*↔ cepi (von capere M) = „ich habe gefangen"*

Vercingetorix (Alise Ste. Reine – Alesia)

Besonders gut zeigt das die Szene, als der Gallierfürst **Vercingetorix** im Jahr 52 v. Chr. nach der Niederlage bei Alesia vor Cäsar kapituliert (siehe Bild rechts).

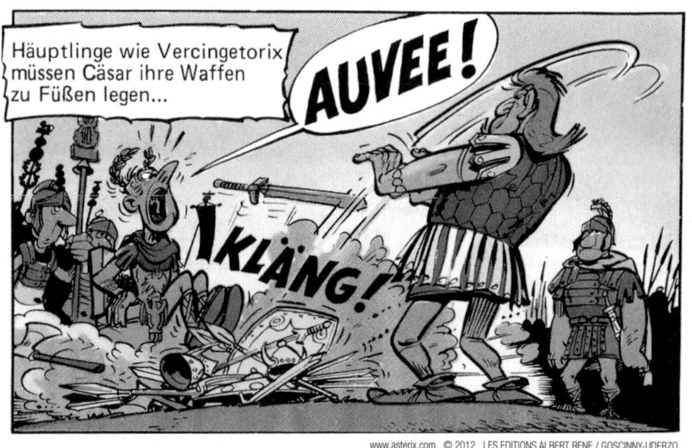

Der römische Geschichtsschreiber Florus (2. Jh. n. Chr.) beschreibt dieselbe Szene so:

Der König selbst (Vercingetorix) ... kam zu dem Lager und hielt sein Pferd an, legte das Rüstzeug und seine Waffen vor Cäsar nieder und rief aus: „Hier, stärkster Mann, ihr habt einen starken Mann besiegt."

18 Grammatica

Komparativ (Mehrstufe)

Der Komparativ wird bei allen Adjektiva gleich gebildet: An den Wortstamm (= Gen. Sg. ohne Endung *-i* bzw. *-is*) tritt die Silbe *-ior* (m. + f.) bzw. *-ius* (n.):

- *clarus, clara, clarum* (*a-/o*-Dekl.) → *clarior, clarius*
- *pulcher, pulchra, pulchrum* (*a-/o*-Dekl.) → *pulchrior, pulchrius*
- *fortis, forte* (3. Dekl.) → *fortior, fortius*
- *prudens, prudentis* (3. Dekl.) → *prudentior, prudentius*

Abwandlung: nach der 3. Deklination (wie die Nomina der Konsonantenstämme, → S. 46)

		m./f.	n.
Singular	1/5	*fortior*	*fortius*
	2	*fortioris*	
	3	*fortiori*	
	4	*fortiorem*	*fortius*
	6	*fortiore*	

		m./f.	n.
Plural	1/5	*fortiores*	*fortiora*
	2	*fortiorum*	
	3	*fortioribus*	
	4	*fortiores*	*fortiora*
	6	*fortioribus*	

Übersetzung:

1) als **echter Komparativ**: *pensum difficilius* = „die schwierigere Aufgabe"
2) mit „ziemlich": *pensum difficilius* = „die ziemlich schwierige Aufgabe"
3) mit „(all)zu": *pensum difficilius* = „die allzu schwierige Aufgabe"

Superlativ (Meiststufe)

a) Der Superlativ endet meistens auf *-**issimus*** und wandelt nach der *a-/o*-Deklination ab:

clarus/a/um → *clar**issimus**/a/um*
fortis/forte → *fort**issimus**/a/um*
prudens, prudentis → *prudent**issimus**/a/um*

b) Endet ein Adjektiv im 1.F. Sg. m. der **Grundstufe auf** *-er*, lautet der Superlativ *-errimus:*

pulcher, pulchra, pulchrum → *pulch**errimus**/a/um*
celer, celeris, celere → *cel**errimus**/a/um*

c) Einige Adjektiva auf **-*ilis*** (*facilis, difficilis, similis, dissimilis*) bilden den Superlativ auf *-illimus:*

facilis, facile → *fac**illimus**/a/um*
difficilis, difficile → *diffic**illimus**/a/um*

Übersetzung:
1) als **echter Superlativ**: *pensum difficillimum* = „die schwierigste Aufgabe"
2) mit „sehr": *pensum difficillimum* = „die sehr schwierige Aufgabe"

Relativer Anschluss

Steht *qui, quae, quod* am Satzbeginn, wird es (außer es handelt sich um einen Fragesatz!) nicht mit „der, die, das" oder „welcher, welche, welches" (→ S. 60), sondern mit „**dieser, diese, dieses**" übersetzt:

Vercingetorix a ceteris civitatibus auxilium petivit. ***Quae*** *exercitum magnum miserunt.*
= „Vercingetorix bat die übrigen Stämme um Hilfe. **Diese** schickten ein großes Heer."

Vergleichsablativ (Ablativus comparationis)

Der Vergleich wird entweder durch *quam* („als") oder durch den (meist vor dem Komparativ stehenden) Vergleichsablativ ausgedrückt:

Hic miles est fortior ***quam*** *ille.* = *Hic miles* ***illo*** *(Abl.!) fortior est.*
= „Dieser Soldat ist tapferer **als jener.**"

Exercitationes

I. Bilde zu den folgenden Adjektiva den Komparativ und den Superlativ:

1. virgini pulchrae: ______________ / ______________
2. nave celeri: ______________ / ______________
3. verba grata: ______________ / ______________
4. agrorum latorum: ______________ / ______________
5. regis crudelis: ______________ / ______________
6. puellis prudentibus: ______________ / ______________
7. facinus atrox: ______________ / ______________
8. homines laeti: ______________ / ______________

II. Setze die Komparative in die passenden Sätze ein und übersetze:

breviores – celerior – clarior – fortiores – honestior – prudentior

1. Galli ______________ erant quam ceteri hostes Romanorum.
2. Tantalus, qui ______________ quam di esse cupivit, poenas magnas solvit.
3. Cicero brevi tempore ______________ erat quam ceteri oratores.
4. Haec navis ______________ quam illa est.
5. Cur litterae tuae semper ______________ sunt quam meae?
6. Lucretia femina ______________ erat.

III. Übersetze und drücke danach die Vergleiche auch mit dem Vergleichsablativ aus:

Bsp.: Gaius prudentior est quam Quintus. → Gaius ist klüger als Quintus. = Gaius Quinto prudentior est.

1. Estne haec puella pulchrior quam Iulia?
2. Pensum nostrum difficilius est quam vestrum.
3. Hannibal mox clarior erat quam pater.
4. Quid clarius est quam sol?

IV. Übersetze und überlege dabei, welche Übersetzungsmöglichkeit des Superlativs sinnvoller ist:

1. Cicero erat clarissimus omnium oratorum Romanorum.
2. Magister nobis pensa difficillima dare solet.
3. Certe Iulia puella prudentissima est, sed Claudia eam prudentia superat.
4. Quae est urbs pulcherrima patriae tuae?

V. Übungssätze zum relativen Anschluss:

1. Scipio copias Romanas in Africam duxit. Quae mox Hannibalem vincere potuerunt.
2. Romulus rex Sabinos in oppidum novum invitavit. Quorum filias rapere in animo habebat.
3. Parentes filios filiasque in Cretam insulam mittere debuerunt. Qua in insula Minotaurus liberos exspectavit.
4. Cuius carmina pulchriora erant quam Orphei? Qui dum canit, etiam animalia arboresque ei appropinquabant.
5. Vercingetorix iam diu exercitum exspectabat. Quem ubi conspexit, statim proelium committere constituit.

VI. Ein Liebesbrief, den Quintus Corinna, seiner neuen Flamme, schreibt:

Quintus Corinnae pulcherrimae salutem[1] dicit.
Amore magno adductus tibi has litteras mitto. Ex[2] eo die, quo te vidi, alias virgines non iam spectabam. Nam nulla te pulchritudine superare potest! Roma nullam puellam habet, quae est te pulchrior. Tuum corpus pulchrius est quam corpora dearum, tui oculi clariores sunt quam lux solis. Cetera quoque – quis haec non laudabit? Certe tibi ignotus non sum. Saepe, dum scholam cum amica intras, me ad portam vides. Iam diu tecum loqui[3] studebam, at numquam[4] te sine illa amica conspicio. Nonne amorem meum intellexisti? Cur me numquam[4] spectas? Totum diem de te cogito, nocte quoque dormire non possum. Nonne adulescens miserrimus sum? O puella, quae Venere[5] pulchrior es: Me his doloribus libera! Placetne tibi cras[6] hora decima me ad templum Iovis exspectare? Sed te solam amo; cum tua amica venire necesse non est.

1 **salus**, -utis f.: „Gruß"; 2 **ex** (+ Abl.): hier: „seit"; 3 **loqui**: „sprechen" (Inf.); 4 **numquam**: „niemals"; 5 **Venus**, -eris f.: „Venus"; 6 **cras**: „morgen"

19 DE CAESARIS MORTE

Nachdem Cäsar Gallien erobert hatte, entließ er seine Truppen nicht, wie dies der Senat von ihm gefordert hatte, sondern überquerte den norditalienischen Fluss Rubicon („Alea iacta est!" = „Der Würfel ist gefallen") und marschierte Richtung Rom. Der Bürgerkrieg gegen Pompeius begann. Auch in diesem Krieg, der ihn bis nach Ägypten führte, blieb Cäsar erfolgreich.

Alea iacta est...!

C. Iulius Caesar post mortem Pompeii, qui in Aegypto[1] necatus erat, solus Romae regnabat. Ei **maxima potestas** data erat: Nam non solum consul, sed etiam pontifex maximus[2] et **dictator perpetuus** erat. Quam rem multi **cives** ferre non potuerunt. Ita Cassius et Brutus, qui a Caesare ut filius amatus est, verbis acerrimis ceteris senatoribus **persuadere** studuerunt: „Caesar **more** regum regnat! Non solum **leges** magno in periculo sunt, sed etiam **libertas** nostra. **Melius** est **caedem** committere quam ea in re publica **vivere**. **Facillimum** erit Caesarem in senatu ipso interficere." Quod hoc consilium **plurimis** senatoribus placuit, dictatorem Idibus Martiis[3] occidere **statuerunt**.

Sed haruspex[4] quidam, qui res **futuras** videre potuit, Caesarem monuit: „Cave[5] Idus Martias!" Tamen Caesar illo quoque die in senatum venit. Priusquam curiam[6] intravit, illum haruspicem[4] vidit risitque: „Vide: Idus Martiae[3] **adsunt** neque tamen mortuus sum!" Ab illo autem responsum est: „Idus Martiae **quidem** adsunt, sed non praeterierunt[7]!"

In curia[6] Caesar subito a plurimis senatoribus circumventus est. Caesar, quod iam pugiones[8] in manibus virorum vidit, clamavit: „**Ista** quidem vis est!" Deinde se graphio[9] **defendere** et fugere studuit – sed frustra. Omnes eum eodem tempore pugionibus confoderunt[10]. Multis **vulneribus** affectus[11] Caesar Marcum Brutum conspexit clamavitque: „Et (= etiam) tu, Brute?" Haec Caesaris **ultima** verba erant.

1 **Aegyptus**, -i f.: „Ägypten"; 2 **pontifex maximus**: „Pontifex Maximus" (Oberpriester); 3 **Idus Martiae** f. (Pl.): „die Iden des März" (= der 15. März); 4 **haruspex**, -icis m.: „Haruspex" (Vorzeichendeuter); 5 **cavere** 2, cavi (+ Akk.): „sich hüten (vor)"; 6 **curia**, -ae f.: „Curia", „Rathaus"; 7 **praeterire**, praeterii: „vorübergehen"; 8 **pugio**, -onis m.: „Dolch"; 9 **graphium**, -i n.: „Griffel"; 10 **confodere** M, confodi: „niederstechen"; 11 **affectus/a/um**: hier: „verletzt"

? Ergänze die Lücken!

1. Die Senatoren hassten Cäsar, weil er wie ein ______________________ regierte.
2. Sie sahen die ____________________ des Staates bedroht.
3. Cäsar wurde an den ____________ des März (= am ____________) durch ____________stiche getötet.

Gaius Julius Cäsar (100 – 44 v. Chr.)

Cäsar war und ist, wie die meisten Eroberer und Alleinherrscher der Weltgeschichte, eine umstrittene Persönlichkeit. Während die einen in ihm den genialen Strategen, vollendeten Staatsmann und sogar den idealen Menschen sahen, kritisierten ihn die anderen als gewissenlosen Machtpolitiker und Zerstörer der römischen Republik. Tatsache ist, dass seine Person über zwei Jahrtausende hinweg ihre Spuren hinterlassen hat:

- Sein Name, der von allen römischen Kaisern als Ehrentitel getragen wurde, hat sich in den Titeln „**Kaiser**" und „**Zar**" bis heute als Bezeichnung für höchste Machtfülle erhalten. Übrigens leitet sich auch der Begriff „Kaiserschnitt" von Cäsar ab, weil das *Cognomen* (der Beiname) *Caesar* „der aus dem Mutterleib Geschnittene" heißt.

Schatz, hast du meinen Lorbeer gesehen?

- Auch sein *nomen gentile* (etwa: Familienname) lebt bis heute fort: Cäsars Geburtsmonat, der ursprünglich *Quinctilis* (= „der fünfte") geheißen hatte, wurde in **Juli** umbenannt.

Vocabularium

maximus/a/um		der größte, sehr groß	*vgl. maximal, maximieren, Maximum*
potestas	potestatis f.	Macht	*vgl. posse =*
dictator	dictatóris m.	Diktator	*Oberbefehlshaber in Kriegszeiten für max. 6 Monate*
perpetuus/a/um		ununterbrochen, ewig	*vgl. dictator perpetuus = „Diktator auf Lebenszeit"*
civis	civis m.	Bürger	*vgl. Zivilist; ↔ civitas, -atis =*
persuadére	**persuadeo 2, persuasi, persuasum***	1) überreden; 2) überzeugen	*engl. to persuade, frz. persuader, ital. persuadere, span. persuadir*
persuadeo tibi	(Dativ!)	ich überrede dich (Akk.!)	
mos	moris m.	Sitte, Brauch	*vgl. Moral (Sittenlehre); ↔ mors, mortis =*
lex	legis f.	Gesetz	*frz. loi, ital. legge, span. ley; vgl. legal, Legislative (= gesetzgebende Gewalt im Staat)*
libertas	libertatis f.	Freiheit	*engl. liberty, frz. liberté, span. libertad; vgl. liberare =*
melior (m./f.)	melius (n.)	besser	*frz. meilleur, ital. migliore, span. mejor*
caedes	caedis f.	Ermordung, Mord	*vgl. ital. omi-cidio; engl. sui-cide (= Selbstmord)*
vívere	vivo 3, vixi, –	leben	*frz. vivre, ital. vivere, span. vivir; engl. to survive*
facilis/e		leicht	*frz. facile, ital. facile, span. fácil; ↔ difficilis =*
plurimi/ae/a		die meisten	*(Superlativ zu multi/ae/a, siehe Lec. 17)*
statúere	statuo 3, statui, statutum	1) beschließen; 2) aufstellen	*= constituere; vgl. Statuten (= beschlossene Richtlinien)*
futurus/a/um		zukünftig	*vgl. engl. future, frz. futur, ital. + span. futuro*
adesse	adsum, ades, adfui, –	da sein, anwesend sein	
quidem		zwar, freilich	*↔ ne ... quidem =*
iste, ista, istud		dieser/e/es (da)	*abschätzig gemeint! (Deklination: wie ille/illa/illud, S. 72)*
defféndere	defendo 3, defendi, defensum	verteidigen	*frz. défendre, ital. difendere, span. defender; vgl. defensiv*
vulnus	vulneris n.	Wunde	*vgl. engl. vulnerable (= verletzlich, verwundbar)*
ultimus/a/um		der/die/das letzte	*vgl. Ultimatum (= letzte Aufforderung)*

*) Ab dieser Lektion findest du in der zweiten Spalte auch das PPP (Partizip Perfekt Passiv, Mittelwort der Vergangenheit) fett gedruckt. Diese letzte Form der lateinischen Stammformen musst du von nun an immer mitlernen. (Siehe auch die Liste auf Seite 200 ff.)

Latein im Alltag

Et tu, Brute?

Dieser Ausspruch wird üblicherweise mit „Auch du, mein Sohn Brutus?" übersetzt. In Wirklichkeit aber war Brutus vermutlich nicht Cäsars Sohn, sondern ein junger Mann, dem Cäsar wie ein Vater zugetan war. Im Übrigen soll Cäsar laut antiken Quellen seine letzten Worte griechisch gesprochen haben (er beherrschte, wie jeder gebildete Römer, diese Sprache so gut wie seine eigene): *Kai sy, téknon?* („Auch du, Kind?")

- Während seiner Herrschaft fand er nicht nur Zeit, das erste **Fahrverbot** der Weltgeschichte zu erlassen (und zwar untertags für die Lastwägen der Händler in Rom), sondern auch noch den Kalender zu reformieren: Der **„Julianische Kalender"** führte das Schaltjahr ein und entspricht im Wesentlichen unserem heutigen Kalender.
- Als Schriftsteller galt Cäsar mit seinen *Commentarii de bello Gallico* der Nachwelt als Inbegriff des guten („**Goldenen**") **Latein**, umgekehrt wurde er selbst zu einer der wichtigsten Figuren der Weltliteratur (vgl. Shakespeare „Julius Caesar", George Bernard Shaw „Caesar und Kleopatra", Thornton Wilder „Die Iden des März" u. a.).
- Als mitunter lächerlicher Gegenspieler der Gallier gelangte er schließlich im 20. Jahrhundert durch die Comics-Reihe **„Asterix und Obelix"** erneut zu großer Popularität.

19 Grammatica

Partizip Perfekt Passiv (PPP)

Das PPP ist die letzte der Stammformen. Dieses Partizip (Mittelwort) wird folgendermaßen gebildet:

	Präsensstamm (→ S. 38)	Perfektstamm aktiv (→ S. 68)	Perfektstamm passiv (= PPP)
a-Konjugation:	*amo, -as … -are*	*amav-i*	*-atus* (z. B. ***amátus/a/um*** = „geliebt")
e-Konjugation:	*moneo, -es … -ere*	*monu-i*	*-itus* (z. B. ***mónitus/a/um*** = „gemahnt")
konsonant. K.:	*mitto, -is … -ere*	*mis-i*	verschieden (z. B. ***missus/a/um*** = „geschickt")
i-Konjugation:	*audio, -is … -ire*	*audiv-i*	*-itus* (z. B. ***audítus/a/um*** = „gehört")
Mischkonj.:	*capio, -is … -ere*	*cep-i*	verschieden (z. B. ***captus/a/um*** = „gefangen")

Eine Liste aller Verba mit unregelmäßiger Perfektbildung findest du auf S. 200 ff.

- Erkennungsmerkmal des PPP ist die Endsilbe *-tus* (seltener: *-sus* oder *-xus*)
- Das PPP dekliniert **wie ein Adjektiv der *a-/o*-Deklination** und passt sich dem Geschlecht und der Zahl des Nomen an, mit dem es übereingestimmt ist:
  Gaius amatus est. *Iulia amata est.* *Gaius et Quintus amati sunt.* (etc.)
- Das PPP ist **passiv** und **vorzeitig.** Es wird wie das deutsche Mittelwort der Vergangenheit (Partizip II) übersetzt:
  amatus = „geliebt" (= „einer, der geliebt worden ist")

Verwendung des PPP:

a) als **Adjektiv**: *Graeci inclusi* = „die eingeschlossenen Griechen"
b) als **Nomen**: *inclusi* = „die Eingeschlossenen"
c) mit einer Form von *esse* zur Bildung der **passiven Perfektstammformen** (siehe unten):
Graeci inclusi sunt = „die Griechen sind eingeschlossen worden"

Passive Perfektstammformen

Die Formen des passiven Perfektstammes (Perfekt Passiv, Plqpf. Passiv) setzen sich aus zwei Teilen zusammen: aus dem PPP und einer Form von *esse* (die folgenden Beispiele gelten für die *a*-Konjugation; übrige Konjugationen: → S. 191)

	Perfekt Passiv	
Singular	*amatus sum*	„ich bin geliebt worden"*
	amatus es	„du bist geliebt worden"
	amatus est	„er ist geliebt worden"
Plural	*amati sumus*	„wir sind geliebt worden"
	amati estis	„ihr seid geliebt worden"
	amati sunt	„sie sind geliebt worden"
	ebenso: ***monitus sum, missus sum, captus sum, auditus sum*** (→ S. 191)	

Plusquamperfekt Passiv	
amatus eram	„ich war geliebt worden"
amatus eras	„du warst geliebt worden"
amatus erat	„er war geliebt worden"
amati eramus	„wir waren geliebt worden"
amati eratis	„ihr wart geliebt worden"
amati erant	„sie waren geliebt worden"
ebenso: ***monitus eram, missus eram, captus eram, auditus eram*** (→ S. 191)	

* In Erzählungen wird das Perfekt meist als Präteritum wiedergegeben, vgl. Lec. 14!

Weitere Übersetzungsbeispiele:

- *amata est* = „sie ist geliebt worden" (Perfekt) ↔ *amata erat* = „sie war geliebt worden" (Plqpf.)
- *amatum est* = „es ist geliebt worden" (Perfekt) ↔ *amatum erat* = „es war geliebt worden" (Plqpf.)

Unregelmässige Steigerung

Grundstufe	Komparativ	Superlativ	Eselsbrücke
magnus/a/um („groß")	***maior/maius*** („größer")	***maximus/a/um*** („größter")	maximal
parvus/a/um („klein")	***minor/minus*** („kleiner")	***minimus/a/um*** („kleinster")	minimal
bonus/a/um („gut")	***melior/melius*** („besser")	***optimus/a/um*** („bester")	optimal; Optimist
malus/a/um („schlecht")	***peior/peius*** („schlechter")	***pessimus/a/um*** („schlechtester")	Pessimist
multi/ae/a („viele")	***plures/plura*** („mehr")	***plurimi/ae/a*** („die meisten")	Plural
multum („viel")	***plus/pluris*** (Gen.) („mehr")	***plurimum*** („am meisten")	Plus

Exercitationes

I. Verbformencheck: Bilde zu den angegebenen Verba die fehlenden Zeiten in derselben Person und Zahl!

Präsens	Futur	Imperfekt	Perfekt	Plusquamperfekt
habetis				
puniunt				

II. Bilde das PPP zu folgenden Verba:

1. liberare: ____________
2. punire: ____________
3. convocare: ____________
4. debere: ____________
5. scire: ____________
6. prohibere: ____________
7. expugnare: ____________
8. parare: ____________
9. aedificare: ____________
10. exercere: ____________
11. spectare: ____________
12. audire: ____________

III. Übersetze die folgenden Formen: (Jene PPP, die dir unbekannt sind, kannst du sicher selbst erschließen!)

1. ducti erant: ____________
2. occisa est: ____________
3. datum est: ____________
4. dictum erat: ____________
5. neglecti sunt: ____________
6. tactus sum: ____________
7. relicti erant: ____________
8. traditi sunt: ____________

IV. Setze die aktiven Verbformen ins Passiv und übersetze sie dann:

1. invitavi: ____________
2. terruimus : ____________
3. superaverat: ____________
4. delectaverunt: ____________
5. vocaverant: ____________
6. exspectavisti: ____________
7. puniverunt: ____________
8. monueram: ____________
9. punivit: ____________

V. Übersetze die folgenden Sätze und setze die Adjektiva dann auch in den Komparativ und Superlativ:

1. Illa verba clara Caesaris legi.
2. Eodem die nave celeri venerunt.
3. Etiam pensa difficilia ipse facio.
4. Hae puellae discipulae bonae sunt.
5. Claudia mihi etiam de parvis curis narrat.
6. Quintus libros malos legere solet.

VI. Welches Wort passt nicht zu den anderen?

1.	2.	3.	4.	5.	6.
☐ pulcher	☐ tempus	☐ disce	☐ latius	☐ facillimus	☐ is
☐ celer	☐ senatus	☐ age	☐ fortius	☐ terremus	☐ iis
☐ sacer	☐ casus	☐ breve	☐ melius	☐ celerrimus	☐ it
☐ miser	☐ exercitus	☐ verte	☐ varius	☐ latissimus	☐ iit

VII. De Caesare a piratis[1] capto

Olim Caesar eiusque socii, qui nave Graeciam petebant, a piratis[1] capti sunt. Quod divitias secum non habebat, Caesar in insulam parvam ductus est. Ibi piratae ab eo quandam copiam auri[2] postulaverunt[3]. Dixerunt: „Certe socii tui aurum in insulam nostram ferre possunt. Mors crudelissima te exspectabit, nisi socii cum auro venient!" Caesar autem risit: „Iulius Caesar, vir nobilissimus, sum! Cur non plus auri[2] postulatis[3]?" Deinde socios maiorem copiam auri ferre iussit. Qui dum aurum ex oppido Mileto[4] ferunt, Caesar sine metu apud piratas[1] manebat. Saepe autem eius vox audita est: „Mox vos omnes interficiam!" Isti quidem de his verbis ridebant. Postquam aurum a sociis in insulam latum est, piratae[1] Caesari libertatem reddiderunt. Qui statim piratas[1] reliquit et paulo post cum multis militibus convocatis iterum hanc insulam petivit. Plurimos piratarum comprehendit eosque paucis diebus post in cruce figere[5] iussit.

1 pirata, -ae m.: „Seeräuber"; **2 aurum**, -i n.: „Gold"; **3 postulare** 1: „fordern"; **4 Miletus**, -i f.: „Milet" (Stadt in Kleinasien); **5 figere** 3, fixi, fixum: „befestigen", „schlagen"

20 DE CLEOPATRA

Nach Cäsars Tod begann erneut ein Bürgerkrieg: Oktavian, Cäsars Adoptivsohn, und Marcus Antonius, ein Offizier Cäsars, rächten dessen Tod und besiegten die Cäsarmörder Cassius und Brutus bei Philippi. Dann teilten sie die Macht im römischen Imperium auf: Oktavian erhielt den Westen, Antonius den Osten.

Dum in oriente[1] bellum geritur, Antonius cum Cleopatra, regina Aegypti[2], **convenit**. Quod ea **mulier** et pulchritudine et prudentia sua amorem imperatoris excitavit[3], Antonius Alexandriae[4] manebat. Amore Cleopatrae adductus etiam **fines** latos, qui a militibus Romanis expugnati erant, reginae donavit et ita **regnum** eius **auxit**. Quod **donum** Cleopatrae quidem **gaudio erat**, sed senatores Romae maxime sollicitavit[5]. Nam cogitaverunt: „Si nostrae provinciae Cleopatrae donantur, auctoritas populi Romani certe deletur." Itaque Octavianus cum exercitu **ingenti** in Antonium missus est.

Apud Actium[6] oppidum hostes, qui **antea** socii fuerant, proelium commiserunt. E quo proelio Cleopatra, quod **cladem** Antonii timebat, cum **classe** sua in patriam fugit. Antonius, cum reginae fugam[7] **animadvertit**, etiam copias suas reliquit et ipse in Aegyptum contendit. Itaque exercitus Antonii ab Octaviani copiis brevi tempore victus est. Ubi paulo post Alexandria a militibus Octaviani occupata est, Marcus Antonius gladio se necavit et in manibus Cleopatrae e vita **cessit**.

Octavianus secum cogitavit: „Si Cleopatram ex Aegypto in Italiam feram et Romae civibus in triumpho[8] monstrabo, gloria mea apud Romanos augebitur!" Itaque reginam in eius palatio[9] **clausit** et **custodes** ante portas **posuit**. Ita regina neque fugere neque se ipsam interficere potuit: Octavianus **enim** omnia arma **abstulerat**. Sed Cleopatra Octaviano prudentior erat. Serpentem[10], quam **servae** clam ad reginam tulerant, in corpore suo posuit. Quae Cleopatram statim morsu[11] necavit.

1 oriens, -entis m.: „Orient"; **2 Aegyptus**, -i f.: „Ägypten"; **3 excitare** 1: „entfachen", „entflammen"; **4 Alexandriae** (Lokativ): „in Alexandria" (Stadt in Ägypten); **5 sollicitare** 1: „beunruhigen"; **6 Actium**, -i n.: „Aktium" (Stadt an der griechischen Küste); **7 fuga**, -ae f.: „Flucht"; **8 triumphus**, -i m.: „Triumph(zug)"; **9 palatium**, -i n.: „Palast"; **10 serpens**, -entis f.: „Schlange"; **11 morsus**, -us m.: „Biss"

? Welche Übersetzung ist die bessere?

(Antonius) amore Cleopatrae adductus fines latos reginae donavit. (vgl. Z. 4–6) =	
1. „Durch die Liebe **der** Kleopatra veranlasst, schenkte Antonius der Königin weite Gebiete."	
2. „Durch die Liebe **zu** Kleopatra veranlasst, schenkte Antonius der Königin weite Gebiete."	

Kleopatra

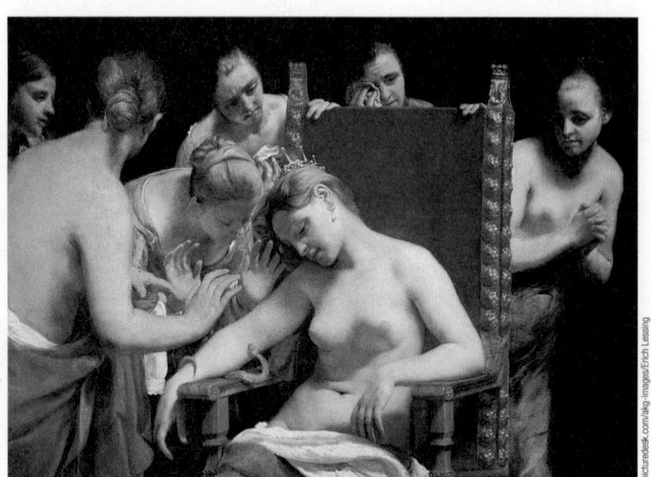
Selbstmord der Kleopatra (Guido Cagnacci, 1657/58)

picturedesk.com/akg-images/Erich Lessing

Die letzte Königin des Herrschergeschlechts der Ptolemäer sah es als ihr Lebenswerk an, ihrem ägyptischen Reich die Unabhängigkeit von Rom zu erhalten. Sie galt aufgrund ihrer legendären Nase als nicht übermäßig schöne Frau, faszinierte aber durch ihre Intelligenz, Bildung und Sprachkenntnisse die Männer. Mit **Cäsar** hatte sie einen Sohn, Kaisarion, mit dem sie sich zwei Jahre (46–44 v. Chr.) in Rom aufhielt – was ihr jede Menge Neider und Feinde einbrachte, nicht zuletzt deswegen, weil Cäsar ein verheirateter Mann war.

Nach Cäsars Tod und ihrer Heimkehr nach Ägypten gelang es ihr, auch den neuen Machthaber **Marcus Antonius** zu betören. Nach ihrer Hochzeit wurde sie von ihm zur „Königin der Könige" des geplanten hellenistischen Weltreiches bestimmt und Kaisarion zu ihrem Mitregenten.

Aus der verlorenen Seeschlacht von Aktium entkommen,

Vocabularium

AUDIO
Vokabeltraining

convenire	convenio 4, conveni, conventum	zusammenkommen	*vgl. Konvent (= Klostergemeinde; Zusammenkunft)*
mulier	mulieris f.	Frau	*span. mujer; vgl. ital. moglie (= „Ehefrau")*
finis (Sg.)	finis m.	1) Grenze; 2) Ende	*vgl. Finale (= Endspiel)*
fines (Pl.)	finium m.	Gebiet(e)	
regnum	regni n.	1) Königreich, Reich; 2) Herrschaft	*vgl. engl. reign („Herrschaft")*
augére	augeo 2, auxi, auctum	vergrößern, steigern, vermehren	*vgl. Auktion (= Versteigerung)*
donum	doni n.	Geschenk	
mihi gaudio est		es bereitet mir Freude	
ingens (m./f./n.)	ingentis (2.F.)	riesig, gewaltig	
antea (Adv.)		vorher, früher	*span. antes; ↔ ante (Präp.) =*
clades	cladis f.	Niederlage	
classis	classis f.	Flotte	*auch: „Abteilung" (davon „Klasse"!)*
animadvértere	animadverto 3, animadverti, -versum	bemerken, wahrnehmen	*aus: animum ad ... vertere (wörtl.: „den Geist hinwenden zu ...")*
cédere	cedo 3, cessi, cessum	weggehen, weichen	*vgl. Rezession (= Rückgang der Wirtschaft)*
cláudere	claudo 3, clausi, clausum	einschließen; schließen	*ital. chiudere; vgl. Klausur, Numerus clausus*
custos	custodis m.	Wächter	*ital. custode, vgl. Küster (= Kirchendiener)*
pónere	pono 3, posui, positum	stellen, legen	*engl. to put, span. poner; vgl. Position (= Lage)*
enim	(nachgestellt!)	denn, nämlich	*z. B. tu enim = nam tu („denn du")*
auférre	aufero, aufers, abstuli, ablatum	wegtragen, wegnehmen	*aus: ab + ferre (= davontragen) vgl. Ablativ (drückt eine Trennung aus!)*
serva	servae f.	Sklavin	*vgl. servus, -i =*

Alea iacta est!

Auch dieser angebliche Ausspruch Cäsars („Der Würfel ist geworfen") wird eigentlich falsch zitiert. Cäsar soll nämlich im Jahr 49 v. Chr. bei seiner Heimkehr aus Gallien mit seinen Truppen den oberitalienischen Fluss Rubikon, der damals die Grenze zu Italien bildete, überschritten und dabei auf Griechisch gerufen haben: *Kýbos anerríphtho!*, was wörtlich übersetzt heißt: „Geworfen sei der Würfel!". Gemeint ist damit, das Schicksal solle seinen Lauf nehmen. Tatsächlich war Cäsars Grenzüberschreitung schicksalhaft, da dadurch der Bürgerkrieg zwischen ihm und seinem Konkurrenten (und ehemaligen Schwiegersohn) Pompeius ausgelöst wurde.

? Was ist heute damit gemeint, wenn jemand „Die Würfel sind gefallen" sagt?

veranlasste sie Marcus Antonius, Selbstmord zu begehen, und bemühte sich vergeblich, den neuen Machthaber **Octavianus** zu einer Teilherrschaft zu überreden. Im Jahr 30 v. Chr. tötete sie sich durch den Biss einer Kobra – und Ägypten wurde römische Provinz.

Marcus Antonius

Dass ein römischer Feldherr der ägyptischen Königin Kleopatra mit Haut und Haar verfiel, sich in ihrer Heimat mit ihr vermählte und erobertes Land an sie verschenkte, sorgte in Rom für einen riesigen Skandal. Octavian ließ das Testament des Antonius, in dem er noch zu Lebzeiten die Landschenkungen an Kleopatra und ihre gemeinsamen Kinder bekräftigte, verlesen und erhielt vom Senat den Auftrag, gegen die beiden Staatsfeinde in den Kampf zu ziehen. Ein Monument, das Marcus Antonius zeigt, befindet sich neben der Wiener Sezession (siehe Abb.).

Wolfram Kaubzky, Wien

Mark-Anton-Monument vor der Wiener Sezession (Arthur Strasser, 1901): Antonius, der sich angeblich in Kleinasien und Ägypten als Dionysos feiern ließ, ist nach dem Vorbild dieses Gottes auf einem Löwengespann dargestellt.

20 Grammatica

Passive Präsensstammformen

Die passiven Formen des Präsensstammes (Präsens passiv, Imperfekt passiv, Futur passiv) sind einteilig. Sie werden gebildet, indem die aktiven Präsensstammendungen (→ S. 20) durch die folgenden passiven Personalendungen ersetzt werden:

Endungen Sg.			
	AKTIV		PASSIV
1.P.	*-o / -m*	→	*-(o)r*
2.P.	*-s*	→	*-ris*
3.P.	*-t*	→	*-tur*

Endungen Pl.			
	AKTIV		PASSIV
1.P.	*-mus*	→	*-mur*
2.P.	*-tis*	→	*-mini*
3.P.	*-nt*	→	*-ntur*

Präsens passiv

	a-Konj.*		kons. Konj.*	
Singular	***amor***	„ich werde geliebt"	***mittor***	„ich werde geschickt"
	amaris	„du wirst geliebt"	***mítteris***	„du wirst geschickt"
	amatur	„er/sie/es wird geliebt"	***mittitur***	„er/sie/es wird geschickt"
Plural	***amamur***	„wir werden geliebt"	***mittimur***	„wir werden geschickt"
	amamini	„ihr werdet geliebt"	***mittimini***	„ihr werdet geschickt"
	amantur	„sie werden geliebt"	***mittuntur***	„sie werden geschickt"

Imperfekt passiv

	a-Konj.*		kons. Konj.*	
Singular	***amabar***	„ich wurde geliebt"	***mittebar***	„ich wurde geschickt"
	amabaris	„du wurdest geliebt"	***mittebaris***	„du wurdest geschickt"
	amabatur	„er/sie/es wurde geliebt"	***mittebatur***	„er/sie/es wurde geschickt"
Plural	***amabamur***	„wir wurden geliebt"	***mittebamur***	„wir wurden geschickt"
	amabamini	„ihr wurdet geliebt"	***mittebamini***	„ihr wurdet geschickt"
	amabantur	„sie wurden geliebt"	***mittebantur***	„sie wurden geschickt"

Futur passiv

	a-Konj.*		kons. Konj.*	
Singular	***amabor***	„ich werde geliebt werden"	***mittar***	„ich werde geschickt werden"
	amáberis	„du wirst geliebt werden"	***mittéris***	„du wirst geschickt werden"
	amabitur	„er/sie/es wird geliebt werden"	***mittetur***	„er/sie/es wird geschickt werden"
Plural	***amabimur***	„wir werden geliebt werden"	***mittemur***	„wir werden geschickt werden"
	amabimini	„ihr werdet geliebt werden"	***mittemini***	„ihr werdet geschickt werden"
	amabuntur	„sie werden geliebt werden	***mittentur***	„sie werden geschickt werden"

* Die Beispiele für die übrigen Konjugationen findest du auf S. 191.

NOTA BENE!
Bei der Übersetzung der Passivformen musst du im Deutschen auf die Verwechslungsgefahr mit dem aktiven Futur aufpassen:

- *audiam* → Futur aktiv: „ich werde hören"
- *audior* → Präsens passiv: „ich werde gehört"
- *audiar* → Futur passiv: „ich werde gehört werden"

TIPP: Zur Unterscheidung von Aktiv und Passiv solltest du dir einprägen:

- AKTIV → ich tue etwas
- PASSIV → mit mir geschieht etwas

AKTIV: ich tue etwas

PASSIV: mit mir geschieht etwas

Exercitationes

I. Verbformencheck: Bilde zu dem angegebenen Verb die fehlenden Zeiten in derselben Person und Zahl!

Präsens	Futur	Imperfekt	Perfekt	Plusquamperfekt
servat				
servatur				

II. Setze ins Passiv und übersetze die passiven Formen:

1. defendunt: ______
2. invitabant: ______
3. tradit: ______
4. quaerebat: ______
5. dabit: ______
6. vocatis: ______
7. liberamus: ______
8. timebas: ______
9. ducam: ______
10. reliquit (!): ______

III. Übersetze:

1. videbo: ______
2. videor: ______
3. videbor: ______
4. amabunt: ______
5. amantur: ______
6. amabuntur: ______
7. agitur: ______
8. punientur: ______
9. duceris (2 Mögl.): ______
10. delentur: ______

IV. Ordne die passiven Verbformen nach den Zeiten (Präsens, Futur, Imperfekt, Perfekt, Plusquamperfekt):

monstrabatur – defenduntur – moti sunt – latus erat – movebatur – movebitur – agitur – ducebantur – superata est – videmur – laudatus sum – recipiuntur – vertitur – puniris – puniti estis – neglegebantur – iuvamur – dabitur – imperatum est – liberabimur – liberabamur – ducemini – expugnatum erat – regnatur – deletur – relictus erat – dicetur

V. Übersetze:

1. Si multum discimus, certe a magistro laudamur.
2. Cur punior, quamquam illud facinus non commisi?
3. Nisi clamare desinetis, domum mittemini!
4. Cur isti adulescentes, qui multos annos lingua Latina docebantur, has litteras tamen legere non possunt?
5. Tuum facinus certe mox animadvertetur.

VI. A Ptolemaeo[1] caedes crudelis committitur

Pompeius et Caesar imperatores clarissimi erant. Dum hic bellum in Gallia gerit, ille consul Romae erat et sibi potestatem maximam paravit. Quae res Caesari minime placuit. Itaque cum legionibus suis Romam petivit et deinde, quod Pompeius iam fugerat, in Graeciam[2] contendit, ubi eius exercitum vicit. Pompeius ipse iterum fugere potuit et se ad Ptolemaeum[1] regem, fratrem[3] Cleopatrae, recepit. Ille autem, qui auxilio Caesaris regnum suum augere cupiebat, secum cogitavit: „Caesar Pompeii morte certe delectabitur!" Ita Pompeium interfecit et eius caput ad Caesarem misit. Caesar autem, qui hoc dono atrocissimo commovebatur[4], diu flebat. Quamquam enim hostes fuerant, Caesar tamen virtutem illius viri honesti semper laudaverat. Paulo post Caesar bellum contra Ptolemaeum paravit et Cleopatram, mulierem a se maxime amatam, reginam fecit.

1 Ptolemaeus, -i m.: „Ptolemäus" (ägyptischer König); **2 Graecia**, -ae f.: „Griechenland"; **3 frater**, -tris m.: „Bruder"; **4 commovere** 2: „heftig bewegen", „erschüttern"

Wortklauberei

1 Das Suffix (die Nachsilbe) *-tor*

Dieses Suffix bezeichnet immer den „**Täter**", also den Ausführenden einer Handlung. Es ist meistens von einem Verbum abgeleitet.

? Was bedeuten die folgenden Nomina und welche Verba stecken in ihnen?

Nomen	Bedeutung	Verb	Bedeutung
orator		*orare*	reden*
spectator			
amator			
imperator			

* Das zugrundeliegende Verb bedeutet „reden", aber auch „bitten", „beten" (vgl. Lec. 24)

2 Das Suffix *-tio*

Wenn du *action* (engl.) hast, ist immer was los. Dementsprechend bringt das Suffix ***-tio*** eine **Handlung** zum Ausdruck (vgl. lat. *actio, -ionis* = „Tätigkeit"). Gut zu sehen ist das auch beim Wort ***oratio**, -onis*: Während der ***orator, -oris*** der „Täter", also der „Redner" ist (siehe oben!) , bezeichnet ***oratio, -onis*** die „Rede", also die Handlung selbst.

? Was könnten die folgenden Nomina auf *-tio* bedeuten? Ergänze zuerst die Bedeutung der zugrunde liegenden Verben!

Nomen	Bedeutung	Verb	Bedeutung
traditio		*tradere*	
laudatio		*laudare*	
auctio		*augere*	
contentio		*contendere*	

3 Das Suffix *-tas*

Wie schon das Suffix ***-tudo*** (→ S. 74) drückt auch die Nachsilbe ***-tas*** eine **Eigenschaft** aus, z. B. *auctoritas, -atis* = „das Ansehen". Praktischerweise sind auch Nomina auf ***-tas*** immer feminin.

? Ergänze die Bedeutung der folgenden Wörter! Achtung: Die letzten beiden sind noch nicht im Buch vorgekommen, du kannst dir aber ihre Bedeutung leicht aus den zugrundeliegenden Adjektiven ableiten!

libertas		*nobilitas*	
potestas		*atrocitas*	
cupiditas		*improbitas*	

4 Überblick über die Suffixe *-tor/-tio/-tas/-tudo*

	-tor	*-tio*	*-tas*	*-tudo*
Bedeutung:	**Täter**	**Handlung**	**Eigenschaft**	**Eigenschaft**
Geschlecht:	**m.**	**f.**	**f.**	**f.**
lat. Beispiel:	*auctor* („Autor")	*actio* („Handlung")	*libertas* („Freiheit")	*solitudo* („Einsamkeit")
Französisch:	*auteur*	*action*	*liberté*	*solitude*
Italienisch:	*autore*	*azione*	*libertà*	*solitudine*
Spanisch:	*autor*	*acción*	*libertad*	*solitud*

4 Eine „herrschsüchtige" Wortfamilie

Von Wortfamilien hast du schon gehört (→ S. 74). Eine besonders große Familie bilden die Wörter mit dem Stamm ***reg-***, der immer etwas mit dem „Herrschen" und „Regieren" zu tun hat.

? Was bedeuten die folgenden Wörter?

regnare		*regnum*		*rex*		*regina*
=	+	=	+	=	+	=

5 Synonyme und Antonyme

Auch wenn's dir vielleicht nicht bewusst ist: Du verwendest in deiner Sprache ständig Synonyme und Antonyme. Gemeint sind damit **gleichbedeutende (= synonyme)** und **gegensätzliche (= antonyme)** Wörter.

? Ergänze in der folgenden Tabelle die Leerfelder analog zur ersten Zeile:

Latein	Deutsch	dt. Antonym	lat. Antonym
facilis/e	leicht		*difficilis/e*
bonus/a/um			
multi/ae/a			
docere			
pax			
novus/a/um			

6 Das G'frett mit dem *-us*!

Ursprünglich hast du die Endung ***-us*** als Nominativ der o-Deklination kennengelernt. Mittlerweile weißt du aber, dass es noch andere Deklinationen gibt, die ebenfalls im Nominativ auf ***-us*** enden:

1.F. Sg.	2.F. Sg.	Deklination	Beispiele
-us	*-i*	*o*-Dekl. m.	
-us	*-us*	*u*-Dekl. m./f.	
-us	*-utis*	3. Dekl. f.	
-us	*-oris/-eris*	3. Dekl. n.	

? Ordne die folgenden Nomina in der Tabelle richtig zu: *tempus – virtus – animus – vulnus – servitus – senatus – socius – opus – litus – casus – manus – discipulus – domus – facinus – genus*

7 Wörter, die du nicht verwechseln solltest

? Was bedeuten die folgenden Formen?

coepi	↔	*cepi*
vicerunt	↔	*vixerunt*
posuit	↔	*potuit*
more	↔	*morte*
parat	↔	*paret*

21 DE PARIDIS[1] IUDICIO

Der folgende Mythos beschreibt den ersten Schönheitswettbewerb der Geschichte: Paris, der trojanische Königssohn, muss die undankbare Rolle übernehmen, als Juror zwischen drei rivalisierenden Göttinnen zu entscheiden – eine Entscheidung, die weitreichende Folgen haben sollte.

Iuppiter omnes deos deasque ad nuptias[2] Thetidis[3] et Pelei[4] invitaverat – omnes **praeter Discordiam**, deam **controversiarum**. Quae tamen celeriter venit et a porta malum[5] medios inter deos **iecit**, dum dicit: „Hoc malum[5] pulcherrimae deae est!" Quod Iuno, **Venus**, Minerva acriter de isto malo[5] **certare** coeperunt, Iuppiter deas ad Paridem[1], filium Priami[6] regis, misit eumque prudenter **iudicare** iussit.

Prima Iuno huic dixit: „Me **delige**! Tibi hoc **praemium** magnum dabitur: In omnibus terris regnabis! **Praeterea** omnium **di(vi)tissimus** eris!" Deinde Minerva dixit: „Si mihi malum[5] dabitur, nemo te **fortitudine** superabit!" Postremo autem Venus dixit: „Si ego a te deligar, Helenam, pulcherrimam omnium mulierum, uxorem tibi dabo!" Quod id praemium ei maxime placuit, Paris Veneri malum[5] dedit.

Quia Helena uxor Menelai[7], regis Lacedaemoniorum[8], erat, Paris **Graeciam** petere **decrevit**. Postquam **eo** venit, a rege summo hospitio[9] receptus est. Paulo post Menelaus[7], quod in Cretam[10] insulam navigare constituerat, uxorem **fidei** viri alieni **mandavit**. Eam **occasionem** Paris non praetermisit[11]: Helenam his verbis adiit: „Regina pulcherrima, nonne nos amore, quem Venus dea dedit, **iungimur**? Veni mecum in patriam meam: Tibi **maritus** bonus ero!" Deinde, **sive** his aliisque **eiusmodi** verbis mulieri persuasit, **sive** eam vi secum venire coegit, cum Helenā **Troiam** petivit.

1 **Paris**, -idis m.: „Paris" (trojan. Prinz); 2 **nuptiae**, -arum f.: „Hochzeit"; 3 **Thetis**, -idis f.: „Thetis" (Meeresnymphe); 4 **Peleus**, -i m.: „Peleus" (griechischer König); 5 **malum**, -i n.: „Apfel"; 6 **Priamus**, -i m.: „Priamos" (König von Troja); 7 **Menelaus**, -i m.: „Menelaos"; 8 **Lacedaemonii**, -orum m.: „die Spartaner"; 9 **hospitium**, -i n.: „Gastfreundschaft"; 10 **Creta**, -ae f.: „Kreta"; 11 **praetermittere** 3, praetermisi: „vorübergehen lassen"

? Welche Versprechungen machen die Göttinnen? Trage die entsprechenden lateinischen Satzteile ein und finde deutsche Begriffe, die das jeweilige Geschenk prägnant charakterisieren!

Iuno:	
Minerva:	
Venus:	

Venus, die Göttin der Liebe

Die Geburt der Venus (Sandro Botticelli, um 1485; Florenz, Uffizien)

SuperStock/Fine Art Images

Die römische Göttin der Liebe entspricht der griechischen **Aphrodite**. Diese trägt den Beinamen „Schaumgeborene": Einer etwas blutrünstigen Sage zufolge soll Kronos, der Vater des Zeus, den regierenden Himmelsfürsten Uranos mittels einer Sichel entmannt haben. Das Blut soll in den Meeresschaum getropft sein und dort Aphrodite erzeugt haben. Abgespielt hat sich die Szene angeblich bei der Insel Kypros (Zypern), die sich heute noch mit dem klingenden Namen „Insel der Aphrodite" schmückt. Einer anderen Sagenversion nach ist die Göttin am Strand der südgriechischen Insel Kythera aus einer Muschel gestiegen – so hat sie der italienische Renaissancemaler Sandro Botticelli in seinem Bild „Geburt der Venus" dargestellt (siehe Abb.).
Trotz ihrer Schönheit und ihrer Zuständigkeit für alle

Vocabularium

Lateinisch	Formen	Deutsch	Hinweise
praeter (+ Akk.)		außer	
discordia	discordiae f.	Zwietracht, Streit	*ital. + span. discordia; ↔ concordia =*
controversia	controversiae f.	Auseinandersetzung	*vgl. Kontroverse; aus: contra + vertere!*
iácere	iacio M, ieci, iactum	werfen, schleudern	*vgl. projizieren, Projektor*
Venus	Véneris f.	Venus	*Göttin der Liebe (griech.: Aphrodite)*
certare	certo 1, -avi, -atum	1) streiten; 2) wetteifern	*vgl. Kon-zert*
iudicare	iudico 1, -avi, -atum	1) urteilen, beurteilen; 2) richten	*vgl. iudicium, -i =*
delígere	déligo 3, -legi, -lectum	auswählen	*vgl. engl. election (= Wahl)*
praemium	praemii n.	Belohnung, Preis	*Prämie, prämieren*
praeterea (Adv.)		außerdem	*aus: praeter + ea (wörtl.: „außer diesem")*
dives (m./f./n.)	divitis (2.F.)	reich	*vgl. divitiae, -arum =*
fortitudo	fortitudinis f.	Tapferkeit	*vgl. fortis/e =*
quia		weil	*= quod (Einleitung eines Kausalsatzes)*
Graecia	Graeciae f.	Griechenland	*↔ Graeci, -orum =*
decérnere	decerno 3, decrevi, decretum	beschließen	*vgl. Dekret (= amtlicher Beschluss)*
eo (Adv.)		dorthin	
fides	fidei f.	Treue, Vertrauen (hier: Schutz)	*ital. fede*
mandare	mando 1, -avi, -atum	anvertrauen	*vgl. Mandant; eigentl.: in manum dare*
occasio	occasionis f.	Gelegenheit	*engl. occasion, frz. occasion, span. ocasión*
iúngere	iungo 3, iunxi, iunctum	verbinden	*vgl. con-iungere =*
marítus	maríti m.	Gatte, Ehemann	*frz. mari, ital. marito, span. marido*
sive ... sive	(= seu ... seu)	sei es (dass) ... sei es (dass)	
eiúsmodi		derartig	*wörtl.: „dieser Art"; vgl. modus, Lec. 12*
Troia	Troiae f.	Troja	*(siehe De Graecis S. 106)*

Die Concorde

Eines der berühmtesten und aufgrund der spitzen Nase markantesten Flugzeuge der zivilen Luftfahrtgeschichte ist die Concorde. Dieses Überschallpassagierflugzeug, das zwischen 1976 und 2003 im Einsatz war, wurde von England und Frankreich gemeinsam produziert, was sich auch in ihrem Namen widerspiegelt (lat. *concordia*, frz. + engl. *concorde* = „Eintracht").

imago/United Archives

Liebesangelegenheiten hatte Aphrodite Probleme in ihrem eigenen Liebesleben. Ihr Ehemann war ausgerechnet **Hephaistos** (lat. **Vulcanus**), der hässlichste aller olympischen Götter. In seiner Zuständigkeit für Feuer und Schmiedekunst passte er so ganz und gar nicht zu der anmutigen Venus. Sie suchte sich auch bald diverse Liebhaber – unter ihnen **Ares** (lat. **Mars**) und der trojanische Fürst Anchises. Dieser Verbindung entsprang **Äneas**, der von den Römern als Stammvater ihres Volkes verehrt wurde.

Wolfram Kautzky, Wien

Venus rupft Amor die Flügel (2. Jh. n. Chr; Louvre, Paris)

Amor

Ebenfalls zum Gefolge der Venus gehört ihr Sohn Amor (griech. **Eros**, vgl. Erotik!). Er wird in der bildenden Kunst immer als **geflügelter Knabe** mit Pfeil und Bogen dargestellt. Durch das Verschießen seiner Liebespfeile sorgt er für Liebesverwicklungen unter den Menschen. Später wurde er gewissermaßen „vervielfältigt" und in der Kunst als Ziergegenstand verwendet: Die sogenannten *Putti* wurden zu den barocken Zierengeln, die in vielen Kirchen zu sehen sind.

Fotolia.com/Althan

21 Grammatica

Überblick über die lateinische Zeitenbildung (Indikativ)

A) Präsensstamm

	Aktiv	Passiv
Präsens:	Sg.: *-o, -s, -t* Pl.: *-mus, -tis, -nt*	Sg.: *-or, -ris, -tur* Pl.: *-mur, -mini, -ntur*
Imperfekt:	Sg. *-bam, -bas, -bat* Pl.: *-bamus, -batis, -bant*	Sg.: *-bar, -baris, -batur* Pl.: *-bamur, -bamini, -bantur*
Futur (*a*- und *e*-Konjugation):	Sg. *-bo, -bis, -bit* Pl.: *-bimus, -bitis, -bunt*	Sg.: *-bor, -beris, -bitur* Pl.: *-bimur, -bimini, -buntur*
Futur (übrige Konjugationen):	Sg.: *-am, -es, -et* Pl.: *-emus, -etis, -ent*	Sg.: *-ar, -eris, -etur* Pl.: *-emur, -emini, -entur*

B) Perfektstamm

	Aktiv	Passiv
Perfekt:	Sg.: *-i, -isti, -it* Pl.: *-imus, -istis, -erunt*	Sg.: PPP + *sum, es, est* Pl.: PPP + *sumus, estis, sunt*
Plusquamperfekt:	Sg.: *-eram, -eras, -erat* Pl.: *-eramus, -eratis, -erant*	Sg.: PPP + *eram, eras, erat* Pl.: PPP + *eramus, eratis, erant*

(Die Beispiele für die einzelnen Konjugationen sowie die Formen der unregelmäßigen Verba findest du auf den Seiten 190 f.)

Adverbia (Umstandswörter)

- Adjektiva bestimmen ein Nomen näher:
  Miles fortis | *pugnat.* = „Der tapfere Soldat | kämpft." (Frage: **Was für ein** Soldat kämpft?)
- Adverbia bestimmen ein Verb (*ad verbum* = „zum Verb"!) näher:
  Miles | *fortiter pugnat.* = „Der Soldat | kämpft tapfer." (Frage: **Auf welche Weise** kämpft er?)

a) Die Bildung des Adverbs in der **Grundstufe** ist abhängig von der Deklination des Adjektivs:

	Adjektiv	Adverb
Adj. der a-/o-Dekl. → *-e*	*certus, certa, certum* *pulcher, pulchra, pulchrum*	→ *certe* („sicher") → *pulchre* („schön")
Adj. der 3. Dekl. → *-iter*	*fortis, forte* *atrox, atrocis* *celer, celeris, celere*	→ *fortiter* („tapfer") → *atrociter* („wild") → *celeriter* („schnell")
Adj. auf *-ns* → *-nter*	*prudens, prudentis*	→ *prudenter* („klug")

NOTA BENE!
Beachte folgende Ausnahmen:
- *bonus* → *bene*
- *facilis* → *facile*

b) Bildung im **Komparativ**: Stamm der Grundstufe + *-ius*
certius („sicherer"), *pulchrius* („schöner"), *fortius* („tapferer"), *atrocius* („wilder"), *facilius* („leichter") etc.
z. B.: *Miles fortius pugnavit.* = „Der Soldat kämpfte tapferer (ziemlich tapfer)."

c) Bildung im **Superlativ**: Superlativstamm + *-e*
certe → *certissime* („am sichersten")
fortis → *fortissime* („am tapfersten")
atrox → *atrocissime* („am wildesten")
pulcher → *pulcherrime* („am schönsten")
facilis → *facillime* („am leichtesten")
z. B.: *Miles fortissime pugnavit.* = „Der Soldat kämpfte am tapfersten (sehr tapfer)."

NOTA BENE!
Neben den Adverbia, die von Adjektiva abgeleitet sind, gibt es auch zahlreiche **Einzeladverbia**:
z. B. *mox* („bald"), *statim* („sofort"), *olim* („einst"), *iterum* („wieder") etc.

Exercitationes

I. Verbformencheck: Bilde zu der angegebenen Verbform die fehlenden Zeiten in derselben Person und Zahl!

	Präsens	Futur	Imperfekt	Perfekt	Plusquamperfekt
Aktiv	*liberamus*				
Passiv					

II. Ordne die folgenden Verbalformen nach den Zeiten und übersetze:

movimus – parent – vincuntur – ponebam – poterunt – vicerat – potuerant – iungetis – sederatis – statuisti – poterant – solvet – clausit – potuerunt – placueras – tangebant – deletis – eram – timuerat – augent – deliges – agimus – augebunt – posuisti – claudimus

III. Verwandle die folgenden Verbformen vom Aktiv ins Passiv. Achte dabei besonders auf die Zeiten!

1. defendunt: ______
2. tradebat: ______
3. vocavisti: ______
4. moverat: ______
5. invitabimus: ______
6. reddit: ______
7. neglego: ______
8. iuvabas: ______
9. interfecerunt: ______
10. duxi: ______

IV. Bilde zu den folgenden Adjektiva die Adverbia:

1. crudelis: ______
2. magnificus: ______
3. pessimus: ______
4. brevis: ______
5. facilior: ______
6. clarus: ______
7. melior: ______
8. pulcherrimus: ______

V. Welche der folgenden Formen sind Adverbia, welche Adjektiva und welche können beides sein? Lege eine dreispaltige Tabelle an und trage die Formen ein!

acre – longe – honestius – breve – diviti – peius – celerrime – atrociter – pulchrius – difficile – pauciora – parvus – improbe – male – bene – miseriorum – laetior – minus

VI. Setze die folgenden Sätze in den Komparativ und Superlativ:

1. Imperator milites fortiter pugnare iussit.
2. Etiam discipuli prudentes non semper prudenter respondent.
3. Tuam vocem pulchram facile cognoscimus.
4. Iuliam, discipulam bonam, magister laudat.

VII. Et Paris et Helena miro[1] modo nati sunt

Hecuba[2], Priami uxor, priusquam Paridem[3] peperit[4], somnium[5] atrocissimum habuerat. Celerrime regi omnia, quae viderat, narravit: „In somnio[5] non puerum, sed flammas[6] magnas peperi[4].“ Priamus, qui haec verba non neglexit, sacerdotem[7] quendam adiit eumque de hoc somnio interrogavit. Qui breviter hoc respondit: „Filius, quem uxor pariet[4], olim Troiam clade maxima afficiet.“ Quibus verbis adductus rex decrevit: „Si uxor filium pariet[4], eum in montes auferam.“ Ita Paris diu vitam inter pastores[8], qui eum casu invenerant, agebat.

Helena quoque, Ledae[9] filia, miro[1] modo nata est. Iuppiter enim pater eius erat. Qui, ut iam audivimus, saepe non forma[10] sua, sed forma animalium feminis appropinquabat. Quod autem forma oloris[11] cum Leda convenerat, illa non filiam, sed ovum[12] ingens peperit[4], e quo nonnullis diebus post Helena nata est.

1 mirus/a/um: „seltsam“; **2 Hecuba**, -ae f.: „Hekabe“; **3 Paris**, -idis m.: „Paris“; **4 parere** M, peperi: „gebären“; **5 somnium**, -i n.: „Traum“; **6 flamma**, -ae: „Flamme“; **7 sacerdos**, -otis m.: „Priester“; **8 pastor**, -oris m.: „Hirte“; **9 Leda**, -ae f.: „Leda“; **10 forma**, -ae f.: „Gestalt“; **11 olor**, -oris m.: „Schwan“; **12 ovum**, -i n.: „Ei“

22 DE IRA ACHILLIS[1]

Die Entführung Helenas durch Paris blieb nicht ohne Folgen: Menelaos, der betrogene Ehemann, rief alle Fürsten Griechenlands zu Hilfe und brach mit einem gewaltigen Heer nach Troja auf. Jahrelang belagerten die Griechen die Stadt, konnten sie aber nicht einnehmen. In der folgenden Episode des zehnten und letzten Kriegsjahres spielt Achill, der Tapferste aller Griechen, die Hauptrolle.

Iam diu Graeci **moenia alta** oppugnabant, **ut** tandem Troiam expugnarent. Quamquam fortiter pugnabant, tamen **Troianos**, qui oppidum summa vi defendebant et **tenebant**, vincere non potuerunt. Decimo autem anno Achilles[1], qui semper fortius quam ceteri Graeci pugnaverat, iratus proeliis se **abstinebat**. Agamemnon enim, qui summum **imperium** exercitus Graeci **obtinebat**, Achilli[1] imperaverat, ut servam pulcherrimam, quam ille maxime amabat, sibi[2] traderet. Quodam die, dum Achilles solus in castris est, exercitus Graecus a Troianis pugnā victus est. Troiani, postquam multos Graecos interfecerunt, etiam castra eorum occupare et **incendere** coeperunt. **Ne** castra Graeca delerentur, Patroclus, amicus Achillis, ab eo petivit, ut sibi[2] arma daret. Ubi Achilles amico arma tradidit, ille his armis indutus[3] celeriter in proelium contendit. Troiani, quod eum Achillem **putaverunt**, metu adducti fugerunt. At Hector[4], filius Priami regis fortissimus, cum Patroclo pugnare non timuit eumque pugnā acerrimā interfecit.

Dolore maximo affectus Achilles diu flebat, priusquam proelio iterum **interesse** constituit. Tam atrociter pugnavit, ut non solum **complures** hostes crudeliter **caederet**, sed etiam Hectorem[4] ipsum occideret. Neque iram **deposuit**, sed Hectoris[4] corpus **equis** iterum et iterum per pulverem[5] **traxit**. Denique Priamus rex ipse in castra venit, ubi **magis precibus** quam **auro** animum Achillis movit. Itaque Priamo filium mortuum secum domum ferre licuit, ut eum sepelire[6] posset.

Troiani, postquam Hectorem sepeliverunt[6], iterum pugnare coeperunt. Quo in proelio Paris, **frater** Hectoris[4], Achillem[1] interfecit: Auxilio **Apollinis** dei sagittam[7] in calcem[8] Achillis[1] coniecit[9].

1 **Achilles**, -is m.: „Achill"; 2 **sibi**: hier „ihm"; 3 **indutus/a/um**: „bekleidet"; 4 **Hector**, -oris m.: „Hektor"; 5 **pulvis**, -eris m.: „Staub"; 6 **sepelire** 4, -ivi: „bestatten"; 7 **sagitta**, -ae f.: „Pfeil"; 8 **calx**, calcis f.: „Ferse"; 9 **conicere** M, conieci: „schießen"

? Finde im Text die Wörter, die den aufgelisteten Fremdwörtern zugrunde liegen:

1. Dezimalzahl		3. Armee	
2. Tradition		4. Motor	

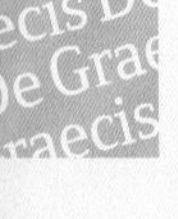

Die „homerische Frage"

Die Geschichte vom Trojanischen Krieg, genauer gesagt dessen zehntes, letztes Kriegsjahr, wird in dem berühmten Heldenepos ***Ilias*** (Ilion = Troja) beschrieben. Als dessen Verfasser gilt **Homer** (griech. *Hómeros*), der älteste griechische Dichter. Das zweite Epos, das ihm zugeschrieben wird, ist die ***Odyssee*** (Irrfahrten des Odysseus nach dem Untergang Trojas), das so wie die *Ilias* 24 Bücher umfasst. Die Person des Homer hat die Wissenschaftler jahrhundertelang vor viele Rätsel gestellt:

- War Homer, wie überliefert ist, blind? Möglicherweise könnte diese Ansicht auch auf eine falsche Deutung seines Namens (*ho mé horón* = „der nicht Sehende") zurückgehen.
- Wann lebte Homer? Nach dem heutigen Stand der Wissenschaft in der 2. Hälfte des 8. Jh. v. Chr.
- Wo wurde Homer geboren? Neben der griechischen Insel Chios beanspruchten auch einige kleinasiatische Städte (u. a. Smyrna und Kolophon) diese Ehre für sich.
- Ist Homer tatsächlich der Autor von *Ilias* und *Odyssee* oder gab es zwei oder mehr verschiedene Autoren? Grundlage dieser Überlegungen ist, dass die beiden Werke zwar in der Antike Homer zugeschrieben wurden, bei näherer Betrachtung aber große Unterschiede aufweisen.
- Wurden *Ilias* und *Odyssee zunächs*t mündlich durch fahrende Sänger (Rhapsoden) überliefert und erst später schriftlich fixiert? Einigermaßen sicher ist, dass die *Ilias* um 730 v. Chr. und die *Odyssee* zirka 20 bis 30 Jahre später entstand.

Vocabularium

ira	irae f.	Zorn	*ital. + span. ira; vgl. iratus/a/um =*
moenia (Pl.)	moenium n. (3. Dekl.)	(Stadt-)Mauern	
altus/a/um		1) hoch; 2) tief	*ital. alto; vgl. Altstimme (tiefe Frauenstimme)*
ut (+ Konj.)		dass; damit; sodass	*(siehe Grammatica)*
Troiani (Pl.)	Troianorum m.	die Trojaner	
tenére	teneo 2, tenui, –	halten	*ital. tenere, span. tener*
abstinére	abstineo 2, abstinui, –	(sich) fernhalten (von)	*vgl. abstinent (= enthaltsam)*
imperium	imperii n.	1) Befehl; 2) Herrschaft; 3) Reich	*engl. empire, frz. empire; vgl. Imperativ, Imperialismus (= Streben nach Weltmacht)*
obtinére	obtineo 2, obtinui, –	innehaben, besitzen	*engl. to obtain*
incéndere	incendo 3, incendi, incensum	anzünden	
ne (+ Konj.)		dass nicht; damit nicht	*(siehe Grammatica)*
putare	puto 1, putavi, -atum	1) glauben; 2) halten für	*puto te amicum = „ich halte dich für einen Freund"*
interésse	intérsum, intérfui, –	beiwohnen, teilnehmen (an)	*vgl. Interesse*
complures (m./f.)	complura (n.)	mehrere	*↔ plurimi/ae/a = „die meisten"*
caédere	caedo 3, cecídi, caesum	(fällen =) töten	*vgl. caedes, -is =*
depónere	depono 3, deposui, depositum	ablegen, weglegen	*vgl. deponieren, Deponie*
equus	equi m.	Pferd	
tráhere	traho 3, traxi, tractum	ziehen	*vgl. Traktor, subtrahieren („ab-ziehen")*
magis (Adv.)		mehr	*vgl. magister (wörtl.: einer, der „mehr" ist)*
preces (Pl.)	precum f. (3. Dekl.)	die Bitten	*vgl. ital. pregare*
aurum	auri n.	Gold	*chem. Zeichen für Gold = Au*
frater	fratris m.	Bruder	*frz. frère, ital. fratello*
Apollo	Apóllinis m.	Apoll	*griech.-röm. Gott der Weissagekunst (s. S. 9)*

Citius, altius, fortius

„Schneller, höher, weiter (eig.: stärker)" – das ist das Motto der Olympischen Spiele. Pierre de Coubertin, der 1896 die antiken Spiele wieder aufleben ließ, formulierte diesen Spruch.

? Was verstand man ursprünglich unter einer *Olympiade*?

Die Achillesferse

Da ihn seine Mutter Thetis als Kind in heiliges Feuer gehalten hatte, war Achill – mit Ausnahme der Ferse, an der die Mutter ihn gehalten hatte – am ganzen Körper unverwundbar.

? Was versteht man heute unter einer „Achillesferse"?

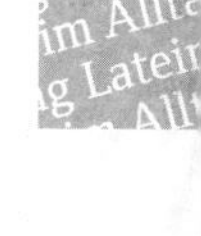

- Gab es den Kampf um Troja wirklich? Vermutlich wurde Troja tatsächlich um 1200 v. Chr. von den Mykenern, als deren König in der *Ilias* Agamemnon genannt wird, zerstört. Das bedeutet aber, dass zwischen dem Kampf um Troja und der Entstehung der *Ilias* fast 500 Jahre lagen!

Trotz vieler ungelöster Fragen steht aber fest, dass Homers Werk auch heute noch zu den Klassikern der Weltliteratur zählt: Das Nachrichtenmagazin *profil* befragte 2001 zirka 10.000 Österreicherinnen und Österreicher nach ihren Lieblingsbüchern – dabei landete die ***Odyssee*** (hinter Goethes *Faust*, Shakespeares *Hamlet* und der Bibel) auf Platz vier.

Im Jahr 2004 war der Film „Troja" einer der größten Erfolge in Österreichs Kinos. Die Hauptrolle des Achill spielte der Hollywood-Star Brad Pitt.

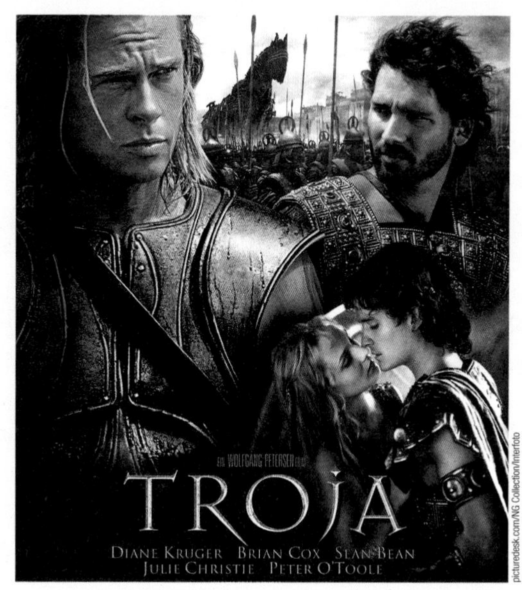

Filmplakat (USA, 2004)

22 Grammatica

Konjunktiv Präsens und Imperfekt

Anders als im Deutschen existieren im Lateinischen vier Konjunktive mit unterschiedlichen Funktionen, nämlich für das Präsens, Imperfekt, Perfekt und Plusquamperfekt.

a) Konjunktiv Präsens:

- Erkennungszeichen: *-a-* (Ausnahme *a*-Konjugation: *-e-*).
- Endungen: die üblichen des Präsensstammes: ***-m/-s/-t, -mus/-tis/-nt*** (Passiv: ***-r/-ris-/tur*** etc.)

	a-Konj.	*e*-Konj.	kons. Konj.	*i*-Konj.	Mischkonj.	*esse*	*posse*
Sg.	*amem*	*moneam*	*mittam*	*audiam*	*capiam*	*sim*	*possim*
	ames	*moneas*	*mittas*	*audias*	*capias*	*sis*	*possis*
	↓	↓	↓	↓	↓	↓	↓
Pl.	*ament*	*moneant*	*mittant*	*audiant*	*capiant*	*sint*	*possint*

NOTA BENE!
Der Konjunktiv Präsens der *a*-Konjugation schaut auf ersten Blick wie ein Indikativ der *e*-Konjugation aus: *ames* (Konjunktiv von *amare*) ↔ *debes* (Indikativ von *debére*)!

b) Konjunktiv Imperfekt:

- Erkennungszeichen: die Form enthält (auch im Passiv!) den **aktiven Infinitiv Präsens.**
- Endungen: die üblichen des Präsensstammes: ***-m/-s/-t, -mus/-tis/-nt*** (Passiv: ***-r/-ris-/tur*** etc.)

	a-Konj.	*e*-Konj.	kons. Konj.	*i*-Konj.	Mischkonj.	*esse*	*posse*
Sg.	*amarem*	*monerem*	*mitterem*	*audirem*	*caperem*	*essem*	*possem*
	amares	*moneres*	*mitteres*	*audires*	*caperes*	*esses*	*posses*
	↓	↓	↓	↓	↓	↓	↓
Pl.	*amarent*	*monerent*	*mitterent*	*audirent*	*caperent*	*essent*	*possent*

Konjunktivische *ut*-Sätze

Der Konjunktiv hat in lateinischen Gliedsätzen eine gänzlich andere Funktion als im Deutschen: Er zeigt nämlich an, welche Bedeutung das einleitende Bindewort hat. Während *ut* **mit Indikativ** die Bedeutungen „wie" oder „als" hat (z. B. *Ut scis, te amo.* = „Wie du weißt, liebe ich dich."), kann es **mit Konjunktiv** drei verschiedene Bedeutungen haben:

a) „dass" (begehrendes *ut*) – Verneinung: ***ne*** („dass nicht")
Peto, ut ad me venias. = „Ich bitte dich, dass du zu mir kommst (... zu mir zu kommen)."
Petivi, ut ad me venires. = „Ich bat dich, dass du zu mir komm(e)st (... zu mir zu kommen)."

b) „damit" (bezweckendes/finales *ut*) – Verneinung: ***ne*** („damit nicht")
Domi maneo, ut dormiam. = „Ich bleibe zu Hause, damit ich schlafe (...um zu schlafen)."
Domi mansi, ut dormirem. = „Ich blieb zu Hause, damit ich schlief (...um zu schlafen)."

TIPP: Begehrende und bezweckende *ut*-Sätzen solltest du im Deutschen nach Möglichkeit immer als **Infinitivgruppe** („zu..." bzw. „um...zu") wiedergeben. (Beispiele siehe oben!)

c) „(so)dass" (folgerndes/konsekutives *ut*) – Verneinung: ***ut non*** („sodass nicht")
Dormis, ut me non audias. = „Du schläfst, sodass du mich nicht hörst."
Dormiebas, ut me non audires. = „Du schliefst, sodass du mich nicht hörtest."

? Wovon hängt es ab, ob im *ut*-Satz der Konjunktiv Präsens oder Imperfekt steht? ____________________

Doppelter Akkusativ

Manche Verben ändern ihre Bedeutung, wenn sie mit zwei Akkusativen verbunden sind:

- *putare* (eigtl. „glauben") + doppelter Akkusativ = **„halten ... für"**:
  Te amicum bonum puto. = „Ich halte dich für einen guten Freund."
- *dicere* (eigtl. „sagen") + doppelter Akkusativ = **„nennen"**:
  Quintus Iuliam amicam dicit. = „Quintus nennt Julia eine Freundin."
- *vocare* (eigtl. „rufen") + doppelter Akkusativ = **„nennen"**:
  Iulia Quintum puerum stultum vocat. = „Julia nennt Quintus einen Dummkopf."

Exercitationes

I. Verbformencheck: Bilde zu der angegebenen Verbform die fehlenden Zeiten in derselben Person und Zahl!

	Präsens	Futur	Imperfekt	Perfekt	Plusquamperfekt
Aktiv	*delent*				
Passiv					

II. Bilde zu den folgenden Verbformen den Konjunktiv Präsens und Imperfekt:

1. habet: ______________________
2. agimus: ______________________
3. parant: ______________________
4. ducitis: ______________________
5. augent: ______________________
6. discis: ______________________
7. estis: ______________________
8. potest: ______________________

III. Übersetze die *ut*-Sätze und achte darauf, ob das Prädikat im Gliedsatz im Konjunktiv oder Indikativ steht!

1. Ut scimus, Quintus discipulus malus est.
2. Pensa Quinti tam mala sunt, ut magister Latinus puerum semper moneat.
3. Magister iam saepe ab eo petivit, ut sua pensa ipse faceret.
4. Ut Quintus autem bene scit, pensa a se ipso scripta peiora sunt quam illa, quae auxilio Iuliae fecit.
5. Nam iam saepe pensa ipse non fecit, ut cum Iulia per forum ambularet.
6. Theseus, ut amorem Ariadnae intellexit, ab ea auxilium petivit.
7. Illa femina Theseum ita adiuvit, ut e labyrintho exire posset.
8. Deinde Theseus cum Ariadna navem ascendit, ut Cretam celerrime relinqueret.

IV. Übersetze die folgenden *ut*-Sätze! Bemühe dich dabei, begehrende und finale *ut*-Sätze nach Möglichkeit durch eine Infinitivkonstruktion wiederzugeben.

1. Liberi a patre petiverunt, ut cenam pararet.
2. Uxor a marito petit, ne cenam paret.
3. Quintus pensa facit, ne iterum a magistro moneatur.
4. Magister Quinto imperat, ut pensa semper ipse faciat.
5. Helena tam pulchra erat, ut ab omnibus viris cuperetur.
6. Paris Venerem delegit, ut feminam pulcherrimam acciperet.
7. Romani Sabinos invitaverunt, ut filias eorum raperent.
8. Pater liberis imperavit, ut domi manerent.
9. Daedalus filium monebat, ne soli appropinquaret.

V. Übersetze und beachte die doppelten Akkusative!

1. Omnes cives Romulum, qui iam diu prudenter regnat, regem bonum putant.
2. Paris, quod ei praemium Veneris maxime placuit, eam deam pulcherrimam dixit.
3. Caesar, postquam eius fratrem vicerat, Cleopatram reginam fecit.
4. Multi homines Caesarem, quia omnia bella prudentissime gessit, imperatorem optimum vocant.

VI. Thetis[1] Achillem occultat[2]

Thetis, Achillis mater[3], olim ab oraculo[4] audiverat: „Si filius tuus bello Troiano intererit, hostes eum interficient." Nonnullis annis post Agamemnon bellum contra Troianos paravit et viros totius Graeciae cogere coepit. Quae ubi Thetis audivit, celeriter filium ad se vocavit dixitque: „Magno in periculo eris, mi fili, nisi bello te abstinebis! Propera ad Lycomedem[5] regem, ut te inter filias suas occultet[2]. Ita omnes te virginem putabunt neque Troiam adibis, ubi mors te exspectat." Itaque Achilles, ille vir fortissimus, veste[6] mulierum indutus[7] inter filias regis se occultabat[2], ne intellegeretur. At Ulixes[8], cui Agamemnon imperaverat, ut Achillem quaereret, prudentior quam Thetis[1] erat. Nam filiis Lycomedis complura dona pulcherrima tulit, inter quae etiam arma erant. Haec dona Ulixes[8] media in domo posuit, deinde autem, dum virgines magno cum gaudio ea spectant, amicum quendam signa canere[9] iussit. Virgines celerrime fugerunt, Achilles autem statim arma cepit, ut vir inter virgines facillime cognosceretur.

1 **Thetis**, -idis f.: „Thetis"; 2 **occultare** 1: „verstecken"; 3 **mater**, -tris f.: „Mutter"; 4 **oraculum**, -i n.: „Orakel"; 5 **Lycomedes**, -is m.: „Lykomedes" (König von Skyros); 6 **vestis**, -is f.: „Gewand"; 7 **indutus/a/um**: „bekleidet"; 8 **Ulixes**, -is m.: „Odysseus"; 9 **signa canere**: „zum Angriff blasen"

23 DE EQUO TROIANO

Nach Achills Tod unternahmen die Griechen noch weitere, zunächst vergebliche Versuche, Troja zu erobern.

Postremo **Ulixes**, vir prudentissimus Graecorum, intellexit: „**Etsi** fortissime pugnabimus, moenia altissima ac **firmissima** tamen **numquam** superabimus! Oppidum non nisi dolo[1] expugnare poterimus." Itaque sociis persuasit, ut ingentem equum ligneum[2] aedificarent. In quo nonnulli viri fortissimi **inclusi** sunt. Deinde Graeci, **cum** hunc equum ante oppidi portas statuissent, navibus insulam vicinam[3] petiverunt. Troiani, cum castra a Graecis relicta conspexissent, oppido exierunt et equum in litore invenerunt.

Tum Sinon, quem Graeci solum reliquerant, **apparuit** iisque narravit: „Graeci me dis immolare[4] in animo habebant. Paene necatus sum, sed fugere potui et me sub hoc equo occultavi[5]. Equus donum Minervae est. Ponite eum **intra** moenia, ut dea vobis semper **faveat**."

Quod his verbis Troianis persuadere potuit, equus magno cum clamore ad oppidum tractus est. Ibi, cum equus maior esset quam porta, Troiani partem moenium diruerunt[6], ut equum in oppidum trahere et in **arce** statuere possent.

Deinde Troiani **victoriam** multo **vino celebraverunt**. At paucis horis post, cum **universi** vino fessi[7] somno[8] se darent, Graeci inclusi equo exierunt. Auxilio ceterorum Graecorum, qui **interea** clam ab insula **redierant** et portā **apertā** oppidum intraverant, multa aedificia incenderunt. Troiani frustra se defendere studuerunt: Cum plurimi eorum crudeliter necati essent, oppidum **flammis consumptum** est.

1 **dolus**, -i m.: „List"; 2 **ligneus/a/um**: „hölzern"; 3 **vicinus/a/um**: „benachbart"; 4 **immolare** 1: „opfern"; 5 **occultare** 1: „verstecken"; 6 **diruere** 3, -rui, -rutum: „einreißen"; 7 **fessus/a/um**: „müde"; 8 **somnus**, -i m.: „Schlaf"

? Beantworte die folgenden Aussagen zum Text mit RICHTIG oder FALSCH:

1. Die Griechen ziehen sich auf eine Insel zurück und lassen Sinon zurück.	R	F
2. Sinon belügt die Trojaner.	R	F
3. Die Griechen trinken sich Mut an, bevor sie das Pferd verlassen.	R	F

Troja

Der Trojanische Krieg beruht auf historischen Grundlagen. Vermutlich zwischen 1250 und 1200 v. Chr. haben die griechischen Mykener die kleinasiatische Stadt Troja (griech. *Ilion*) zerstört. Lange Zeit wusste man nicht, wo sich Troja tatsächlich befunden hatte. Erst **Heinrich Schliemann** (1822–1890), ein deutscher Kaufmann, der alle seine Ersparnisse für sein Hobby, die Archäologie, verwendete, konnte die Lage der antiken Stadt bestimmen. Im Gegensatz zu seinen Vorgängern nahm er nämlich die Landschaftsbeschreibungen Homers für bare Münze und fand so, gewissermaßen mit der Ilias in der Hand, die Reste der sagenumwobenen Stadt. Da spätere Ausgrabungen mehrere Siedlungsschichten (Troja I bis X) zum Vorschein brachten, ist es aber bis heute umstritten, ob Schliemann tatsächlich das homerische oder ein früheres Troja gefunden hatte.

picturedesk.com/NG Collection/Interfoto

Nachbildung des trojanischen Pferdes aus dem Film „Troja" (2004)

Vocabularium

Troianus/a/um		trojanisch	↔ *Troiani, -orum =*
Ulixes	Ulixis m.	Odysseus	*vgl. James Joyces Roman „Ulysses"*
etsi		wenn auch, obwohl	
firmus/a/um		stark	*vgl. Firmung (= „Stärkung" im Glauben)*
numquam (Adv.)		niemals	*span. nunca*
inclúdere	includo 3, inclusi, inclusum	einschließen	*vgl. inkludieren; inklusive*
cum (+ Konj.)		als; weil; obwohl	*(siehe Grammatica)*
apparére	appareo 2, apparui, –	erscheinen	*engl. to appear, ital. apparire, span. aparecer*
intra (+ Akk.)		innerhalb	*vgl. intravenös, intramuskulär etc.*
favére (+ Dat.)	faveo 2, favi, fautum	begünstigen, bevorzugen	*vgl. favorisieren*
arx	arcis f.	Burg	↔ *ars, artis =*
victoria	victoriae f.	Sieg	*engl. victory, frz. victoire, ital. vittoria, span. victoria*
vinum	vini n.	Wein	*frz. vin, ital. + span. vino*
celebrare	celebro 1, -avi, -atum	feiern	*vgl. zelebrieren, engl. celebrities*
universi/ae/a		alle (gemeinsam)	*ital. universale; vgl. universal, Universum*
interea (Adv.)		inzwischen	*aus: inter + ea = „zwischen diesen (Dingen)"*
redire	redeo, redii, reditum	zurückkehren	↔ *reddere 3, reddidi, redditum =*
aperire	aperio 4, aperui, apertum	öffnen	*frz. ouvrir, ital. aprire, span. abrir; vgl. Aperitif*
flamma, -ae f.		Flamme	*ital. fiamma (fiammifero = Streichholz)*
consúmere	consumo 3, consumpsi, consumptum	1) vernichten; 2) verbrauchen	*vgl. konsumieren, Konsument, Konsum*

Griechisch im Alltag/1

Viele Fremdwörter stammen aus dem Altgriechischen. Du wirst staunen, wie viele von ihnen du mit nur einigen wenigen griechischen Wortbestandteilen ganz leicht entziffern kannst! Hier einige Beispiele für griechische Vorsilben:

- ***anti-*** („gegen"): antibakteriell, Antialkoholiker, Antipathie, Antithese, Antirheumatikum
- ***hyper-*** („über", „übermäßig"): Hypertonie, Hyperfunktion, hyperkritisch, hypermodern
- ***hypo-*** („unter", „schwach"): Hypotonie, Hypotrophie
- ***tele-*** („fern", „weit"): Telephon, Telepathie, Teleskop, Television (TV)
- ***sym-/syn-*** („zusammen"): Symphonie, Sympathie, Symbiose, Symmetrie; synchron, Synergie, synonym

Ein Danaer-Geschenk

Eng verbunden mit dem Trojanischen Pferd ist der Begriff „Danaer-Geschenk". In Vergils Epos Äneis warnt der trojanische Priester **Laokoon** (vgl. Bild S. 111 und Text S. 113) seine Landsleute davor, das Pferd in die Stadt zu ziehen, und zwar mit den Worten: „Was auch immer es ist, ich fürchte die Danaer (= Griechen), auch wenn sie Geschenke bringen". (lat.: *Quidquid id est, timeo Danaos et dona ferentes*). Da er recht behalten hat, ist ein Danaer-Geschenk also ein Unheil bringendes Geschenk.

Computer-„Trojaner"

Der Begriff „Trojanisches Pferd" bzw. „Trojaner" hat übrigens auch in die **Computersprache** Eingang gefunden: So wird ein Virus bezeichnet, das sich über ein E-Mail-Attachment oder Freewaredateien in einen Computer einschleust und dort spionieren kann. Trojaner verbergen listenreich ihre Anwesenheit und versenden unbemerkt Kreditkarteninfos, Passwörter und Codes an den Absender.

CartoonStock.com/Mike Flanagan

23 Grammatica

Konjunktiv Perfekt und Plusquamperfekt

Im Gegensatz zum Konjunktiv Präsens und Imperfekt werden diese beiden Konjunktive vom **Perfektstamm** gebildet. Dementsprechend ist das Passiv, wie jede Form des passiven Perfektstammes, **zweiteilig**.

a) Konjunktiv Perfekt:

- **Aktiv**: aktiver Perfektstamm + *-erim, -eris, -erit* (Sg.) bzw. *-erimus, -eritis, -erint* (Pl.)
- **Passiv**: PPP + *sim, sis, sit* (Sg.) bzw. *simus, sitis, sint* (Pl.)

	a-Konjugation*		*e*-Konjugation*	
	Aktiv	Passiv	Aktiv	Passiv
Sg.	*amaverim*	*amatus/a sim*	*monuerim*	*monitus/a sim*
	amaveris	*amatus/a sis*	*monueris*	*monitus/a sis*
	↓	↓	↓	↓
Pl.	*amaverint*	*amati/ae sint*	*monuerint*	*moniti/ae sint*

*) Zu den Formen der übrigen Konjugationen vgl. S. 192 f.

b) Konjunktiv Plusquamperfekt:

- **Aktiv**: Perfektstamm + *-issem, -isses, -isset* (Sg.) bzw. *-issemus, -issetis, -issent* (Pl.)
- **Passiv**: PPP + *essem, esses, esset* (Sg.) bzw. *essemus, essetis, essent* (Pl.)

	a-Konjugation*		*e*-Konjugation*	
	Aktiv	Passiv	Aktiv	Passiv
Sg.	*amavissem*	*amatus/a essem*	*monuissem*	*monitus/a essem*
	amavisses	*amatus/a esses*	*monuisses*	*monitus/a esses*
	↓	↓	↓	↓
Pl.	*amavissent*	*amati/ae essent*	*monuissent*	*moniti/ae essent*

*) Zu den Formen der übrigen Konjugationen vgl. S. 192 f.

Konjunktivische *cum*-Sätze

Wie bei *ut*, zeigt auch beim Bindewort *cum* der Konjunktiv lediglich an, dass *cum* eine andere als die gewohnte Bedeutung (*cum* + Indikativ: „wenn", „sooft", „als") hat. Darüber hinaus kannst du aus der Art des Konjunktivs ablesen, welches **Zeitverhältnis** der Gliedsatz zum Hauptsatz hat (Konj. Präsens und Imperfekt → gleichzeitig, Konj. Perfekt/Plqpf. → vorzeitig):

a) „als", „nachdem", „während" (zeitlich/temporal)
Cum dormirem, de te somniabam. = „Als/während ich schlief, träumte ich von dir."
Cum dormivissem, pensa feci. = „Nachdem ich geschlafen hatte, machte ich die Aufgaben."

b) „weil" (begründend/kausal)
Cum mihi placeas, tibi rosam dono. = „Weil du mir gefällst, schenke ich dir eine Rose."
Cum mihi placeres, tibi rosam donavi. = „Weil du mir gefielst, schenkte ich dir eine Rose."

c) „obwohl" (einschränkend/konzessiv; oft im Hauptsatz mit *tamen* = „dennoch"!)
Cum te amarem, te (tamen) reliqui. = „Obwohl ich dich liebte, habe ich dich (dennoch) verlassen."
Cum te olim amaverim, nunc aliam puellam amo. = „Obwohl ich dich einst geliebt habe, liebe ich jetzt ein anderes Mädchen."

NOTA BENE!
In *cum*-Sätzen **darfst** du den Konjunktiv **nicht** übersetzen, sondern musst ihn als Indikativ wiedergeben.

? Überprüfe die oben angeführten Beispiele: Um welche Konjunktive handelt es sich jeweils und mit welcher Zeit werden sie wiedergegeben? Welche simple Regel für die Wiedergabe der lateinischen Konjunktive im Deutschen kann man daraus ableiten?

TIPP: Als Erstübersetzung für *cum* ist **„als"** meistens gut brauchbar!

Exercitationes

I. Verbformencheck: Bilde zu der angegebenen Verbform die fehlenden Zeiten in derselben Person und Zahl!

	Präsens	Futur	Imperfekt	Perfekt	Plusquamperfekt
Aktiv	*includo*				
Passiv					

II. Bilde zu den folgenden Verbformen den Konjunktiv Perfekt und Plusquamperfekt:

1. spectat: ______________________
2. intellego: ______________________
3. aedificas: ______________________
4. dicimus: ______________________
5. dormitis: ______________________
6. agunt: ______________________
7. est: ______________________
8. possunt: ______________________

III. Um welche Konjunktive handelt es sich? Ordne sie in vier Spalten!

navigavisset – tangerent – abstineant – certavissem – potuerim – vivamus – datum esset – iuberet – sit – fuisses – duxerint – cognoscerem – essent – daretur – demus – tetigerim – trahamus – potuisses – putaveris – iudicarent

IV. Welche Übersetzung für *cum* ist die beste: „als", „weil" oder „obwohl"?

1. Milites Romani, cum summo in periculo essent, se receperunt.
2. Icarus, cum a patre monitus esset, tamen soli appropinquavit.
3. Tantalus, cum scelus atrocissimum commisisset, a dis punitus est.
4. Cum Europa eiusque amicae luderent, taurus pulcherrimus appropinquavit.
5. Cum ante moenia summa vi pugnaretur, Achilles iratus in castris sedebat.
6. Cum Orpheus voce pulchrā caneret, etiam animalia ac arbores ad eum appropinquabant, ut eius carmina audirent.
7. Caesar, cum e Gallia in patriam redisset, maxime celebratus est.

V. Bestimme, ob das Prädikat im Gliedsatz im Indikativ oder Konjunktiv steht, und übersetze die *ut*-Sätze dementsprechend!

1. Iuppiter se in taurum convertit (convértere = „verwandeln"), ut Europam rapere posset.
2. Ut Europa a tauro in mare lata est, magno timore affecta est.
3. Caesar, ut in eius libris legimus, paucis annis totam Galliam occupavit.
4. Certe Caesar hoc bellum eo quoque consilio gessit, ut sibi gloriam maximam pararet.
5. Ulixes Graecos equum aedificare iussit, ut Troiam urbem tandem expugnarent.
6. Ut equus ante moenia urbis stetit, Troiani maxime gaudebant.
7. Ut equum in urbem traherent, Troiani partem moenium deleverunt.
8. Nocte, ut Homerus poeta tradidit, Graeci inclusi equum reliquerunt et Troiam incenderunt.

VI. De amore miserrimo

Cum Hector, vir fortissimus, interfectus esset, spes[1] victoriae apud Troianos minima erat. Tunc autem magnus exercitus apparuit. Nam Amazones[2], ille populus mulierum fortissimarum, constituerant, ut Troianos inclusos adiuvarent. Magno cum gaudio Amazones ad regem ductae sunt, ubi ad earum honorem cena magnifica parata est. Postero[3] die copiae Amazonum[2] et Troianorum iam hora prima oppidum reliquerunt, ut castra Graecorum adirent. Qui, ubi hostes animadverterunt, celerrime arma ceperunt et se summa vi defendebant. Amazones fortiter pugnabant, fortissima autem omnium erat earum regina nomine Penthesileia. Cum complures Graecos interfecisset, postremo ad Achillem quoque venit. Qui hastam[4], quae a Penthesileia iacta erat, vidit et se celeriter scuto[5] defendit. Tum ipse hastam[4] iecit reginamque vulnere gravissimo[6] affecit. Paene mortua de equo in manus Achillis cecidit. Qui cum sub galea[7] mulierem pulcherrimam conspiceret, amore maximo captus est. Sed paulo post Penthesileia in eius manibus e vita cessit.

1 spes, -ei f.: „Hoffnung"; **2 Amazones**, -um f.: „Amazonen"; **3 posterus/a/um**: „der nächste"; **4 hasta**, -ae f.: „Speer"; **5 scutum**, -i n.: „der Schild"; **6 gravis/e**: „schwer"; **7 galea**, -ae f.: „Helm"

24 DE CASSANDRA

Eine besonders tragische Gestalt unter den Trojanern war Kassandra, die Tochter des Königs Priamos. Weil sie Apoll, den Gott der Weissagekunst, nicht erhört hatte, wurde sie von ihm mit einer außergewöhnlichen Strafe belegt.

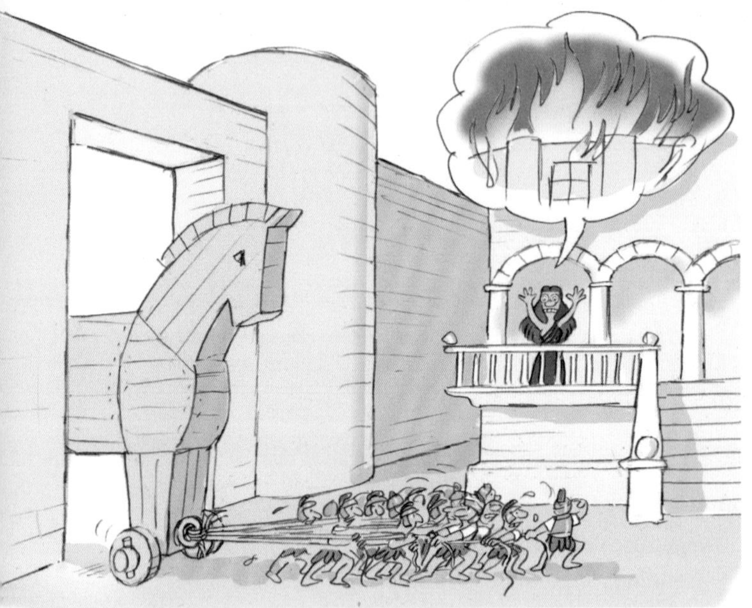

In libris Graecis legimus, cur Troiani verba Cassandrae neglexerint. Apollo deus, quod Cassandrae amorem sibi conciliare[1] **voluit**, eam his verbis adiit: „Virgo pulcherrima, visne mecum venire? Tibi donum magnum dabo: Omnes res futuras videre poteris!" Hoc donum Cassandrae placuit. Quis enim res futuras scire **non vult**? Itaque primo amorem **verum** simulavit[2]. Deinde autem, cum donum a deo **promissum** accepisset, deo gaudia **sperata praebere** noluit. Magna erat Apollinis ira. Quod autem id, quod promiserat, revocare[3] non potuit, dixit: „**Scientiam** rerum futurarum quidem habes, sed ea tibi magno **usui** non erit. Etsi semper **veritatem** dices, tamen homines tuis verbis numquam **credent**."

Inde Troiani verba Cassandrae neglegebant. Cum Helena a Paride rapta et in patriam ducta esset, Cassandra monuit: „Nonne intellegitis, quod periculum ista mulier secum ferat? Oppidum nostrum **ardere** video!" At Troianis persuadere non potuit. Decem annis post, cum Troiani equum ligneum[4] illum in oppidum traherent, Cassandra iterum non **tacuit**: „Nolite equum in oppidum trahere!", clamavit. „Equus perniciem[5] nostram secum fert. Hac nocte nos omnes **interibimus**!" Iterum eius vox a Troianis neglecta est. Cassandra autem non **erraverat**: Troia a Graecis incensa est plurimique Troianorum interfecti sunt. Cassandra ipsa e templo Minervae, ubi manibus **sublatis** auxilium **orabat**, rapta et stuprata[6] est. Deinde serva Agamemnonis[7] in Graeciam ducta est. Apud Homerum etiam legimus, quomodo ibi ab eius uxore necata sit.

1 conciliare 1: „gewinnen"; **2 simulare** 1: „vortäuschen"; **3 revocare** 1: „rückgängig machen"; **4 ligneus/a/um**: „hölzern"; **5 pernicies**, -ei f.: „Untergang"; **6 stuprare** 1: „vergewaltigen"; **7 Agamemnon**, -onis m.: „Agamemnon" (Heerführer der Griechen, König von Mykene)

? Fasse den Inhalt der Zeilen 1–14 mit eigenen Worten in maximal 60 Wörtern zusammen!

Kassandra

Kassandra ist eine der tragischsten Figuren des Trojanischen Krieges. Nicht nur, dass wegen der Strafe Apolls keiner mehr ihren Prophezeiungen glaubte – sie selbst erlitt auch ein grausames Schicksal. Nachdem sie bei der Eroberung Trojas im Minerva-Tempel von dem Griechen Ajax vergewaltigt worden war, fiel sie bei der Verteilung der Siegesbeute dem Agamemnon zu und musste ihm als Sklavin in seine Heimat folgen. Dort wurden die beiden von Agamemnons Gattin Klytaimnestra ermordet. Heute noch versteht man unter einem „Kassandraruf" eine Unheil verheißende Warnung, auf die niemand hört.

Der Tod der Kassandra (Vasenmalerei, 5. Jh. v. Chr.)

Laokoon

Der Priester Laokoon (siehe Text auf S. 113) hat ebenfalls wegen seiner nicht gehörten Warnungen traurige Berühmtheit erlangt. Als er die Trojaner davon zu überzeugen versuchte, das von den Griechen zurückgelassene Pferd nicht in die Stadt zu ziehen, wurde er gemeinsam mit seinen zwei Söhnen von einem Schlangenpaar getötet. Die Trojaner sahen darin die Bestätigung, dass Laokoon die Unwahrheit gesprochen hatte.
Tatsächlich musste er aber gerade deswegen sterben, weil er die Wahrheit gesagt hatte: Die Götter hatten nämlich

Vocabularium

velle	volo, vis, volui, –	wollen	*(siehe Grammatica); frz. vouloir, ital. volere*
nolle	nolo, non vis, nolui, –	nicht wollen	*(siehe Grammatica)*
Noli me tangere!	(Verbot mit **noli**)	Berühr mich nicht!	*Das sagte Jesus nach seiner Auferstehung zu Maria Magdalena.*
verus/a/um		wahr, echt	*frz. vrai, ital. vero, span. verdadero*
promíttere	promitto 3, promisi, promissum	versprechen	*engl. to promise, frz. promettre, ital. promettere, span. prometer*
sperare	spero 1, -avi, -atum	hoffen, erhoffen	*frz. espérer, ital. sperare, span. esperar*
praebére	praebeo 2, -ui, -itum	bieten, anbieten, geben	
scientia	scientiae f.	Wissen, Kenntnis	*vgl. scire; engl. science, frz. science, ital. scienza, span. ciencia*
usus	usus m.	1) Nutzen; 2) Gebrauch	*engl. use, frz. utilité; vgl. „es ist Usus" =*
usui esse	(Zweckdativ)	nützlich sein	*wörtl. = „zum Nutzen sein"*
veritas	veritatis f.	Wahrheit	*frz. verité, ital. verità, span. verdad*
crédere	credo 3, credidi, creditum	glauben	*ital. credere; vgl. Credo, Kredit (Gläubiger!)*
inde (Adv.)		1) von da an; 2) von dort	
ardére	ardeo 2, arsi, –	brennen	*vgl. ital. ardente, span. ardiente = brennend*
tacére	taceo 2, -ui , –	schweigen	*frz. taire, ital. tacere*
interíre	intéreo, interii, interitum	sterben, untergehen	
errare	erro 1, -avi, -atum	irren, sich irren	*ital. errare; vgl. engl. error*
tóllere	tollo 3, sústuli, sublatum	aufheben, (er)heben	*↔ tolerare 1 = ertragen*
orare	oro 1, -avi, -atum	1) (er)bitten; 2) beten	*ital. orare, span. orar; vgl. Oratorium*

Ora et labora

„Bete und arbeite" ist das Motto der Benediktiner. Dieser erste europäische Mönchsorden wurde im 6. Jh. n. Chr. vom heiligen Benedikt von Nursia auf dem Monte Cassino (Italien) gegründet und widmete sich besonders der Landwirtschaft und der Kultivierung neuer Gebiete. Die Betonung bei diesem Wahlspruch liegt also auf dem zweiten Teil: Nicht nur das Beten, sondern auch die praktische Arbeit steht im Vordergrund. In Österreich gibt es mehrere Benediktinerklöster, z. B. in Göttweig, Melk, Altenburg, Kremsmünster, Michaelbeuern, Admont und St. Paul im Lavanttal. (Vgl. auch die Texte auf S. 180.)

In vino veritas

„Im Wein liegt die Wahrheit" bedeutet dieser lateinische Spruch. Man versteht darunter, dass der Alkohol die Zunge lockert – ein Betrunkener plaudert also oft mehr aus, als er in nüchternem Zustand erzählen würde.

? Das folgende Logo hat nichts mit Wein-, sondern mit „(Latein-)Lern-Genuss" zu tun. Wofür steht es?

VER1TAS

zuvor beschlossen, dass die Griechen nun endlich die Stadt erobern sollten. Eine der bedeutendsten Skulpturen der Antike aus dem 1. Jh. n. Chr. zeigt den Todeskampf des Laokoon und seiner Söhne mit den beiden Schlangen.
Der Dichter Vergil (70–19 v. Chr.) beschreibt die Szene folgendermaßen (Äneis 2, 213 ff.):

„... zuerst um die Söhne / legt sich das Schlangenpaar, um die beiden kindlichen Leiber / ringelt es sich und zernagt – o Jammer! – die Glieder mit Bissen. / Ihn dann ergreifen sie selbst, da zur Hilfe er naht mit den Speeren, / schlingen um ihn ihre Leiber, die übergewaltigen, und schon / zweimal die Mitte umfassend, am Hals die schuppigen Rücken / zweimal geschlungen, so ragen sie hoch mit Haupt und mit Nacken."

Vergil (Übers. Wilhelm Plankl); Aeneis: Verlag Philipp Reclam jun., Ditzingen S. 36

Laokoon-Gruppe (Vatikan, 1. Jh. n. Chr.)

24 Grammatica

velle/nolle („wollen"/„nicht wollen")

Die Modalverba *velle* („wollen") und *nolle* („nicht wollen") werden im Präsensstamm unregelmäßig abgewandelt.

Präsens	Singular	1.P.	*volo*	*nolo*
		2.P.	*vis*	*non vis*
		3.P.	*vult*	*non vult*
	Plural	1.P.	***volumus***	***nolumus***
		2.P.	*vultis*	*non vultis*
		3.P.	***volunt***	***nolunt***
Infinitiv			*velle*	*nolle*
Imperativ			–	*noli!/nolíte!**

* *noli(te)* wird verwendet, um ein Verbot an die 2. Person auszudrücken (siehe unten).

NOTA BENE!
vis ist doppeldeutig:
a) 2.P. Sg. Präsens von ***velle*** = „du willst"
b) Nom. Sg. von ***vis, vim, vi*** (→ S. 67) = „die Kraft"

Die Formen der übrigen Zeiten sind regelmäßig (→ S. 194 f.):
- Imperfekt: *volebam/nolebam …,*
- Futur: *volam/nolam, voles/noles …*
- Perfekt: *volui/nolui …*
- Plqpf.: *volueram/ nolueram …*

Verbot mit *noli* + Infinitiv

Eine der Möglichkeiten, im Lateinischen ein Verbot auszudrücken, ist die Verwendung von *noli* (Sg.) bzw. *nolite* (Pl.) mit einem **Infinitiv**:

Sg.: ***Noli*** *equum in oppidum* ***trahere!*** = „**Zieh** das Pferd **nicht** in die Stadt!"
(wörtl.: „Wolle das Pferd nicht in die Stadt ziehen!")

Pl.: ***Nolite*** *equum in oppidum* ***trahere!*** = „**Zieht** das Pferd **nicht** in die Stadt!"
(wörtl.: „Wollet das Pferd nicht in die Stadt ziehen!")

Indirekte Fragesätze

Indirekte Fragen unterscheiden sich von direkten dadurch, dass sie von einem anderen Verbum (z. B. des Fragens oder Wissens) abhängen:
- direkte Frage: „Wie spät ist es?" (→ mit Fragezeichen)
- indirekte Frage: „Ich frage dich / Ich weiß nicht, wie spät es ist." (→ ohne Fragezeichen)

Im Lateinischen muss in indirekten Fragesätzen (im Gegensatz zum Deutschen) der **Konjunktiv** stehen. Welcher, das wird durch die sogenannte ***Consecutio temporum*** (Zeitenfolge) geregelt:

Der übergeordnete Satz steht im …	Der untergeordnete Satz ist…		
	gleichzeitig (glz.)	vorzeitig (vz.)	nachzeitig (nz.)
Präsens, Futur:	Konj. Präsens	Konj. Perfekt	*-urus sim (sis …)**
Imperfekt, Perfekt:	Konj. Imperfekt	Konj. Plqpf.	*-urus essem (esses …)**

* Die Formen ***-urus sim (sis, sit …)*** und ***-urus essem (esses, esset …)*** bestehen aus dem Futurpartizip (→ S. 126) und dem Konj. Präsens bzw. Imperfekt von *esse*. Sie bilden eine Art Futur-Konjunktiv und werden ausschließlich in **nachzeitigen Gliedsätzen** verwendet.

Beispiel für die *Consecutio temporum* anhand indirekter Fragesätze:

Rogo te,	*quid facias.*	„Ich frage dich,	was du machst." (→ glz.)
	quid feceris.		was du gemacht hast." (→ vz.)
	quid facturus/a sis.		was du machen wirst." (→ nz.)
Rogavi te,	*quid faceres.*	„Ich fragte dich,	was du machtest." (→ glz.)
	quid fecisses.		was du gemacht hattest." (→ vz.)
	quid facturus/a esses.		was du machen wirst." (→ nz.)

TIPP: Gib den Konjunktiv beim Übersetzen zunächst in der entsprechenden Zeit des Indikativs wieder!

NOTA BENE!
Die *Consecutio temporum* gilt für folgende Gliedsätze:
- ***ut*-Sätze** (→ immer gleichzeitig)
- ***cum*-Sätze** (→ gleich- oder vorzeitig)
- **indirekte Fragesätze** (→ gleich-, vor- oder nachzeitig)

Exercitationes

I. Verbformencheck: Bilde zu der angegebenen Verbform die fehlenden Zeiten in derselben Person und Zahl!

	Präsens	Imperfekt	Perfekt	Plusquamperfekt
Indikativ	*paret*			
Konjunktiv				

II. Übersetze:

Gaius ad Quintum, qui multis verbis magnam Cleopatrae pulchritudinem laudaverat, dixit: „Cleopatram basiare[1] iterum volo." – „Cur dicis ‚iterum'? Visne me illudere[2]? Num eam iam antea basiavisti[1]?", amicus interrogavit. – „Minime, sed iam antea volui!", ei responsum est.

1 **basiare** 1: „küssen"; 2 **illudere** 3: „verspotten"

III. Verwandle die Befehle in Verbote und übersetze:

Bsp.: Befehl: *Intrate!* („Tretet ein!") – Verbot: *Nolite intrare!* („Tretet nicht ein!")

1. Legite hunc librum! = ____________________
2. Multum vini bibe! = ____________________
3. Me specta! = ____________________
4. Mox redite! = ____________________

IV. Bestimme das Zeitverhältnis des Gliedsatzes zum Hauptsatz und übersetze:

1. Magister discipulos rogat, quis pensum non fecerit. (Zeitverhältnis: ________-zeitig)
2. Magister discipulos rogavit, quis pensum non fecisset. (________-zeitig)
3. Magister interrogat, qui discipuli pensum non secum habeant. (________-zeitig)
4. Magister a Quinto quaerit, cur numquam pensa faciat. (________-zeitig)
5. Magister a Quinto quaerit, quo die pensum postremo ipse facturus sit. (________-zeitig)
6. Quintus Gaium rogat, ubi Iulia sit. (________-zeitig)
7. Quintus scire vult, cum qua puella Gaius per forum ambulaverit. (________-zeitig)
8. Gaius narrare noluit, quid post scholam facturus esset. (________-zeitig)
9. Quintus etiam scire voluit, ubi Iulia nunc esset. (________-zeitig)
10. Amici Graeci domi narraverunt, quae artificia Romae spectavissent. (________-zeitig)
11. Magister nobis narravit, quomodo Troia occupata esset. (________-zeitig)
12. Nonne scis, quis primus rex fuerit? (________-zeitig)

V. Cur verba Laocoontis[1] neglecta sint*

Cum Graeci navibus quandam insulam petivissent, Troiani equum relictum invenerunt, qui summa arte aedificatus erat. Quia non intellegebant, cur hic equus aedificatus esset, eum in oppidum trahere voluerunt. Tum Laocoon sacerdos[2] ex oppido appropinquavit clamavitque: „O miseri! Hoc donum certe periculum magnum secum fert, sive hic equus viros inclusos continet sive alius dolus[3] ab Ulixe inventus est." Deinde hastam[4] in equum iecit.
Paulo post, cum Laocoon in litore taurum immolaret[5], subito duo serpentes[6] ingentes e mari apparuerunt. Homines convocati viderunt, quomodo serpentes celeriter Laocoontis[1] filios parvos adirent atque corpora eorum implicarent[7]. Laocoon[1] statim pueris comprehensis auxilio venit, sed mox ipse implicatus[7] est. Ita sacerdos[2] eiusque filii crudeliter necati sunt.
Troiani territi deinde dixerunt: „Ii serpentes[6] a dis missi sunt, quod Laocoon hastam[4] in illum equum iecerat." Deinde equum in oppidum traxerunt.

1 **Laocoon**, -ontis m.: „Laokoon"; 2 **sacerdos**, -otis m.: „Priester"; 3 **dolus**, -i m.: „List"; 4 **hasta**, -ae f.: „Speer"; 5 **immolare** 1: „opfern"; 6 **serpens**, -entis m./f.: „Schlange"; 7 **implicare** 1: „umschlingen"

*) Lateinische Überschriften wie diese sind als indirekte Fragen formuliert: Ergänze dir dazu eine Einleitung „Jetzt wird erzählt..." / „Nun erfahren wir..." o.Ä.

25 DE ULIXE

Nach dem Fall Trojas brachen die griechischen Helden wieder in ihre Heimat auf. Besonders für Odysseus sollte diese Fahrt keine Vergnügungsreise sein: Zehn Jahre lang irrte er auf den Meeren umher, wobei er immer wieder neue Abenteuer bestehen musste – eines davon auf der Insel der Zyklopen, der einäugigen Riesen.

Apud Homerum[1] **poetam** legimus Ulixem cum sociis in quadam insula ad speluncam[2] **pervenisse**. Graeci, cum Cyclopem[3] ibi habitare scirent, tamen speluncam[2] **inierunt**. Paulo post autem Cyclops ille, cui erat nomen Polyphemus, cum ovibus[4] rediit **exitum**que clausit. Ubi Graecos conspexit, statim duos ex iis necavit editque[5].

Ulixes, quod exitum saxo ingenti clausum esse intellexerat, amicis dixit: „Quis vestrum scit, quomodo speluncam[2] relinquere possimus? Ego credo: Solum auxilio Polyphemi speluncam[2] relinquere possumus! Itaque nos dolum[6] adhibere[7] necesse est." Itaque Ulixes Cyclopem[3] adiit eique vinum **dulce**, quod **forte** secum habuit, dedit.

Qui magno cum gaudio bibit, deinde plus vini ab Ulixe **postulavit**. Quod cum accepisset, Polyphemus dixit: „**Gratias** tibi **ago**. Quia mihi vinum dedisti, te ultimum interficiam. Visne mihi dicere, quod nomen tibi sit?" Ulixes, ille vir prudentissimus, respondit: „Mihi nomen est Nemo."

Tandem Polyphemus vini **plenus** dormiebat. Celeriter Ulixes cum amicis magnum truncum[8] ex **igne sumpsit** et Polyphemi oculum, qui erat media in **fronte**, exussit[9].

Polyphemus magna voce ceteros Cyclopes convocavit; iterum atque iterum clamabat neminem[10] se **laesisse**. Cyclopes **vero** convocati, cum illa verba audivissent, dixerunt: „Polyphemum adiuvare non possumus – eum insanum[11] esse **constat**!"

Postero die Polyphemus saxum iterum abstulit. Quia lumine[12] caruit, oves[4], quae speluncam[2] relinquebant, manibus **diligenter** tetigit, ut nemo nisi oves[4] exire posset. Iterum prudentia Ulixis Graecis **profuit**: Se et amicos sub ovibus[4] alligavit[13]. Ita Polyphemus viros speluncam[2] relinquere non animadvertit.

1 **Homerus**, -i m.: „Homer"; 2 **spelunca**, -ae f.: „Höhle"; 3 **Cyclops**, -opis m.: „der Zyklop"; 4 **ovis**, -is f.: „Schaf"; 5 **edere** 3, edi, esum: „essen"; 6 **dolus**, -i m.: „List"; 7 **adhibere** 2, -hibui, -hibitum: „anwenden"; 8 **truncus**, -i m.: „Holzpfahl"; 9 **exurere** 3, -ussi, -ustum: „ausbrennen"; 10 **neminem**: Akk. zu nemo; 11 **insanus/a/um**: „verrückt"; 12 **lumen**, -inis n.: „Augenlicht"; 13 **alligare** 1: „anbinden"

? Welche Übersetzung ist die beste? Erstelle eine Rangliste von 1. bis 3.!

Polyphemus vini plenus dormiebat. (Z. 21) =	
„Polyphem schlief vom Wein betrunken ein."	
„Polyphem schlief des Weines voll ein."	
„Polyphem schlief voll mit Wein ein."	

Der erste Weltreisende

Die in Homers Epos „Odyssee" besungenen Irrfahrten haben der Forschung seit der Antike viele Rätsel aufgegeben. Abgesehen vom Ausgangspunkt Troja und vom Ziel, der Insel Ithaka, ist fast jede Station des berühmten Seefahrers bis heute heiß umstritten.

Über 80 Theorien, mitunter auch absurde, wurden aufgestellt: Ihnen zufolge soll Odysseus nicht nur bis Irland oder zum Polarkreis gelangt sein, sondern sogar Afrika bzw. die ganze Welt umsegelt haben.

Erst 1959 haben zwei Deutsche, die Brü-

Vocabularium

poeta	poetae m.	Dichter	*Poet; frz. poète, ital. + span. poeta*
pervenire	pervenio 4, perveni, perventum	kommen, gelangen	*wörtl.: „durchkommen"*
inire	ineo, inii, initum	hineingehen, betreten	*vgl. etwas initiieren (= in Angriff nehmen), Initiative, Initialen (= Anfangsbuchstaben)*
exitus	exitus m.	1) Ausgang; 2) Ende, Tod	*engl. exit*
dulcis/e		süß	*frz. doux/douce, ital. dolce (= Nachspeise)*
forte (Adv.)		zufällig	*↔ fortis/e =*
postulare	postulo 1, -avi, -atum	fordern	*vgl. postulieren, Postulat (= Forderung)*
gratia	gratiae f.	Dank	*ital. grazie, span. gracias; vgl. gratis (Abl.): „um den (bloßen) Dank"*
gratias ágere		danken, Dank sagen	*wörtl.: „Dank tun"*
tandem		endlich, schließlich	*= postremo, denique; ↔ tamen =*
plenus/a/um	(+ Gen.)	voll (mit/von)	*frz. plein, ital. pieno, span. lleno; vgl. das Plenum (= die Vollversammlung)*
ignis	ignis m.	Feuer	
súmere	sumo 3, sumpsi, sumptum	nehmen	*vgl. consumere =*
frons	frontis f.	Stirn	*ital. fronte, span. frente; vgl. Front, frontal*
laédere	laedo 3, laesi, laesum	verletzen	*vgl. lädiert =*
vero		aber	*↔ verus/a/um (Adjektiv) =*
constat	constitit, –	es steht fest (+ ACI: dass)	*vgl. konstant, Konstante (= unveränderbarer Wert)*
posterus/a/um		folgend, nachfolgend	
postero die	(Zeitablativ)	am folgenden Tag	
diligens (m./f./n.)	diligentis (2.F.)	sorgfältig, genau	*engl. diligent, ital. + span. diligente*
prodésse	prosum, prodes, profui, –	nützen	*vgl. Prosit! (= „Es soll dir nützen!")*

Noli turbare circulos meos!

„(Zer-)Störe meine Kreise nicht!" waren angeblich die letzten Worte des Archimedes, als ein römischer Soldat 212 v. Chr. bei der Eroberung der sizilianischen Stadt Syrakus die in den Sand gezeichneten geometrischen Figuren des berühmten Mathematikers verwischen wollte. Erbost über diese Provokation tötete der Römer Archimedes. Heute wird dieser Spruch im übertragenen Sinn verwendet: „Lass mich in Ruhe!"

der Armin und Hans-Helmut Wolf, eine interessante Theorie aufgestellt: Sie nahmen Homer (wie schon Heinrich Schliemann, der Entdecker Trojas, vgl. S. 106) wörtlich und lasen die Odyssee wie ein Logbuch.

Demgemäß habe Odysseus nur 45 Tage und Nächte auf See verbracht, was während des Rests der zehn Jahre an Land passiert sei, gehöre in den Bereich der Dichtung. Die Reise habe Odysseus bis in die Randzone der damaligen Welt geführt – nach Tunesien, Malta und Sizilien, aber sicher nicht nach Irland, Norwegen oder Kuba.

Blendung des Polyphem: Rekonstruktion der Statuengruppe von Sperlonga nach Andreae (Antikenmuseum in der Kunstsammlung der Ruhr-Universität Bochum)

25 Grammatica

Infinitiv Perfekt

Die Perfektinfinitive werden vom Perfektstamm gebildet:
- Infinitiv Perfekt Aktiv: aktiver Perfektstamm + *-isse*
- Infinitiv Perfekt Passiv: passiver Perfektstamm (PPP) + *esse*

	Infinitiv Perfekt aktiv	Infinitiv Perfekt passiv
a-Konjugation:	***amav-ísse*** „geliebt (zu) haben"	***amátum*esse*** „geliebt worden (zu) sein"
e-Konjugation:	***monu-ísse*** „ermahnt (zu) haben"	***mónitum*esse*** „ermahnt worden (zu) sein"
konsonant. Konj.:	***mis-ísse*** „geschickt (zu) haben"	***missum*esse*** „geschickt worden (zu) sein"
i-Konjugation:	***audiv-ísse*** „gehört (zu) haben"	***audítum*esse*** „gehört worden (zu) sein"
Mischkonjugation:	***cep-ísse*** „gefangen (zu) haben"	***captum*esse*** „gefangen worden (zu) sein"

* Der passive Perfektinfinitiv wird im Akkusativ angegeben, da er fast ausschließlich im ACI (siehe unten) vorkommt: *amatum esse* steht hier also für *amatum/am/um esse* (Sg.) bzw. *amatos/as/a esse* (Pl.).

Accusativus cum infinitivo (ACI)

Der ACI ist ein aus einem Akkusativ und einem Infinitiv bestehender Satzteil, der im Deutschen meistens **nicht wörtlich übersetzt** werden kann, sondern zu einem **„dass"-Satz** umgeformt wird:

Legimus ***Ulixem*** *ad speluncam* ***pervenisse****.*
(wörtl.: „Wir lesen Odysseus zu einer Höhle gekommen zu sein.")
= „Wir lesen, **dass Odysseus** zu einer Höhle **gekommen ist**."

Wie du aus diesem Beispiel siehst, wird der lateinische Akkusativ im Deutschen zum Subjekt („**Subjektsakkusativ**") und der Infinitiv zum Prädikat des „dass"-Satzes:

lat. ACI:		Subjektsakkusativ	Infinitiv
↓		↓	↓
dt. Gliedsatz:	„dass" +	Nominativ	Prädikat

Der **Infinitiv** drückt im ACI keine bestimmte Zeit, sondern ein **Zeitverhältnis** aus:

Inf. Präsens → gleichzeitig:	*Scio Iuliam* ***venire****.*	„Ich weiß, dass Julia kommt."
	Scivi Iuliam ***venire****.*	„Ich wusste, dass Julia kam."
Inf. Perfekt → vorzeitig:	*Scio Iuliam* ***venisse****.*	„Ich weiß, dass Julia gekommen ist."
	Scivi Iuliam ***venisse****.*	„Ich wusste, dass Julia gekommen war."

Bei der Übersetzung des Infinitivs musst du also immer die Zeit **des übergeordneten Verbums** mitberücksichtigen!

NOTA BENE!
Das Reflexivpronomen ***se*** wird als Subjektsakkusativ im ACI mit **„dass er"** bzw. **„dass sie"** (je nach dem Subjekt im Hauptsatz) übersetzt:

- ***Ulixes*** *intellexit* ***se*** *ad speluncam Polyphemi pervenisse.*
  = „Odysseus erkannte, dass **er** zur Höhle des Polyphem gekommen war."
- ***Graeci*** *intellexerunt* ***se*** *ad speluncam Polyphemi pervenisse.*
  = „Die Griechen erkannten, dass **sie** zur Höhle des Polyphem gekommen waren."

Exercitationes

I. Verbformencheck: Bilde zu der angegebenen Verbform die fehlenden Zeiten in derselben Person und Zahl!

	Präsens	Imperfekt	Perfekt	Plusquamperfekt
Indikativ	*clamant*			
Konjunktiv				

II. Bilde die Infinitive Perfekt Aktiv und Passiv:

1. laedere: ____________________
2. augere: ____________________
3. parare: ____________________
4. tangere: ____________________
5. punire: ____________________
6. tollere: ____________________

III. Unterstreiche den Subjektsakkusativ und den Infinitiv und übersetze:

1. Qui poeta narrat Graecos decem annos summa vi ad Troiam pugnavisse?
2. Homerus tradidit firmissima Troiae moenia decem annos frustra a Graecis oppugnata esse.
3. Audivimus Achillem iratum diu proeliis abstinuisse neque socios adiuvisse.
4. Graecos decimo anno equum aedificavisse scimus.
5. Troiani, quia illum equum dis sacrum esse audiverant, clamaverunt: „Nos hunc equum in oppidum trahere necesse est."
6. Troiani Graecos domum navigare putabant.
7. Cassandram Troianos frustra monuisse apud poetas antiquos scriptum est.
8. Viros inclusos equum nocte clam reliquisse Homerus narrat.
9. Troiam tum a Graecis incensam esse constat.
10. Paucos Troianos ex oppido deleto fugisse scimus.

IV. Was könnten die angegebenen Leute am Abend über ihren Tag erzählt haben? Bilde Sätze nach folgendem Muster und übersetze:

Bsp.: Quintus: „Multum didici." → Quintus narrat se multum didicisse.

Achilles – Caesar – Cicero – Hannibal – Iuppiter – Minotaurus – Romulus – Sisyphus – Verres

1. „Cives Romani meam orationem audire noluerunt."
2. „Multa templa adibam et artificia magnifica quaerebam."
3. „Moenia oppidi novi aedificare coepi."
4. „De elephanto maximo cecidi."
5. „Veni, vidi, vici."
6. „Illud saxum iam paene summo in monte fuit."
7. „Multas horas exitum domus meae non inveni."
8. „Serva pulcherrima mihi ablata est."
9. „Illam virginem pulcherrimam non tetigi."

V. Quomodo Ulixes carmina Sirenum[1] sine periculo audiverit

Apud Homerum legimus Ulixem, cum Troia occupata esset, diu per maria erravisse. Quo in itinere ad insulam Sirenum[1] quoque pervenit. Sirenes, quibus corpus avis[2] et caput virginis erat, in saxo alto sedebant et pulcherrime canere solebant, cum navem appropinquare videbant. Omnes homines, qui ea carmina pulcherrima audiverant, insulam petiverunt. At Ulixes sciebat illos insulam numquam reliquisse, sed ibi interisse. Cum haec carmina tamen ipse audire vellet, sociis dixit: „Aures[3] vestras cera[4] occludam[5]. Me autem diligenter in malum[6] constringite[7], ut carmina sine periculo audire possim! Etiam si postea[8] aliud imperabo, nolite verbis meis parere!" Ita factum est et paulo post Ulixes dulces Sirenum voces audivit. Pulchriora carmina numquam audiverat. Magnā voce clamavit: „Me liberate! Auditisne, quam pulchre illae canant? Litus huius insulae petere debemus!" At viri neque Ulixem neque Sirenes audire poterant et cursum[9] tenebant. Tandem, quia Ulixem voces non iam audire intellexerant, eum liberaverunt. Qui tum sociis gratias egit, quod eius iussa neglexerant.

1 Sirenes, -um f.: „die Sirenen"; **2 avis**, -is f.: „Vogel"; **3 auris**, -is f.: „Ohr"; **4 cera**, -ae f.: „Wachs"; **5 occludere** 3: „verschließen"; **6 malus**, -i m.: „Mastbaum"; **7 constringere** 3: „festbinden"; **8 postea**: „später"; **9 cursus**, -us m.: „Kurs"

Wortklauberei

1 Präfixe über Präfixe!

In den bisherigen Lektionen hast du bereits viele **Komposita** (zusammengesetzte Zeitwörter) kennengelernt. Sie bestehen immer aus einer Vorsilbe (Präfix) und dem Grundverb:

z. B. ***adesse*** → aus ***ad-*** (Präfix) + ***esse*** (Grundverb) = „da sein"
continere → aus ***con-*** (Präfix) + ***tenere**** (Grundverb) = „zusammenhalten"

*Wie man an diesem Beispiel sieht, kann sich ein Vokal des Grundverbs im Kompositum verändern (*tenere* → *con-tinere*). Diese Lautveränderung (meist wird *a* bzw. *e* zu *i*) nennt man „**Vokalschwächung**" (vgl. *capere* → *re-cipere*, *facere* → *con-ficere*).

Praktischerweise sind die meisten Präfixe aus Präpositionen entstanden und haben dementsprechend eine ähnliche Bedeutung. Hier findest du eine Übersicht über die wichtigsten bisher vorgekommenen Vorsilben.

? Ergänze in der folgenden Tabelle die Bedeutungen der angegebenen Wörter:
(Wenn ein Wort mit einem Sternchen * gekennzeichnet ist, ist es zwar noch nicht vorgekommen, aber du kannst es mithilfe des Grundwortes leicht erschließen.)

	Bedeutung	1. Beispiel	2. Beispiel
a(b)-	**„weg-"**	*abire** =	*abesse** =
ad-	**„hin-"**	*adducere** =	*adire* =
co(n)-	**„zusammen-"**	*convenire* =	*convocare* =
de-	**„weg-", „herab-"**	*deponere* =	*desinere* =
di(s)-	**„auseinander-"**	*dimittere** =	*discordia* =
e(x)-	**„hinaus-", „aus"**	*exire* =	*expellere* =
in-/im-	**„hinein-" (bei Verben)**	*includere* =	*inducere** =
	„un-" (bei Adj.)	*ingratus** =	*infirmus** =
ne-	**Verneinung**	*neglegere* =	*nescire** =
per-	**„sehr" (bei Adj.)**	*permagnus** =	*permulti** =
prae-	**„vor-"**	*praeparare** =	*praemittere** =
re-	**„zurück-"**	*reddere* =	*redire* =
tra(ns)-	**„hinüber-"**	*tradere* =	*traducere** =

? Viele dieser Präfixe kommen auch in Fremdwörtern vor, die du wahrscheinlich schon einmal gehört hast. Was bedeuten also die folgenden Begriffe? Notfalls darfst du natürlich einen Blick auf die Tabelle oben werfen.

Absenz		Konsens	
Advent		Konsonant	
deponieren		Negation	
Diskriminierung		permanent	
Disqualifikation		Präferenz	
Dissonanz		reflektieren	
Export		Renaissance	
Immigration		retour	
inhuman		Transfer	
Kongress		Transfusion	

2 Assimilation – Anpassung geht über alles!

So wie sich in der Tierwelt manche Tiere, z. B. das Chamäleon, an ihre Umwelt anpassen (assimilieren) können, passen sich auch in der lateinischen Sprache einige Buchstaben an ihre Umgebung an: speziell an der Schnittstelle von Präfixen und Verben. Besonders gut ist das bei den Stammformen des Verbums ***afferre*** („hinbringen") zu beobachten:

- Präsens: *ad-ferre* → *af-ferre*
- Perfekt: *ad-tuli* → *at-tuli*
- PPP: *ad-latus* → *al-latus*

Grund für diese lautliche **Assimilation** ist die leichtere Aussprache zusammengesetzter Wörter. Dabei werden aufeinanderfolgende Konsonanten einander völlig angeglichen (***ad-ferre* → *af-ferre***) oder auch nur angenähert (***in-ponere* → *im-ponere, con-ponere* → *com-ponere***). Die Assimilation tritt besonders oft bei den Präfixen ***ad-***, ***con-*** und ***in-*** auf.

? Aus welchen Präfixen sind die folgenden Komposita entstanden? Gib auch die Bedeutung an!

assimilierte Form	nicht assimilierte Form	Bedeutung
commovere		
afficere		
accipere		
immittere		
assimilare		

3 Fremdwörter aufspüren leicht gemacht!

Viele Wörter der deutschen Sprache sind lateinischen Ursprungs, allerdings ist das nicht immer gleich deutlich zu erkennen:

- **Lehnwörter** sehen wie deutsche Wörter aus, haben aber in Wirklichkeit einen lateinischen Ursprung, z. B. „Fenster" (von lat. *fenestra*), „Straße" (von lat. *strata*), „Ziegel" (von lat. *tegula*).
- **Fremdwörter** sehen tatsächlich „fremd" aus und sind daher leichter als solche zu erkennen, z. B. Computer, Ventilator, Lokomotive* u.v.m.

* Computer (lat. *computare*) = „Rechner", Ventilator (lat. *ventum ferre*) = „Windbringer", Lokomotive (lat. *loco movere*) = „Vom-Ort-Beweger"

Während man bei Lehnwörtern über Spezialwissen verfügen muss, um ihre Herkunft zu erkennen, ist das bei Fremdwörtern nicht so. Mit deinem bisherigen Wortschatz wird es dir sicher gelingen, die folgenden Fremdwörter zu entschlüsseln.

? Was bedeuten die folgenden Wörter? Gib nach dem Muster der ersten beiden Zeilen auch an, wie das Grundwort bzw. – bei Zusammensetzungen – die Grundwörter heißen!

Fremdwort	Bedeutung	lat. Wurzel(n) und wörtliche Übersetzung
attraktiv	anziehend	*ad-* + *trahere* („hin-ziehen")
Kontroverse	Streit	*contra* + *vertere* („sich dagegen wenden")
Läsion		
Intellekt		
kontrahieren		
konzelebrieren		
Motor		
Prävention		
Relikt		
Reparatur		

26 DE INCENDIO ROMAE

Mit dem Tod des Marcus Antonius endete ein Jahrhundert der Bürgerkriege, gleichzeitig aber auch die römische Republik. Octavian erhielt vom Senat 27 v. Chr. den Ehrentitel Augustus (= „der Erhabene") und wurde der erste Prinzeps. Während er selbst als Friedenskaiser in die Geschichte einging, gelangten einige seiner Nachfolger zu zweifelhafter Berühmtheit – wie etwa Nero.

Temporibus Neronis[1] **principis** Romae incendium **gravissimum** atque atrocissimum **exstitit**. Apud quosdam **auctores** Romanos legimus urbem igne **vastatam** esse: Magnus **numerus** et **privatorum** et **publicorum** aedificiorum hoc incendio delebatur. Multi homines flammis necabantur. **Fama** autem erat Neronem ipsum auctorem incendii fuisse: Nam apud Tacitum, auctorem clarissimum, legimus principem, cum urbs flammis vastaretur, incendium spectavisse et Troiae excidium[2] cecinisse.

Nam ignis, quo urbs vastabatur, principi magno usui erat: Cum finis incendii factus esset, media in urbe domum magnificam sibi aedificavit. Quae domus ingentis **magnitudinis**, quia multo auro **ornata** erat, **postea** Domus Aurea[3] **appellabatur**. Ceterae quoque partes urbis novis aedificiis restitutae[4] sunt. Nero enim gloriae **cupidus** novam Romam **condere** et nomine suo appellare in animo habebat. Secum enim cogitavit: „Quis me famā superaret, si urbi nomen meum darem?" Nisi senatores populusque huic consilio principis restitissent, urbs **usque ad** tempus nostrum Neropolis neque Roma appellaretur.

Quod fama urbem **iussu** principis incensam esse non decedebat[5], Nero **Christianos**, quorum parvus numerus tum in urbe erat, illius **criminis accusavit**. Militibus imperavit: „Christiani comprehendantur ac puniantur! Ne dubitaveritis[6] eos necare, si resistunt!" Multi eorum comprehensi et poenis crudelissimis affecti sunt: Alii crucibus affixi[7] aut bestiis[8] dati sunt. Alii autem incendebantur atque in hortis[9], quos Nero[1] huic spectaculo crudelissimo aperuerat, **quasi** faces[10] noctem illustrabant[11].

1 **Nero**, -onis m.: „Nero"; 2 **excidium**, -i n.: „Untergang"; 3 **aureus/a/um**: „golden"; 4 **restituere** 3, -ui, -utum: „wiederherstellen"; 5 **decedere** 3, -cessi, -cessum: „vergehen"; 6 **dubitare** 1: „zögern"; 7 **affigere** 3, -fixi, -fixum: „befestigen", „schlagen"; 8 **bestia**, -ae f.: „wildes Tier"; 9 **hortus**, -i m.: „Garten"; 10 **fax**, facis f.: „Fackel"; 11 **illustrare** 1: „erhellen"

? Analysiere, ob es sich bei den einzelnen Satzteilen (Zeile 23–25) um Haupt- (HS), Gliedsatz (GS) oder ACI handelt!

Quod fama … non decedebat	
urbem iussu principis incensam esse	

Nero Christianos … illius criminis accusavit	
quorum parvus numerus tum in urbe erat	

Die Julisch-Claudischen Kaiser

Nero ist der letzte Vertreter des Julisch-Claudischen Kaiserhauses, das mit dem Prinzipat des **Augustus** (27 v.–14 n. Chr.) an die Macht gekommen war. Während Augustus in seiner über 40-jährigen Regierungszeit durch besonnene Politik für stabile innenpolitische Verhältnisse gesorgt hatte, fielen seine Nachfolger eher durch ihre exzessive Machtausübung auf: **Tiberius** (14–37 n. Chr.), der Stiefsohn des Augustus, galt als düsterer Regent, der sich im Alter verbittert auf die Insel Capri zurückzog (wo heute noch seine Villa besichtigt werden kann).

Sein Nachfolger Caius (37–41 n. Chr.), besser bekannt unter seinem Spitznamen **Caligula** („Stiefelchen"), war geisteskrank und größenwahnsinnig, ruinierte den Staat durch enorme Ausgaben und soll beabsichtigt haben, sein Lieblingspferd *Incitatus* („Heißsporn") zum Konsul zu machen.

Auf ihn folgte sein Onkel **Claudius** (41–54 n. Chr.), der aufgrund diverser körperlicher Behinderungen (Hinken, Sprachfehler) zunächst als Notlösung galt, sich aber letztlich als passabler Herrscher entpuppte. Er wurde allerdings von seiner machtgierigen vierten Gattin Agrippina durch ein Pilzgericht vergiftet, sodass **Nero**, ihr Sohn aus erster Ehe, an die Macht kam (54–68 n. Chr.).

Nero Claudius Caesar

Nero gelangte nicht nur durch den Brand Roms (ob er tatsächlich von Nero veranlasst wurde, ist umstritten)

Vocabularium

incendium	incendii n.	Brand	*ital. + span. incendio; vgl. incendere =*
princeps	príncipis m.	1) der Erste; 2) Prinzeps, Kaiser	*vgl. Prinz, der Prinzipat (= römische Kaiserzeit)*
gravis/e		schwer; schwerwiegend	*gravierend, frz. grave, ital. + span. grave*
exsístere	exsisto 3, exstiti, –	entstehen	*engl. to exist, ital. esistere, span. existir; vgl. existieren, Existenz*
auctor	auctoris m.	1) Autor; 2) Urheber, Anstifter	*(→ S. 141); frz. auteur, ital. autore, span. autor; vgl. auctoritas, -atis =*
vastare	vasto 1, -avi, -atum	verwüsten	*vgl. devastieren (= völlig zerstören)*
numerus	numeri m.	Zahl, Anzahl	*Nummer; vgl. Numerus clausus*
privatus/a/um		privat	*frz. privé, ital. privato, span. privado*
publicus/a/um		öffentlich	*engl. public; vgl. publizieren (= veröffentlichen)*
fama	famae f.	1) Gerücht; 2) Ruf	*ital. + span. fama; vgl. famos (= großartig)*
fama erat		es gab das Gerücht	*est/ sunt kann auch „es gibt" bedeuten!*
magnitudo	magnitudinis f.	Größe	*frz. magnitude*
ornare	orno 1, -avi, -atum	schmücken	*ital. ornare, vgl. Ornament (= Verzierung)*
postea (Adv.)		später	*↔ post (+ Akk.) =*
appellare	appello 1, -avi, -atum	1) nennen; 2) rufen	*frz. appeler; vgl. Appell (= Aufruf)*
cupidus/a/um	(+ Gen.)	gierig (nach)	*vgl. cupiditas, -atis =*
cupidus gloriae		gierig nach Ruhm	
cóndere	condo 3, cóndidi, cónditum	gründen	*vgl. ab urbe condita (a. u. c., siehe unten)*
usque ad (+ Akk.)		bis zu	
iussu		auf Befehl	*vgl. iubere, iussi, iussum =*
Christiani	Christianorum m.	die Christen	*frz. chrétiens, ital. cristiani, span. cristianos*
crimen	críminis n.	1) Verbrechen; 2) Vorwurf	*engl. crime, frz. crime, ital. crimine, span. crimen; vgl. Kriminalität, kriminell*
accusare	accúso 1, -avi, -atum	anklagen	*engl. to accuse, frz. accuser, ital. accusare*
quasi		gleichsam (als), wie	*↔ ital. quasi, span. casi = „fast"!*

a. u. c.

Diese Abkürzung spielte für die römische Zeitrechnung eine wichtige Rolle. Die Buchstaben stehen für *ab urbe condita*, was so viel heißt wie „von der Gründung der Stadt (Rom) an". Da die Stadtgründung mit 753 vor Christus festgelegt war, bezeichnete also z. B. die Angabe „im 50. Jahr *a.u.c.*" das Jahr 703 v. Chr.

? Wer starb im Jahr 709 *ab urbe condita*?

? Wie würden die alten Römer das heurige Jahr nach ihrer *a.u.c.*-Berechnung benennen?

und die damit verbundene Christenverfolgung zu traurigem Ruhm, sondern auch durch seinen Größenwahn: Auf den Trümmern des niedergebrannten Rom ließ er sich die **Domus Aurea** („Goldenes Haus") errichten. Der römische Biograph Sueton berichtet über diesen gigantischen Palast: *„Der ganze Bau war so ausgedehnt, dass eine Halle mit drei Säulenreihen in einer Länge von 1,5 km ihn schmückte. Die Speisezimmer hatten Decken aus beweglichen, durchlöcherten Elfenbeinplatten, sodass man von oben über die Gäste Blumen streuen oder Parfüm sprengen konnte. […] Als dieser Palast fertiggestellt war, sagte Nero, jetzt endlich könne er anfangen, wie ein Mensch zu wohnen."**

* Sueton; Nero 31: Übers. aus: Helmut Vretska, Ursula Königshofer: Latein in unserer Welt. Tacitus und Plinius. Braumüller, Wien 1992 S. 52 f.

Peter Ustinov als Nero („Quo vadis", 1951)

26 Grammatica

Konjunktiv im Hauptsatz

Im Gegensatz zum Konjunktiv im Gliedsatz (*ut*-Sätze, *cum*-Sätze, indirekte Fragesätze), wo der Konjunktiv ein Zeitverhältnis zum Ausdruck bringt, drückt der Konjunktiv im Hauptsatz a) einen Wunsch, b) eine Möglichkeit oder c) eine Unmöglichkeit aus. Er **muss** daher übersetzt werden!

Konjunktiv Präsens im Hauptsatz		
Merkmal:	*-a-* (außer a-Konjugation: *-e-*) (→ S. 104)	Aktiv: *(amem), moneam, mittam, capiam, audiam* Passiv: *(amer), monear, mittar, capiar, audiar*
Bedeutung + Übersetzung:	Wunsch/Optativus: • „soll", „möge" • deutscher Konjunktiv 1	***Audiatur et(iam) altera pars.*** = „Es soll/möge auch die andere Seite gehört werden." (oder: „Es werde auch die andere Seite gehört".)

Konjunktiv Imperfekt im Hauptsatz		
Merkmal:	**Infinitiv Präsens aktiv** vor der Endung (→ S. 104)	Aktiv: *amarem, monerem, mitterem* (etc.) Passiv: *amarer, monerer, mitterer* (etc.)
Bedeutung + Übersetzung:	Unmöglichkeit/Irrealis Gegenwart: • „würde" • deutscher Konjunktiv 2	***Si ad me venires, gauderem.*** = „Wenn du zu mir kämest (kommen würdest), würde ich mich freuen."

Konjunktiv Perfekt im Hauptsatz		
Merkmal:	Aktiv: *-erim, -eris … -erint* Passiv: PPP + *sim, sis … sint* (→ S. 108)	Aktiv: *amaverim, monuerim, miserim* (etc.) Passiv: *amatus/a sim, monitus/a sim* (etc.)
Bedeutung + Übersetzung:	Verbot/Prohibitivus (*ne* + 2.P.): als verneinter Imperativ	***Ne me tetigeris!*** = „Berühr mich nicht!" (gleichbedeutend mit ***Noli me tangere!*** → S. 111)

Konjunktiv Plusquamperfekt im Hauptsatz		
Merkmal:	Aktiv: *-issem, -isses …-issent* Passiv: PPP + *essem, esses …* (→ S. 108)	Aktiv: *amavissem, monuissem, misissem* (etc.) Passiv: *amatus/a essem, monitus/a essem* (etc.)
Bedeutung + Übersetzung:	Unmöglichkeit/Irrealis der Vergangenheit: „wäre/hätte" + Mittelwort der Vergangenheit	***Si tacuisses, philosophus mansisses.*** = „Wenn du geschwiegen hättest, wärest du ein Philosoph geblieben."

Konditionalsätze (Bedingungssätze)

Bedingungssätze werden mit *si* („wenn", „falls") oder *nisi* („wenn nicht", „falls nicht") eingeleitet. Steht in ihnen ein Konjunktiv, **muss** er übersetzt werden, und zwar nach den Regeln des Konjunktivs im Hauptsatz (siehe oben):

- ***si* + Konj. Imperfekt** (**Irrealis der Gegenwart**: eine Situation kann jetzt unmöglich eintreten): „würde" oder Konj. 2:
  Si Iulia Quintum amaret, ille felix esset. = „Wenn Julia Quintus lieben würde (liebte), wäre jener glücklich."
  (→ aber Julia liebt Quintus nicht)
- ***si* + Konj. Plqpf.** (**Irrealis der Vergangenheit**: eine Situation konnte früher unmöglich eintreten): „wäre / hätte" (+ Mittelwort der Vght.): *Si Iulia Quintum amavisset, ille felix fuisset.* = „Wenn Julia Quintus geliebt hätte, wäre jener glücklich gewesen." (→ aber Julia hat Quintus nicht geliebt)

Übersicht: Konjunktivübersetzung

Der lateinische Konjunktiv **muss** übersetzt werden:	• in Hauptsätzen • in Konditionalsätzen
Der lateinische Konjunktiv **kann** übersetzt werden:	• in *ut*-Sätzen (Ausnahme: Folge-*ut* „sodass") • in indirekten Fragesätzen
Der lateinische Konjunktiv **darf nicht** übersetzt werden:	• in *cum*-Sätzen • in Folge-*ut*-Sätzen („sodass")

Exercitationes

I. Verbformencheck: Bilde zu der angegebenen Verbform die fehlenden Zeiten in derselben Person und Zahl!

	Präsens	Imperfekt	Perfekt	Plusquamperfekt
Indikativ	*ducimur*			
Konjunktiv				

II. Ordne die folgenden Verbformen nach der Art des Konjunktivs und übersetze sie nach den Regeln des Konjunktivs im Hauptsatz!

cogitavisses – esset – pareant – ne intraveris – cognosceretur – punirent – ne fleveris – gaudeas – detur – rideret – traxissent – moveamus – stares – sim – conspexisses – ponatis – ne dormiveris – respondeat – fuissemus – manerem – ne riseritis – visus essem – conficiant – deleatur – oret – tacuissem

III. Bilde zu den angegebenen Verben die Konjunktive Präsens, Imperfekt und Plusquamperfekt und übersetze sie nach den Regeln des Konjunktivs im Hauptsatz:

1. intrat: ____________________
2. manes: ____________________
3. ago: ____________________
4. punitur: ____________________
5. tollimus: ____________________
6. sunt: ____________________

IV. Bestimme die Konjunktive und übersetze die folgenden Sätze:

1. Discipuli pensa sine auxilio alieno faciant.
2. Ne alias puellas spectaveris!
3. Si me amares, non semper alias puellas spectares.
4. Vivat lingua Latina!
5. Nisi me adiuvares, pensa mea facere non possem.
6. Discipuli gauderent, si magister iis nulla pensa daret.
7. Si Quintus pensum fecisset, a magistro monitus non esset.
8. Nisi Caesar optimus imperator fuisset, Galliam non occupavisset.
9. Ne equum in urbem traxeritis!
10. Ne credideris te prudentissimum omnium esse!

V. Verbinde die Satzhälften und übersetze:

1. Icarus, nisi verba patris neglexisset, ...
2. Nisi Ulixes consilium prudens cepisset, ...
3. Nisi Patroclus interfectus esset, ...
4. Si Troiani verbis Cassandrae credidissent, ..

a) Achilles semper proeliis abstinuisset.
b) in mare non cecidisset.
c) oppidum deletum non esset.
d) viri Graeci a Polyphemo necati essent.

VI. De cantatore[1] maximo

Nero, ille princeps gloriae cupidissimus, se ceteros cantatores[1] arte superare putabat. Secum enim cogitabat: „Nisi imperator imperii Romani essem, certe mea arte canendi[2] in omnibus terris clarissimus essem!" Itaque etiam in theatris eius carmina saepe audiebantur. Cum Nero ibi complures horas canere soleret, tamen homines usque ad finem manebant et artem suam maxime laudabant. Dixit enim: „Nemo theatrum relinquat, dum cano!" Itaque portae theatri antea clausae erant, ne quis[3] fugeret. Praeterea quinque milia iuvenum iussu principis magna voce plaudere[4] debebant. Olim legati[5] cuiusdam civitatis Graecae Romam adierunt et artem Neronis maxime laudaverunt. Graecis solum veram artis scientiam esse Nero clamavit et legatis dixit: „Omnes Graeci carminibus meis delectentur!" Deinde iter in Graeciam fecit, ubi per duos annos multis in oppidis canebat. Etiam ultimis eius verbis intellegimus Neronem se cantatorem[1] clarissimum putavisse. Quod populus senatusque eius facinora atrocissima non iam tolerabant, principem ex urbe expulerunt. Qui celerrime fugit, deinde autem, priusquam captus est, se auxilio servi ipsum occidit clamavitque: „Qualis artifex pereo[6]!"

1 cantator, -oris m.: „Sänger"; **2 canendi** (2. Fall Gerundium): „des Singens", „zu singen"; **3 quis:** hier: „irgendjemand"; **4 plaudere** 3: „Beifall rufen"; **5 legatus**, -i m.: „Gesandter"; **6 Qualis artifex pereo!**: „Welch ein Künstler stirbt mit mir!"

27 DE MARTYRIO[1] SANCTI PETRI

Während der Christenverfolgung unter Kaiser Nero war auch der Apostel Petrus, der nach dem Tode Jesu in Rom das Evangelium verkündete, in den Kerker geworfen worden.

Ut multi alii Christiani, qui **cultum** deorum antiquorum repudiabant[2], Petrus quoque in carcerem[3] inclusus erat. Quia autem amici eum iuvare constituerant, fugere Petro difficile non fuisset. At Petrus liberari noluit. Quamquam socii diu ei persuadere studebant, ille tamen fugere **dubitabat**. Tandem eorum precibus **commotus** Petrus **fugae** se mandare constituit. **Proxima** nocte carcere clam exiit et ex urbe fugit. Iam Via Appia urbis moenia reliquerat, cum **repente** Christus ei **obviam** venire **videbatur**. Petrus ab eo quaesivit: „**Domine, quo vadis**?" Et Christus respondisse **dicitur**: „Cum tu populum meum relinquas, ego Romam peto, ut iterum crucifigar[4]." Tum Petrus animum flexit[5] clamavitque: „Ne me reliqueris, Domine! Tecum veniam!" At Christus, postquam Petrus haec verba dixit, iterum in caelum ascendisse dicitur. Tunc Petrus multis cum **lacrimis** intellexit: „Christus in me ipso iterum crucifigetur[4]!" Deo gratias egit et cum gaudio in urbem rediit, ubi amicis se Dominum vidisse **rettulit**. Quibus dixit: „Ne mortem timueritis! Vobis promitto Deum nobis vitam aeternam[6] donaturum esse."

Deinde a militibus Romanis iterum comprehensus et paulo post ad crucem ductus est. Ibi carnificibus[7] dixisse dicitur: „Non licet me **sic** crucifigi[4], ut Christus pro **salute** totius **mundi** e vita cessit. Hoc mortis genere **dignus** non sum. Itaque a vobis peto: Me capite deorsum[8] in cruce figite[9]!" Ita factum est. Iam in cruce fixus[9] Petrus homines, qui aderant et flebant, consolari[10] coepit.

1 martyrium, -i n.: „das Martyrium" (Opfertod); **2 repudiare** 1: „verweigern"; **3 carcer**, -eris m.: „Gefängnis"; **4 crucifigere** 3, -fixi, -fixum: „kreuzigen"; **5 flectere** 3, flexi, flexum: „ändern"; **6 aeternus/a/um**: „ewig"; **7 carnifex**, -icis m.: „Henker"; **8 deorsum** (Adv.): „nach unten"; **9 figere** 3, fixi, fixum: „befestigen", „schlagen"; **10 consolari** (Inf. Passiv): „trösten" (Aktiv!)

? Beantworte die folgenden Fragen zum Text:

a) Warum konnte Petrus die Flucht ergreifen? ______________________

b) Was möchte Christus mit dem Ausspruch: *„..., ego Romam peto, ut iterum crucifigar?"* (Zeile 13) sagen?

____

c) Warum lässt sich Petrus mit dem Kopf nach unten kreuzigen?

____

Quo vadis?

Die in dieser Lektion geschilderte Begegnung zwischen Jesus und dem Apostel Petrus geht auf eine **mittelalterliche Legende** zurück. Berühmt wurde die Episode durch den vor dem Hintergrund der Christenverfolgungen unter Kaiser Nero spielenden Roman „Quo vadis?" des polnischen Literaturnobelpreisträgers Henryk Sienkiewicz. Die gleichnamige Verfilmung mit Peter Ustinov in der Rolle des Nero (1951) wurde ein Kino-Welterfolg (siehe auch S. 121).

Filmplakat (1951)

Via Appia

Die Redensart **„Alle Wege führen nach Rom"** weist darauf hin, dass in der Antike alle Straßen Italiens ihren Ausgang von der Hauptstadt nahmen. Deshalb befand sich auch auf dem Forum Roms ein zentraler Meilenstein (*Miliarium Aureum* = „Goldener Meilenstein"), auf dem die Entfernungen in alle Städte Italiens verzeichnet waren. Die „Königin der Straßen" war die **Via Appia**, benannt nach ihrem Bauherrn, dem Zensor Appius Claudius. Sie führte von Rom nach Brindisi und wurde in der damaligen Standardbreite von 4,10 m

Vocabularium

sanctus/a/um		heilig	*engl. saint, frz. saint; vgl. Sankt Stefan (etc.)*
cultus	cultus m.	Verehrung	*vgl. Kult (= religiöse Verehrung)*
dubitare	dubito 1, -avi, -atum	1) zögern; 2) zweifeln	*engl. to doubt, ital. dubitare, span. dudar*
commovére	commoveo 2, commovi, commotum	1) (heftig) bewegen; 2) veranlassen	*vgl. movere =*
fuga	fugae f.	Flucht	*vgl. fugere; Refugium (= Zufluchtsort), Zentrifuge*
proximus/a/um		der nächste	*frz. prochain, ital. prossimo, span. próximo*
repente (Adv.)		plötzlich	*= subito; span. de repente*
obviam (Adv.)		entgegen	
videtur (+ Inf.)		er/sie/es scheint	*(NCI, siehe Grammatica)*
dominus	domini m.	Herr	*vgl. dominieren =*
quo		wohin	*↔ eo =*
vádere	vado 3, –	gehen	*vgl. Invasion (= kriegerischer Einmarsch)*
dicitur (+ Inf.)		er/sie/es soll (angeblich)	*(NCI, siehe Grammatica)*
lacrima	lacrimae f.	Träne	*frz. larme, ital. lacrima*
referre	réfero, réttuli, relátum	1) zurückbringen; 2) berichten	*vgl. referieren, Referent*
sic		so	*= ita, tam*
salus	salutis f.	1) Heil, Rettung; 2) Gruß	*vgl. salutieren; Salut!*
mundus	mundi m.	Welt	*frz. monde, ital. mondo, span. mundo; vgl. Minimundus*
dignus/a/um	(+ Abl.)	würdig (+ Gen.)	*ital. degno, frz. digne, span. digno; vgl. engl. dignity =*

Griechisch im Alltag/2

Hier findest du wieder einige Beispiele für besonders häufige griechische Wortbestandteile. Was bedeuten die damit gebildeten Fremdwörter?

- ***auto-*** („selbst"): Automat, Autobiographie, Autodidakt, Autonomie, Automobil
- ***-graphie*** („Schreibung", „Schrift"): Hagiographie (siehe unten), Biographie, Orthographie, Geographie
- ***philo-*** („Liebhaber/Freund von etwas"): Philharmoniker, Philologe, Philanthrop, Philosoph, Philhellene
- ***-phobie*** („Angst vor etwas"): Klaustrophobie, Agoraphobie, Arachnophobie, Homophobie
- ***mono-*** („allein", „ein"): Monogamie, Monogramm, Monolog, monoton, Monotheismus
- ***poly-*** („viel", „mehrere"): Polyphonie, Polygamie, polyglott, Polytheismus
- ***phon(o)-*** („Stimme", „Laut"): Telephon, Grammophon, Phonetik, Phonothek

angelegt. Noch heute ist an manchen Stellen die Originalpflasterung der *Via Appia Antica* zu sehen.
Da es im antiken Rom verboten war, die Toten innerhalb der Stadtmauern zu bestatten, ließen sich viele reiche Römer prunkvolle **Gräber** entlang der Via Appia errichten. Später kamen zu den heidnischen Gräbern noch die christlichen Katakomben dazu. Ganz am Anfang der Via Appia Antica, wo Petrus auf der Flucht Jesus begegnet sein soll, befindet sich heute die Kirche *Quo Vadis*.

Fotolia.com/alebn78

Die Via Appia Antica

Heiligengeschichten

Die Erzählung vom Martyrium des heiligen Petrus ist ein Beispiel für die so genannte **Hagiographie** (Lebensbeschreibung von Heiligen). Ziel derartiger Schriften war es aufzuzeigen, dass der betreffende Heilige ganz im Dienste Christi lebte. Die Schilderung des Martyriums schlug manchmal ins Komische um: So soll Laurentius, der auf einem Rost gemartert wurde, seine Peiniger dazu aufgefordert haben, ihn umzudrehen, da er auf einer Seite schon durchgebraten sei.
(Weitere Heiligengeschichten findest du auf S. 176ff.)

27 Grammatica

Infinitiv Präsens passiv

Der Infinitiv Präsens passiv endet bei der *a*-, *e*- und *i*-Konjugation auf *-ri*, bei den übrigen auf *-i*:

a-Konj.	*e*-Konj.	kons. Konj.	*i*-Konj.	Mischkonj.
amári	*monéri*	*mítti*	*audíri*	*cápi*
„geliebt zu werden"	„ermahnt zu werden"	„geschickt zu werden"	„gehört zu werden"	„gefangen zu werden"

Partizip Futur und Infinitiv Futur aktiv

Im Lateinischen gibt es auch ein **Partizip Futur**. Es wird vom PPP gebildet, wobei die Endung *-us/a/um* durch *-urus/a/um* ersetzt wird:

amatus/a/um → *amaturus/a/um, monitus/a/um* → *moniturus/a/um, missus/a/um* → *missurus/a/um* (etc.)

Verwendet wird das Partizip Futur vor allem in Kombination mit *esse* zur Bildung des **Infinitivs Futur aktiv**:

amaturum esse, moniturum esse, dicturum esse

Der Infinitiv Futur aktiv kommt fast nur im **ACI** vor. Wie beim Infinitiv Perfekt passiv muss dabei die Endung des Partizips mit dem Subjektsakkusativ übereingestimmt werden:

Quintus amicos mox venturos esse sperat.
= „Quintus hofft, dass die Freunde bald kommen werden."

Quintus amicas mox venturas esse sperat.
= „Quintus hofft, dass die Freundinnen bald kommen werden."

Überblick: alle Infinitive

	a-Konj.	*e*-Konj.	kons. Konj.	*i*-Konj.	Mischkonj.
Präsens aktiv	*amáre*	*monére*	*míttere*	*audíre*	*cápere*
Präsens passiv	*amári*	*monéri*	*mítti*	*audíri*	*cápi*
Perfekt aktiv	*amavísse*	*monuísse*	*misísse*	*audivísse*	*cepísse*
Perfekt passiv	*amátum esse*	*mónitum esse*	*míssum esse*	*audítum esse*	*cáptum esse*
Futur aktiv	*amaturum esse*	*moniturum esse*	*missurum esse*	*auditurum esse*	*capturum esse*

NOTA BENE!
- Der **Infinitiv Präsens** ist gleichzeitig. → steht für eine Handlung, die **zugleich** mit der Haupthandlung stattfindet
- Der **Infinitiv Perfekt** ist vorzeitig. → steht für eine Handlung, die **vor** der Haupthandlung stattgefunden hat
- Der **Infinitiv Futur** ist nachzeitig. → steht für eine Handlung, die **nach** der Haupthandlung stattfinden wird

Nominativus cum infinitivo (NCI)

Bei einigen **Verba** steht **im Passiv** der NCI, die Verbindung eines Nominativs mit einem Infinitiv:

- *dicitur / dicuntur* + NCI = „er/sie/es **soll**" (Sg.) / „sie **sollen**" (Pl.); „man sagt, dass er/sie/es …"
- *videtur / videntur* + NCI = „er/sie/es **scheint**" (Sg.) / „sie **scheinen**" (Pl.); „es scheint, dass er/sie/es …"

Christus respondisse dicitur. = 1) „Christus soll geantwortet haben."
2) „Man sagt, dass Christus geantwortet hat."

Christus ei obviam venire videbatur. = 1) „Christus schien ihm entgegenzukommen."
2) „Es schien, dass Christus ihm entgegenkam."

Dativ des Interesses (*Dativus commodi*)

Wenn ein Dativ ausdrückt, **wofür** oder **für wen** etwas geschieht, wird er mit **„für"** übersetzt:

Fugere ***Petro*** *difficile non erat.* = „Zu flüchten war **für Petrus** nicht schwer."
Non ***scholae****, sed* ***vitae*** *discimus.* = „Nicht **für die Schule**, sondern **fürs Leben** lernen wir." (vgl. S. 10)

Exercitationes

I. Verbformencheck: Bilde zu der angegebenen Verbform die fehlenden Zeiten in derselben Person und Zahl!

	Präsens	Imperfekt	Perfekt	Plusquamperfekt
Indikativ	*facis*			
Konjunktiv				

II. Bilde alle fünf Infinitive zu:

1. do 2. terreo 3. traho 4. refero

III. Übersetze und achte auf die richtige Übersetzung des NCI:

1. Iulia cum amico novo visa esse dicitur.
2. Iuliae novus amicus dives esse videtur.
3. Quidam discipuli in schola semper dormire videntur.
4. Claudia dono meo non delectari videbatur.
5. Ii libri libenter legi dicuntur.
6. Totam noctem non dormivisse videbatur.
7. Magister ipse discipulus malus fuisse dicitur.
8. Iulia a compluribus adulescentibus amari videtur.

IV. Setze in den NCI und ACI (abhängig von *dicitur/dicuntur* bzw. von *homines dicunt*):

1. Magna pars urbis deleta est.
2. Princeps ipse Romam incendit.
3. Christiani criminis accusati sunt.
4. Eiusmodi scelera a Christianis non committuntur.
5. Petrus quoque comprehensus est.
6. Multae feminae flammis necatae sunt.

V. Übersetze und achte besonders auf das Zeitverhältnis im ACI:

Graeci, cum Troiam decem annos frustra oppugnavissent, se numquam victuros esse putabant. Ulixes autem, qui Troiam vi expugnari non posse intellexerat, consilium prudens cepit: Equum ingentem aedificari et nocte ante portas oppidi poni iussit. Postero die Troiani Graecos litus reliquisse viderunt. A quodam autem viro illum equum donum deorum esse audiverunt. Magno cum gaudio Troiani, cum se vicisse putarent, equum ad arcem traxerunt. Cassandra autem, ubi equum in oppidum trahi vidit, magna voce clamavit: „Video nos omnes interituros esse." Nos scimus Cassandram non erravisse multosque Troianos a Graecis interfectos esse.

VI. Welche Form passt nicht zu den anderen? Finde die richtige Begründung!

1.	2.	3.	4.	5.
☐ vici	☐ timeri	☐ condi	☐ celeris	☐ vocor
☐ vixi	☐ moneri	☐ decerni	☐ videris	☐ ducor
☐ duci	☐ sceleri	☐ rapi	☐ tangeris	☐ vincor
☐ risi	☐ praeberi	☐ laesi	☐ deligeris	☐ arbor

VII. De morte sanctae Barbarae

Barbara virgo tam pulchra fuisse dicitur, ut plurimi adulescentes eam in matrimonium ducere cuperent. Ea autem inter Christianos esse malebat[1]. At eius pater, vir divitissimus, turrim[2] altam aedificari iussit, in quam filiam inclusit. Olim autem Barbara sacerdotem[3] clam ad se vocavit, a quo denique baptizata est[4]. Quod ubi pater intellexit, iratus filiam inclusam necare constituit. At paulo post portas turris[2] apertas esse filiamque fugisse vidit. Ita, quod omnes Christianos a principe supplicio[5] affici sciebat, filiam deos Romanos neglegere nuntiavit[6]. Itaque Barbara a militibus quaerebatur et mox comprehensa est. Cum autem ad carcerem[7] duceretur, in via cerasum[8] vidit, e qua ramum[9] sumpsit et secum portabat. Deinde multis cum lacrimis in carcere[7] mortem exspectabat. Sed repente ille ramus[9] cerasi[8] florere[10] coepit et Barbara intellexit Deum secum esse. Ita sine timore supplicium[5] suscepit[11]. At Barbara non a militibus necata est, sed pater ipse maxima ira commotus virgini caput praecidit[12].

1 malebat: „sie wollte lieber"; **2 turris**, -is f.: „Turm"; **3 sacerdos**, -otis m.: „Priester"; **4 baptizare** 1: „taufen"; **5 supplicium**, -i n.: „Todesstrafe"; **6 nuntiare** 1: „melden"; **7 carcer**, -eris m.: „Kerker"; **8 cerasus**, -i f.: „Kirschbaum"; **9 ramus**, -i m.: „Zweig"; **10 florere** 2: „blühen"; **11 suscipere** M, suscepi: „auf sich nehmen"; **12 praecidere** 3, -cidi, -cisum: „abschlagen"

28 DE MARCO AURELIO

Etwa hundert Jahre nach Nero regierte Kaiser Mark Aurel, ein gebildeter und besonnener Herrscher, der sich auch als Philosoph betätigte. Da immer wieder fremde Völker ins römische Territorium einfielen, musste er gegen seine Überzeugung einen großen Teil seiner Regierungszeit Kriege führen. Lange Zeit hielt er sich dabei auch im Gebiet des heutigen Österreich auf.

Quod Marcomanni[1] et Quadi[2] saepe Danuvium[3], quo imperium Romanum a Germanis **divisum erat**, **transibant**, Marcus Aurelius contra illas **gentes** bellum gerere statuit. Nisi enim hoc fecisset, Germani certe usque ad Romam pervenissent. Quos postquam nonnullis proeliis superavit et e finibus Romanis expulit, copias Romanas trans Danuvium[3] in fines Quadorum[2] **traducere** decrevit.

At ibi Marcum Aurelium, qui **adhuc** multa bella **feliciter** gesserat, **fortuna** destituit[4]. Eius copiae enim ab ingenti exercitu Quadorum[2] circumventae sunt.

Romani se fortissime defendentes complures quidem hostes interfecerunt, sed Quadi[2] subito se receperunt et **equitibus** suis celerrimis exercitum Romanum incluserunt.

Romani medio in **campo** ab hostibus inclusi magno in periculo erant. **Aestas** erat et iam diu aqua **deerat**. Milites et proelio et sole **fessi** sitim **vix** diutius[5] tolerare potuerunt. Hostium exercitum magnum vincere non potuerunt neque **ulla spes** auxilii erat.

Sed quadam re copiae Marci Aurelii servatae sunt: In exercitu nonnulli Christiani erant. Imperator, quod Christianos ad deum suum orantes saepe e periculis servatos esse audiverat, eos id **rogavit**: „Orate ad deum vestrum! Nos adiuvet!" Christiani orare coeperunt auxiliumque **divinum** petiverunt. **Ecce, miraculum accidit**: Nam subito tonuit[6], deinde pluere[7] coepit. Dum Romani cupidissime aquam galeis[8] captam bibunt, multi Quadi fulminibus[9] necati esse dicuntur. Deinde proelium iterum commissum est et Quadi hoc miraculo maxime territi brevi tempore victi sunt.

1 **Marcomanni**, -orum m.: „die Markomannen" (Volk); 2 **Quadi**, -orum m.: „die Quaden" (Volk); 3 **Danuvius**, -i m.: „Donau"; 4 **destituere** 3, -ui, -utum: „im Stich lassen"; 5 **diutius**: Komparativ zu diu; 6 **tonare** 1, tonui: „donnern"; 7 **pluere** 3: „regnen"; 8 **galea**, -ae f.: „Helm"; 9 **fulmen**, -inis n.: „Blitz"

? Liste alle Verben zum Wortfeld „Krieg führen" aus dem Text auf (Angabe im Infinitiv, jedes Verb nur einmal)!

Marcus Aurelius

Er war einer der wenigen römischen Kaiser, die sich (wenn auch nicht unbedingt freiwillig) im heutigen Österreich aufgehalten haben. Während des sogenannten „Markomannenkrieges" verbrachte er längere Zeit in den Lagern Vindobona und Carnuntum, um persönlich das Kommando zu führen. Daran erinnert heute noch die Marc-Aurel-Straße im 1. Wiener Gemeindebezirk. Berühmt ist das links abgebildete bronzene Reiterstandbild des Mark Aurel. Es befand sich lange Zeit auf dem Kapitolsplatz in Rom, wurde aber nach seiner Restaurierung in das daneben befindliche Museum übersiedelt (auf dem Platz steht nun eine Kopie). Ein Abguss der Statue ist seit 2002 in Tulln an der Donau (NÖ) zu sehen. Gestorben ist der Kaiser im Jahr 180 n. Chr. möglicherweise in Vindobona.

Mark Aurel-Statue (Rom)

Wolfram Kautzky, Wien

Österreich in der Römerzeit

Auf dem Boden des heutigen Österreich befanden sich drei römische Provinzen: Pannonien, Noricum und Rätien. Sie bildeten seit dem 1. Jh. n. Chr. die Nordgrenze des *Imperium Romanum* gegen die Germanen. Grenzfluss war die Donau, entlang der die Römer als zusätzliche Sicherung den sogenannten „Limes" (Grenzwall) errichteten. Die Herrschaft der Römer in unserem Raum dauerte etwa 450 Jahre, bis im 5. Jh. die Germanen im Zuge der Völkerwanderung von Norden her das römische Reich eroberten (vgl. die Texte auf S. 158).

Vocabularium

☐ divídere	dívido 3, divisi, divisum	trennen, teilen	*engl. to divide; vgl. dividieren, Division*
☐ transíre	transeo, tránsii, tránsitum	überqueren, hinübergehen	*aus: trans + ire; vgl. Transitverkehr*
☐ gens	gentis f.	Volk	*frz. gens, ital. + span. gente (= Leute) ↔ genus, -eris n.*
☐ tradúcere	traduco 3, traduxi, traductum	hinüberführen	*aus: trans + ducere*
☐ adhuc (Adv.)		bis jetzt; bisher	
☐ felix (m./f./n.)	felícis (2.F.)	glücklich, erfolgreich	*ital. felice, span. feliz; vgl. frz. felicité*
☐ fortuna	fortunae f.	1) Glück; 2) Schicksal	*engl. + frz. fortune, ital. + span. fortuna*
☐ eques	équitis m.	Reiter; Ritter	*↔ equus, -i =*
☐ campus	campi m.	Feld	*frz. champ; vgl. Camping, der Uni-Campus*
☐ aestas	aestatis f.	Sommer	*frz. été, ital. estate; ↔ aetas, -atis f. =*
☐ deesse	desum, dees, defui, –	fehlen	*wörtl.: „weg sein"*
☐ fessus/a/um		erschöpft, müde	
☐ vix (Adv.)		kaum	
☐ ullus/a/um	ullíus (2.F.), ulli (3.F.)	irgendein(e)	*↔ nullus =*
☐ spes	spei f.	Hoffnung	*frz. espoir, ital. speranza, span. esperanza; vgl. sperare =*
☐ rogare	rogo 1, -avi, -atum	1) bitten; 2) fragen	*vgl. interrogare =*
☐ divinus/a/um		göttlich	*engl. divine, frz. divin, ital. + span. divino; vgl. Diva*
☐ ecce!		siehe!	
☐ miraculum	miraculi n.	Wunder	*engl. miracle; vgl. Mirakel, Miraculix (Zauberer!)*
☐ accídere	áccido 3, áccidi, –	geschehen	*vgl. engl. accident =*

Bella gerant alii, tu, felix Austria, nube!

„Die anderen mögen Kriege führen, du, glückliches Österreich, heirate!" – Dieser Spruch stammt aus der Zeit Kaiser Maximilians I. (Ks. 1508–1519, genannt „der letzte Ritter") und spielt auf die Heiratspolitik der Habsburger an: Diese versuchten ihre Machtstellung oft durch politisch motivierte Eheschließungen mit anderen Dynastien (Herrschergeschlechtern) zu sichern.

AEIOU

Diese Abkürzung stellt den Wahlspruch von Kaiser Maximilians Vater Friedrich III. (1452–1493) dar. Er wird verschieden gedeutet: Neben der deutschen Auflösung „Alles Erdreich ist Österreich untertan" gibt es auch zwei lateinische Varianten:

a) *Austria erit in orbe ultima.* = „Österreich wird bis ans Ende der Welt sein (= bestehen)."

b) *Austriae est imperare orbi universo.* = „Österreichs Aufgabe ist es, über die ganze Welt zu herrschen."

? Versuche mithilfe der Karte folgende Fragen zu beantworten:

- Welche heutigen Bundesländer umfassten die drei römischen Provinzen?

  ____

- Welcher Teil Österreichs war nie römisch?

  ____

- Wie heißen die folgenden Römerstädte heute?
  Lentia: ______________
  Ovilava: ______________
  Iuvavum: ______________
  Brigantium: ______________

28 Grammatica

Partizip Präsens aktiv (PPA)

Das Partizip Präsens (erstes Mittelwort) wird vom Präsensstamm gebildet und ist an der Silbe *-ns* (1.F. Sg.) bzw. *-nt-* (übrige Fälle) zu erkennen. Es dekliniert wie die Mischstämme (→ S. 48):

	Singular		Plural	
	m. + f.	n.	m. + f.	n.
1/5	*amans*		*amantes*	*amantia*
2	*amantis*		*amantium*	
3	*amanti*		*amantibus*	
4	*amantem*	*amans*	*amantes*	*amantia*
6	*amante*		*amantibus*	

Übersetzung:
Das Partizip Präsens ist **aktiv** und **gleichzeitig**:
amans = „liebend" (= „einer, der liebt"); „ein Liebender"

Verwendung:
- als **Adjektiv**: *Christiani orantes* = „die betenden Christen"
- als **Nomen**: *orantes* = „die Betenden"
- als **Participium coniunctum** (siehe unten)

ebenso: *monens, -entis, ducens, -entis, audiens, -entis, capiens, -entis;* PPA von *ire: iens, euntis*

Participium coniunctum (PC)

Unter dem Participium coniunctum („verbundenes Partizip") versteht man ein Partizip, das
- mit einem Nomen **übereingestimmt** ist,
- nicht unmittelbar neben diesem Nomen steht, sondern eine **Sperrung** (= Klammer) bildet.

Da die wörtliche Übersetzung in solchen Fällen meist nicht wirklich „deutsch" klingt, musst du eine solche Sperrung auflösen, und zwar am besten in einen **Relativsatz***:

Christiani ad deum suum orantes e periculis servati sunt.
1.F. Pl. — PPA 1.F. Pl.

(Die Christen, zu ihrem Gott **betend**, wurden aus Gefahren gerettet. =)
„Die Christen, **die** zu ihrem Gott **beteten**, wurden aus Gefahren gerettet."

* Der Relativsatz ist die einfachste Möglichkeit, ein Participium coniunctum zu übersetzen. Weitere Möglichkeiten: mit „**als**" (temporal), „**weil**" (kausal), „**obwohl**" (konzessiv), „**wenn**" (konditional) oder als Hauptsatz mit „**und**" (beiordnend).

Bei der Übersetzung von Sperrungen musst du auf die **Art des Partizips** achten:

	Merkmal	Eigenschaften	Beispiel
Partizip Präsens (PPA)	*-ns, -ntis* (3. Dekl.)	**aktiv + gleichzeitig**	***amans*** = „einer, der liebt"
Partizip Perfekt (PPP)	*-tus/-sus* (a/o-Dekl.)	**passiv + vorzeitig**	***amatus/a/um*** = „einer, der geliebt worden ist"
Partizip Futur (PFA)	*-urus* (a/o-Dekl.)	**aktiv + nachzeitig**	***amaturus/a/um*** = „einer, der lieben wird"

- **PPA** (→ gleichzeitig): Im Relativsatz steht **dieselbe Zeit** wie im übergeordneten Satz (Beispiel siehe oben).

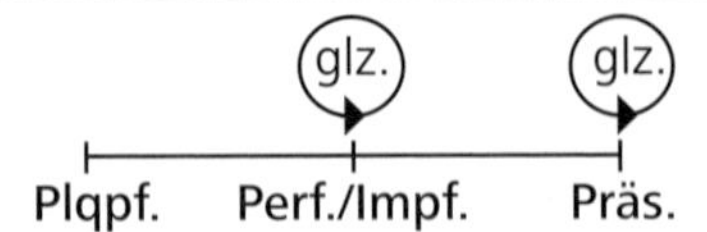

- **PPP** (→ vorzeitig): Die Zeit im Relativsatz liegt **eine Zeitstufe vor** der Zeit im übergeordneten Satz (vgl. S. 116):

  Romani ab hostibus inclusi (PPP) *magno in periculo erant.* (Imperfekt)

  = „Die Römer, die von den Feinden eingeschlossen worden waren (Plqpf.), befanden sich in großer Gefahr."

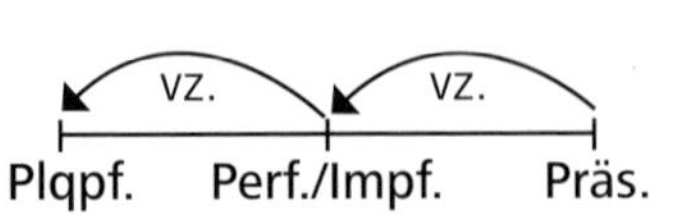

- **PFA** (→ nachzeitig): Das Futurpartizip kommt nur selten als PC vor; es bezeichnet dann den **Zweck** einer Handlung (finale Bedeutung) und wird mit „**um zu...**" übersetzt:

  Marcus Aurelius Danuvium transiit Germanos victurus.
  = „Mark Aurel überquerte die Donau, um die Germanen zu besiegen."

Exercitationes

I. Verbformencheck: Bilde zu der angegebenen Verbform die fehlenden Zeiten in derselben Person und Zahl!

	Präsens	Imperfekt	Perfekt	Plusquamperfekt
Indikativ	*dormitis*			
Konjunktiv				

II. Bestimme den Fall und übersetze:

1. servus fugiens
2. amici dubitantes
3. domini intrantis
4. puellas canentes
5. discipulo erranti
6. patrem euntem
7. puerorum orantium
8. manu tangente
9. viris laborantibus
10. mons ascensus
11. patri rogato
12. milites contendentes

III. Unterstreiche Partizip und Bezugswort und übersetze das Participium coniunctum mit Relativsatz! Achte auf das Zeitverhältnis!

1. Nero de incendio Troiae canens flammas Romam vastantes spectabat.
2. Multa aedificia urbis a principe ipso clam incensae flammis deleta sunt.
3. Deinde Nero media in urbe igne vastata sibi domum ingentem aedificari iussit.
4. Partes illius domus summa arte aedificatae nostra aetate spectari possunt.
5. Nero, cum a multis hominibus auctor incendii putaretur, dixit: „Certe Christiani nostros deos neglegentes urbem incenderunt."
6. Plurimi Christianorum illius criminis accusatorum poenas crudelissimas tulerunt.
7. Amici Petrum primo fugere nolentem periculo mortis liberaverunt.
8. Nobis de his rebus legentibus Nero imperator improbissimus fuisse videtur.

IV. Forme in den folgenden Sätzen den Relativsatz jeweils zu einem Participium Coniunctum um und übersetze:

Bsp.: Hostes, qui fortiter pugnabant, vici. → Hostes fortiter pugnantes vici.

1. Marcus Aurelius gentes, quae saepe ad fines Romanos appropinquabant, vicit.
2. Deinde hostes, qui imperio Romano expulsi erant, in eorum finibus vincere statuit.
3. Ibi autem ab imperatore hostium, qui copias prudenter ducebat, paene victus est.
4. Milites Romani, qui ab hostibus circumventi erant, auxilio divino servari videbantur.

V. Quomodo Marcus Aurelius servatus sit

Marcus Aurelius, imperator prudentissimus, multos annos bellum gerebat. Nam quasdam gentes fines Romanos saepe adeuntes imperio prohibere debebat. Ita complura castra et oppida firmissima aedificari iussit, in quibus ipse diu vitam agebat. Cum enim alia in parte hostes proelio victi se receperant, alia in parte iterum hostes campos vastantes irruperunt[1]. Olim imperator summo studio[2] pugnans gravissime laesus est. Medici[3] optimi celerrime e toto imperio convocati imperatorem dolores maximos ferentem iuvare non potuerunt. Forte Marcus Aurelius, cui spes salutis paene non iam erat, de fonte[4] quodam audivit, quem animalia laesa petere solebant. Incolae enim eius regionis[5] narrabant vulnera animalium ex illo fonte[4] bibentium celeriter sanari[6]. Ita imperator aquam illius fontis[4] sibi ferri iussit et cupidissime bibit. Paulo post eius vires redisse dicuntur. Inde multi homines cura salutis commoti hunc fontem adibant. Aqua illius fontis[4] nostris quoque temporibus nomine „fons Romanorum" ignota non est.

1 irrumpere 3, -rupi, -ruptum: „einfallen"; **2 studium**, -i n.: „Eifer"; **3 medicus**, -i m.: „Arzt"; **4 fons**, fontis m.: „Quelle"; **5 regio**, -onis f.: „Gegend"; **6 sanare** 1: „heilen"

29 DE CONSTANTINO VICTORE

Am Ende des dritten Jahrhunderts führte Kaiser Diokletian, der den Zerfall des römischen Reiches befürchtete, eine Verwaltungsreform durch und teilte die Macht auf zwei gleichberechtigte Kaiser auf. Da er auch in den Christen eine Bedrohung sah, kam es zu den schwersten Christenverfolgungen. Bald nach seinem Tod kämpften Maxentius und Konstantin im Jahre 312 um die Herrschaft.

Iam diu inter copias Constantini et Maxentii bellum **civile** gerebatur. Constantino ipso in proelio pugnante Maxentius Romam relinquere **metuit**. Nam **oraculum** audiverat sibi **extra** urbem mortem imminere[1]. **Utriusque** exercitus milites fortissime pugnabant; neque his fuga **nota** erat neque illis. Quamquam Maxentio maiores copiae erant, tamen neuter[2] vincere potuit.

Quadam autem nocte Constantinus dormiens **signum** Christi vidisse dicitur, sub quo **scriptum** erat: „In hoc signo vinces!" Itaque postero die signum Christi in scutis[3] notari[4] iussit et exercitum contra hostes duxit. **Prope pontem** Mulvium[5] proelium grave commissum est.

Interea Romae Maxentius, quia proelio se abstinebat, a **plebe** acriter increpitatus[6] erat. **Qua de causa** quibusdam senatoribus convocatis libros Sibyllinos[7] **consulere** constituit. Hoc responsum[8] ei **nuntiatum** est: „**Hodie** hostis Romanorum interibit." Quibus verbis auditis Maxentius, cum Constantinum illum hostem Romanorum esse putaret, in spem victoriae **adductus** est Romamque reliquit. Tiberim[9] ponte Mulvio transiit et in pugnam contendit.

Ab utraque parte summo **studio** pugnabatur; tandem Constantinus Deo iuvante hostem vicit. Quo viso Maxentius fugae se mandavit, ne ipse interficeretur. At ponte interea interrupto[10] Tiberim transire non iam potuit et multitudine fugientium **pressus** in flumen **pulsus** est.

1 imminere 2: „drohen", „bevorstehen"; **2 neuter/tra/trum**: „keiner von beiden"; **3 scutum**, -i n.: „der (!) Schild"; **4 notare** 1: „zeichnen"; **5 pons Mulvius**: „Milvische Brücke" (Tiberbrücke nördlich von Rom); **6 increpitare** 1: „tadeln"; **7 libri Sibyllini**: „die Sibyllinischen Bücher" (Orakelbücher); **8 responsum**, -i n.: „Antwort"; **9 Tiberis**, -is m.: „der Tiber"; **10 interrumpere** 3, -rupi, -ruptum: „abbrechen", „einreißen"

? Ergänze bei den folgenden Sätzen die Lücken!

1. Konstantin sah im Schlaf ein Zeichen, unter dem zu lesen war: In ____________________
2. Maxentius befragte die ____________________ Bücher, die ihm eine zweideutige Antwort gaben: ____________________
3. Die Schlacht zwischen Maxentius und Konstantin fand 312 an der ____________ Brücke bei ____________ statt.

Christenverfolgungen

Obwohl die Römer grundsätzlich gegenüber anderen Religionen tolerant waren, betrachteten sie die Christen misstrauisch. Vorgeworfen wurde ihnen einerseits die Weigerung, den Kaiser als Gott anzubeten (worin die Römer eine Erschütterung der Fundamente des Staates sahen). Andererseits waren sie den Römern durch ihre Tendenz zur Abkapselung (Fernbleiben von Zirkus- und Theaterspielen, geheime Zusammenkünfte) verdächtig: Man vermutete, sie würden kriminelle Handlungen (wie Ritualmorde, Genuss von Menschenfleisch und Inzest) begehen. Als das römische Reich im 3. Jh. in innen- und außenpolitische Krisen geriet, wurde den Christen die Schuld an den politischen oder Naturkatastrophen gegeben. Zahlreiche Christenverfolgungen waren die Folge, am schlimmsten 303–311 n. Chr. unter Kaiser **Diokletian**: Christen wurden aus Armee und Ämtern entfernt, christliche Gotteshäuser zerstört, Gottesdienste verboten und das Vermögen von Christen eingezogen.

Kaiser Konstantin (Palazzo dei Conservatori, Rom)

Kaiser Konstantin

Nicht zuletzt wegen seines Sieges an der Milvischen Brücke unter dem Zeichen des Christogramms förderte Konstantin als Kaiser fortan die Christen. Im Jahr 313 n. Chr. einigte er sich in der sog. **„Mailänder Vereinbarung"** mit seinem Mitregenten Licinius darauf, das bereits zwei Jahre zuvor

Vocabularium

victor	**victóris** m.	siegreich; Sieger	*vgl. Viktor; ↔ victoria, -ae =*
civilis/e		bürgerlich; Bürger-	*vgl. zivil; engl. + frz. civil, ital. civile, span. civil*
metúere 3	**metuo, metui, –**	fürchten	*vgl. metus, -us =*
oraculum	**oraculi** n.	Orakel(spruch)	*frz. oracle, ital. oracolo, span. oráculo*
extra (+ Akk.)		außerhalb	*vgl. E.T. (= Extraterrestris), das Extra, extravagant*
uterque, utraque, utrumque	**utriusque** (2.F.), **utrique** (3.F.)	jeder von beiden, beide	*Pronominale Deklination (→ S. 72)*
notus/a/um		bekannt	*↔ ignotus/a/um =*
signum	**signi** n.	Zeichen	*engl. sign, frz. signe; vgl. Signal, signieren*
scríbere	**scribo 3, scripsi, scriptum**	schreiben	*frz. écrire, ital. scrivere, span. escribir; vgl. Skriptum, Manuskript*
prope (+ Akk.)		nahe bei	*vgl. ap-propinquare =*
pons	**pontis** m.	Brücke	*vgl. Pontifex maximus (= der Papst)*
plebs	**plebis** f.	(niedriges) Volk	*vgl. Plebiszit (= Volksabstimmung)*
causa	**causae** f.	Grund, Ursache	*vgl. Kausalsatz (= Begründungssatz)*
qua de causa		1) deshalb; 2) weshalb	*wörtl.: „aus welchem Grund"*
consúlere	**cónsulo 3, consului, consultum**	befragen, um Rat fragen	*vgl. konsultieren, Konsul (= „Berater")*
nuntiare	**nuntio 1, -avi, -atum**	melden	*vgl. nuntius, -i =*
hodie (Adv.)		heute	*aus: hoc + die =*
addúcere	**adduco 3, adduxi, adductum**	1) hinführen; 2) veranlassen	*vgl. adductus/a/um =*
studium	**studii** n.	Eifer, Begeisterung	*vgl. Studium; vgl. studere =*
prémere	**premo 3, pressi, pressum**	1) drücken; 2) bedrängen	*vgl. pressen; frz. presser; vgl. engl. pressure*
péllere	**pello 3, pépuli, pulsum**	schlagen, stoßen	*vgl. Puls; vgl. expellere =*

Schon reif für die Uni?

So wie das Wort Studium (eigentl.: „Eifer") gehen auch viele andere Begriffe aus dem Universitätsleben auf das Lateinische zurück, da ja Latein bis ins 18. Jh. die Gelehrtensprache war.

? Finde heraus, was die folgenden Begriffe bedeuten, und gib ihre lateinische Wurzel an!

Auditorium maximum: ____________________ Klausur: ____________________

Alma mater: ____________________ Dozent: ____________________

Student: ____________________ Numerus clausus: ____________________

erlassene Toleranzedikt des Kaisers Galerius beizubehalten. Damit war es den bisher verfolgten Christen gestattet worden, ihre Religion frei auszuüben. Außerdem erstattete Konstantin den christlichen Gemeinden ihren während der Verfolgungen eingezogenen Besitz zurück und gründete etliche Kirchen, darunter auch die frühere Peterskirche in Rom und die Grabeskirche in Jerusalem.

Konstantin selbst ließ sich auf dem Totenbett (337) taufen. Von da an folgten mit einer Ausnahme nur mehr Christen auf dem Kaiserthron. 391 verbot Kaiser Theodosius schließlich überhaupt alle heidnischen Kulte, wodurch das Christentum zur **Staatsreligion** werden konnte.

Schon 330 hatte Kaiser Konstantin seinen Amtssitz nach Osten verlegt. Die nach ihm benannte Stadt Konstantinopel blieb bis ins 15. Jh. Hauptstadt des Oströmischen Reiches – überdauerte also Rom, die Hauptstadt des weströmischen Reiches, um 1000 Jahre!

Christogramm und die Milvische Brücke in Rom

29 Grammatica

Ablativus absolutus (Abl. abs.)

Der Ablativus absolutus (Abl. abs., „losgelöster Ablativ") besteht

a) aus einem **Nomen** oder **Pronomen im Ablativ** und

b) einem damit übereingestimmten **Partizip** (Präsens oder Perfekt).

Diese Wortgruppe **darf nicht wörtlich übersetzt** werden, sondern muss zu einem **Gliedsatz** (meist einem Temporalsatz) umgeformt werden. Dabei gelten folgende Faustregeln:

- PARTIZIP PRÄSENS (PPA): gleichzeitig* (+ aktiv) – „während"
  Constantino ipso pugnante *Maxentius Romam relinquere metuit.*
  = „**Während Konstantin selbst kämpfte**, scheute sich Maxentius, Rom zu verlassen."

- PARTIZIP PERFEKT (PPP): vorzeitig* (+ passiv) – „nachdem"
  Ponte interrupto *Maxentius Tiberim transire non potuit.*
  = „**Nachdem die Brücke eingerissen worden war**, konnte Maxentius den Tiber nicht überqueren."

* Zum Zeitverhältnis vgl. auch das *Participium coniunctum* (→ S. 130)!

TIPP: Vorgangsweise beim Übersetzen:

1) Suche zu jedem Partizip das Bezugswort (steht meist davor) und unterstreiche die beiden Wörter:
   z. B.: *Libro in schola lecto discipuli dormiverunt.*

2) Wenn die beiden Wörter im Ablativ stehen, handelt es sich um einen Abl. Abs. → keine wörtliche Übersetzung!
   (falls anderer Fall → Participium coniunctum, vgl. S. 130)

3) Bestimme die Art des Partizips und verwandle die unterstrichene Wortgruppe in einen **Temporalsatz**
   (PPA → „während" + aktiv, PPP → „nachdem" + passiv):
   z. B.: „Nachdem das Buch in der Schule gelesen worden war, schliefen die Schüler ein."

4) Wenn der Satz passiv nicht „deutsch" klingt, verwandle ihn in einen **aktiven** Satz:
   z. B.: „Nachdem sie das Buch in der Schule gelesen hatten, schliefen die Schüler ein."

NOTA BENE!

Statt eines Nomens kann im Abl. abs. auch ein **Pronomen** stehen:

Quo (= hoc) viso Maxentius fugit. = „Nachdem das gesehen worden war, floh Maxentius." (besser aktiv: „Nachdem er das gesehen hatte, …")

Zusammenfassung: Participium coniunctum und Ablativus absolutus

	Participium coniunctum	Ablativus absolutus
besteht aus:	Nomen + Partizip	
steht im:	1. bis 6*. Fall	6. Fall**
Erstübersetzung:	„der/die/das" **(Relativsatz)**	„während" bei PPA „nachdem" bei PPP
Weitere Übersetzungs-möglichkeiten:	„als" (temporal) „weil" (kausal) „obwohl" (konzessiv) „wenn" (konditional)	vgl. *cum* + Indik. / Konj.!

* Im Ablativ allerdings nur nach Präpositionen (z. B. *de hostibus victis* = „über die besiegten Feinde"). ** ohne Präposition

NOTA BENE!

Participium coniunctum und **Ablativus absolutus** sind sogenannte **„satzwertige Konstruktionen"** (sK). Diese Partizip-Konstruktionen sind im Lateinischen nur Satzteile, werden im Deutschen aber als Gliedsätze wiedergegeben.

Weitere satzwertige Konstruktionen sind die Infinitivkonstruktionen **ACI** (→ S. 116) und **NCI** (→ S. 126), die im Deutschen als „dass"-Sätze, also ebenfalls als Gliedsätze, übersetzt werden.

Exercitationes

I. Verbformencheck: Bilde zu der angegebenen Verbform die fehlenden Zeiten in derselben Person und Zahl!

	Präsens	Imperfekt	Perfekt	Plusquamperfekt
Indikativ	*rogatur*			
Konjunktiv				

II. Übersetze jeweils mit einem Temporalsatz:

1. facinore animadverso
2. rege expulso
3. copiis pugnantibus
4. magistro narrante
5. his rebus neglectis
6. amicis ludentibus

III. Unterstreiche Partizip und Bezugswort und übersetze das Participium coniunctum mit einem Relativsatz:

1. Quintus amore Iuliae ardens puellam cum alio adulescente ambulantem in foro vidit.
2. Amici nobis multum de itinere aestate in Graeciam facto narrant.
3. Litteras a te domum missas numquam accepimus.
4. Magister summo studio de bellis Romanorum narrans discipulos iam diu dormire non animadvertit.
5. Ii libri Latini a poetis clarissimis scripti magno cum gaudio leguntur.
6. Discipuli hunc magistrum se hominem prudentissimum putantem minime amant.

IV. Unterstreiche Partizip und Bezugswort und übersetze den Ablativus absolutus mit einem Temporalsatz:

1. Troianis victoriam multo vino celebrantibus Graeci equum clam reliquerunt urbemque incenderunt.
2. Ulixe complures annos per maria errante multi viri summo honore eius uxorem in matrimonium ducere studebant.
3. Omni spe victoriae amissa exercitus Romanus auxilio divino servatus est.
4. Romulo regnante cives Romani mulieribus carentes filias Sabinorum rapuerunt.
5. Hostibus victis Caesar in patriam rediit.

V. Forme die Temporalsätze jeweils zu einem Ablativus absolutus um:
Bsp.: Dum Gaius legit, pater intrat. (Temporalsatz) → Gaio legente pater intrat. (Abl. abs.)

1. Dum quidam discipuli dormiunt, magister nova verba Graeca docet.
2. Postquam pensum difficile discipulis datum est, magister laetus ad cenam contendit.
3. Post meridiem, dum magister per campos ambulat, liberi pensa diligenter faciunt.
4. Postquam omnia pensa scripta sunt, liberi quoque domum relinquunt.

VI. Übersetze den folgenden Text über einen römischen Pantoffelhelden und unterstreiche alle Partizipia (PPA und PPP) samt ihren Bezugswörtern:

Quem miles Romanus re vera[1] timeat

Dum Titus, miles Romanus, in caupona[2] sedet, amicos intrantes conspicit: „Venite, amici!" Titus clamat, „Vobis de bellis feliciter gestis referam!" Illi autem has res iam saepe narratas audire nolunt respondentque: „Haec omnia iam narravisti." Quibus verbis auditis Titus tamen narrare incipit: „Audite res novissimas: Magno exercitu hostium appropinquante plurimi nostrorum militum celerrime fugerunt. Quo viso hostes se iam vicisse putabant. Ego autem nullum periculum timens solus multos hostes fortissime pugnantes vici. Ceteri hostes fortitudine mea territi se celerrime receperunt. Ita patriam iterum servavi." Cum Titus multum vinum bibens diu eiusmodi res narraverit, amici domum redire decernunt. Tito resistente amici iterum ac iterum causam quaerunt. Denique ille miles fortissimus amicis ridentibus dicit: „Iratam uxorem me iam multas horas domi exspectantem metuo."

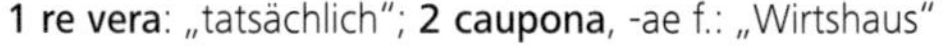
1 re vera: „tatsächlich"; **2 caupona**, -ae f.: „Wirtshaus"

30 DE BENEFICIO SANCTI MARTINI

Einer der populärsten christlichen Heiligen ist Martin, der – ebenso wie Kaiser Konstantin – im 4. Jh. n. Chr. lebte. Als Sohn eines römischen Offiziers diente er zunächst im römischen Heer, ließ sich aber später taufen und brachte es schließlich bis zum Bischof der französischen Stadt Tours. Berühmt geworden ist er jedoch durch seine „Mantelteilung“.

Olim Martinus miles Romanus media **hieme** in porta Ambianensium civitatis[1] virum **pauperem** conspexit, qui **veste** carens frigus[2] vix **patiebatur**. Ceteris hominibus sine ulla **misericordia** praetereuntibus[3] Martinus intellexit: „Hic vir nudus mihi adiuvandus est.“ Hoc autem ei facile non erat. Quia enim **reliquas** res in beneficium **simile** consumpserat, ad eum virum adiuvandum ipse nihil praeter arma et vestem **militarem** secum habebat. Itaque viri adiuvandi causa vestem gladio divisit; **alteram** partem pauperi dedit, **alteram** iterum induit[4]. Nonnulli homines hoc videntes ridebant. Multi tamen, quibus **mens sanior** erat, **queri** coeperunt, quod Martinus solus se **humanum** praestiterat[5] ipsique plus **possidentes** virum pauperem non adiuverant.

Nocte, quae **secuta** est, Martinus somnio[6] Christum vidit veste **tectum**, quam viro pauperi donaverat. Et Christus ad multitudinem angelorum[7] **locutus** est: „Martinus, qui adhuc catechumenus[8] est, me hac veste tegere **veritus** non est. **Quidquid** enim fecistis uni ex fratribus meis minimis, mihi fecistis.“ Quo viso Martinus bonitatem[9] Dei in suo opere cognoscens ad baptismum[10] accipiendum contendit. Nec tamen statim militare[11] desiit: Tribuno[12] **hortante** duos annos militabat, priusquam miles Christi Deo soli **serviebat**.

1 civitas Ambianensium: „die Stadt Amiens“ (frz. Stadt); **2 frigus**, -oris n.: „Kälte“; **3 praeterire**: „vorübergehen“; **4 induere** 3, -dui: „anlegen“, „anziehen“; **5 se praestare** (Perf.: praestiti): „sich erweisen“; **6 somnium**, -i n.: „Traum“; **7 angelus**, -i m.: „Engel“; **8 catechumenus**, -i m.: „Taufschüler“, „Taufanwärter“; **9 bonitas**, -atis f.: „Güte“; **10 baptismus**, -i m.: „Taufe“; **11 militare** 1: „Kriegsdienst leisten“; **12 tribunus**, -i m.: „Tribun“ (Offizier)

? Welche Übersetzung ist die beste? Erstelle eine Rangliste von 1. bis 3.!

Multi, quibus mens sanior erat,… (Z. 12) =	
„Viele, denen ein vernünftigerer Geist war, …“	
„Viele, die vernünftiger waren, …“	
„Viele, die einen vernünftigeren Geist hatten, …“	

Martinigansl-Essen

Besonders verehrt wurde der aus Pannonien (Ungarn) stammende **Martin** in Gallien (heutiges Frankreich), wo er sich als Bischof von Tours um die Missionierung der letzten heidnischen Gebiete Galliens und um die Gründung der ersten Klöster im lateinischen Kulturbereich (z. B. Ligugé) verdient machte.

Wie bei Heiligen üblich, ranken sich auch um ihn allerlei Legenden. Neben der Mantelteilung ist vor allem die Erzählung von den Gänsen, die seine Ernennung zum Bischof „erzwungen“ haben (vgl. Text S. 139) bekannt. Auf diese Begebenheit ist der auch bei uns übliche Brauch zurückzuführen, dass zu Martini (11. November) eine Gans verspeist wird.

Der heilige Martin gilt als **Patron der Bettler, Soldaten und Schneider**; er ist auch der Landespatron des Burgenlands (mehr zu „österreichischen“ Heiligen auf S. 162 ff.). Dargestellt wird er meist auf einem weißen Pferd in römischer Soldatenkleidung, wie er mit einem Bettler den Mantel teilt, fallweise auch als Bischof mit Schwert und Gans.

Die Mantelteilung (A. van Dyck, um 1618/20)

Vocabularium

beneficium	beneficii n.	Wohltat	*vgl. Benefizveranstaltung; aus: bene + facere*
hiems	hiemis f.	Winter	
pauper (m./f./n.)	pauperis (2.F.)	arm	*frz. pauvre, ital. povero, span. pobre*
vestis	vestis f.	Gewand	*ital. vestiti; vgl. Weste, Transvestit, Investitur*
pati (D)	patior M, passus sum	1) ertragen; 2) erleiden	*vgl. passiv, Patient, Passion (= Leidensgeschichte)*
misericordia	misericordiae f.	Mitleid	*ital. misericordia; vgl. miser =*
nudus/a/um		nackt	*frz. nu, ital. nudo, span. desnudo; vgl. Nudist*
reliquus/a/um		übrig	*↔ relictus (PPP von relinquere) =*
similis/e		ähnlich	*engl. similar, ital. simile, frz. similaire, span. similar; vgl. As-similation („Anpassung", vgl. S. 119)*
militaris/e		militärisch, Militär-	*↔ miles, -itis =*
alter/era/erum	alterius (2.F.), alteri (3.F.)	der andere (von zweien)	*vgl. Alternative, das Alter Ego (= zweites Ich), Altruismus (= Selbstlosigkeit)*
alter – alter		der eine – der andere	*(siehe Grammatica)*
mens	mentis f.	Geist, Sinn	*vgl. mental, Mentalität (= Geisteshaltung)*
sanus/a/um		gesund; vernünftig	*engl. sane; vgl. Sanitäter; SPA (siehe S. 27)*
queri (D)	queror 3, questus sum	klagen	*↔ quaerere, quaesivi, quaesitum =*
humanus/a/um		menschlich	*engl. human, frz. humain; vgl. Humanbiologie*
possidére	possideo 2, possedi, possessum	besitzen	*engl. to possess, vgl. Possessivpronomen (= besitzanzeigendes Fürwort, z. B. „mein" etc.)*
sequi (D)	sequor 3, secutus sum	folgen	*vgl. Sequenz (= Abfolge); Con-secutio temporum*
sequor te (Akk.!)		ich folge dir (Dativ!)	
tégere	tego 3, texi, tectum	bedecken	*vgl. Toga (= Körperbedeckung!)*
loqui (D)	loquor 3, locutus sum	sprechen	*vgl. eloquent (= redegewandt)*
veréri (D)	vereor 2, veritus sum	1) fürchten; 2) sich scheuen	*vereri = timere / metuere*
quidquid		was auch immer; alles was	
hortari (D)	hortor 1, hortatus sum	auffordern, ermuntern	
servire	servio 4, -ivi, -itum	dienen	*frz. + span. servir; vgl. servieren; ↔ servare =*

Mens sana in corpore sano.

„Ein gesunder Geist in einem gesunden Körper." – Wieder einmal ein Beispiel für eine Abänderung der ursprünglichen Bedeutung einer Redensart: Heute versteht man diesen Spruch als Aufforderung, Sport zu betreiben, da zu einem gesunden Geist auch ein gesunder Körper gehöre. Im Originalzitat beim Dichter Juvenal (1. Jh. n. Chr.) heißt es dagegen, man solle sich von den Göttern „einen gesunden Sinn in einem gesunden Körper", also körperliche und geistige Gesundheit, wünschen.

Die Ausbreitung des Christentums

Dass ein Christ im römischen Heer diente, war keine Ausnahme, sondern kam sehr häufig vor. Gerade in den niedrigeren sozialen Schichten hatte das Christentum rasch viele Anhänger gefunden. Der Grund dafür lag einerseits im karitativen Wirken (lat. *caritas* = „Nächstenliebe") der Christengemeinden, andererseits auch in der tröstlichen Lehre von der Erlösung nach dem Tod und der Gleichheit aller Menschen vor Gott.

Trotz der zeitweise sehr strengen Christenverfolgungen trug der römische Staat indirekt auch viel zur raschen Verbreitung der neuen Religion bei: Auf dem gut ausgebauten Straßennetz wurden die Soldaten, unter denen sich ja viele Christen befanden, immer wieder von einem Teil des riesigen Reiches in einen anderen verschoben. So gelangte das Christentum nach und nach in alle Provinzen. Schätzungen zufolge lag der Anteil der Christen an der Gesamtbevölkerung des römischen Reiches im Jahr 300 (Zeit der diokletianischen Verfolgung) bei etwa 10 %.

? Was bedeuten diese christlichen Symbole bzw. Abkürzungen?

20 + C + M + B + 17

Fotolia.com/Kimberly Reinick

Fotolia.com/ebenart

30 Grammatica

Deponentia

Deponentia sind Verba mit **passiver Form**, aber **aktiver Bedeutung**. Der Name Deponentia kommt vom Verbum *deponere* („ablegen"), da man meinte, diese Wörter hätten ihre aktiven Formen (bzw. passiven Bedeutungen) abgelegt. Entstanden sind Deponentia aus dem sogenannten „Medium", einem Mittelding zwischen Aktiv und Passiv (s. S. 140).

TIPP: Ob ein Wort ein Deponens ist, kann man nicht „erraten", sondern muss man lernen! Im Wörterbuch erkennst du ein Deponens daran, dass der Infinitiv nicht aktiv (auf *-re*), sondern passiv (auf *-ri* oder *-i*) angegeben ist (z. B. *hortari 1, hortatus sum*)! Deponentia gibt es übrigens von allen Konjugationen.

	Präsens*	
	Form Passiv!	Übersetzung Aktiv!
Singular	***loquor***	„ich spreche"
	loqueris	„du sprichst"
	loquitur	„er/sie spricht"
Plural	***loquimur***	„wir sprechen"
	loquimini	„ihr sprecht"
	loquuntur	„sie sprechen"

Sonstige Formen*		
Infinitiv Präsens:	***loqui***	„(zu) sprechen"
Infinitiv Perfekt:	***locutum esse***	„gesprochen (zu) haben"
Infinitiv Futur:	***locuturum esse***	(„sprechen werden")
Partizip Präsens:	***loquens, -entis***	„sprechend"
Partizip Perfekt:	***locutus/a/um***	(„gesprochen habend")
Partizip Futur:	***locuturus/a/um***	(„sprechen werdend")
Imperativ Sg.:	***loquere!***	„sprich!"
Imperativ Pl.:	***loquimini!***	„sprecht!"

*) am Beispiel von *loqui* (konsonantische Konjugation); übrige Zeiten: → S. 190 ff.

? Mit welcher Form ist der Imperativ Plural identisch? ______________________

Gerund

Das Gerund erkennt man an der Buchstabengruppe *-nd-*. Je nachdem, ob das Gerund mit einem Nomen übereingestimmt ist oder nicht, spricht man von Gerundium oder Gerundivum:

- nicht übereingestimmt (= Nomen) → **Gerundium** (Deklination wie *pensum, -i* n.)
- übereingestimmt (= Adjektiv) → **Gerundivum** („Gerundivum pro gerundio", Deklination wie *bonus/a/um*)

	Gerundium (Nomen!)	Gerundivum (Adjektiv!)
1.F.	(*legere* = „das Lesen"; „zu lesen")	
2.F.	a) ***legendi*** =„des Lesens" / „zu lesen" b) ***legendi*** *causa* = „um zu lesen"	***libri legendi*** = („des Buchlesens"), „ein Buch zu lesen" ***libri legendi*** *causa* = „um ein Buch zu lesen"
3.F.	(im Dativ kommt das Gerund kaum vor)	
4.F.	*ad* ***legendum*** = „um zu lesen"	*ad* ***librum legendum*** = „um ein Buch zu lesen"
6.F.	a) ***legendo*** = „durch das Lesen" b) *in* ***legendo*** = „beim Lesen"	***libro legendo*** = „durch das Lesen eines Buches" *in* ***libro legendo*** = „beim Lesen eines Buches"

Im Gegensatz zum Gerundium kommt das Gerundiv in allen drei Geschlechtern und auch im **Plural** vor: ad *libros legendos (= librorum legendorum causa)* = „um die Bücher zu lesen"

„müssen"-Gerundiv (prädikatives Gerundiv)

Tritt ein Gerundiv kombiniert mit einer Form von *esse* auf, hat es eine gänzlich andere Bedeutung als oben: Es drückt aus, dass etwas **gemacht werden muss**. Als Erstübersetzung kannst du aber, so wie oben, den Infinitiv („zu") wählen, danach forme den Satz zu einem „müssen"-Satz um:

- *Mihi hic liber legendus est.* = (Mir ist dieses Buch zu lesen. →) „Ich **muss** dieses Buch lesen."
- *Mihi legendum est.* = (Mir ist zu lesen. →) „Ich **muss** lesen."
- *Mihi legendum non est.* = (Mir ist nicht zu lesen. →) „Ich **darf nicht** lesen." (vgl. engl. *I must not read.*)

NOTA BENE!
Der Dativ, der beim prädikativen Gerundiv angibt, wer etwas tun muss, heißt ***Dativus auctoris*** (Dativ der handelnden Person). Er wird im Deutschen zum Nominativ (Subjekt) des Satzes!

Exercitationes

I. Übersetze die folgenden Deponentia-Formen:

1. passi sunt: ____________________
2. secuta erat: ____________________
3. loquebaris: ____________________
4. sequimini (2 Mögl.): ____________________
5. veremur: ____________________
6. sequere: ____________________

II. Übersetze die folgenden Wortgruppen und gib jeweils an, ob es sich um ein Gerundium oder Gerundiv handelt!

1. occasio fugiendi: ____________________
2. ad puellas terrendas: ____________________
3. exercendi causa: ____________________
4. ad scribendum: ____________________
5. ad pensa scribenda: ____________________
6. cupiditas docendi: ____________________
7. cupiditas vini bibendi: ____________________
8. spes vincendi: ____________________
9. filii laudandi causa: ____________________
10. in canendo: ____________________

III. Übersetze:

1. Quidam discipuli dormiendi causa in scholam venire videntur.
2. Legistisne iam illum clarissimum librum Latinum de arte amandi?
3. Auctor illius libri hoc scripsit: Quaedam mulieres non ad spectandum in theatrum veniunt, sed ut ipsae spectentur.
4. Quam magna est mea cupiditas dormiendi!
5. Rex bellum parans filios ad oraculum consulendum misit.
6. Marcus Aurelius hostium vincendorum causa magnum exercitum in eorum fines traduxit.
7. Cum Roma condita esset, cives Romani ad uxores sibi parandas virgines Sabinorum rapuerunt.
8. Quod Romae locus domus ingentis aedificandae non iam erat, Nero urbem incendisse dicitur.
9. In vino bibendo multi homines veritatem dicunt.

IV. Übersetze das prädikative Gerundiv mit einem „müssen"-Satz!

1. Tibi multum discendum est. Itaque tibi nunc dormiendum non est.
2. Iam Graecis antiquis lingua Latina discenda erat.
3. Cur mihi cum Iulia in foro ambulandum non est?
4. Cassandra monuit: „Hic equus in oppidum trahendus non est."
5. Tantalo, quod filium necavit, semper fames sitisque tolerandae sunt.
6. Civibus Romanis, quia feminis carebant, mulieres rapiendae erant.
7. Troia occupata Ulixi decem annos per maria errandum erat.

V. De anseribus[1] clamantibus

Olim anseres Romanos bene dormientes clamando excitavisse[2] et magno periculo liberavisse nobis ignotum non est. Multis annis post anseres magna voce clamantes iterum hominem prodidisse[3] dicuntur. Martinum, illum virum magnae misericordiae, exercitum Romanum reliquisse iam legimus. Deinde ille secum cogitavit: „Mihi Deo soli serviendum est." Et ita factum est: Ne minimos quidem homines adiuvare verebatur et nonnulla miracula confecisse dicitur. Quod beneficiis suis magnam gratiam apud plebem sibi paravit, homines decreverunt: „Hic miles Christi episcopus[4] faciendus est." At Martinus, qui se hac re dignum esse non putavit, celerrime fugit et se in stabulo[5], in quo praeter alia animalia anseres[1] quoque erant, abdidit[6]. Martinus se ibi inveniri non posse putabat, sed subito hominibus appropinquantibus anseres clamare coeperunt. Homines clamorem audientes stabulum[5] intraverunt et Martinum invenerunt. Qui tum non iam resistens homines in ecclesiam[7] secutus est, ubi paulo post episcopus[4] factus est.

1 anser, -eris m.: „Gans"; **2 excitare** 1: „aufwecken"; **3 prodere** 3, -didi, -ditum: „verraten"; **4 episcopus**, -i m.: „Bischof"; **5 stabulum**, -i n.: „Stall"; **6 abdere** 3, -didi, -ditum: „verstecken"; **7 ecclesia**, -ae f.: „Kirche"

Wortklauberei

1 Latein und die romanischen Sprachen

Wie du bemerkt hast, sind viele lateinische Wörter mit geringen Veränderungen in die romanischen Sprachen (→ S. 30) übergegangen. Abgesehen davon, dass du die Bedeutung dieser Wörter leicht erkennen kannst, hast du aber noch einen weiteren praktischen Nutzen, wenn du das lateinische Grundwort kennst: Das **Geschlecht** der lateinischen Nomina hat sich großteils an die romanischen Sprachen „weitervererbt".

Das heißt also: lat. feminin → romanisch feminin; lat. maskulin → romanisch maskulin

Ausnahme sind **neutrale** Wörter: Sie wurden im Französischen, Italienischen und Spanischen durchwegs **maskulin**.

Beispiel: lat. *vinum, -i* (neutrum) → frz. *le vin* / ital. *il vino* / span. *el vino* (alle maskulin)

Hier einige Beispiele aus den Vokabeln der bisherigen Lektionen:

Lateinisch		Französisch	Italienisch	Spanisch
poeta („Dichter"): **m.**	→	*le poète* (m.)	*il poeta* (m.)	*el poeta* (m.)
veritas (Wahrheit): **f.**	→	*la verité* (f.)	*la verità* (f.)	*la verdad* (f.)
tempus (Zeit) **n.**	→	*le temps* **(m.!)**	*il tempo* **(m.!)**	*el tiempo* **(m.!)**

? Ergänze die fehlenden Artikel (frz. *le–la*, ital. *il–la, span. el–la*). Beachte: Neutrale lateinische Wörter werden maskulin!

Lateinisch		Französisch	Italienisch	Spanisch	Bedeutung
numerus **m.**	→	______ *numéro*	______ *numero*	______ *número*	____________
lex **f.**	→	______ *loi*	______ *legge*	______ *ley*	____________
crimen **n.**	→	______ *crime*	______ *crimine*	______ *crimen*	____________

? Was könnten die folgenden Wörter bedeuten und welches Geschlecht haben sie? Ergänze auch das lateinische Wort!

Französisch	Italienisch	Spanisch
victoire = ____________	*miracolo* = ____________	*lágrima* = ____________
lat.: ____________	lat.: ____________	lat.: ____________
corps = ____________	*campo* = ____________	*mundo* = ____________
lat.: ____________	lat.: ____________	lat.: ____________
arbre = ____________	*mente* = ____________	*invitación* = ____________
lat.: ____________	lat.: ____________	lat.: ____________

2 Das Medium

Im Lateinischen gibt es neben dem Aktiv und dem Passiv noch das Medium. Es ist, wie der Name sagt („das Mittlere"), ein Mittelding zwischen Aktiv und Passiv: Es hat passive Formen, wird aber nicht passiv, sondern reflexiv („mich …", „dich …", „sich…" etc.) übersetzt. Einige Verben haben im Medium auch eine etwas andere Bedeutung (woraus die Deponentia entstanden sind, vgl. S. 138!).

• **Aktiv** (aktive Formen):	→ ich tue etwas	*lavo* = „ich wasche"
• **Passiv** (passive Formen):	→ mit mir geschieht etwas	*lavor* = „ich werde gewaschen"
• **Medium** (passive Formen!):	→ ich tue etwas, was mich selbst betrifft	*lavor* = 1) „ich wasche mich"; 2) „ich bade"

TIPP: Da die Formen des Mediums identisch mit denen des Passivs sind, kannst du nur aus dem Zusammenhang erkennen, ob es sich um ein echtes Passiv oder ein Medium handelt!

? Übersetze die folgenden Formen sowohl passiv als auch medial:

a) *delectatur*	passiv →	____________	medial →	____________
b) *movebar*	passiv →	____________	medial →	____________
c) *vertuntur*	passiv →	____________	medial →	____________

3 Wort- und Sachfelder

Bisher hast du schon von Wortfamilien (→ S. 74) gehört. Das sind sinnverwandte Wörter mit demselben Wortstamm.

? Nenne die aus drei Wörtern bestehende Wortfamilie zum Wortstamm *cup-*:

a) Verb: ____________ b) Adjektiv: ____________ c) Nomen: ____________

Wenn in Texten sinnverwandte Wörter vorkommen, spricht man von:

- **Wortfeld** = inhaltlich zusammenhängende Wörter derselben Wortart (z. B. Wortfeld „Verkehr": Auto, Straßenbahn, Ampel, Stau, Straße etc.)
- **Sachfeld** = inhaltlich zusammenhängende Wörter verschiedener Wortarten (z. B. Sachfeld „Verkehr": Auto, parken, Ampel, stauen, Straße etc.)

? Finde aus dem Text von Lektion 26 alle Begriffe zum Sachfeld „Feuer" heraus! (Zitiere sie so, wie sie im Text vorkommen.) Welches der angeführten Wörter müsste man weglassen, damit es sich um ein Wortfeld handelt?

____

____

____

4 Metapher

Ohne dass du es merkst, verwendest du in deiner Muttersprache ständig Metaphern, also **bildliche Ausdrücke**. Wenn du z. B. sagst „die Uhr geht falsch", ist das insofern eine Metapher, als sich die Uhr ja nicht auf Beinen vorwärtsbewegt, sondern auf andere Weise angetrieben wird. Das Verb „gehen" ist hier also im übertragenen Sinn verwendet.

Hier ein paar Beispiele für Wörter, die beide Bedeutungen haben können:

	eigentliche Bedeutung	übertragene/metaphorische Bedeutung
tollere	etwas aufheben (vom Boden)	ein Gesetz aufheben = beseitigen
gravis	schwer (an Gewicht)	schwer (an Bedeutung) = schwerwiegend
adducere	jemanden hinführen (an einen Ort)	jemanden zu einer Handlung hinführen = veranlassen

? Unterstreiche in den folgenden Satzpaaren jeweils den Satz mit dem metaphorisch gebrauchten Begriff!

a) Du wirkst heute völlig zerstört. – Die Römer zerstörten die eroberte Stadt zur Gänze.

b) Hannibal konnte Rom nicht erobern. – Quintus würde Julia gerne erobern.

c) Dieses Wissen bringt mir nichts. – Mami bringt mir einen Kakao.

5 Ein Wort – viele Bedeutungen!

Wieder einmal ein Wort, das viele verschiedene Bedeutungen haben kann. Im Nomen ***auctor**, -oris* verbirgt sich das Verbum *augere, auxi, auctum* („vermehren", „vergrößern"). Damit wird also eine Person bezeichnet, die hinter etwas steckt bzw. für etwas verantwortlich ist.

? Schaffst du es, die jeweils richtigen Bedeutungen zu finden?

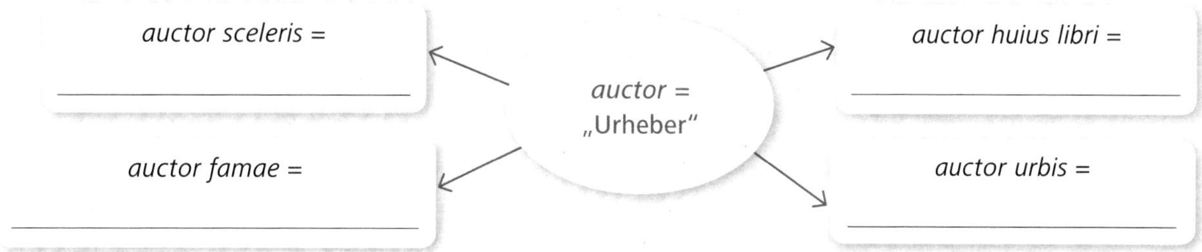

Repetitiones

I. Bestimme Fall und Zahl und übersetze!

1. aquam: ____________________
2. spectacula: ____________________

____

3. oculorum: ____________________
4. feminae: ____________________

____

____

5. gladii: ____________________

____

II. Setze die angegebenen Verba in der richtigen Form ein!

1. Quid ____________, pueri? – Templum novum ____________. (spectare)
2. Quis post Iuliam ____________? – Gaius Quintusque post Iuliam ____________. (sedere)
3. Cur ____________, Quinte? – ____________, quod pensum non habeo. (gaudere)
4. Placetne vobis puellas ____________? – Libenter puellas ____________. (terrere)
5. Ubi amicas ____________, puellae? – In foro amicas ____________. (exspectare)

III. Ergänze die Endungen und übersetze!

Claudia cum amic______ (Pl.) ad schol______ properat. Ante schol______ Iulia iam amicam exspectat. Numquam[1] sine amic______ (Sg.) in aedifici______ intrat. Tum magister multum de vir______ clar______ narrat. Discipuli iam diu in schol______ sunt. Postremo a schol______ domum[2] properare licet. Post schol______ otium discipulos exspectat. Alii cum magn______ gaudi______ spectacula vident, aliis diu per Rom______ pulch______ ambulare placet.

1 numquam: „niemals"; **2 domum**: „nach Hause"

IV. Ergänze die fehlenden Endungen der Imperative und Vokative und übersetze!

1. Proper______ ad scholam, Quint______ et Iuli______!
2. Narr______ nobis de viris claris, Gai______!
3. Pugn______ pro vita vestra, vir______!
4. Respond______ magistro, Claud______!
5. Monstr______ nobis aedificia clara, amic______! (Sg.)
6. Laud______ discipulos tuos, magist______!
7. Gaud______ et rid______, puer______! (Pl.)

V. De nova amica Quinti

Quintus cum puella pulchra per vias Romae ambulat. Tum Gaius amicum videt clamatque: „Salve, Quinte! Ambulatisne ad forum? Certe mihi vobiscum ambulare licet!" Nunc Gaius amicum interrogat: „Quis est haec[1] puella?" „Haec[1] puella est Corinna, amica mea", Quintus inquit. „Nonne Corinna puella pulchra est?" Gaius puellam spectat respondetque: „Certe Corinna puella pulchra est, sed cunctae[2] amicae tuae mihi placent."
Verba Gaii puellam minime delectant. „Cur Gaius dicit[3] ‚cunctae[2]'?", Corinna clamat. „Num multas amicas habes, Quinte?" „Minime, solum te amo. Aliae puellae mihi non placent!" Sed Corinna Gaium quoque interrogat: „Responde, Gai: Habetne Quintus alias amicas?" „Non habet. Claudia Iuliaque amicae Quinti non sunt. Etiam Cornelia Quinto non placet et Lydia ..." „Nunc Gaio nobiscum ambulare non iam[4] licet – habet enim[5] multa pensa!", Quintus iratus clamat et cum Corinna ad forum properat.

1 haec: „diese(s)"; **2 cuncti/ae/a**: „alle"; **3 dicit**: „er sagt"; **4 non iam**: „nicht mehr"; **5 enim**: „nämlich"

VI. Übersetze die folgenden Sätze! Überlege jeweils, ob *suus* mit „sein" oder „ihr" zu übersetzen ist!

1. Discipuli magistro pensa sua monstrant.
2. Puellae Gaium et magistrum suum in foro vident.
3. Discipuli saepe de schola et magistro suo narrant.
4. Gaius iam diu Iuliam et amicam suam exspectat.
5. Iulia et Claudia amicos suos exspectant.
6. Claudia cum Gaio et amica sua per forum ambulat.

VII. Setze die Pronomina im richtigen Fall ein!

1. Nonne spectacula ______________ delectant? (tu)
2. Cur magister ______________ non laudat? (ego)
3. Narra ______________ de ______________! (ego/tu)
4. Cur statuae deorum ______________ non placent? (tu)
5. Amici ___________ Romam pulchram monstrant. (nos)

VIII. Welches Wort passt nicht zu den anderen? Warum?

1.	2.	3.	4.	5.	6.
☐ puella	☐ nos	☐ deas	☐ delecto	☐ vita	☐ terris
☐ monstra	☐ nobiscum	☐ feminas	☐ animo	☐ copia	☐ terres
☐ aqua	☐ nostris	☐ linguas	☐ cogito	☐ gaudia	☐ terrae
☐ vita	☐ nobis	☐ donas	☐ narro	☐ statua	☐ terra

IX. Übersetze ins Lateinische!

1. Claudia zeigt dem Lehrer ihre Aufgabe.
2. Quintus hat seine Aufgabe nicht bei sich.
3. Der Lehrer fragt: „Warum arbeitest du nicht, Quintus?"
4. Der Bub antwortet: „Ich liebe es zu arbeiten. Unsere Aufgaben erfreuen mich."
5. Die Mädchen lachen über die Worte des Buben.
6. Der Lehrer gibt[1] nun Quintus viele Aufgaben.
7. „Sicher sind dir die Aufgaben eine große Freude!"

1 er gibt: „dat"

X. Kreuze die richtige Antwort an!

1. Quis est primus[1] magister discipulorum Romanorum?

☐ grammaticus ☐ rhetor
☐ litterator ☐ professor

2. Ubi gladiatores pugnant?

☐ in circo ☐ in theatro
☐ in thermis ☐ in amphitheatro

3. Quid Romani in theatris plerumque[2] spectant?

☐ comoedias ☐ gladiatores
☐ tragoedias ☐ puellas nudas[3]

4. Quid in foro Romano non est?

☐ basilica ☐ templum
☐ curia ☐ theatrum

1 primus/a/um: „der erste"; **2 plerumque**: „meistens"; **3 nudus/a/um**: „nackt"

XI. Setze die gesuchten Formen ein!

Die Lösung ist ein Schimpfwort, mit dem, wie wir aus Kritzeleien an den Wänden einer Schule in Pompeji wissen, Schüler ihren Lehrer bedacht haben (auf Deutsch etwa: „Weichling", „Weichei", „Warmduscher").

1. schau an!
2. den Freundinnen
3. du kämpfst
4. (zu) arbeiten
5. ihr freut euch
6. das andere
7. wir haben
8. die Buben (Akk.)

Repetitiones

I. Ordne die Adjektiva bzw. Pronomina den passenden Nomina zu:

1. virtute ______________ 3. militibus ______________ 5. timore ______________ 7. parti ______________

2. vocum ______________ 4. imperatorem ______________ 6. hostis ______________ 8. vocem ______________

a) ceteris b) magna c) magnae d) magno e) multarum f) nostrum g) sui h) tuam

II. Setze die bei Übung I. gebildeten Wortpaare in die folgenden Sätze ein und übersetze! (Ein Paar bleibt übrig.)

1. Manlius, vir ______________ ______________, Gallos Capitolio prohibere potest.
2. Quod Romani multos milites occidunt, hostes cum ______________ ______________ fugiunt.
3. Dum foro appropinquamus, clamorem ______________ ______________ audimus.
4. Copiae hostium nocte castra expugnant et ______________ ______________ occidunt.
5. Neque imperatori neque ______________ ______________ in castris manere placet.
6. Scipio quoque virtutem ______________ ______________ laudat.
7. ______________ ______________ discipulorum otium placet.

III. Setze die angegebenen Verba in den Text ein und übersetze:

amant – contenditis – dicit – interrogat – mane – monstrare – placet – potest – spectare – venire

Quintus Alexandrum, amicum Graecum, ______________: „Placetne tibi mecum in circum[1] ______________?" Alexander autem respondet: „Amicus equorum[2] non sum." Quintus nunc dicit: „Multi homines, quamquam equos[2] non ______________, tamen in circo[1] sunt. Nam ibi non solum equos[2], sed etiam multas puellas pulchras ______________ potes." Ita Alexander paulo post ad Lydiam ______________: „Hora decima Quintus mihi circum[1] ______________ in animo habet." – „Bene!", Lydia inquit. „Ego quoque libenter tecum venio, Quinte!" – „Pulchrum ibi non est!", Alexander clamat, „______________ domi! Clamor multorum hominum tibi certe non ______________." – „Si ibi pulchrum non est, cur vos in circum[1] ______________?", Lydia interrogat. „Vobiscum venire certe necesse est!" Ita Alexander, quod amicam circo[1] prohibere non ______________, cum Quinto et Lydia in circum[1] properat.

1 circus, -i m.: „Zirkus", „Rennbahn"; **2 equus**, -i m.: „Pferd"

IV. De Carthagine[1]

Regi[2] Tyri[3] duo liberi sunt, Dido[4] et Pygmalion[5]. Post mortem[6] regis populus Pygmalionem regem facit. Sychaeus, vir summo honore, Didonem in matrimonium ducit[7]. Sed paulo post Pygmalion Sychaeum, cui[8] magna copia auri[9] est, occidit. Itaque Dido magno in timore est et cum multis aliis hominibus e patria in Africam ad alium regem fugit, ubi urbem novam aedificare in animo habet.

Rex autem de consilio hominum alienorum audit et Didoni terram non donat. Itaque Dido, femina summa prudentia[10], ad regem dicit: „Donasne nobis terram, quae[11] corio taurino[12] tegi[13] potest?" Rex respondet: „Terram tam parvam vobis libenter dono!" Deinde autem Dido corium taurinum in tenues[14] partes secat[15]. Quod ita corium taurinum magnam partem terrae continet[16], Dido auxilio ceterorum hominum Carthaginem, magnificam urbem, aedificare potest.

1 Carthago, -inis f.: „Karthago"; **2 rex**, regis m.: „König"; **3 Tyrus**, -i f.: „Tyrus" (Stadt in Phönikien); **4 Dido**, -onis f.: „Dido"; **5 Pygmalion**, -onis m.: „Pygmalion"; **6 mors**, mortis f.: „Tod"; **7 in matrimonium ducere**: „heiraten"; **8 cui**: wörtl. „dem" (Relativpronomen); **9 aurum**, -i n.: „Gold"; **10 prudentia**, -ae f.: „Klugheit"; **11 quae**: „die" (Relativpronomen); **12 corium taurinum**: „Rinderhaut"; **13 tegi** (Infinitiv passiv): „bedeckt werden"; **14 tenues** (Akk. Pl.): „dünn"; **15 secare** 1: „schneiden"; **16 continere** 2: „einschließen"

V. Rätsel zur Konjugation:

Waagrecht: **1.** ich sehe **4.** du siehst **5.** sagt! **7.** sie sieht **10.** sie kommen **11.** ich komme **12.** du bist

Senkrecht: **1.** ihr seht **2.** (zu) sagen **3.** (zu) sein **4.** du kommst **6.** ihr kommt **8.** du sagst **9.** ich sage

Die Lösung ergibt einen berühmten Römer, dessen Name übersetzt „Kichererbse" heißt:

A	B	C	D	E	F

VI. Kreuze die richtige Antwort an:

1. Quis est pater[1] Romuli?
   - ☐ Remus
   - ☐ Iuppiter
   - ☐ Mars
   - ☐ Numitor

2. Quis Hannibalem vincit?
   - ☐ Alexander
   - ☐ Dido
   - ☐ Scipio
   - ☐ Caesar

3. Quot[2] reges[3] Romae[4] regnant?
   - ☐ quattuor
   - ☐ decem
   - ☐ septem
   - ☐ centum

4. Quis est primus rex[3] Romanorum?
   - ☐ Tarquinius
   - ☐ Romulus
   - ☐ Amulius
   - ☐ Procas

1 pater, -tris: „Vater"; **2 quot**: „wie viele"; **3 rex**, regis m.: „König"; **4 Romae**: „in Rom"

VII. Welche lateinischen Wörter stecken hinter den folgenden Begriffen?

1. Marinade: ______________________
2. Honorar: ______________________
3. Triangel: ______________________
4. renovieren: ______________________
5. Armee: ______________________
6. Partei: ______________________

VIII. Setze die fehlenden Endungen ein und übersetze:

De Romulo

Amulius Romulum et Remum, fili_____ Rheae Silviae, in flum_____ exponit[1]. Sed pastores[2] liber_____ vident et secum domum portant. Ita pueri diu apud pastores[2] habit_____. Multis annis post Romulus Remusque pastores[2] relinqu_____. Arma cap_____ et Amulium occidunt. Deinde oppidum novum aedific_____ in animo habent. Dum autem Romulus vallum[3] oppid_____ nov_____ aedificat, Remus venit et de vall_____[3] parv_____ ridet. Itaque Romulus iratus Remum gladi_____ necat.

Quod in oppid_____ nov_____ feminae non sunt, Romulus consilium capit: Sabinos[4] in oppid_____ su_____ invitat[5]. Dum autem spectacul_____ pulchr_____ exspectant, Romani filias Sabinorum rap_____. Ita Romulus Romanis femin_____ parat. Sabini autem irati in patriam contendunt et filias arm_____ liberare constituunt. Itaque paulo post milit_____ Sabinorum ad urb_____ veniunt. Quod autem viri Romani puell_____ placent, Sabini et Romani pac_____ faciunt. Romulus deinde diu magna iustitia[6] regn_____. Post mult_____ ann_____ autem, dum orationem[7] ad milit_____ suos habet, subito magn_____ nube[8] ex oculis hominum evanescit[9]. Paulo post Romulus non iam inter homines, sed apud deos est.

1 exponere 3: „aussetzen"; **2 pastor**, -oris m.: „Hirte"; **3 vallum**, -i n.: „Wall"; **4 Sabini**, -orum m.: „die Sabiner"; **5 invitare** 1: „einladen"; **6 iustitia**, -ae f.: „Gerechtigkeit"; **7 orationem habere**: „eine Rede halten"; **8 nubes**, -is f.: „Wolke"; **9 evanescere** 3: „verschwinden"

Repetitiones

I. Verbinde die Pronomina mit den passenden Nomina und übersetze:

1. quoddam	3. illius	5. ipsis	7. illi	9. hos
2. eandem	4. hac	6. quo	8. eae	10. eorundem
a) metu	c) dies	e) adulescenti	g) carminum	i) periculi
b) virgines	d) domum	f) re	h) animal	j) parentibus

II. Setze die richtigen Formen von *idem, eadem, idem* ein, ordne den Hauptsätzen die passenden Relativsätze zu und übersetze:

1. Quidam homines semper ____________ oppida petunt, ...
2. Gaius ____________ die multos amicos invitavit, ...
3. Quintus pulchritudinem Iuliae ____________ verbis laudat, ...
4. Liberi iam multas horas ____________ carmen canunt, ...
5. Ibi venit ____________ puella, ...
6. Amici ____________ nave domum navigaverunt, ...

a) qua venerant
b) quibus Claudiam laudare solet
c) quae iam saepe spectaverunt
d) quam iam in foro vidimus
e) quo parentes urbem reliquerunt
f) quod magister eos docuit

III. Übersetze die folgenden Sätze! Beachte, dass *quam* und *quod* nicht nur von *qui, quae, quod* kommen können!

1. Audivistisne iam de facinore, quod Tantalus commisit?
2. Quod facinus ille amicus deorum commisit?
3. Tantalus illud facinus commisit, quod prudentiam deorum probare[1] constituerat.
4. Quam improbum hoc facinus fuit!
5. Quam poenam Tantalus solvere debet?
6. Quod Tantalus tam improbum facinus commiserat, poena, quam di ei dederunt, magna erat.

1 **probare** 1: „auf die Probe stellen"

IV. Setze die folgenden Verba ins Imperfekt, Perfekt und Plusquamperfekt und übersetze die letzte Form:

1. quaerit: ____________
2. neglegitis: ____________
3. do: ____________
4. reddimus: ____________
5. sunt: ____________

V. Hercules[1] quoque Tartarum[2] petit

Non solum Orpheo, sed etiam Herculi ante mortem Tartarum intrare licuit. Nam ille vir magnae virtutis duodecim opera, quae ei Eurystheus[3] rex imperaverat, conficere debuit. Postquam Hercules iam nonnulla animalia summa magnitudine[4] interfecit, Eurystheus[3] ei hoc quoque imperavit: „Descende[5] in Tartarum et apporta[6] Cerberum canem!" Ille canis, cui tria capita sunt, ad portam Tartari mortuos custodit[7]. Ita nemo Tartarum relinquere potest. Hercules, qui ne hoc quidem periculum timebat, paruit atque Tartarum petivit. Ibi a Plutone petivit: „Da mihi Cerberum! Eum ad Eurystheum[3] portare debeo!" Is respondit: „Cerberum tibi dare non possum. Si autem illum sine armis superare potes, Cerberum tecum ducere tibi licet." Et Hercules, postquam diu summa vi cum illo cane pugnavit, eum manibus superavit et ad Eurystheum portavit. Quod is autem Cerberum maxime timebat, Hercules illum paulo post Plutoni reddidit.

1 **Hercules**, -is m.: „Herkules"; 2 **Tartarus**, -i m.: „Tartarus" (Unterwelt); 3 **Eurystheus**, -ei m.: „Eurystheus" (König von Mykene); 4 **magnitudo**, -inis f.: „Größe"; 5 **descendere** 3, descendi: „hinabsteigen"; 6 **apportare** 1: „herbeibringen"; 7 **custodire** 4: „bewachen"

VI. Setze die Interrogativpronomina ein und übersetze den Brief:

cui – qua – quae – quae – quas – quem – quis – quid – quo – quos

Iulia Claudiae salutem[1] dicit.

Certe gaudes, quod tibi nunc cum parentibus in insulis Graecis esse licet. ________________ nostrum iter in Graeciam facere non placet? ________________ ad mare ludere et templa clara spectare non delectat? ________________ insulas visistis[2]? ________________ insula tibi maxime placuit? In ________________ insula nunc estis? ________________ ibi facitis? ________________ montes ascenditis? ________________ oppida spectatis? ________________ vobis aedificia clara monstrat? Suntne ibi adulescentes pulchri? Cum ________________ nocte ambulare soles? Certe non solum cum parentibus! Te iam exspecto! Certe multum narrare potes.

1 **salus**, -utis f.: „Gruß"; 2 **visere** 3, visi: „besichtigen"

VII. Übungssätze zur Kasuslehre:

1. Quis amicorum me hac cura liberat?
2. Ne magnis quidem poenis magister illos pueros facinoribus prohibere potest.
3. Magister nos semper pensis huius generis delectat.
4. Nemo adulescentium Iuliam, virginem et magnae pulchritudinis et summae prudentiae, non amat.
5. Cui vestrum hoc die pulchro in schola esse placet?
6. Illum virum, cui uxor summo honore est, iam saepe cum quibusdam puellis vidimus.

VIII. Worum handelt es sich bei den folgenden Begriffen?

1. Pönale:
   - ☐ Endspiel
   - ☐ Filmfestival
   - ☐ Strafsumme
   - ☐ Haarfett
2. Diäten (2 Möglichkeiten):
   - ☐ Taggelder
   - ☐ fremde Währungen
   - ☐ Vorwürfe
   - ☐ Ernährungsvorschriften
3. Auditorium:
   - ☐ Wagnis
   - ☐ Prophezeiung
   - ☐ Zuhörerschaft
   - ☐ Hoheitsgebiet
4. Akklamation:
   - ☐ Beschwerde
   - ☐ Anpassung
   - ☐ Zuruf
   - ☐ Eingewöhnung

IX. Setze die gesuchten Begriffe im Nominativ Sg. (außer bei Pluralwörtern) ein!

Waagrecht: **1.** Ii in scholam venire debent, si facinus commisisti. **5.** Romani multos eorum habebant, nos unum habemus. **7.** Duodecim earum dies apud Romanos habebat. **9.** Ea post vitam nos exspectat. **11.** Iis videmus. **14.** Ea iter per mare facimus. **15.** Ea milites semper secum habent. **16.** Ibi multa templa sunt.

Senkrecht: **1.** Eam solvimus, si scelus commisimus. **2.** Ea post diem venit. **3.** Tres et quattuor sunt … **4.** Eam tolerare debemus, si diu nihil bibimus. **6.** Eo in aedificio liberi ante meridiem esse solent. **8.** Per eam domum intramus. **10.** Ea est uxor regis. **12.** Is meridie summo in caelo est. **13.** Id discipuli post meridiem sine magno gaudio faciunt.

■	1				2		B	3	■	■	■
■		■	■	■		■	■		■	■	4
5 A			6	■		■	■		■	■	
■	H	■		■	■	■	■		■	■	
■		■	7				■	I	■	■	D
8	■	■		■	■	■	■	9		10	
11					12	■	13	■	■		■
	■	■		■		■		■	■		■
	■	■	■	■	C	■	14				
	E			■	■	■	G	■	■		■
■	■	■	■	16					■	F	■
■	■	■	■	■	■	■		■	■	■	■

Lösung: Eine (zumindest in den Asterix-Bänden) häufige Frage nach dem geistigen Gesundheitszustand des anderen.

A	B	C	D	E	F	G	H	I

Repetitiones

I. Bilde zum angegebenen Verb die fehlenden Formen (in derselben Person):

	Präsens	Futur	Imperfekt	Perfekt
Aktiv	*claudunt*			
Passiv				

II. Ergänze die fehlenden passiven bzw. aktiven Formen:

1. ponebant – ______
2. ______ – invitata es
3. tetigeramus – ______
4. ______ – defendemini
5. auxit – ______
6. ______ – coacti sumus
7. punis – ______
8. ______ – victus eram
9. abstulit – ______
10. ______ – timeberis

III. Stimme die angegebenen Adjektiva mit den Nomina überein und setze sie auch in den Komparativ und Superlativ:

1. proeliis – ______ – ______ – ______ (atrox, -ocis)
2. verbi – ______ – ______ – ______ (acer/acris/acre)
3. pensum – ______ – ______ – ______ (facilis/e)
4. rem – ______ – ______ – ______ (parvus/a/um)
5. classi – ______ – ______ – ______ (magnus/a/um)

IV. Ordne die Adjektiva den passenden Nomina zu und übersetze:

prudentem – clara – novae – peius – breves – atrocium – honestis – improbus – fortiori – breviore

1. die ______ : ______
2. iudicium ______ : ______
3. civis ______ : ______
4. legis ______ : ______
5. senatoribus ______ : ______
6. exercitui ______ : ______
7. rerum ______ : ______
8. virum ______ : ______
9. litteras ______ : ______
10. oratio ______ : ______

V. Setze die gesuchten Formen von *ire* und *ferre* ein:

Waagrecht: 1. ihr wart gegangen **2.** ich trug (Perf.) **4.** ihr gingt (Perf.) **8.** ich gehe **9.** wir gingen (Perf.) **11.** er ging (Imperf.) **12.** ich trug (Imperf.) **13.** du gehst **14.** ihr trugt (Perf.) **16.** sie gehen **17.** sie trug (Perf.)

Senkrecht: 1. ihr geht **2.** du hattest getragen **3.** wir waren gegangen **5.** du gingst (Imperf.) **6.** wir trugen (Perf.) **7.** ich ging (Perf.) **10.** geht! **12.** tragt! **15.** sie ging (Perf.)

Lösung: So hieß die spanische Stadt Saragossa in der Antike:

C	A	B	C	D	E	–
F	G	G	H	I	J	K

	1			A							
								2			3
	4	C		5							
						6					
7				D				8			K
9	10		H								
	J					11		F			
12			B							13	
E		14			15				I		
16	G				17						

VI. Was kann *qui, quae, quod* alles bedeuten?

Qui orator clarior erat quam Cicero? Qui dum consul est, rem publicam servavit, quae erat summo in periculo. Nam Catilinam, qui consules interficere constituerat, Romam relinquere coegit. In senatu, qui ab eo ipso convocatus erat, hanc orationem habuit: „Quod scelus a te commissum non est, Catilina? Omnia, quae fecisti, vidimus. Quam improba facinora tua sunt! Consilia quoque, quae cum sociis tuis improbissimis cepisti, nobis ignota non sunt. Libera rem publicam, quam sceleribus tuis iam diu terrebas, timore magno!" Ita Catilina sponte sua Romam reliquit et se ad copias suas recepit, quae ante urbem coactae erant.

VII. Bilde jeweils von dem angegebenen Verb das PPP, stimme es mit dem Nomen überein und übersetze:

Bsp.: *amica amata:* die geliebte Freundin (amare)

1. socios ________________ (vocare)
2. civem ________________ (defendere)
3. nationis ________________ (vincere)
4. animali ________________ (occidere)
5. librum ________________ (reddere)
6. carminum ________________ (audire)
7. virgini ________________ (iuvare)
8. facinora ________________ (committere)

VIII. Setze die folgenden Sätze ins Passiv und übersetze die gebildeten Sätze

Bsp: Magister discipulos laudat. → Discipuli a magistro laudantur. (Die Schüler werden vom Lehrer gelobt.)

1. Pueri amicum servant.
2. Rex consilium prudentius cepit.
3. Galli urbem expugnaverant.
4. Imperator milites fortissimos convocavit.
5. Puellae nos iam exspectant.
6. Pater te certe puniet.

IX. Ein Übungstext zur Kasuslehre:

Cui discipulorum horae Latinae non maxime placent? Nemo nostrum horas Latinas non amat. Nihil nos horis Latinis prohibere potest. Horae Latinae enim omnium horarum pulcherrimae sunt. Magister noster, vir summae prudentiae, nos semper pulchris libris Latinis delectat. Post meridiem quoque et nocte, cum nobis otium est, libenter libros Latinos legimus.

X. Jeder der folgenden Sätze beinhaltet einen inhaltlichen Fehler. Stelle sie richtig!

1. Catilina, qui multa artificia pulcherrima e Sicilia abstulerat, oratione Ciceronis adductus ex urbe fugere constituit.
2. Cleopatra, postquam eius copiae apud Actium oppidum victae sunt, se ipsam gladio necavit.
3. Populus Romanus, quem Hannibal maxime timebat, magno cum metu clamavit: „Hannibal ante portas!"
4. Quod iis uxores non erant, Sabini feminas rapere constituerunt.
5. Caesar, qui paucis annis omnes fere civitates Germanorum vicerat, legiones suas in patriam duxit.
6. Sisyphus, cuius carmina pulcherrima erant, uxorem in Tartaro quaerebat.

XI. Setze die folgenden Pronomina an passender Stelle ein und übersetze:

cui – eam – hoc – ille – illius – istas – quendam

Caesar, ____________ imperator clarissimus, priusquam bellum in Gallia gessit, a senatu in Hispaniam provinciam missus erat. Dum iter per montes in ____________ provinciam facit, cum nonnullis sociis ad vicum[1] ____________ minimum venit, ubi pauci homines vivebant. Unus e sociis, ____________ Caesaris cupiditas potestatis ignota non erat, risit dixitque: „Vide, Caesar, ____________ domus miserrimas! Incolae ____________ vici[1] cura potestatis honorumque certe non afficiuntur." Cui Caesar ____________ respondit: „Malo[2] in eo vico[1] primus esse, quam Romae secundus."

1 vicus, -i m.: „Dorf", **2 malo**: „ich will lieber"

Repetitiones

I. Bilde aus den folgenden Adjektiva Adverbia und setze dann beide Formen in den Komparativ und Superlativ:

1. clarus 2. acer 3. facilis 4. malus

II. Unterteile die folgenden Wörter in Adjektiva und Adverbia und übersetze sie! (Einige Formen können sowohl Adjektiva als auch Adverbia sein.)

acerrimis – altius – celeribus – magnifice – diligenter – dulciora – crudeliter – facilius – forte – breve – firmiores – laetissimam – honestissimum – noviores – nobiliori – peius – pulchre – veros – difficillimi

III. Setze ins Futur, Imperfekt, Perfekt und Plusquamperfekt:

1. orat 2. ponuntur 3. adsumus 4. vis

IV. Setze in den Konjunktiv Präsens, Imperfekt, Perfekt und Plusquamperfekt (Aktiv und Passiv):

1. mandat 2. laeditis

V. Übersetze die folgenden Wortgruppen:

1. ut dixi: ______________________

2. ut dicerem: ______________________

3. cum crederemus: ______________________

4. ut postulatum est: ______________________

5. cum apparent: ______________________

6. cum promissum sit: ______________________

7. ut prosit: ______________________

8. cum certarent: ______________________

9. ne erres: ______________________

10. cum caesi essent: ______________________

11. ut speraveras: ______________________

12. cum nollemus: ______________________

VI. Übersetze:

1. Graeci, cum moenia Troiae decem annos frustra oppugnavissent, iam de victoria dubitabant.
2. Ne Graeci sine Helena in patriam redirent, Ulixes consilium prudens cepit.
3. Ulixes viris imperavit, ut equum ingentem aedificarent.
4. Deinde Graeci, ut apud quosdam poetas legimus, hunc equum ante moenia posuerunt.
5. Cum Graeci litus reliquissent, Troiani equum spectabant.
6. A viro quodam, quem Graeci solum reliquerant, quaesiverunt, cur ille equus hic positus esset.
7. Deinde Troiani, cum illud artificium donum deorum putarent, equum in arcem traxerunt.
8. Nos scimus, quomodo Troia deinde expugnata sit.

VII. Bilde von den angegebenen Verba die Partizipia, setze sie im richtigen Fall ein und übersetze:

1. Apollo virgini ______________ (amare) donum maximum promisit.

2. Illa, cum rem ______________ (promittere) accepisset, deum celeriter reliquit.

3. „Donum sine usu ______________ (sperare) erit", deus iratus dixit.

4. Dum Paris mulierem ______________ (rapere) domum ducit, Cassandra Troianos iterum ac iterum de periculo monuit.

5. At homines ab ea ______________ (monere) eius verbis credere noluerunt.

VIII. Bilde die Infinitive Präsens aktiv, Perfekt aktiv und Perfekt passiv:

1. augeo ____

2. tollo ____

3. punio ____

4. rapio ____

IX. Unterstreiche Subjektsakkusativ und Infinitiv und übersetze:

1. Magister discipulos sibi de feriis[1] suis narrare iubet.
2. Quintus se feriis cum nonnullis puellis pulcherrimis convenisse narrat.
3. Gaius dicit se multum discere voluisse, sed semper ab amicis prohibitum esse.
4. Claudia dicit se summo gaudio ad insulas Graecas navigavisse.
5. Iulia se clam cum amico novo iter ad mare fecisse non narrat.
6. Se otio maxime delectatos esse complures discipuli dicunt.
7. Nemo autem discipulorum magistro dicit se scholam et magistros iam magno cum gaudio exspectavisse.
8. Plurimos discipulos ferias tempus pulcherrimum putare constat.

1 **feriae,** -arum f.: „Ferien"

X. Forme die folgenden Sätze jeweils zu einem ACI um! Achte dabei auf die Zeit!

1. Daedalus videt: „Filius mortuus est."
2. Theseus audit: „Minotaurus liberos interficit."
3. Constat: „Cleopatra se ipsam necavit."
4. Troiani putant: „Graeci domum navigant."
5. Legimus: „Galli a Caesaris copiis victi sunt."
6. Orpheus intellegit: „Uxorem iterum amisi."

XI. Ergänze die fehlenden Endungen und übersetze:

Penelopa[1], uxor Ulixis, multos annos maritum amat_____ exspectare debuit. Saepe, cum de mortibus quorundam virorum fort_____ audivisset, metu magn_____ affecta est. Speraba_____ deos Ulixem adiuvare. Post decem annos magno cum gaudi_____ a nuntiis audivit Troiam tandem expugnat_____ esse. Iidem dixerunt Ulixem cum ceter_____ Graec_____ navem ascendisse, ut patriam peteret. Penelopa maxime gaudebat, sed tamen Ulixes non redi_____ . Itaque nuntios ad alios reg_____ Graecos, qui interea domum redi_____, misit. Nemo autem Ulixem post illud bellum atro_____ viderat. Plurimi homin_____ Ulixem interfectum esse putabant. Itaque multi viri apud Penelopam conven_____, qui hanc feminam pulchram et divit_____ in matrimonium ducere volebant. At fides illius mulier_____ maxima erat. Nemo ei persuadere potuit Ulixem mortu_____ esse.

1 **Penelopa**, -ae f.: „Penelope"

XII. Setze die gesuchten Fremdwörter für die folgenden Begriffe ein! (Sie sind alle von lateinischen Perfektpartizipia gebildet.)

Waagrecht: 3. Tatsachen; Vorgänge, die wirklich geschahen (= **gemacht wurden**) (Pl.) **5.** Satzungen, **festgesetzte** Grundregeln (Pl.) **7.** anvertrautes Geld; **Glaube** an die Bereitschaft eines anderen, dieses Geld zurückzuzahlen **9.** Auftrag, der anderen (meist Politikern) **anvertraut** wurde **11.** jemand, der in Rechtsstreitigkeiten **herbeigerufen** wird **12. Auszug** aus pflanzlichen Stoffen **13.** Anweisung, welche Arzneien man **(auf-)nehmen** soll

Senkrecht: 1. Forderung 2. ursprünglich die Angabe, wann ein Schriftstück heraus**gegeben** wurde **4.** etwas (meist süß) Zubereitetes (= **Ausgeführtes**) **6. Sicht**vermerk im Reisepass **8.** etwas in vergangenen Zeiten **Zurückgelassenes 10.** schriftlicher **Beschluss**

Lösung: lateinischer Name von Preußen:

B	A	B	C	D	E	F	G

1			2		3		4				
5 E											
									6		
C					7						
									D		8
		9			10	G					
	11			A							F
					12			B			
13											

Repetitiones

I. Setze in alle Zeiten:

1. accusamus 2. scis 3. sunt 4. veretur

II. Deponens oder echtes Passiv? Ordne die Formen in zwei Gruppen und übersetze auch!

hortamini – superamini – traditur – ornatum – referetur – dubitatur – rogari – metuebamur – sequi – locuti sunt – queruntur – quaeruntur – passa erat – divisum est – sequor – ducor – iuvaris – loquere

III. Bilde von den folgenden Verba alle Infinitive, die Imperative und die Partizipia:

1. nuntio 2. scribo 3. tollo 4. patior

IV. Unterstreiche jeweils Subjektsakkusativ und Infinitiv und übersetze! Achte auf das Zeitverhältnis!

1. Nero princeps artem suam etiam a dis amari putabat.
2. Romam incendio maximo vastatam esse constat.
3. Nero urbem a Christianis incensam esse dixit.
4. Cives Neronem ipsum Romam incendisse dixerunt.
5. Cives Romani in amphitheatro Christianos a bestiis interfici viderunt.
6. Scimus Petrum quoque eo tempore interisse.

V. Unterstreiche die Partizipia und deren Bezugsworte und übersetze:

1. Discipuli magno cum gaudio magistrum novos libros Latinos ferentem conspiciunt.
2. Nihil enim pulchrius est quam libros lingua Latina scriptos legere.
3. At libros ante nonnullos dies a magistro acceptos iam legerunt.
4. Nam discipulis linguam Latinam maxime amantibus eos libros non solum in schola, sed etiam domi legere placebat.

VI. Ordne den folgenden Sätzen jeweils den richtigen Ablativus absolutus zu und übersetze:

1. ______________________ Petrus deo gratias agens in urbem redire constituit.
2. ______________________ equus in oppidum trahitur.
3. ______________________ Maxentius metu mortis commotus Romam relinquere verebatur.
4. ______________________ subito miraculum accidisse dicitur.
5. ______________________ Graeci hostes vincere non possunt.
6. ______________________ princeps Christianos comprehendi ac puniri iussit.
7. ______________________ Ulixes decem annos patria prohibetur.
8. ______________________ Spartacus cum copiis Romanis pugnare non dubitavit.
9. ______________________ Galli Capitolium ascendere coeperunt.

a) Achille proeliis abstinente b) Christo viso c) Militibus sitim vix tolerantibus d) Multis servis coactis e) Oraculo consulto f) Romanis dormientibus g) Troia occupata h) Urbe incendio vastata i) Verbis Cassandrae neglectis

VII. Unterstreiche alle Partizipia und deren Bezugswörter. Stelle jeweils fest, ob es sich um einen Ablativus absolutus oder um ein gewöhnliches Participium coniunctum handelt, und übersetze!

Troiani equum magnum consilio Ulixis in litore relictum invenerunt et locuti sunt: „Hoc artificium a Graecis summa arte confectum certe donum deorum est." At Cassandra res futuras videns iterum et iterum hortabatur: „Ne hunc equum perniciem[1] nostram secum ferentem in oppidum traxeritis!" Tamen Troiani verbis Cassandrae numquam credentes equum per portam traxerunt. Equo in arce posito Troiani victoriam diu celebrabant. Nocte autem Troianis bene dormientibus Graeci cum armis in illo equo inclusi magnam caedem commiserunt. Deinde oppidum tam diu frustra oppugnatum incenderunt deleveruntque.

1 pernicies, -ei f.: „Untergang"

VIII. Setze die folgenden Verba in die Konjunktive Präsens, Imperfekt, Perfekt und Plusquamperfekt und übersetze die Formen auch (beim Konjunktiv Perfekt ergänze dir ein *ne*):

1. sumitis 2. venitis 3. fles 4. vereris

IX. Übersetze! Achte besonders auf die Übersetzung der Konjunktive!

1. Graeci putabant: „Nisi Achilles proeliis abstineret, hostes certe vinceremus."
2. Ut liberam rem publicam servarent, Cassius et Brutus statuerunt: „Iulius Caesar occidatur!"
3. Daedalus filium suum monuit: „Ne altius ad solem ascenderis!"
4. Troiani, cum equum ingentem spectavissent, clamabant: „Hoc artificium in arce ponatur!"
5. Si Troiani verbis Cassandrae credidissent, oppidum expugnatum non esset.
6. Cum tres deae certarent, Iuppiter decrevit: „Paris iudicet et pulcherrimam deligat!"
7. Theseus, cum navem ascenderet, ad parentes liberorum delectorum locutus est: „Ne questi sitis! Mox vobis liberi vestri reddentur."
8. Ne ipse auctor incendii putaretur, Nero constituit: „Christiani, cum Romam incenderint, comprehendantur et puniantur!"

X. Übersetze:

1. studium discendi 2. in discendo 3. ad discendum 4. discendi causa 5. studium linguae Graecae discendae 6. linguis alienis discendis 7. ad multa discenda 8. in his verbis discendis 9. Nunc est discendum. 10. Lingua Latina discenda est. 11. Discipulis multum discendum est. 12. Cur mihi lingua Graeca discenda non est? 13. Scimus nobis multas res difficiles discendas esse.

XI. Gib jeweils an, ob es sich um ein Gerundium, eine Gerundivkonstruktion (*Gerundivum pro gerundio*) oder ein prädikatives Gerundiv („müssen"-Gerundiv) handelt, und übersetze:

1. Capite vertendo Orpheus uxorem amatam iterum amisit.
2. Cum Polyphemus viros inclusisset, Ulixi consilium prudens capiendum erat.
3. Octavianus a senatu in Aegyptum missus est ad Antonium vincendum.
4. Daedalo Creta insula diu relinquenda non erat.
5. Cum Petrus comprehensus esset, nonnulli amici advenerunt illius viri liberandi causa.
6. Veste sua dividenda Martinus virum pauperem adiuvit.
7. Cum Graecis spes Troiae expugnandae non iam esset, Ulixes equum aedificari iussit.
8. Temporibus Marci Aurelii imperatoris Christiani orando exercitum Romanum servaverunt.
9. Romanis saepe cum populis alienis bellum gerendum erat.
10. In Troia oppugnanda multi viri fortissimi laesi aut occisi sunt.

XII. Rumores[1] malos non dicam

Dominus quidam laetus ex oppido alieno redibat, cum subito servum suum sibi obviam ire vidit. Ne ille, ut mos eius erat, sibi aliquos[2] rumores[1] narraret, dominus eum hortatus est: „Ne mihi rumores[1] malos dixeris!" Ille respondit: „Non dicam rumores[1] malos, sed noster canis parvus interiit." Dominus de ea re minime dolens tamen interrogavit, quomodo canis interisset. Statim servus narravit: „Mulus[3] noster territus est et, cum fugeret, sub pedibus[4] suis canem occidit." Cum dominus ex eo quaesivisset, quid mulo[3] accidisset, servus respondit eum in puteum[5] cecidisse et interisse. Dominus tum maiore cura commotos scire voluit, qua de causa mulus[3] territus esset. Servus rettulit: „Filius tuus de solario[6] cecidit – ita, ut necaretur, et ea re territus est mulus[3]." Deinde dominus, cum rogavisset, quid uxor ageret, accepit eam dolore filii mortui ipsam interisse. Postremo dominus interrogavit, quis nunc domum custodiret[7]. Servus dixit: „Nemo, quia domus et, quidquid in ea erat, combusta[8] sunt. Eadem enim nocte, qua uxor tua interiit, serva, quae vigilabat[9] pro ea, oblita[10] est candelam[11] in thalamo[12], et ita tota domus flammis deleta est."

1 **rumor**, -oris m.: „Gerücht"; 2 **aliqui/qua/quod**: „irgendein"; 3 **mulus**, -i m.: „Maultier"; 4 **pes**, pedis m.: „Fuß"; 5 **puteus**, -i m.: „Brunnen"; 6 **solarium**, -i n.: „Balkon"; 7 **custodire** 4: „bewachen"; 8 **comburere** 3, -bussi, -bustum: „einäschern"; 9 **vigilare** 1: „wachen"; 10 **oblivisci** 3, oblitus sum: „vergessen"; 11 **candela**, -ae f.: „Kerze"; 12 **thalamus**, -i m.: „Schlafzimmer"

Auf zur Autorenlektüre!

Alle Texte, die du bisher in diesem Buch übersetzt hast, waren speziell für den Anfangsunterricht zusammengestellt, und zwar so, dass du nach und nach die einzelnen grammatikalischen Erscheinungen kennenlernen und trainieren konntest. Nun, da du (hoffentlich) bereits einen Großteil der lateinischen Grammatik beherrschst, wartet der nächste große Schritt auf dich: das Übersetzen von **Originaltexten**, also von Texten, die in den letzten 2000 Jahren von verschiedenen Autoren der Antike, des Mittelalters und der Neuzeit verfasst wurden.

Im Gegensatz zu bisher werden nicht mehr in jedem neuen Text jeweils nur einige wenige, ganz bestimmte grammatikalische Phänomene vorkommen. Stattdessen solltest du alle Grammatik-Kapitel jederzeit abrufbereit haben – schließlich haben die römischen Autoren ja ihre Texte nicht deshalb verfasst, damit ihre Leserinnen und Leser das Futur, den ACI oder den Ablativus absolutus gut üben können …

Ein wichtiger Bestandteil des Latein-Unterrichts wird ab nun neben dem Übersetzen auch das Interpretieren der lateinischen Texte sein. Aus diesem Grund findest du ab sofort **Arbeitsaufgaben** zu den Texten (jeweils auf der Seite gegenüber), die du anfangs mit Hilfe deiner Lehrerin/deines Lehrers, später selbstständig lösen sollst.

Auf diese Weise kannst du auch für die künftigen **Schularbeiten** gut trainieren. Du wirst dabei nämlich immer zwei Texte zu bearbeiten haben: einen Übersetzungstext (**ÜT**), der im Wesentlichen so aussieht, wie du es vom Anfangsunterricht gewohnt bist; und zusätzlich einen zweiten sogenannten Interpretationstext (**IT**). Diesen musst du nicht übersetzen, sondern nur so weit verstehen, dass du mehrere Arbeitsaufgaben dazu erfüllen kannst. (Welche das sein können, lernst du anhand der Texte auf den folgenden Seiten kennen.)

Von nun an darfst du bei Schularbeiten auch das **Wörterbuch** verwenden. Da der Umgang damit anfangs nicht so einfach ist, wie man glauben könnte, haben wir dir auf S. 155 ein paar wichtige Tipps für den Umgang mit dem Lexikon zusammengestellt.

TIPP: Damit du den Grundwortschatz nicht vergisst, solltest du dir den praktischen **Veritas-Vokabeltrainer** als App aufs Handy laden – mit ihm kannst du auf spielerische Weise alle Vokabel aus *Medias In Res!* wiederholen!

***

Hier noch ein Überblick über die Texte auf den folgenden 32 Seiten. Sie gehören zum Modul (Themenbereich) **„Schlüsseltexte aus der europäischen Geistes- und Kulturgeschichte"** und umfassen folgende Kapitel:

I. Die Romanisierung Europas: Texte über die Gallier, Germanen und Britannier
II. Österreich in lateinischen Quellen: Texte über berühmte österreichische Heilige, die Stadt Wien im 15. Jh. sowie Beispiele für lateinische Inschriften
III. Das Christentum als prägende Kraft Europas: Texte aus der *Vulgata* (lateinische Bibel), der *Legenda Aurea* (Heiligengeschichten) und der Ordensregel des hl. Benedikt
IV. Begegnung mit fremden Kulturen: Texte über China, Amerika und die Osmanen

Wichtige Lernvokabel

☐	**ait**	er/sie sagt(e)
☐	**aliqui/aliqua/aliquod**	irgendein
☐	**aliquis/aliquid**	irgendjemand/-etwas
☐	**aut – aut**	entweder – oder
☐	**beatus/a/um**	1) glücklich; 2) heilig
☐	**caro, carnis f.**	Fleisch
☐	**cibus, -i**	Speise
☐	**ergo** (Adv.)	also, daher
☐	**et**	1) und; 2) auch (= etiam)
☐	**fieri, fio, factus sum**	1) werden; 2) geschehen; 3) gemacht werden
☐	**igitur** (Adv.)	also, daher
☐	**mori, morior M, mortuus sum**	sterben
☐	**ob** (+ Akk.)	wegen
☐	**pergere, pergo 3, perrexi, -rectum**	aufbrechen
☐	**praecipere, praecipio M, -cepi, -ceptum**	befehlen
☐	**qui-/quae-/quodcumque**	wer auch immer
☐	**quisquam/quidquam**	irgendjemand/-etwas
☐	**quod**	1) weil; 2) dass
☐	**si quis/quid**	wenn jemand/etwas
☐	**talis/e**	solch
☐	**tantus/a/um**	so groß
☐	**uti, utor 3, usus sum** (+ Abl.)	gebrauchen, benützen
☐	**uti = ut**	wie; dass, damit, sodass
☐	**vel**	oder
☐	**vel – vel**	entweder – oder

Tipps für die Benützung des Wörterbuchs

Im Folgenden ein paar grundsätzliche Tipps, wie du am besten und effizientesten mit einem Wörterbuch (WB) umgehst – egal, welches du verwendest.

1 Schlage so selten wie möglich im WB nach!

→ **Problem:** Je öfter du nachschlägst, desto mehr Zeit vergeudest du beim Übersetzen mit dem Herumblättern im Lexikon.

→ **Lösung:** Je größer dein Grundwortschatz ist, umso seltener musst du nachschlagen.

Stell dir einen Satz wie ein Puzzle vor: Wenn du von zehn Wörtern von vornherein sieben oder acht weißt, ergibt sich die Bedeutung der fehlenden mitunter ganz von selbst – oder du hast dann zumindest eine Vermutung. Danach kannst du immer noch zur Bestätigung nachschlagen.

2 Nimm nicht automatisch das erste Wort, das so aussieht wie das, das im Text steht!

→ **Problem:** Unter *populus* findest du z. B. zwei verschiedene Einträge: Einerseits ein Wort, das „Volk" bedeutet, andererseits eines mit der Bedeutung „Pappel". Wäre doch blöd, wenn statt einer Pappel ein Volk umgesägt wird oder statt des Volkes eine Pappel regiert …

→ **Lösung:** Achte auf die Kennzeichnung gleich lautender Einträge – meist durch hochgestellte Ziffern oder durch römische Ziffern vor dem Wort unterschieden:

populus^1	I. *populus*
populus^2	II. *populus*

3 Wähle nicht automatisch die erste Bedeutung, die bei einem Wort angegeben ist!

→ **Problem:** Aus Zeitersparnisgründen neigt man dazu, gleich die erste Bedeutung, die bei einem Vokabel steht, zu wählen.

→ **Lösung:** Die erste Bedeutung ist nicht zwangsläufig die passende! Lies immer alle Hauptbedeutungen!

Beispiel: Bei *liber, libri* findest du manchmal als erste Bedeutung „Bast" – meist bedeutet das Wort aber natürlich „Buch"!

Nota bene: In manchen Lexika sind die häufigsten Bedeutungen durch **Fettdruck** und/oder S p e r r u n g gekennzeichnet.

4 Achtung auf assimilierte Formen!

→ **Problem:** Manche Wörter wie z. B. *adfigere, adpropinquare, adsequi* glaubt man auf Anhieb nicht im WB finden zu können.

→ **Lösung:** Zusammengesetzte Wörter stehen in der Regel in der assimilierten Form (siehe S. 119) im WB. Das heißt, du musst unter *affigere, appropinquare, assequi* nachschlagen. Immerhin gibt es im WB unter dem betreffenden Buchstaben einen (leider leicht zu übersehenden) einmaligen grundsätzlichen Hinweis auf solche Formen:

- *adp…* → *app…*
- *adf…* → *aff…*
- *adg…* → *agg…*
- *ads…* → *ass…* (etc.)

5 Überlege, von welchem Wort sich die Form im Text ableitet!

→ **Problem:** Im WB gibt es oft eine große Auswahl an Wörtern, die so ähnlich aussehen wie das Wort in deinem Text – aber nur ein Wort kann das richtige sein!

→ **Lösung:** Analysiere die Form zuerst ganz genau!

- Aus der Verbform *iacebit* kannst du schließen, dass es sich um ein Verb der *e*-Konjugation handelt. Folglich musst du bei *iacere 2* nachschlagen – und nicht bei dem im WB gleich benachbarten *iacere M* (dessen Futur ja *iaciet* wäre!).
- Zur **Nominalform** *pedum* findest du im WB zwar das Wort *pedum, -i* („Hirtenstab"), viel eher wird es sich aber um eine Form von *pes, pedis* („Fuß"; keinesfalls aber des Verbs *pedere* 3 „furzen"…) handeln!

Versuche aus dem Textzusammenhang den Fall zu erkennen und dekliniere dann das Wort „rückwärts" bis zum Genetiv Sg.; *pedis* kommt dir wohl als Genetiv zu *pes* bekannt vor.

Unter Umständen helfen dir auch analoge Formenbildungen:

- *legibus* → 2.F. Sg. *legis* → 1.F. Sg. *lex* (analog zu *rex, regis*!)
- *ore* → 2.F. Sg. *oris* → 1.F. Sg. *os* (analog zu *mos, moris*!)
- *poplitum* → 2.F. Sg. *poplitis* → 1.F. Sg. *poples* (analog zu *miles, militis*!)

6 Achtung auf Eigennamen!

→ **Problem:** Manche Nomina gibt es auch als Eigennamen.

→ **Lösung:** Achte genau auf die Groß- und Kleinschreibung:

- *venus,-eris* = „Liebe", „Anmut"
- *Venus,-eris* = „Venus" (die Liebesgöttin)

Nota bene: Oft werden die Übersetzungen von Eigennamen im WB mit ihrem Anfangsbuchstaben abgekürzt. Als Übersetzung musst du dann die lateinische Form wählen; Völkernamen kannst du auch eindeutschen:

- *Carpetani,-orum* = die C. (→ „die Carpetani/Carpetaner")
- *Helvetii,-orum* = die H. (→ „die Helvetii/Helvetier")

Die Romanisierung Europas
1. RÖMER UND GALLIER

Noch im 4. Jh. v. Chr. waren die Gallier tief nach Italien vorgedrungen und hatten sogar Rom belagert (vgl. Lec. 9). Im 1. Jh. v. Chr. drehten die Römer den Spieß um und eroberten unter Cäsars Führung in den Jahren 58–51 ganz Gallien. Die beste (wenn auch nicht ganz objektive) Quelle für diesen Feldzug ist Cäsars selbst verfasster Kriegsbericht „Commentarii de bello Gallico" („Aufzeichnungen über den gallischen Krieg").

A Die Völker Galliens *Caesar, Commentarii de bello Gallico 1,1 (gek.; 98 Wörter)*

Eine der berühmtesten Stellen der lateinischen Literatur ist der Anfang von Cäsars „Commentarii", in dem er über die geografischen Verhältnisse Galliens berichtet.

Gallia est omnis divisa in partes tres. Quarum unam incolunt Belgae, aliam Aquitani, tertiam (ii), qui ipsorum linguā Celtae, nostrā (linguā) Galli appellantur. Hi omnes linguā, *_institutis_, legibus inter se *_differunt_. (…)

Horum omnium fortissimi sunt Belgae, propterea quod
a *_cultu_ atque *_humanitate_ *_provinciae_ longissime absunt,
*_minimeque_ ad eos mercatores *_saepe_ *_commeant_
atque ea, quae *_ad_ *_effeminandos_ animos *_pertinent_, important,
proximique sunt Germanis,
qui trans Rhenum incolunt, quibuscum *_continenter_ bellum gerunt.
Quā de causā Helvetii quoque reliquos Gallos virtute *_praecedunt_,
quod fere cotidianis proeliis cum Germanis contendunt,
cum aut suis finibus eos prohibent aut ipsi in eorum finibus bellum gerunt.

institutum, -i: „Brauch"
differre: „sich unterscheiden"
cultus, -us: „Kultur"
humanitas, -atis f.: „Zivilisation"
provinciae: gemeint ist die damals schon bestehende römische Provinz in Südgallien (heutige Provence)
minime … saepe: „ganz selten"
commeare 1 = venire 4
pertinére 2 (**ad**): „dienen (zu)"
effeminare 1: „verweichlichen"
continenter (Adv.): „ununterbrochen"
praecedere 3 = superare 1

B Die Sitten der Gallier *Caesar, Commentarii de bello Gallico 6,13 (72 Wörter)*

Cäsar beschreibt nicht nur seine Kriegszüge, sondern beschäftigt sich auch mit der Lebensweise der Gallier. Eine besondere Rolle spielen bei ihnen die ursprünglich aus Britannien kommenden Druiden.

Druides *_rebus divinis_ intersunt, *_sacrificia_ publica ac privata *_procurant_, *_religiones_ interpretantur. Ad hos magnus adulescentium numerus *_disciplinae_ causa concurrit, magnoque hi sunt apud eos honore. Nam fere de omnibus controversiis publicis privatisque constituunt, et, si quod est commissum facinus, si caedes facta (est), si de *_hereditate_, de finibus controversia est, iidem decernunt, *_praemia_ poenasque constituunt. Si qui aut privatus aut populus eorum decreto non *_stetit_, (eum) *_sacrificiis_ *_interdicunt_. Haec poena apud eos est gravissima.

res divinae: „Kulthandlungen"
sacrificium, -i: „Opfer"
procurare 1: „durchführen"
religio, -onis f.: „religiöse Lehre"
disciplina, -ae: „Unterricht"
hereditas, -atis f.: „Erbschaft"
praemium, -i: hier: „Entschädigung"
stare 1: hier: „sich fügen", „gehorchen"
interdicere 3 (+ Abl.): „ausschließen (von)"

C Cäsars entscheidender Sieg *Caesar, Commentarii de bello Gallico 7,88 f. (gek.; 58 lat. Wörter)*

Im Jahr 53 v. Chr. kommt es zu einem gesamtgallischen Aufstand unter dem Avernerfürsten Vercingetorix. Doch in der Schlacht bei Alesia (52 v. Chr., vgl. Lec. 18) gelingt es Cäsar trotz zahlenmäßiger Unterlegenheit, die Truppen der Gallier entscheidend zu besiegen:

Hostes *_terga vertunt_; fugientibus equites occurrunt. Fit magna caedes. *_Signa militaria_ LXXIV ad Caesarem referuntur: Pauci ex tanto numero se *_incolumes_ in castra recipiunt. Fit *_protinus_ hāc re auditā ex castris Gallorum fuga.

Am folgenden Tag beruft Vercingetorix eine Versammlung ein. Er erklärt, dass er den Krieg nicht aus Eigeninteresse, sondern wegen der gemeinsamen Freiheit begonnen habe. Weil man sich dem Schicksal fügen müsse, stelle er sich ihnen für beides zur Verfügung: sei es, sie wollten die Römer durch seinen Tod zufriedenstellen, sei es, sie wollten ihn lebendig ausliefern. (Üs.: Wolfram Kautzky)

Mittuntur *_de_ his rebus ad Caesarem legati. Iubet arma tradi, principes produci. Ipse in *_munitione_ *_pro_ castris consedit. Eo duces producuntur. Vercingetorix deditur, arma *_proiciuntur_.

terga vertunt = fugiunt
signum (-i) **militare** (-is): „Feldzeichen" (der Gallier; es handelte sich meist um Tiersymbole, die auf Stangen getragen wurden)
incolumis/e: „unverletzt"
protinus (Adv.) = statim
de: hier: „wegen"
munitio, -onis f.: „Schutzwall"
pro (+ Abl.): hier: „vor"
proicere M: „hinwerfen"

Romanisierung:

Unter **Romanisierung** versteht man die Übernahme der römischen Kultur durch andere Völker. Mit der Ausweitung des römischen Imperiums verbreitete sich in den meisten der neu eroberten Länder die römische Zivilisation (Straßen, Städtebau, Wohnbau, Rechtsprechung, Bräuche etc.) – nicht zuletzt deshalb, weil viele ehemalige Soldaten (Veteranen) in den neuen Provinzen sesshaft wurden.

Die Romanisierung Galliens steht auch im Mittelpunkt der bekannten Comic-Serie um Asterix und Obelix. Im hier abgedruckten Ausschnitt („Asterix plaudert aus der Schule", Ehapa Verlag, 2005) geht es in amüsanter Weise um das Einsickern der lateinischen Sprache in Gallien – ein Vorgang, der auch heute bei der häufigen Übernahme englischer Fremdwörter ins Deutsche für Diskussionen sorgt.

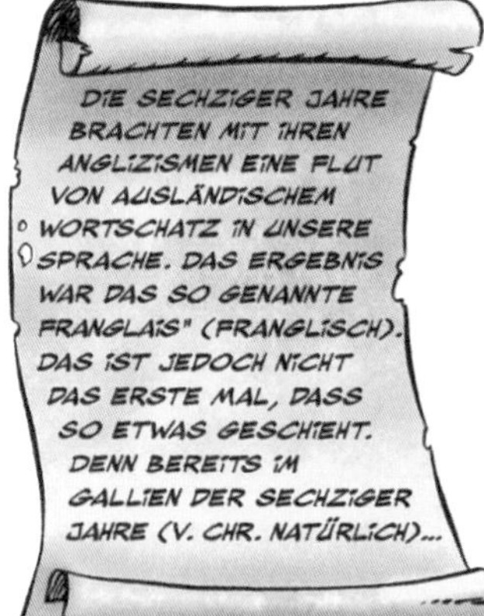

* LIEBREIZ, ANSTAND

2. RÖMER UND GERMANEN

Während die Römer die Gallier bis zur Mitte des 1. Jh. v. Chr. nach und nach vollständig unterwerfen konnten (→ S. 156), waren sie den Germanen gegenüber bei Weitem nicht so erfolgreich. Schon die ersten militärischen Aufeinandertreffen, die Kriege gegen die Kimbern und Teutonen am Ende des 2. Jh. v. Chr., endeten mit Niederlagen der Römer. Auch in späterer Zeit blieben die Germanen gefürchtete Feinde.

A Cäsars Rheinübergang *Orosius, 6,8,23 – 6,9,1 (gek.; 59 Wörter)*

Als Cäsar während seines Gallienkrieges auch gegen germanische Truppen kämpfen musste, die den Galliern zu Hilfe gekommen waren, beschließt er gegen sie energisch vorzugehen. Die Trennungslinie zwischen Galliern und Germanen formulierte übrigens als Erster Cäsar: Erstere seien diesseits, letztere jenseits der Rhein-Donau-Grenze angesiedelt (siehe Karte).

Caesar Germanos, qui Rhenum cum immensis copiis **transmiserant* et totas Gallias subicere sibi **parabant*, usque ad internecionem **cecidit*. Quorum fuisse numerum ad CXL milia **ferunt*.

Tunc Caesar in Germaniam facto ponte transgreditur, **Ubios* obsidione liberat; Suebos, maximam et ferocissimam gentem, quorum esse centum pagos et populos multi **prodiderunt*, totamque Germaniam adventu suo terret; mox in Galliam **rescisso* ponte cedit.

transmittere 3: „überschreiten"
parare 1: hier: „vorhaben"
caedere 3, cecidi: hier: „besiegen"
ferunt (+ AcI): „man sagt, dass …"
Ubii, -orum: „die Ubier" (mit Cäsar verbündeter germanischer Stamm)
prodere 3, prodidi: „berichten"
rescindere 3, -scidi, -scissum: „abreißen"

B Die Sitten der Germanen *Caesar, Commentarii de bello Gallico 6,21/23 (gek.; 78 Wörter)*

Cäsar widmet sich in seinen „Commentarii" nicht nur der Lebensweise der Gallier (→ S. 156), sondern auch der der Germanen. Besonders hebt er ihr kriegerisches Wesen und ihre Sittenstrenge hervor.

Vita omnis in venationibus atque in **studiis rei militaris* consistit; **a parvulis* labori ac duritiae student. (Ii,) qui diutissime impuberes permanserunt, maximam inter suos **ferunt* laudem: (Putant) hōc **ali* staturam, **ali* vires, nervosque confirmari putant.
Ante annum vero vicesimum feminae notitiam habuisse **in turpissimis habent rebus*. **Cuius rei* nulla est occultatio, quod et promiscue in fluminibus **perluuntur* et pellibus aut parvis **renonum* tegimentis utuntur **magnā* corporis *parte nudā*. […] Civitatibus maxima laus est **quam* latissime circum se vastatis finibus solitudines habere.

studium rei militaris: „kriegerischer Eifer"
a parvulis: „von frühester Jugend an"
ferunt = accipiunt
alere 3, alui: passiv: „gefördert werden"
in turpissimis habere rebus: „zu den schlimmsten Dingen zählen"
Cuius rei: „dafür" (für die Geschlechtsreife)
perluere 3: passiv: „baden"
reno, -onis m: „Pelz"
magnā … parte nudā (Abl. abs.): „während der Großteil … nackt ist"
quam (+ Superlativ): „möglichst"

C Die Schlacht im Teutoburger Wald *Florus 2,30 (gek.; 116 Wörter)*

Im Jahr 9 n. Chr. erleiden die Römer eine der schlimmsten Niederlagen ihrer Geschichte: Drei ihrer Legionen, die unter dem Kommando des Quintilius Varus stehen, werden vom Germanenfürsten Arminius überfallen und aufgerieben. Augustus soll auf die Kunde von dieser Katastrophe gerufen haben: „Varus, gib mir meine Legionen zurück!"

Sed difficilius est provincias obtinere quam facere; viribus parantur, iure retinentur. Igitur breve fuit id **gaudium*. Nam Germani victi magis quam domiti erant. Sub imperatore Druso mores nostros magis quam arma **suspiciebant*. Postquam ille mortuus est, Vari Quintili **libidinem* ac superbiam **haud secus* quam saevitiam odisse coeperunt.

At illi, ubi togas et **saeviora armis* iura viderunt, **duce Arminio* arma corripiunt; (Varum) **improvidum* et nihil tale metuentem **ex improviso* adorti sunt et, cum ille (eos) **ad tribunal citaret*, undique invadunt; castra rapiuntur, tres legiones opprimuntur.

Nihil **illā caede* per paludes perque silvas crudelius (fuit), nihil **insultatione* barbarorum intolerantius. Aliis oculos, aliis manus amputabant, unius os **sutum* (est), **recisā* prius linguā. Quam in manu tenens barbarus „Tandem" ait, „vipera, sibilare desisti!"

gaudium: gemeint ist die Freude der Römer über die neue Provinz
suspicere M: „achten", „respektieren"
libido, -inis f.: „Willkür"
haud secus: „genauso"
saeviora armis iura: „Gesetze, die schlimmer als die Waffen sind"
duce Arminio: „unter Führung des Arminius"
improvidus/a/um: „ahnungslos"
ex improviso: „aus heiterem Himmel"
ad tribunal citare: „zu Gericht rufen"
illā caede / insultatione: die Ablative drücken den Vergleich aus („als…)
suere 3, sui, sutum: „zunähen"
recídere 3, -cidi, -cisum: „herausschneiden"

Arbeitsaufgaben

A

1. Liste alle Ablative auf, die im zweiten Absatz vorkommen, und gib jeweils ihre Funktion an (z. B. *Abl. instrumenti*)!
2. Finde im Text zu den folgenden alphabetisch aufgelisteten Fremd- bzw. Lehnwörtern jeweils ein sprachlich verwandtes lateinisches Wort (Substantiv, Adjektiv, Verb oder Adverb) und zitiere dieses:

   a) liberal, b) multiplizieren, c) populär, d) Terror, e) Zentimeter
3. Überprüfe die Richtigkeit der Aussagen anhand des Textes!

a) Cäsar hatte vor, ganz Gallien zu unterwerfen.	R	F
b) Das germanische Heer, mit dem Cäsar kämpfte, bestand aus circa einer Million Soldaten.	R	F
c) Cäsar ließ eine Brücke errichten und kam so nach Germanien.	R	F
d) Die Sueben waren das größte Volk der Germanen.	R	F
e) Die Ankunft Cäsars erschreckte auch die Sueben.	R	F

B

1. Gliedere den folgenden Satz aus dem Text B (Z. 5–7) in Hauptsatz (HS), Gliedsätze (GS) und satzwertige Konstruktionen (sK):

   Cuius rei nulla est occultatio, quod et promiscue in fluminibus perluuntur et pellibus aut parvis renonum tegimentis utuntur magnā corporis parte nudā.
2. Finde im Text Beispiele für die folgenden Stilmittel (→ S. 198) und zitiere sie:

   a) Hyperbaton (3 x), b) Anapher (1 x), c) Parallelismus (1 x)!
3. Überprüfe die Richtigkeit der Aussagen anhand des Textes!

Bei den Germanen war geschlechtliche Frühreife hoch angesehen.	R	F
Gemeinsames Baden von Männern und Frauen war üblich.	R	F
Beim Baden wurde eine Art Fell-Bikini getragen.	R	F
Die Germanen waren darauf aus, immer Nachbarn um sich zu haben.	R	F

4. Wähle aus den angegebenen Möglichkeiten die richtige Übersetzung aus:

   a) *Qui* (Z. 2) heißt übersetzt: ☐ „diese" ☐ „dieser" ☐ „der" ☐ „diejenigen, die"

   b) *et* (Z. 5 f.) heißt übersetzt: ☐ „und" ☐ „aber" ☐ „sowohl" ☐ „auch"

C

1. Liste alle im Text vorkommenden Verbalformen mit Passivendung auf! Kennzeichne alle Deponentia mit D!
2. Trenne die folgenden Wörter in Präfix / Suffix und Grundwort und gib die im Kontext passende deutsche Bedeutung der einzelnen Elemente in Klammern an:

   a) *retinentur* (Z. 2), b) *imperatore* (Z. 3), c) *invadunt* (Z. 8), d) *desisti* (Z. 13)
3. Liste fünf verschiedene lateinische Begriffe aus dem Sachfeld (→ S. 141) „Krieg" auf, die im Text vorkommen!
4. Finde im ersten Absatz drei Beispiele für das Stilmittel der Antithese (→ S. 198) und zitiere sie!

Die Römer in Deutschland

Nach den erfolglosen Versuchen, Germanien vollständig zu erobern, begnügten sich die Römer damit, die Rheingrenze zu sichern, und errichteten hier zwei Provinzen: *Germania superior* und *Germania inferior* (siehe Karte).
Wie in allen Teilen des Reiches kam es auch in den germanischen Provinzen zu einer Romanisierung, d.h. zu einer Übernahme der römischen Kultur: Neben den hier stationierten Soldaten wurde auch eine größere Zahl von Veteranen in den Provinzen angesiedelt, weiters ließen sich Handwerker und Kaufleute hier nieder. Nach römischem Vorbild wurden Straßen, Gutshöfe, Dörfer und Städte errichtet, die alle Annehmlichkeiten zu bieten hatten, die die Römer aus ihrer Heimat kannten, z. B. Theater, Tempel, Thermen und Wasserleitungen.

? Welche modernen Städte sind aus *Mogontiacum, Colonia Claudia Ara Agrippinensium* und *Augusta Treverorum* entstanden?

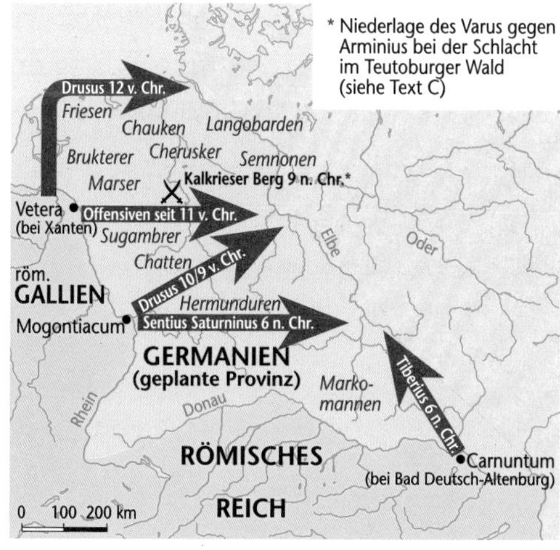

3. DIE BESETZUNG BRITANNIENS

A Cäsars Strafexpedition *Historia Brittonum 19 f. (gek.; 152 Wörter)*

Während seines Krieges in Gallien brach Julius Cäsar auch zweimal zu einer Expedition nach Britannien auf:

Romani ad Brittannos miserunt legatos, ut obsides et **censum* acciperent ab illis, sicut accipiebant ab universis regionibus et insulis. Brittanni autem, cum essent tyranni et **tumidi*, legationem Romanorum **contempserunt*. Tunc Iulius Caesar iratus est valde et venit ad Brittanniam cum sexaginta **ciulis* et tenuit in **ostium *Tamesis*; in quo naufragium **perpessae* sunt naves illius, dum ipse pugnabat apud Dolobellum, qui erat **proconsul* regis Brittannici; et Iulius reversus est sine victoria caesis militibus et fractis navibus.

Et iterum post spatium trium annorum venit cum magno exercitu trecentisque **ciulis* et pervenit usque ad **ostium* fluminis, quod vocatur **Tamesis*. Et ibi (Romani) **inierunt* bellum et multi de equis militibusque suis ceciderunt, quia **supra dictus *proconsul* posuerat **sudes* ferreos in **vada* fluminis. **Discrimen* magnum fuit militibus Romanorum haec **ars* invisibilis, et discesserunt sine pace **in illa vice*.

Gestum est bellum **tertio* prope locum, qui dicitur Trinovantum; et accepit Iulius imperium Brittannicae gentis XLVII annis ante **nativitatem* Christi.

census, -us m.: „Steuern", „Abgaben"
tumidus/a/um: „hochmütig"
contemnere 3, -tempsi: „missachten"
ciula, -ae: „Schiff"
ostium, -i: „Mündung"
Tamesis, -is m.: „die Themse"
perpessae sunt = passae sunt
proconsul, -sulis m.: „Stellvertreter"
inire: auch: „beginnen"
supra dictus/a/um: „vorher erwähnt"
sudis, -is f.: „Pfahl"
vadum, -i: „Furt", „seichte Stelle"
discrimen, -inis n.: „Gefahr"
ars: hier: „Kriegslist"
in illa vice = in illa pugna
tertio (Adv.): „zum dritten Mal"
nativitas, -atis f.: „Geburt"

B Die Eroberung Britanniens *Historia Brittonum 21 (gek.; 44 Wörter)*

Nach Cäsars eher erfolglosen Expeditionen dauerte es fast hundert Jahre, bis Britannien von den Römern erobert wurde. Claudius (41–54 n. Chr.), der als Kaiser nicht sehr beliebt war (vgl. S. 120), wollte durch militärische Erfolge sein Image aufpolieren. Er bereitete den Feldzug sorgfältig vor, setzte dann mit einem riesigen Heer auf die Insel über und besetzte große Teile Britanniens (etwa dem Gebiet des heutigen England entsprechend).

Secundus post hunc Claudius imperator venit et in Brittannia imperavit annis quadraginta octo post adventum Christi et bellum fecit magnum non **absque *detrimento* militum; tamen victor fuit in Brittannia; et postea cum **ciulis* perrexit ad **Orcades* insulas et subiecit sibi et fecit eas tributarias.

absque = sine
detrimentum, -i: „Verlust"
ciula, -ae: „Schiff"
Orcades, -um f.: „Orkney-Inseln" (nördl. von Schottland)

C Der Hadrianswall *Historia Brittonum 22 (gek.; 71 Wörter)*

Unter den Nachfolgern des Claudius wurde zunächst der Westen der Insel (das heutige Wales) unterworfen. Im Norden begnügte man sich damit, die Provinz durch starke Grenzbefestigungen zu sichern. Errichtet wurden diese Befestigungsanlagen unter Kaiser Hadrian (117–138); Kaiser Septimius Severus, den der Autor der Historia Brittonnum als Erbauer nennt, ließ diesen Bau wahrscheinlich nur verstärken.

Tertius fuit Severus, qui **transfretavit* ad Brittannos; ibi, ut receptas provincias ab incursione barbaricā faceret tutiores, murum et **aggerem* a mari usque ad mare per latitudinem Brittanniae, id est per CXXXII **milia passuum*, **deduxit*.

Propterea iussit (murum) fieri inter Brittones et **Pictos* et Scottos, quia Scotti ab occidente et *Picti ab **aquilone* unanimiter pugnabant contra Brittones, nam et ipsi pacem inter se habebant; et non multo post intra Brittanniam Severus moritur.

transfretare 1: „über das Meer fahren"
agger, -eris m.: „Wall"
mille (Pl.: milia) **passuum**: „Meile"
deducere 3, -duxi, -ductum: „errichten"
Picti, -orum m.: „Pikten" (Volk in Schottland)
aquilo, -onis m.: „Norden"

Arbeitsaufgaben

A

1. Finde im Text zu den folgenden Begriffen jeweils ein lateinisches Synonym, das derselben Wortart angehört, und zitiere dieses:
   a) *ciulis* (Z. 4): ________________; b) *dicitur* (Z. 14): ________________
2. Wähle aus den gegebenen Möglichkeiten die richtige Übersetzung aus!
   Britannicae gentis (Z. 15) heißt übersetzt:
   ☐ „des brit. Volkes" ☐ „vom brit. Volk" ☐ „über das brit. Volk" ☐ „zum brit. Volk"
3. Verfasse unter Berücksichtigung des Textes einen Zeitungsbericht über die Schlacht an der Themse (insgesamt max. 100 Wörter)!

B

1. Trenne die folgenden Wörter in Präfix / Suffix und Grundwort und gib die im Kontext passende deutsche Bedeutung der einzelnen Elemente in Klammern an:
   a) *adventum* (Z. 2), b) *victor* (Z. 3), c) *subiecit* (Z. 4)
2. Überprüfe die Richtigkeit der Aussagen anhand des Textes!

a) Claudius führte in Britannien Krieg ohne Verlust von Soldaten.	R	F
b) Claudius unterwarf die Orkney-Inseln.	R	F

C

1. Nenne die lateinischen Wörter, aus denen sich der Begriff *unanimiter* (Z. 6) zusammensetzt, und gib die deutsche Bedeutung der einzelnen Wortbestandteile in Klammern an!
2. Wähle aus den gegebenen Möglichkeiten die richtige Übersetzung aus!
   a) *ut* (Z. 1) heißt übersetzt: ☐ „wie" ☐ „damit" ☐ „als"
   b) *post* (Z. 7) heißt übersetzt: ☐ „nach" ☐ „hinter" ☐ „später"
3. Ergänze die folgenden Sätze dem Inhalt des Textes entsprechend:
   a) Severus errichtete einen Wall, um ________________________________.
   b) Die Länge des Walls betrug ________________________________.

Der Hadrianswall

Als eines der bemerkenswertesten Bauwerke der Antike gilt der Hadrianswall. Errichtet wurde er unter Kaiser Hadrian im frühen 2. Jh. n. Chr. als Schutz der Nordgrenze der Provinz Britannia vor schottischen und irischen Stämmen. Der Hadrianswall erstreckt sich über die gesamte Breite der Insel, ungefähr dort, wo sich auch heute noch die Grenze zwischen England und Schottland befindet. Die Befestigungsanlage bestand teilweise aus einem Erdwall und teilweise aus mehrere Meter hohen Mauern; in regelmäßigen Abständen gab es Tore, Wachttürme und Kastelle, in denen Soldaten stationiert waren.

Große Teile des Hadrianswalles bestehen heute noch. Er wurde in die Liste des UNESCO-Weltkulturerbes aufgenommen und zählt zu den bekanntesten Touristenattraktionen Englands.

? Wie hieß der Wall, durch den sich die Römer vor den Germanen schützten?

Fotolia.com/stocksolutions

Österreich in lateinischen Quellen

1. DAS MARTYRIUM DES FLORIAN

A Beginn der Christenverfolgungen in Österreich *Passio Floriani 2 (gek.; 71 Wörter)*

Einer der Heiligen, die auf dem Gebiet des heutigen Österreich gewirkt haben, ist Florian. Er diente unter den Kaisern Diokletian und Maximian im römischen Heer, wurde dann Amtsvorsteher des Statthalters der Provinz Noricum Ripense (Ufernorikum = Gebiet zwischen Donau und Alpen) und übersiedelte nach seiner Pensionierung nach Cetium (St. Pölten). Schon in seiner Zeit als Soldat war er Christ geworden.

Ergo in illis diebus cum venisset **sacrilegorum* principum **praeceptio* **apud* Noricum Ripense, tunc adveniens **praeses* in castrum **Lauriacense* coepit vehementer inquirere Christianos. Et comprehensi sunt sanctorum numero quadraginta, qui – multis **suppliciis* cruciati – missi sunt in carcerem. Ad quorum **confessionem* beatus Florianus gaudens **successit*. Qui cum habitaret apud Cetium civitatem, audiens haec fieri apud Lauriacum, dixit ad **suos*: „Oportet me **Lauriacum* ambulare ad **praesidem* et ibidem pro Christi nomine diversa **supplicia* sustinere."

sacrilegus/a/um: „gottlos"
praeceptio, -onis f.: „Befehl"
apud: hier: „nach"
praeses, -sidis m.: „Statthalter"
Lauriacensis/e: „ von Lauriacum" (heutiges Lorch, Ortsteil von Enns)
supplicium, -i: „Strafe", „Folter"
confessio, -onis f.: „Bekenntnis (zu Gott)"
succedere 3, -cessi, -cessum: „nachfolgen"
sui, -orum: „die Seinigen" (= „Angehörige")
Lauriacum: „nach Lauriacum"

B Florians Tod *Passio Floriani 4-8 (gek.; 200 Wörter)*

Vor Lauriacum begegnet Florian einigen Soldaten und gesteht ihnen bereitwillig, dass er Christ sei. Er wird gefangen genommen und zum Statthalter geführt.

Praeses dixit ad eum: „Floriane, **ut quid* ista de te dicuntur? Veni, sacrifica dis, sicut et ego vel **commilitones* tui, ut vivas nobiscum et non cum **contemptoribus* puniaris **secundum* praecepta imperatorum." Beatus Florianus respondit: „Hoc ego non **sum facturus*; quod autem tibi praeceptum est, **exerce*!"

**In furorem* autem *conversus* praeses iussit eum **fustibus* **caedi*. Milites coeperunt eum **caedere*. Cum autem **caederent* eum, dicit ei praeses: „Sacrifica dis, Floriane, et libera te de **tormentis*!" Beatus Florianus respondit: „Ego verum sacrificium **modo* offero Domino Deo meo Iesu Christo." Haec autem sancto viro dicente iussit eum praeses iterum **caedi*. Cum autem **caederetur* beatus Florianus, ita hilari vultu **psallebat* **sicut in* gaudio aut in laetitiā magnā **constitutus*.

Tunc **iniquissimus* praeses iussit eum duci ad fluvium **Anesum* et ibi praecipitari de ponte. Beatus Florianus gaudens ita hilaris pergebat, **quasi* ad **lavacrum* duceretur. Cum autem pervenissent ad locum, ubi eum **habebant* **proicere*, ligaverunt lapidem ad collum eius. Rogabat autem beatus Florianus milites, qui eum tenebant, ut permitterent eum **orare* Dominum. Et **oravit* **quasi* unius horae spatium. Tunc adveniens quidam iuvenis plenus irā dixit ad milites: „Quid statis et non facitis iussionem praesidis?" Et haec dicens praecipitavit eum de ponte in fluvium et statim **oculi* eius *crepuerunt*.

ut quid = cur
commilito, -onis m.: „Kamerad"
contemptor, -oris m.: „Verächter (der Götter)"
secundum (+ Akk.): „gemäß"
sum facturus = faciam (Futur)
exercére 2: hier: „machen", „ausführen"
in furorem conversus: „wütend geworden"
fustis, -is m.: „Knüppel"
caedere 3: hier: „schlagen"
tormentum, -i: „Folter"
modo (Adv.): „nur"

psallere 3: „Psalmen singen"
sicut in … constitutus: „als ob er in … versetzt worden wäre"
iniquus/a/um: „erzürnt"
Anesus, -i: „Enns" (Fluss in OÖ)
quasi (Konjunktion): „als ob"
lavacrum, -i: „Bad"
habére 2 (+ Inf.) = debere 2
proicere M: „herabwerfen"
orare (+ Akk.): „beten (zu)"
quasi (bei Zahlen): „beinahe"

oculi crepuerunt: „die Augen wurden starr" (Umschreibung für das Sterben)

Arbeitsaufgaben

A

1. Liste alle Präsenspartizipia (PPA) auf, die im Text vorkommen, und gib ihre Bezugswörter an!
2. Gliedere den folgenden Satz aus dem Text (Z. 3 f.) in Hauptsatz (HS), Gliedsätze (GS) und satzwertige Konstruktionen (sK):

   Et comprehensi sunt sanctorum numero quadraginta, qui – multis suppliciis cruciati – missi sunt in carcerem.
3. Wähle aus den gegebenen Möglichkeiten genau zwei dem Text entsprechende Aussagen aus:

   ☐ 400 Christen wurden verhaftet. ☐ Florian beschloss, nach Lauriacum zu reisen.

   ☐ Die Christen wurden gefoltert. ☐ Florian wurde ebenfalls gefoltert.

B

1. Liste alle Imperative der ersten beiden Absätze auf!
2. Nenne die lateinischen Wörter, aus denen sich der Begriff *sacrificium* (Z. 1) zusammensetzt, und gib die deutsche Bedeutung der einzelnen Wortbestandteile in Klammern an!
3. Finde im Text zu den folgenden alphabetisch aufgelisteten Fremd- bzw. Lehnwörtern jeweils ein sprachlich verwandtes lateinisches Wort (Substantiv, Adjektiv, Verb oder Adverb) und zitiere dieses:

   a) (Bundes-)Liga, b) Fakten, c) Lokal, d) Oblate, e) Station, f) Union
4. Wähle aus den gegebenen Möglichkeiten die richtige Übersetzung aus!

   Haec sancto viro dicente (Z. 9) heißt übersetzt:

   ☐ „als er dies dem heiligen Mann sagte" ☐ „als diese zum heiligen Mann sprach"

   ☐ „als der heilige Mann dies sagte" ☐ „als dies vom heiligen Mann gesagt worden war"
5. Belege die folgenden Aussagen mit jeweils einem passenden Zitat aus dem Text! (Zitiere die Belegstellen!)

   a) Der Statthalter möchte Florian vor dem Tod bewahren.

   b) Florian möchte den Göttern kein Opfer bringen.

   c) Florian hat keine Angst vor dem Tod.

Christenverfolgungen

Wie auch aus der *Passio Floriani* ersichtlich ist, wurden Christen nicht wegen ihres Glaubens an sich, sondern wegen ihrer Weigerung hingerichtet, den römischen Staatsgöttern oder dem Genius (Schutzgott) des Kaisers ein Opfer zu bringen. Da die (heidnischen) Römer den Eingottglauben der Christen nicht nachvollziehen konnten, sahen sie in dieser Weigerung einen staatsgefährdenden Akt, der mit dem Tod zu bestrafen war. Natürlich waren nicht alle Christen so standhaft wie Florian: Viele vollzogen das geforderte Opfer und retteten so ihr Leben.

Hl. Florian (Gemälde um 1522)

Wusstest du eigentlich …

… wie Florian zum **Schutzpatron der Feuerwehr** geworden ist? Bei der bildlichen Darstellung von Heiligen erhalten diese bestimmte Attribute (Gegenstände, die sie erkennbar machen), die sich auf ihr Wirken oder ihr Martyrium beziehen. Um Florians Tod in der Enns darzustellen, wurde ihm ein Kübel Wasser in die Hand gegeben; damit hatte er ein geeignetes Mittel zum Löschen von Feuer.

… was man unter dem **Florianiprinzip** versteht? Es ist dies der Wunsch, ein notwendiges Übel möge einen nicht selbst, sondern seinen Nachbarn treffen (z. B. der Bau einer Müllverbrennungsanlage die Nachbargemeinde). Die Bezeichnung leitet sich von einem scherzhaften Gebet an den heiligen Florian ab: „Lieber heiliger Florian, schütz unser Haus, zünd's and're an!"

2. SEVERIN UND DAS ENDE DER RÖMERHERRSCHAFT

Ab dem Ende des 4. Jh. wurde die Lage in den Grenzgebieten des Reiches immer unsicherer. Immer wieder fielen germanische Stämme ein und verwüsteten das Land. Während sich in Pannonien die Grenztruppen zurückzogen, wurden Noricum und die Donaugrenze noch weiter verteidigt – allerdings ohne großen Erfolg. Die sogenannten Romanen, die romanisierte Bevölkerung der römischen Provinzen, konnten sich auf keinen funktionierenden Verwaltungsapparat mehr verlassen, geschweige denn auf einen effektiven militärischen Schutz.
Mit der „Vita Sancti Severini" haben wir eine sehr gute Beschreibung der Zustände zu dieser Zeit. Severin – ein Mönch, über dessen Herkunft nicht viel bekannt ist – setzte sich mit unermüdlichem Einsatz für die geplagte Bevölkerung Noricums ein.

A Ein Sieg gegen die Germanen mit Gottes Hilfe *Eugippius, Vita Sancti Severini 4 (gek.; 174 Wörter)*

Eodem tempore inopinatā **subreptione* **praedones* barbari, quidquid hominum pecudumque extra muros reppererant, **duxerunt captivum*. Tunc plures e civibus ad virum Dei cum lacrimis confluentes inlatae calamitatis exitium rettulerunt, simul ostendentes indicia recentium rapinarum. Ille vero Mamertinum **percontatus est* – tunc tribunum, qui **post* episcopus **ordinatus est* – , utrum aliquos secum haberet armatos, cum quibus **latrunculos* sequeretur **instantius*.

Qui respondit: „Milites quidem habeo paucissimos, sed non audeo cum tantā hostium turbā **confligere*. Quod si **tua veneratio* praecipit, quamvis auxilium nobis desit armorum, credimus tamen tuā nos fieri **oratione* victores." Et Dei famulus ait: „Etiam si inermes sunt tui milites, nunc ex hostibus armabuntur: Nec enim numerus aut fortitudo humana **requiritur*, ubi propugnator deus per omnia **comprobatur*."

Exeuntes igitur in secundo **miliario* super rivum, qui vocatur Tiguntia, **praedictos* latrones inveniunt. Quibus **in fugam* repente *conversis* arma omnium sustulerunt, ceteros vero vinctos ad Dei famulum, ut praeceperat, adduxerunt **captivos*. Quos **absolutos vinculis* (et) cibo potuque refectos paucis (verbis) alloquitur: „Ite et vestris **denuntiate* **complicibus*, ne aviditate praedandi **ultra* huc audeant propinquare! Nam statim caelestis vindictae iudicio punientur!"

subreptio, -onis f.: „Plünderungszug"
praedo, -onis m.: „Räuber"
captivum ducere: „als Beute wegführen"

percontari 1: „fragen"
post = postea
ordinare 1: „einsetzen (als ...)"
latrunculus, -i: „Räuber"
instantius (Adv.): = statim
confligere 3: „kämpfen"
tua veneratio (-onis): „Euer Hochwürden" (Anrede)
oratio, -onis f.: „Gebet"

requirere 3: „benötigen"
comprobare 1: pass.: „sich erweisen als ..."

miliarium, -i: „Meilenstein"
praedictus/a/um: „vorher erwähnt"
in fugam convertere: „in die Flucht schlagen"
captivos (Akk.): „als Gefangene"
vinculis absolvere: „von den Fesseln befreien"
denuntiare 1: „erklären"
complex, -icis m.: „Komplize"
ultra (Adv.): „weiterhin"

B Severin verkündet Odoaker die Zukunft *Eugippius, Vita Sancti Severini 6 f. (gek., 108 Wörter)*

Severin soll auch einige Wunder bewirkt haben. Als er einmal einen schwer Gichtkranken aus dem germanischen Stamm der Rugier heilen konnte, verbreitete sich seine Bekanntheit auch unter den Germanen.

Ex illo igitur tempore, quo est reddita sanitas **desperato*, universa Rugorum gens ad Dei famulum frequentans coepit **gratulationis obsequium* **reddere* et opem suis postulare **languoribus*. De aliis etiam gentibus, ad quas tanti miraculi fama pervenerat, multi Christi militem videre cupiebant. Quā **devotione*, etiam ante hoc factum, quidam barbari, cum ad Italiam pergerent, **promerendae* benedictionis causā ad eum **deverterunt*.

Inter quos et Odovacar, qui postea **regnavit* Italiae, vilissimo tunc **habitu* iuvenis **staturā procerus*, advenerat. Qui cum se, ne humillimae **tectum* cellulae suo **vertice* contingeret, inclina(vi)sset, a viro Dei gloriosum se fore cognovit. Cui etiam **valedicenti*: „Vade", inquit, „ad Italiam, vade, vilissimis nunc pellibus **coopertus*, sed multis **cito* **plurima largiturus*!"

desperatus, -i: „der Verzweifelte"
gratulationis obsequium: „dankbarer Gehorsam" / **reddere** 3: hier: „erweisen"
languor, -oris m.: „Bedrängnis", „Notlage"
devotio, -onis f.: „Ergebenheit"
promerére 2: „erhalten"
devertere 3, -verti, -versum: „einkehren"
regnare 1 (+ Gen.): „herrschen (über)"
habitus, -us m.: „Kleidung"
statura procerus/a/um: „großgewachsen"
tectum, -i: „Decke" / **vertex**, -icis m.: „Kopf"
valedicere 3: „sich verabschieden"
coopertus/a/um: „bedeckt"
cito (Adv.) = mox
plurima largiturus: „der du sehr viel schenken wirst"

Arbeitsaufgaben

A

1. Liste alle Perfektpartizipia (PPP) des letzten Absatzes sowie deren Bezugswörter auf!
2. Trenne die folgenden Wörter in Präfix / Suffix und Grundwort und gib die im Kontext passende deutsche Bedeutung der einzelnen Elemente in Klammern an:

   a) *confluentes* (Z. 3), b) *inlatae* (Z. 3), c) *propugnator* (Z. 12). d) *refectos* (Z. 17), e) *aviditate* (Z. 18)
3. Gliedere den folgenden Satz aus dem Text (Z. 9 f.) in Hauptsatz (HS), Gliedsätze (GS) und satzwertige Konstruktionen (sK):

   Quod si tua veneratio praecipit, quamvis auxilium nobis desit armorum, credimus tamen tua nos fieri oratione victores.
4. Ergänze die folgenden Sätze dem Inhalt des Textes entsprechend:

   a) Die Bürger kamen klagend zu Severin, weil ______________________________.

   b) Severin bat Mamertinus darum, ______________________________.

   c) Mamertinus wollte zuerst nicht helfen, weil ______________________________.

   d) Die Soldaten erhielten Waffen von ______________________________.

B

1. Liste alle Formen von *qui/quae/quod* auf, die im Text vorkommen, und gib jeweils an, ob es sich um einen relativen Anschluss („dieser/diese/dieses") oder ein Relativpronomen („der/die/das") handelt.
2. Liste drei unterschiedliche Ausdrücke auf, mit denen Severin im Text bezeichnet wird.
3. Finde im zweiten Absatz des Textes ein Beispiel für das Stilmittel der Anapher (→ S. 198) und zitiere dieses!
4. Überprüfe die Richtigkeit der Aussagen anhand des Textes!

Aussage		
a) Die Rugier erbaten Hilfe von Severin.	R	F
b) Die Wundergeschichte über Severin war bis zu den Germanen gedrungen.	R	F
c) Severin besuchte Odoaker.	R	F
d) Odoaker verbeugte sich aus Höflichkeit vor Severin.	R	F
e) Severin riet Odoaker nach Italien zu gehen.	R	F

Der Apostel Noricums

Zwar war Noricum im 5. Jh. längst christianisiert, dennoch wird Severin wegen seines segensreichen Wirkens gelegentlich als „Apostel Noricums" bezeichnet: Er wirkte an mehreren Orten im gesamten Donauraum Noricums und gründete in Favianis (Mautern) ein Kloster. Wo auch immer er konnte, organisierte er Hilfe für die Bevölkerung: Er kümmerte sich um Hilfslieferungen an Lebensmitteln oder um die Verteilung von Kleidung, er verhandelte aber auch mit den Germanen und konnte so Konflikte beilegen und die Freilassung von Gefangenen erreichen. Weiters war er über die politische Lage immer sehr gut informiert und konnte die Bevölkerung rechtzeitig vor Gefahren warnen. Noch kurz vor seinem Tod (482) sagte Severin voraus, dass sich die romanische Bevölkerung bald nach Italien zurückziehen werde müssen.

Odoaker

Auf Grund seiner guten politischen Informationen erwies sich auch die Voraussage Severins, dass Odoaker in Italien Karriere machen werde, als richtig. Odoaker war ein germanischer Fürst, der – wie viele Germanen – dem römischen Heer beitrat. Bald erreichte er dort eine höhere Stellung. Nachdem der römische General Orestes den letzten rechtmäßigen weströmischen Kaiser Julius Nepos vertrieben und seinen Sohn Romulus, genannt Romulus Augustulus, zum Kaiser gemacht hatte, erhoben sich die germanischen Söldner unter der Führung Odoakers. Dieser tötete 476 Orestes, setzte Romulus Augustulus ab und ernannte sich zum König Italiens. Damit besiegelte er das Ende des weströmischen Kaiserreiches.

Severin segnet Odoaker auf seinem Zug über die Ostalpen nach Italien; Kupferstich nach Johann Michael Mettenleiter (1765–1853).

3. WIEN IM 15. JAHRHUNDERT

Enea Silvio Piccolomini, der spätere Papst Pius II., war einer der bedeutendsten Gelehrten des 15. Jh. Als Sekretär des Kaisers Friedrich III. hielt er sich auch einige Zeit in Wien auf. In seinem Werk „Historia Friderici III. imperatoris" gibt er eine ausführliche Beschreibung der Stadt:

A Prächtiges Wien *Piccolomini, Historia Friderici III. imperatoris (gek.; 106 Wörter)*

Danubius multas et memorabiles **alluit* urbes, inter quas meā sententiā nulla **ditior*, nulla populosior, nulla venustior est quam Vienna, **Austrialium* civitatum regionisque caput. [...]

Urbs autem **fossatum* magnum habet, **inde* **aggerem* praealtum, moenia deinde **spissa* et sublimia, frequentes turres et **propugnacula* ad bellum prompta. Aedes civium (sunt) amplae et ornatae, **structurā* solidā et firmā; ubique **fornices*, aulae latae. Verum his **aestuaria* sunt, quae ab his „stubae" vocantur. Nam hiemis asperitatem hoc domitant modo. Fenestrae undique vitreae perlucent et ostia plerumque ferrea. In his plurimae aves cantant. In domibus (est) multa et munda **suppellex*. Equorum **iumentorum*que omnis generis (sunt) **capacia* stabula. Altae domorum **facies* magnificaeque visuntur.

alluere 3 (+ Akk.): „durch ... fließen"
ditior: Komparativ zu dives, -itis
Austrialis/e: „österreichisch"

fossatus, -us: „Graben"
inde: hier: „davor"
agger, -eris m.: „Wall"
spissus/a/um: „dick"
propugnaculum, -i: „Bollwerk", „Schutzmauer" / **structura**, -ae: „Bauweise"
fornix, -icis m.: „Gewölbe"
aestuarium, -i: „heizbarer Raum"
supellex, -lectilis f.: „Einrichtung"
iumentum, -i: „Zugvieh"
capax, -acis (+ Gen.): „groß genug (für)"
facies, -ei: hier: „Fassade"

B Die Wiener Universität *Piccolomini, Historia Friderici III. imperatoris (gek.; 53 Wörter)*

Schola quoque hic est liberalium artium ac theologiae et **iuris pontificii*, nova tamen et ab Urbano sexto papā concessa. Magnus studentium numerus eo **perfluit* ex Ungaria et **Alamania*.

Ceterum studentes ipsi voluptati **operam praebent*, vini cibique **avidi*. Pauci **emergunt docti* neque **sub censurā tenentur*, die noctuque vagantur magnasque civibus **molestias inferunt*.

ius pontificium n.: „kanonisches Recht" (Kirchenrecht) / **perfluere** 3: „zusammenströmen" / **Alamania**, -ae: „Süddeutschland"
operam praebere: „sich widmen"
avidus/a/um (+ Gen.): „gierig (nach ...)"
doctus emergere: „zu einem Gelehrten werden"
sub censura tenéri: „kontrolliert werden"
molestias inferre: „Ärger verursachen"

C Die sittenlose Bevölkerung *Piccolomini, Historia Friderici III. imperatoris (gek.; 144 Wörter)*

Ceterum in tantā et tam nobili civitate multa **enormia* sunt. Die noctuque rixae **ad modum proelii* geruntur; nunc artifices contra studentes, nunc **curiales* in artifices, nunc isti opifices adversus alios arma sumunt. Rara **celebritas* **absque* homicidio peragitur, frequentes caedes committuntur. Ubi rixa est, **non sunt, qui* dividant contendentes, neque magistratus neque principes **custodiam*, **ut par esset*, ad tanta mala adhibent.

Omnes fere cives **vinarias tabernas* **colunt*, **stubas* **calefaciunt*, **coquinam* instruunt, **bibulos* et meretrices **accersunt* hisque cibi aliquid cocti **gratis* praebent, ut amplius bibant; sed **minorem mensuram* his *dant*. Plebs ventri **dedita*, vorax, quidquid **hebdomadā* manu **quaesivit*, id festo die totum absumit. **Lacerum* et **incompositum* (est) vulgus; meretricum maximus numerus. Raro mulier est uno contenta viro.

Vivunt praeterea sine ullā scriptā lege; mores aiunt se tenere vetustos, quos saepe **ad suum sensum* vel **adducunt* vel interpretantur. Ius **admodum* **venale* est; (ii,) qui possunt, sine poenā peccant.

enormis/e: „eigenartig" / **ad modum proelii**: „nach Art eines Kampfes" / **curialis**, -is m.: „Beamter" / **celebritas**, -atis f.: „Feier"
absque = sine
non sunt, qui ...: „es gibt keine Leute, die ..."
custodia, -ae: „Wache"
ut par esset: „wie es sich gehören würde"
vinaria taberna (-ae): „Weinstube"
colere 3: „betreiben" / **stuba**, -ae: „Stube"
calefacere M: „beheizen" / **coquina**, -ae: „Küche" / **bibulus**, -i: „Trinker" / **accersere** 3: „anlocken" / **gratis**: „umsonst" / **minorem mensuram dare**: „zu wenig einschenken"
deditus/a/um: „ergeben"
hebdomada, -ae: „Woche" / **quaerere** 3: hier: „verdienen" / **lacer/era/erum**: „zerlumpt" / **incompositus/a/um**: „ungehobelt" / **ad suum sensum**: „nach ihrem Sinn"
adducere 3: „heranziehen"
admodum (Adv.): „völlig"
venalis/e: „käuflich"

Arbeitsaufgaben

A

1. Finde im Text ein Beispiel für eine Anapher (→ S. 198) und zitiere dieses!
2. Finde im 2. Absatz zu den folgenden Begriffen jeweils ein lateinisches Synonym (→ S. 97), das derselben Wortart angehört, und zitiere dieses!

   a) *sublimia* (Z. 5), b) *frequentes* (Z. 5), c) *aedes* (Z. 6), d) *modo* (Z. 9)
3. Gliedere den Text in drei Abschnitte und begründe deine Entscheidung anhand von inhaltlichen Aspekten!

B

1. Finde im Text zu den folgenden alphabetisch aufgelisteten Fremd- bzw. Lehnwörtern (→ S. 119) jeweils ein sprachlich verwandtes lateinisches Wort (Substantiv, Adjektiv, Verb oder Adverb) und zitiere dieses:

   a) Konzession, b) Partei, c) renovieren, d) Vagabund, e) Zivilisation
2. Überprüfe die Richtigkeit der Aussagen anhand des Textes!

a) Papst Urban VI. hatte eine theologische Fakultät in Wien bewilligt.	R	F
b) Zuvor waren viele Studenten nach Ungarn gegangen.	R	F
c) Die Studenten sind vergnügungssüchtig.	R	F
d) Die Studenten belästigen die Bürger.	R	F

C

1. Liste alle Präpositionen auf, die im ersten Absatz vorkommen, und unterteile sie in Präpositionen beim Akkusativ und Präpositionen beim Ablativ!
2. Nenne die lateinischen Wörter, aus denen sich die folgenden Begriffe zusammensetzen, und gib die deutsche Bedeutung der einzelnen Wortbestandteile in Klammern an!

   a) *artifices* (Z. 3), b) *opifices* (Z. 3), c) *homicidio* (Z. 4), d) *calefaciunt* (Z. 7)
3. Gliedere den folgenden Satz aus dem Text (Z. 13 f.) in Hauptsatz (HS), Gliedsätze (GS) und satzwertige Konstruktionen (sK):

   [...;] mores aiunt se tenere vetustos, quos saepe ad suum sensum vel adducunt vel interpretantur.
4. Ergänze die folgenden Sätze dem Inhalt des Textes entsprechend:

   a) Selten findet eine Feier statt, ohne dass ______________________.

   b) Die Betreiber von Weinstuben bieten gratis Essen an, damit ______________________.

   c) Bei Gesetzesübertretungen entgeht man der Strafe durch ______________________.

Die mittelalterliche Universität

Voraussetzung für das Studium an einer mittelalterlichen Universität waren nur ausreichende **Kenntnisse der lateinischen Sprache** – Unterrichtssprache war ja Latein. Es war daher gar nicht ungewöhnlich, schon mit **14 Jahren** ein Studium zu beginnen. Um die nötige **Allgemeinbildung** zu erwerben, musste allerdings jeder zunächst an der sogenannten **Artistenfakultät** die Grundlagen der **Freien Künste** (*artes liberales*: Grammatik, Rhetorik, Dialektik, Arithmetik, Geometrie, Astronomie, Musik) erlernen. Erst nach dem Abschluss dieses Studiums konnte er dann das eigentliche Studium an einer der drei übrigen Fakultäten (**Medizin, Jurisprudenz, Theologie**) beginnen. Da das Studium recht kostspielig war, studierten die meisten Studenten allerdings nur an der Artistenfakultät; auch dieses Studium schlossen viele nicht mit dem Titel eines **Magisters** ab, sondern gaben sich mit dem niedrigeren Titel des **Baccalarius** zufrieden. Die **Wiener Universität** gilt übrigens als die **zweitälteste Universität** im deutschen Sprachraum. Gegründet wurde sie 1365 von **Herzog Rudolf IV.** (daher auch die Bezeichnung ***Alma mater Rudolphina***) nur 17 Jahre nach der Universitätsgründung in Prag durch seinen Schwiegervater, Kaiser Karl IV.

imago/CHROMORANGE

4. LATEINISCHE INSCHRIFTEN

Als Beispiel für neuzeitliche Inschriften, die sich auf vielen Gebäuden Österreichs befinden, sind hier einige Inschriften aus der Wiener Innenstadt und aus Innsbruck abgebildet. Sicherlich findest du aber auch in deiner Umgebung Inschriften, deren Sinn du mithilfe dieser Zusammenstellung erschließen kannst.

Besonderheiten in lateinischen Inschriften

- Verwendung von **Majuskeln** (= Großbuchstaben)
- Einheitliche Schreibung von **U und V** als **V**
- **Wortabstände** und **Satzzeichen** können fehlen; manchmal dienen **hoch gestellte Punkte** zur Worttrennung.
- Verwendung von **Ligaturen** (= Buchstabenverschmelzungen) aus Gründen der Platzersparnis, z.B. Æ, Œ
- Oft **fehlt das Prädikat**, da es sich aus dem Zusammenhang ergibt, z.B. bei Weiheinschriften: Zum Dativ der genannten Person ist „*dedicatum est*" („ ... ist gewidmet") zu ergänzen.
- Größer geschriebene Buchstaben, die auch als Zahlzeichen dienen, geben zusammengezählt das Jahr der Entstehung der Inschrift an (sog. **Chronogramm**).
- Häufige Verwendung von **Abkürzungen**

Einige häufige Abkürzungen

A.D.	anno Domini
AUG.	Augustus
AUGG.	Augusti
AUST.	Austria
D.	divus / die / dux
D.O.M.	Deo optimo maximo
F.	filius
IMP.	imperator
P.P.	pater patriae
P.M.	pontifex maximus
POS.	posuit
-Q.	-que
ROM.	Romanorum / Romanus 3
S.	sanctus
SS.	sancti

A Kuppel der Hofburg (Wien, Michaelerplatz)

FRANCISCVS · IOSEPHVS · I ·
VETVS · PALATII · OPVS · A · CAROLO · VI · INCHOATVM
A · MARIA · THERESIA · ET · IOSEPHO · II · CONTINVATVM
PERFECIT · A · D · MDCCCXCIII

Wolfram Kautzky, Wien

vetus, -eris: „alt"
palatium, -i: "Palast"
inchoare 1: „beginnen"
continuare 1: „fortsetzen"
perficere M, -feci, -fectum: „vollenden"

1. Wer begann den Bau der Neuen Hofburg, wer setzte ihn fort und wer vollendete ihn?
2. Wann wurde der Bau fertiggestellt?

B Anna-Säule (Innsbruck, Maria-Theresien-Straße)

Auf der Südseite dieser prächtigen Säule befindet sich ein Spottgedicht auf die Bayern und die mit ihnen verbündeten Franzosen, die im Zuge des Spanischen Erbfolgekrieges (1701–1714) von Norden und Süden in Tirol einfielen und am Annatag (26. Juli) von den Tiroler Truppen vertrieben werden konnten. Als Dank für diesen Sieg wurde die Anna-Säule errichtet.

1. An welchen berühmten antiken Spruch erinnern die beiden ersten Zeilen?
2. Nenne Beispiele für die folgenden Stilmittel:
   a) Asyndeton
   b) Trikolon
   c) Klimax
3. Worauf wird der Sieg der Tiroler zurückgeführt?

VERITAS-VERLAG, Linz/Christiane Schneider

Transkription:

VENIT LEO, VIDIT
GALLUS, NON VICIT.
FUGIT VERO, ERUPIT
<E>VASIT UTERQVE. CUR
ITA<?> UNUS EXTERRUIT FUG-
AVITQUE EQUES NOBILI<S>
CAPADOX, HUIUS PA-
TRIAE PATRON{I}US, SIN-
GULARIS GEORGIUS.

leo, -onis: „der Löwe" (gemeint sind die Bayern, deren Wappentier der Löwe ist)
gallus, -i: „der Hahn" (steht für die Franzosen)
erumpere 3, erupi: „davonstürmen"
Capadox: „aus Kappadokien" (Land in Kleinasien)
Georgius, -i: „Georg"; gemeint ist der heilige Georg (→ S. 176). Er war der damalige Schutzpatron Tirols (seit 1772: der hl. Josef)

C Nationalbibliothek (Wien, Josefsplatz)

CAROLVS . AVSTRIVS . D . LEOPOLDI . AVG . F . AVG . ROM . IMP . P . P
BELLO . VBIQVE . CONFECTO . INSTAVRANDIS . FOVENDISQVE . LITERIS
AVITAM . BIBLIOTHECAM . INGENTI . LIBRORVM . COPIA . AVCTAM
AMPLIS . EXSTRVCTIS . AEDIBVS . PVBLICO . COMMODO . PATERE . IVSSIT
CIƆIƆCCXXVI

Wolfram Kautzky, Wien

Austrius/a/um: „österreichisch", „von Österreich"
conficere M, -feci, -fectum: „beenden" / **instaurandis fovendisque lit(t)eris**: „zur Erneuerung und Pflege der Wissenschaften" / **avitus**/a/um: „großväterlich", „ererbt"
amplus/a/um: „weitläufig"/ **exstruere** 3, -struxi, -structum: „errichten" / **aedes**, -ium f. Pl.: „Haus" / **commodum**, -i: „Wohl" / **patere** 2: „offenstehen" / **CIƆ** = M; **IƆ** = D

1. Welche (Ehren-)Titel trägt Karl?
2. Wann eröffnete er die Bibliothek?

D Statue im Burggarten (Wien)

DIVI . FRANCISCI . I . ROM . IMP .
STATVAE .
FRANCISCVS . I . AVST . IMP .
AVI . OPTI . MAXIMI . MEMORIAM . VENERATVS .
HVNC . LOCVM . OPTAVIT .
VT . IN . SVORVM . CONSPECTV . SEMPER . ESSET .
CIƆ . IƆ . CCC . XIX .

Wolfram Kautzky, Wien

statuae: Dativobjekt zu optavit
avus, -i: „Großvater"
opti = optimi
veneratus/a/um (+ Akk.): „... ehrend"
optare 1: „wünschen"
conspectus, -us: „Anblick"
CIƆ = M; IƆ = D

1. Wen zeigt die Statue?
2. Wer ließ sie aufstellen?
3. Wann wurde sie errichtet?
4. Warum steht sie im Burggarten?

E Goldenes Dachl (Innsbruck)

Das Wahrzeichen Innsbrucks, das „Goldene Dachl", ist eigentlich der sog. „Neue Hof", in dem im 15. Jahrhundert die Tiroler Landesfürsten Herzog Friedrich IV. und Sigmund „der Münzreiche" ihre Residenz hatten. Den Prunkerker, der mit 2657 vergoldeten Kupferschindeln gedeckt ist, ließ Kaiser Maximilian I. (1459–1519) anlässlich seiner Hochzeit mit Bianca Maria Sforza von Mailand errichten. Er wurde im Jahr 1500 fertig gestellt. Die folgende Inschrift ist auf dem Torbogen des Erkers zu finden.

RESTAVROR POSTHORRENDOS CONTINVO ANO
ETVLTRA PERPESSOS TERRÆ MOTVS

Wolfram Kautzky, Wien

1. Wer spricht hier?
2. Die Inschrift beinhaltet ein deutlich erkennbares Chronogramm (→ S. 168). In welchem Jahr fand also die Restaurierung statt?
3. Wo ist hier eine Ligatur (→ S. 168) feststellbar?
4. Kaiser Maximilian (auch „der letzte Ritter" genannt), dem im Inneren des „Goldenen Dachls" ein kleines Museum gewidmet ist, zeichnete sich, wie auch viele andere Habsburger, durch seine geschickte Heiratspolitik aus. Was bedeutet der Spruch „Bella gerant alii, tu felix Austria nube!"?

restaurare 1: „renovieren"
continuus/a/um: „durchgehend", „ganz"
ano = anno
ultra (Adv.): „darüber hinaus"
perpessos: „die ich erdulden musste"
motus, -us: „Bewegung"

F Schweizertor (Wien, In der Burg)

FERDINAN
GERMAN
BOEM ZC
HISP ARC
DVX BVR
ANNO
DVS ROM
HVNGAR
REX INFA
HI AVSTR
GVND ZC
M D LII

Shotshop.com/Foto-Graf

ZC = etc. / **infa** = infans: „Infant" (= Prinz) / **archi** = archidux: „Erzherzog"

1. Die Inschrift dokumentiert den Abschluss der Bauarbeiten am Schweizertor der Wiener Hofburg unter Ferdinand I.
   a) Wann wurde der Bau beendet?
   b) Welche Titel Ferdinands werden genannt?
2. Versuche den Text im vollen Wortlaut, d. h. ohne Abkürzungen, aufzuschreiben!

Das Christentum als prägende Kraft Europas

1. ADAM UND EVA

A Die Erschaffung des Menschen *Gen. 2,7-25 (gek.; 209 Wörter)*

Im ersten Buch des Alten Testaments, der Genesis („Entstehung"), wird die Erschaffung der Welt durch Gott beschrieben. Am sechsten und letzten Tag seiner Schöpfung erschafft Gott den Menschen:

Tunc formavit Dominus Deus hominem *pulverem de humo et *inspiravit in *nares eius *spiraculum vitae, et factus est homo *in animam viventem.

Et *plantavit autem Dominus Deus paradisum in Eden *ad orientem, in quo posuit hominem, quem formaverat. *Produxitque Dominus Deus de humo omne *lignum, pulchrum *visu et ad *vescendum suave, *lignum etiam vitae in medio paradisi *lignumque scientiae *boni et *mali.

Tulit ergo Dominus Deus hominem et posuit eum in paradiso Eden, ut *operaretur et custodiret illum; praecepitque Dominus Deus homini dicens: „Ex omni *ligno paradisi *comede; de *ligno autem scientiae *boni et *mali ne *comedas! In quocumque enim die *comederis ex eo, morte morieris." Dixit quoque Dominus Deus: „Non est bonum esse hominem solum! Faciam ei *adiutorium similem sui."

pulverem: „aus Staub"
inspirare 1: „hineinblasen", „einhauchen"
nares, -ium f.: „Nase"
spiraculum, -i: „Atem"
in animam: „zu einem Wesen"
plantare 1: „pflanzen", „anlegen"
ad orientem: „im Osten"
producere 3: „wachsen lassen"
lignum, -i: „Baum" (eigtl.: „Holz")
visu (Supinum): „anzusehen"
vesci 3: „essen"
bonum/malum (-i): „das Gute/Schlechte"
operari 1: „bebauen", „bearbeiten"
comedere 3, comedi: „essen"
comederis: Futur exakt: wird als Präsens übersetzt
adiutorium, -i: „Hilfe", „Helfer"

(Gott formt nun aus dem Ackerboden die Tiere des Feldes und die Vögel des Himmels. Der neu geschaffene Mensch benennt sie alle, findet jedoch unter ihnen kein Wesen, das ihm selbst entspricht.)

Inmisit ergo Dominus Deus soporem in hominem. Cumque *obdormivisset, tulit unam de *costis eius et replevit carnem pro ea; et *aedificavit Dominus Deus *costam, quam tulerat de homine, in mulierem et adduxit eam ad hominem. Dixitque homo: „Haec nunc (est) os ex ossibus meis et caro de carne mea! Haec vocabitur *virago, quoniam de viro sumpta est haec."

Quam ob rem relinquet vir patrem suum et matrem et *adhaerebit uxori suae; et erunt in carne una. Erant autem *uterque nudi, homo *scilicet et uxor eius, et non *erubescebant.

obdormiscere 3, obdormivi: „einschlafen"
costa, -ae: „Rippe"
aedificare (in): „formen (zu)"
virago, -inis f.: „Mannes Frau" (Luther übersetzte diesen Ausdruck mit „Männin")
adhaerére 2 (+ Dativ): „sich binden (an)"
uterque: hier: „beide"
scilicet: „nämlich"
erubescere 3: „erröten", „sich schämen"

B Eva wird von der Schlange verführt *Gen. 3,1-7 (134 Wörter)*

Et serpens erat *callidior cunctis *animantibus terrae, quae fecerat Dominus Deus. *Qui dixit ad mulierem: „*Verene praecepit vobis Deus, ut non comederetis de omni *ligno paradisi?" Cui respondit mulier: „De fructu *lignorum, quae sunt in paradiso, *vescimur. De fructu vero *ligni, quod est in medio paradisi, praecepit nobis Deus, ne comederemus et ne tangeremus illud, ne moriamur."

Dixit autem serpens ad mulierem: „Nequaquam morte moriemini! Scit enim Deus, quod, in quocumque die *comederitis ex eo, aperientur oculi vestri et eritis sicut Deus, scientes bonum et malum."

Vidit igitur mulier, quod bonum *esset *lignum ad *vescendum et pulchrum oculis et *desiderabile *esset *lignum ad intellegendum; et tulit de fructu illius et comedit deditque viro suo secum, qui comedit.

Et aperti sunt oculi amborum, cumque cognovissent esse se nudos, *consuerunt folia *ficus et fecerunt sibi *perizomata.

callidus/a/um: „schlau"
animantibus = animalibus (Vergleichsablativ: „ als ...")
qui: bezieht sich auf serpens
vere (Adv.): „tatsächlich"
lignum, -i: „Baum" (eigtl.: „Holz")
vesci 3: „essen"
comederitis: Futur exakt: wird als Präsens übersetzt
esset: Der Konjunktiv drückt die subjektive Meinung Evas aus („sei").
desiderabilis/e: „verlockend"
consuere 3, -sui: „zusammenflechten"
ficus, -us f.: „Feigenbaum"
perizoma, -atis n.: „Schurz"

Arbeitsaufgaben

A

1. Liste alle Verba im Konjunktiv aus dem dritten Absatz auf und gib an, wie sie im jeweiligen Zusammenhang übersetzt werden!
2. Trenne die folgenden Wörter in Präfix / Suffix und Grundwort und gib die im Kontext passende deutsche Bedeutung der einzelnen Elemente in Klammern an!

   a) *inmisit* (Z. 13), b) *adduxit* (Z. 15), c) *adhaerebit* (Z. 18)
3. Finde im Text zu den folgenden lateinischen Begriffen jeweils einen passenden lateinischen Gegenbegriff, der derselben Wortart angehört:

   a) *vitae* (Z. 2 + 5), b) *boni* (Z. 9)
4. Wähle aus den gegebenen Möglichkeiten genau zwei dem Text entsprechende Aussagen durch Ankreuzen aus!

   ☐ Gott lässt den Menschen einen Garten anlegen.

   ☐ Der Mensch soll den Garten bebauen und bewachen.

   ☐ Gott verbietet dem Menschen, von den Bäumen des Paradieses zu essen.

   ☐ Gott formte die Frau aus einem Knochen des Mannes.

   ☐ Die Frau schämt sich, weil sie nackt ist.

B

1. Liste alle Verbalformen mit passiven Endungen auf, die im Text vorkommen. Gib an, bei welchen davon es sich um Deponentia handelt.
2. Finde im Text Beispiele für Alliterationen (→ S. 198) und zitiere diese!
3. Gliedere den folgenden Satz aus dem Text (Z. 7–9) in Hauptsatz (HS), Gliedsätze (GS) und satzwertige Konstruktionen (sK):

   Scit enim Deus, quod, in quocumque die comederitis ex eo, aperientur oculi vestri et eritis sicut Deus, scientes bonum et malum.
4. Wähle aus den gegebenen Möglichkeiten die richtige Übersetzung aus!

   cum(que) cognovisset (Z. 13) heißt:

   ☐ „als sie erkannt hatte“ ☐ „als sie erkannte“ ☐ „als sie erkannt hätte“ ☐ „als erkannt worden war“

Wusstest du eigentlich...

... in welcher Sprache die Bibel verfasst worden ist? Der erste Teil, das Alte Testament, entstand ab dem 9. Jh. v. Chr. in hebräischer Sprache. Im 3. Jh. v. Chr. entstand dann auch eine Übersetzung ins Griechische, die damalige Verkehrssprache des östlichen Mittelmeerraumes. Der zweite Teil, das Neue Testament, wurde gleich in griechischer Sprache verfasst. Den größten Einfluss auf das christliche Abendland hatte allerdings die lateinische Übersetzung der Bibel (sog. *Vulgata*), die vom Kirchenvater Hieronymus Ende des 4. Jh. verfasst wurde.

Michelangelo (1475–1564): Die Erschaffung Adams (Sixtinische Kapelle, Rom)

... dass *Adam* eigentlich kein Eigenname ist? Der Name Adam bedeutet nämlich im Hebräischen „Mensch“ (und wird daher in der lateinischen Übersetzung mit *homo* wiedergegeben). Hingegen bedeutet hebräisch *Eva* so viel wie „Leben“: Eva wird ja durch ihre Söhne Kain und Abel das Leben an zukünftige Generationen weitergeben. Auch das Wort *Paradies* ist ursprünglich kein Eigenname, sondern bedeutet nur „Garten“.

... wie aus der Frucht (vgl. Text B, Z. 4: *fructu*) des Baumes der Erkenntnis im Mittelalter ein Apfel wurde? Dafür ist wahrscheinlich der lateinische Text der Bibel verantwortlich: Das Wort *malum* bedeutet nämlich nicht nur „das Schlechte“, sondern auch „Apfel“.

2. JOSEPH

A Joseph wird Opfer einer Verleumdung *Gen. 39,7-20 (211 Wörter)*

Joseph ist einer der zwölf Söhne Jakobs, des Stammvaters der Israeliten. Weil er schon als Jugendlicher über die Gabe der Traumdeutung verfügte und dadurch zum Lieblingssohn seines Vaters wurde, beschließen seine Brüder, ihn zu töten. Vom schlechten Gewissen geplagt, sehen sie zwar von seiner Ermordung ab, verkaufen ihn aber bei erstbester Gelegenheit an Sklavenhändler, die ihn nach Ägypten bringen. Dort gelangt er in den Besitz des Potiphar, des Oberaufsehers der Leibwache des ägyptischen Pharaos. Potiphar weiß Josephs Dienste bald zu schätzen und überlässt ihm die Aufsicht über sein Haus. Eines Tages gerät Joseph jedoch durch die Frau des Potiphar in Gefahr:

Post haex ergo iniecit uxor domini eius oculos suos in Ioseph et ait: „Dormi mecum!" Qui nequaquam **adquiescens* dixit ad eam: „Ecce dominus meus **omnibus* mihi traditis non curat de ulla re in domo sua, nec quisquam maior est in domo hac quam ego, et nihil mihi **subtraxit* praeter te, quae uxor eius es. Quomodo ergo possum **malum* hoc magnum facere et **peccare* in Deum?"

adquiescere 3: „einverstanden sein"
omnia, -ium n.: „alle Besitztümer"
subtrahere 3: „vorenthalten"
malum, -i: „Untat", „Vergehen"
peccare 1 (in): „sündigen (gegen)"

**Huiuscemodi* verbis per singulos dies et mulier molesta erat adulescenti et ille recusabat **stuprum*.

huiuscemodi = eiusmodi
stuprum, -i: „Ehebruch"

Accidit autem quadam die, ut intraret Ioseph domum et opus suum **absque* arbitris faceret. Illa adprehensā **laciniā* vestimenti eius dixit: „Dormi mecum!" Qui relicto in manu illius **pallio* fugit et egressus est **foras*.

absque = sine
lacinia, -ae: „Zipfel"
pallium, -i: „Mantel"
foras: „hinaus"

Cumque vidisset illum mulier vestem reliquisse in manibus suis et fugisse **foras*, vocavit homines domus suae et ait ad eos: „**En*, **Putiphar* introduxit virum, ut **illuderet* nobis! Ingressus est ad me, ut coiret mecum. Cumque ego **succlama(vi)ssem* et audi(vi)sset vocem meam, reliquit **pallium*, quod tenebam, et fugit **foras*."

en: „seht!"
Putiphar = Potiphar
illudere 3, illusi (+ Dativ): „(jemanden) verhöhnen", „verspotten"
succlamare 1: „um Hilfe schreien"

Retentum **pallium* ostendit marito revertenti domum et **secundum* haec verba locuta est: „Ingressus est ad me servus **Hebraeus*, quem adduxisti, ut **illuderet* mihi! Cumque vidisset me clamare, reliquit **pallium* et fugit **foras*."

secundum (+ Akk.): „etwa"
Hebraeus/a/um: „hebräisch", „jüdisch"

Dominus his verbis auditis iratus est valde tradiditque **Ioseph* in carcerem, ubi **vincti* regis custodiebantur. Et erat ibi clausus.

Ioseph: Akkusativ
vinctus, -i: „Gefangener"

B Joseph deutet den Traum des Pharao *Gen. 41,26-30 (gek.; 59 Wörter)*

Joseph muss zwei Jahre im Gefängnis verbringen. Seine Rettung naht, als ihn der Pharao bittet, ihm einen seltsamen Traum auszulegen: Er sah im Schlaf, wie sieben wohlgenährte und sieben magere Kühe nacheinander dem Nil entstiegen. Danach fraßen die mageren die fetten Rinder auf.

**Respondit* Ioseph somnium regis: „Septem boves pulchrae sunt septem **ubertatis* anni; septem quoque boves tenues atque **macilentae*, quae ascenderunt post eas, septem anni sunt venturae famis.

Qui hoc **ordine* complebuntur: Ecce septem anni venient fertilitatis magnae in universa terra Aegypti; quos sequentur septem anni alii tantae sterilitatis, ut **oblivioni tradatur *cuncta *retro* abundantia: **Consumptura* est enim fames omnem terram."

respondére 2: hier: „deuten"
ubertas, -atis f.: „Überfluss"
macilentus/a/um: „abgemagert"
ordo, -inis **m.**: „Reihenfolge"
oblivioni tradi (Passiv!): „in Vergessenheit geraten"
cuncta = tota
retro (Adv.): „vorig", „vorangegangen"
consumptura est = consumet

Arbeitsaufgaben

A

1. Liste alle Ablativi absoluti in den Zeilen 1 bis 10 auf!
2. Trenne die folgenden Wörter in Präfix / Suffix und Grundwort und gib die im Kontext passende deutsche Bedeutung der einzelnen Elemente in Klammern an:

   a) *iniecit* (Z. 1), b) *vestimenti* (Z. 9), c) *retentum* (Z. 16), d) *adduxisti* (Z. 17)
3. Liste vier verschiedene lateinische Begriffe aus dem Wortfeld „sich fortbewegen" auf, die in den Zeilen 8 bis 15 vorkommen!
4. Verfasse unter Berücksichtigung des Textes einen Brief, den Joseph aus dem Gefängnis an Potiphar geschrieben haben könnte, um seine Unschuld zu beteuern.

B

1. Finde im Text zwei Gegensatzpaare, die jeweils derselben Wortart angehören, und zitiere diese!
2. Finde im Text zu den folgenden Begriffen jeweils ein lateinisches Synonym (→ S. 97), das derselben Wortart angehört, und zitiere dieses!

   a) *ubertatis* (Z. 2): ________________, b) *universa* (Z. 5): ________________
3. Wähle aus den gegebenen Möglichkeiten die richtige Übersetzung aus:

   sequentur (Z. 5) heißt: ☐ „sie folgen" ☐ „sie sollen folgen" ☐ „sie werden verfolgt" ☐ „sie werden folgen"
4. Überprüfe die Richtigkeit der folgenden Aussagen anhand des Textes:

a) Die sieben schönen Kühe stehen für sieben „fette" Jahre.	R	F
b) Zuerst wird Ägypten sieben schlechte, dann sieben gute Jahren erleben.	R	F
c) Der Überfluss wird niemals in Vergessenheit geraten.	R	F
d) Der Durst wird ganz Ägypten plagen.	R	F

Wusstest du eigentlich …

… dass die Traumdeutung bei den Ägyptern eine ganz besondere Rolle spielte? Man nahm an, dass im Traum die Seele in Kontakt mit den Göttern trete und von ihnen wichtige Informationen über die Zukunft erhalte. Die Traumdeutung hatte daher fast den gleichen Stellenwert wie die Medizin. Es gab eine eigene Ausbildungsstätte, wo angehende Traumdeuter mehrere Jahre studieren mussten. Ägyptischen Traumdeuter genossen hohes Ansehen und wurden auch von Herrschern anderer Länder um Rat gefragt.

… dass die biblische Joseph-Geschichte sogar zu einem erfolgreichen Musical verarbeitet wurde? *Joseph and the Amazing Technicolor Dreamcoat* (1968 komponiert; Texte: Tim Rice) wurde Andrew Lloyd Webbers erster großer Musical-Erfolg. Der bekannteste Song daraus ist *Any Dream Will Do*, gesungen von Jason Donovan.

Joseph and the Amazing Technicolor Dreamcoat

Corbis/Robbie Jack

3. KÖNIG SALOMON

A Zwei Frauen streiten um ein Kind *1 Reg. 3,16-22 (gek.; 142 Wörter)*

Salomon gilt nach Saul und David als der dritte König des israelitischen Königreiches (ca. 965–926 v. Chr.). Er soll nach der Darstellung des Alten Testaments den ersten Tempel in Jerusalem erbaut haben. Besonders bekannt wurde er aber aufgrund seiner Weisheit und Gerechtigkeit. Die folgende Erzählung, bei der Salomon Schiedsrichter bei einem „Mutterschaftsstreit" zwischen zwei Frauen spielen muss, liefert ein Beispiel für die beiden Eigenschaften, die den König auszeichnen:

Tunc venerunt duae **mulieres meretrices* ad regem steteruntque **coram eo*.

Quarum una ait: „Obsecro, mi domine, ego et mulier haec habitabamus in domo una et **peperi* apud eam in domo. Tertiā vero die, postquam ego **peperi*, **peperit* et haec et eramus simul nullusque alius in domo nobiscum exceptis nobis duabus. Mortuus est autem filius mulieris huius nocte, dormiens quippe **oppressit* eum. Et consurgens **intempesta* nocte silentio tulit filium meum de **latere* meo et collocavit in **sinu* suo; suum autem filium, qui erat mortuus, posuit in **sinu* meo. Cumque surrexissem **mane*, ut darem lac filio meo, apparuit mortuus; quem diligentius **intuens* clarā luce **deprehendi* non esse meum, quem genueram."

Responditque altera mulier: „Non est ita, sed filius meus vivit, tuus autem mortuus est!"

**E contrario* illa dicebat: „Mentiris! Filius quippe tuus mortuus est, meus autem vivit." Atque **in hunc modum* contendebant **coram rege*.

mulier (-eris) **meretrix** (-icis) f.: „Dirne", „Prostituierte"
coram eo = ad eum
parere M, peperi: „ein Kind zur Welt bringen", „gebären"
opprimere 3, oppressi: „erdrücken"
intempestus/a/um: „tief", „dunkel"
latere: Nomen (siehe Wörterbuch!)
sinus, -us: „Brust"
mane: „morgens"
intuens = spectans
deprehendere 3, -prehendi: „erkennen"
e contrario: „andererseits"
in hunc modum = hoc modo
coram rege = ad regem

B Die „Salomonische Entscheidung" *1 Reg. 3,23-28 (gek.; 89 Wörter)*

Da sich die beiden Frauen nicht einigen können, wessen Kind das am Leben gebliebene ist, wird der König um eine gerechte Entscheidung gebeten:

Dixit ergo rex: „Afferte mihi gladium!" Cumque attulissent gladium **coram rege*, „Dividite" inquit, „infantem vivum in duas partes et date dimidiam partem uni et dimidiam partem alteri!"

Dixit autem mulier, cuius filius erat vivus, ad regem: „Obsecro, date **illi* infantem vivum et nolite interficere eum!"

**E contrario* illa dicebat: „Nec tibi nec mihi sit; dividatur!"

Respondens rex ait: „Date huic infantem vivum, et non occidetur; haec est mater eius!"

Audivit itaque omnis Israel iudicium, quod **iudica(vi)sset* rex; et timuerunt regem videntes sapientiam Dei esse in eo ad faciendum iudicium.

coram rege = ad regem
illi: gemeint ist die andere Frau
e contrario: „andererseits"
iudica(vi)sset: der Konj. bleibt unübersetzt

Die Gerechtigkeit (iustitia) galt als eine der wichtigsten Herrschertugenden. Der österreichische Herrscher Franz I. (1768–1835; Römischer Kaiser von 1792–1806, Kaiser von Österreich 1804–1835) machte den Spruch IUSTITIA REGNORUM FUNDAMENTUM („Gerechtigkeit ist das Fundament der Staaten") zu seinem Wahlspruch, der noch heute auf dem Äußeren Burgtor am Wiener Ring zu lesen ist.

Arbeitsaufgaben

A

1. Finde im Text zu den folgenden alphabetisch aufgelisteten Fremd- bzw. Lehnwörtern jeweils ein sprachlich verwandtes lateinisches Wort (Substantiv, Adjektiv, Verb oder Adverb) und zitiere dieses:

   a) Alternative, b) bilateral, c) dominieren, d) Laktose, e) Station, f) Union
2. Finde im Text je ein Beispiel für die unten aufgelisteten Stilmittel (→ S. 198) und zitiere dieses:

   a) Chiasmus, b) Parallelismus
3. Finde zu den folgenden Begriffen jeweils ein lateinisches Synonym, das derselben Wortart angehört, und zitiere dieses:

   a) *peperi* (Z. 3):__________________; b) *collocavit* (Z. 7):__________________
4. Fasse den Inhalt des Textes mit eigenen Worten knapp und in ganzen Sätzen zusammen (insgesamt max. 50 Wörter)!

B

1. Wähle aus den gegebenen Möglichkeiten die richtige Übersetzung aus!

   dividatur (Z. 6) heißt übersetzt:

   ☐ „er teilt" ☐ „es soll geteilt werden" ☐ „es wird geteilt" ☐ „es wird geteilt werden"
2. Finde im Text jeweils einen passenden Gegenbegriff (Antonym → S. 97) zu den folgenden Begriffen:

   a) *uni* (Z. 2): __________________; b) *tibi* (Z. 6): __________________
3. Überprüfe die Richtigkeit der folgenden Aussagen anhand des Textes:

a) Salomon möchte selbst mit einem Schwert die beiden Kinder zerteilen.	R	F
b) Die echte Mutter ist bereit, auf ihr Kind zu verzichten.	R	F
c) Der König trifft zwei verschiedene Urteile.	R	F
d) Das Volk Israel erkennt in Salomons Entscheidung die Weisheit Gottes.	R	F

4. Vergleiche den Text mit dem Bild und nenne zwei Gemeinsamkeiten!

Wusstest du eigentlich …

… woher Salomon seine sprichwörtlich gewordene Weisheit hatte? Laut Bibel hatte ihm Gott im Traum die Erfüllung eines Wunsches zugesagt. Salomon wünschte sich nicht ein langes Leben, Reichtum oder kriegerische Erfolge, sondern eben *sapientia*, um sein Volk gerecht regieren zu können. Da Gott diese Wahl gefiel, schenkte er Salomon die übrigen Dinge noch dazu – weshalb Salomons Herrschaft in der Bibel als eine Zeit des Friedens und Wohlstandes gilt.

Julius Schnorr von Carolsfeld (1794–1874): Salomons Urteil

Iustitia

Die Gerechtigkeit zählt seit der Antike zu den vier Haupttugenden (den sogenannten Kardinaltugenden) und zu den wichtigsten Herrschertugenden. Auch mehrere österreichische Herrscher erhoben sie zu ihrem Regierungsmotto:

- Ferdinand I. (1531-1564): *„Fiat iustitia aut pereat mundus"*
- Ferdinand III. (1637-1657): *„Iustitia et pietate"*
- Maria Theresia (1740-1780): *„Iustitia et clementia"*
- Franz II./I. (1792-1835): *„Iustitia regnorum fundamentum"* (siehe Bild links)

4. HL. GEORG UND HL. FRANZISKUS

A Georgs Kampf mit dem Drachen *Legenda Aurea, Georgius (gek.; 207 Wörter)*

Georg lebte im 3. Jh. in Kleinasien und diente im römischen Heer. Berühmt geworden ist er vor allem wegen seines Kampfes gegen einen Drachen: Dieser haust in seinem See nahe der Stadt Silena (Libyen). Ihm müssen die Einheimischen täglich zwei Schafe bringen. Als der Vorrat an Schafen zu Ende geht, werden dem Drachen auch Menschen gegeben, die durch das Los bestimmt werden. Eines Tages trifft das Los die Tochter des Königs.

Tunc rex cum lacrimis dixit: „Utinam, filia mea, ego ante te mortuus essem, *quam te sic amisissem!“ Tunc illa *procidit ad pedes patris petens ab eo benedictionem suam. Quam cum pater cum lacrimis benedixisset, ad lacum *processit.

Quam ut beatus Georgius casu transiens *plorantem vidit, eam, quid haberet, interrogavit. Et illa: „Bone iuvenis, velociter equum ascende et fuge, ne mecum *pariter moriaris!“ Cui Georgius: „Noli timere, filia, sed dic mihi: Quid hic *praestolaris omni plebe spectante?“ Cum ergo totum ei *exposuisset, ait Georgius: „Filia, noli timere, quia in Christi nomine te iuvabo.“

*Dum haec loquerentur, ecce draco veniens caput de lacu *levavit. Tunc puella *tremefacta dixit: „Fuge, bone domine, fuge velociter!“ Tunc Georgius equum ascendens et cruce se *muniens draconem contra se advenientem audaciter aggreditur et graviter vulneravit et ad terram *deiecit; dixitque puellae: „*Proice *zonam tuam in collum draconis *nihil dubitans, filia.“

Quod cum fecisset, sequebatur eam velut *mansuetissima canis. Cum ergo eum in civitatem duceret, *populi hoc videntes per montes et colles fugere coeperunt dicentes: „*Vae nobis, quia iam omnes *peribimus!“ Tunc beatus Georgius *innuit iis dicens: „Nolite timere, ad hoc enim me misit Dominus ad vos, ut a poenis vos liberarem draconis. *Tantummodo in Christum credite et unusquisque vestrum *baptizetur et draconem istum occidam.“

quam: hier: „als dass“
procidere 3, -cidi: „niederfallen“
procedere 3, -cessi, -cessum: „aufbrechen“
plorare 1 = flere 2
pariter: „auf gleiche Weise“
praestolari 1: „(bereit) stehen“
exponere 3, -posui: „darlegen“, „erklären“
dum (+ Konj.) = cum (+ Konj.)
levare 1: „erheben“
tremefactus/a/um: „zitternd“
munire 4: „schützen“
deicere M, -ieci, -iectum: „niederwerfen“
proicere M: „werfen“
zona, -ae: „Gürtel“
nihil: hier: „nicht“
mansuetus/a/um: „zahm“
populi, -orum: hier: = homines
vae!: „wehe!“
perire = interire
innuere 3, -nui: „zunicken“
tantummodo: „nur“
baptizare 1: „taufen“

B Franziskus spricht mit den Vögeln *Legenda Aurea, Franciscus; Thomas von Celano, Vita Francisici c. 21 (gek.; 111 Wörter)*

Einer der bekanntesten Heiligen ist Franziskus (1182–1226) – durch sein Bekenntnis zur Armut, seinen Dienst an den Schwachen der Gesellschaft und seine Verbundenheit mit den Tieren.

Franciscus, servus et amicus *Altissimi, in civitate Assisii *ortus et *negotiator effectus fere usque ad vicesimum aetatis suae annum tempus suum *vane vivendo consumpsit. Quem Dominus *infirmitatis flagello *corripuit et in virum alterum subito transformavit. […]

Cum quandam avium multitudinem reperisset et eas velut *rationis participes saluta(vi)sset, dixit: „Fratres mei volucres, multum debetis laudare creatorem vestrum, qui plumis vos induit, pennas ad volandum tribuit, aeris puritatem *concessit et sine vestrā sollicitudine vos gubernavit!“

Aves autem coeperunt *versus eum extendere colla, protendere alas, aperire rostra et in illum attente *respicere. Ille vero per medium earum transiens tunicā tangebat easdem nec tamen aliqua (avis) de loco *est mota, donec licentiā datā omnes simul avolaverunt.

Altissimus = Deus
ortus/a/um = natus/a/um
negotiator effectus: „nachdem er Kaufmann geworden war“
vanus/a/um: „inhaltslos“ (= sündhaft)
infirmitas, -atis f.: „Krankheit“
corripere M, -ripui: „schlagen“, „bestrafen“
rationis particeps, -cipis: „vernunftbegabt“
concedere 3, -cessi, -cessum: „bewirken“
versus (+ Akk.): „gegen“, „zu (…hin)“
respicere = spectare
mota est: „bewegte sich“

Arbeitsaufgaben

A

1. Liste alle Konjunktive des ersten und zweiten Absatzes auf und gib jeweils an, um welchen Konjunktiv es sich handelt und wie das Verb im jeweiligen Zusammenhang übersetzt wird.
2. Finde in den folgenden Textabschnitten je ein Beispiel für die unten aufgelisteten Stilmittel (→ S. 198) und zitiere dieses: 1. Absatz: Alliteration; 3. Absatz: Anapher
3. Gib an, worauf sich die folgenden Textzitate beziehen!

   Bsp.: *eo* (Z. 2) → Gemeint ist der König (vgl. *rex*, Z. 1).

   a) *eam* (Z. 5), b) *eum* (Z. 15), c) *hoc* (Z. 16), d) *iis* (Z. 18)

Georg, der Drachentöter

Der hl. Georg starb Anfang des 4. Jh. während der Christenverfolgungen unter dem römischen Kaiser Diokletian (284–305) als Märtyrer und wurde, besonders im kleinasiatisch-syrischen Raum, schon bald als Heiliger verehrt. Die Legende von Georg als Drachentöter entstand dagegen erst im Mittelalter – seit damals wird Georg auch als Ritter mit Lanze dargestellt.

Übrigens gilt für Heiligendarstellungen dasselbe wie für die antiken Götter: Die Dargestellten sind nicht an ihren individuellen Gesichtszügen, sondern an ihren ***Attributen*** *(= für sie typischen Gegenständen) zu erkennen.*

? Für welche Heiligen sind die folgenden Attribute typisch:

a) umgedrehtes Kreuz: ______________________

b) X-förmiges Kreuz: ______________________

c) brennendes Haus: ______________________

d) Banner mit dem österreichischen Wappen: ______________

e) Grillrost: ______________________

B

1. Liste drei verschiedene lateinische Begriffe aus der Wortfamilie *volare* auf, die im Text vorkommen!
2. Trenne die folgenden Wörter in Präfix / Suffix und Grundwort und gib die im Kontext passende deutsche Bedeutung der einzelnen Elemente in Klammern an!

   a) *creatorem* (Z. 6), b) *puritatem* (Z. 7), c) *sollicitudine* (Z. 8), d) *transiens* (Z. 10)
3. Ergänze die folgenden Sätze dem Inhalt des Textes entsprechend:

Franziskus war von Beruf ______________.

Bis zu seinem ______ Lebensjahr führte er ein ______________ Leben. Durch eine ______________ machte ihn Gott zu ______________.

Einst sprach Franziskus zu einer Menge von ______________, die er als seine ______________ anredete. Er forderte sie auf, ______________.

Sie schienen ihm zuzuhören und entfernten sich erst, als ______________.

5. DER HEILIGE SEBASTIAN

A Das Martyrium *Legenda Aurea, Sebastianus (gek.; 149 Wörter)*

Sebastian diente im 3. Jh. im römischen Heer; er stand bei Kaiser Diokletian in hohem Ansehen und erhielt auch das Kommando über einen Teil des Heeres. Heimlich war er aber Christ und stand mehreren Menschen, die wegen ihres Glaubens verfolgt wurden, bei. Eines Tages erfuhr ein anderer General davon.

Post hoc **praefectus* Diocletiano imperatori de Sebastiano **suggessit*. Quem ad se vocans dixit: „Ego te inter primos in palatio meo semper habui et tu contra salutem meam **in* deorum *iniuriam* hactenus **latuisti*." Cui Sebastianus: „Pro salute tuā Christum semper colui et pro **statu* Romani imperii Deum, qui in caelis est, semper adoravi."

Tunc Diocletianus iussit eum **in medium campum *ligari* et a militibus **sagittari*; qui ita eum sagittis impleverunt, ut quasi **hericius* videretur, et **aestimantes* illum mortuum abierunt.

Qui intra paucos dies **liberatus* – stans super **gradum* palatii – **imperatores* venientes de **malis*, quae Christianis inferebant, dure **redarguit*. Tunc imperator tamdiu eum **fustigari* iussit, donec spiritum exhalaret. **Fecitque* corpus eius in cloacam proici, ne a Christianis pro martyre coleretur.

Sanctus autem Sebastianus sequente nocte sanctae Luciae apparuit et corpus ei revelavit et praecepit, ut illud **iuxta vestigia* apostolorum sepeliret. Quod et factum est. **Passus* autem est sub Diocletiano et Maximiano imperatoribus.

praefectus, -i: „General"
suggessit = narravit
in iniuriam (+ Gen.): „zum Frevel (gegen)"
latére 2: „im Verborgenen leben"
status, -us: „Bestand"
in medium campum = medio in campo
ligare 1: „anbinden"
sagittare 1: „mit Pfeilen beschießen"
(h)ericius, -i: „Igel"
aestimare 1 = putare 1
liberatus/a/um: hier: „geheilt"
gradus, -us: „Treppe"
imperatores: gemeint sind Diokletian und sein Mitkaiser Maximian
malum, -i: „Übel", „Leid"
redarguere 3, -ui (de): „anklagen (wegen)"
fustigare 1: „verprügeln"
facere M (+ AcI) = iubere 2
iuxta vestigia: „bei den Spuren" (→ S. 179)
pati M: hier: „den Märtyrertod erleiden"

B Hilfe gegen die Pest *Paulus Diaconus, Historia Langobardorum 6,5 (gek.; 105 Wörter)*

Sebastian wurde auch in Österreich zu einem der meistverehrten Heiligen. Er gilt nämlich seit dem frühen Mittelalter als Schutzpatron gegen die Pest, die Österreich ja immer wieder heimsuchte. Seine erste Bewährung in dieser Funktion hatte er während einer Pestepidemie in Italien im Jahre 680 zu bestehen:

Secuta est gravissima pestis tribus mensibus; tantaque fuit multitudo morientium, ut etiam parentes cum filiis atque fratres cum sororibus, **bini *per feretra* positi, apud urbem Romam ad sepulchra ducerentur.
Pari etiam modo haec pestilentia **Ticinum* quoque **depopulata est*,
ita ut,
cunctis civibus per **iuga montium* fugientibus,
in foro et per **plateas* civitatis herbae et **frutecta *nascerentur*.

Tunc cuidam per **revelationem* dictum est,
quod pestis ipsa prius non quiesceret,
quam in basilica beati Petri, quae „**ad Vincula*" dicitur, sancti Sebastiani martyris altarium poneretur.
Factumque est, et
**delatis* ab urbe Romā beati Sebastiani martyris reliquiis
**mox ut* in iam dictā basilicā altarium constitutum est,
pestis ipsa quievit.

bini/ae/a: „je zwei"
per feretra: „auf Totenbahren"
Ticinum, -i: „Pavia" (Stadt in Oberitalien)
depopulari 1: „entvölkern"
iugum (-i) montium: „Gebirgskamm"
platea, -ae: „Platz"
frutectum, -i: „Gebüsch"
nasci 3: „geboren werden"; hier: „wachsen"
revelatio, -onis f.: „Offenbarung"
ad vincula: „in Ketten" (der Name bezieht sich auf die Inhaftierung des Petrus in Jerusalem)
deferre = portare
mox ut: „sobald"

Arbeitsaufgaben

A

1. Liste alle Formen von *qui/quae/quod* auf, die im Text vorkommen, und gib an, wie sie im jeweiligen Zusammenhang übersetzt werden!
2. Finde im ersten Absatz des Textes zwei Gegensatzpaare, die jeweils derselben Wortart angehören, und zitiere diese! (Bsp.: *sol – luna*)
3. Bringe die folgenden Inhaltsangaben in die Reihenfolge, die dem Text entspricht! Nummeriere die einzelnen Inhaltsangaben von 1 bis 7!

   Sebastian stirbt. – Die Soldaten schießen Pfeile auf Sebastian. – Sebastian kritisiert die Kaiser wegen der Christenverfolgungen. – Sebastian wird zum Kaiser gerufen. – Sebastian erscheint der heiligen Lucia. – Sebastian wird begraben. – Sebastian wird verprügelt.

B

1. Liste vier verschiedene lateinische Begriffe aus dem Wortfeld „Familie" auf, die im Text vorkommen und nicht als Vokabel angegeben sind!
2. Finde im Text zu den folgenden Begriffen jeweils ein lateinisches Synonym, das derselben Wortart angehört, und zitiere dieses:

   a) pestis (Z. 1), b) *beati* (Z. 8/10)
3. Überprüfe die Richtigkeit der Aussagen anhand des Textes!

a) Die Stadt Pavia wurde von der Pest heimgesucht.	R	F
b) Alle Bürger flüchteten aufs Forum.	R	F
c) Für den heiligen Petrus wurde ein Altar errichtet.	R	F
d) Reliquien des heiligen Sebastian wurden nach Rom gebracht.	R	F

Die römischen Katakomben

Das Gebiet entlang der Via Appia, einer der bedeutendsten Ausfallstraßen aus Rom, wurde wegen des Bestattungsverbotes innerhalb der Stadtmauern schon in vorchristlicher Zeit als Begräbnisstätte genutzt (→ S. 124 f.). Während für wohlhabende Menschen repräsentative Grabdenkmäler errichtet wurden, entstanden hier für die einfache Bevölkerung unterirdische Grabanlagen: In das relativ weiche Tuffgestein wurden Gänge geschlagen, an deren Seiten die Verstorbenen in Nischengräbern bestattet wurden. Diese Art der Bestattung übernahmen auch die frühen Christen.

In eine dieser Grabanlagen wurden in der Mitte des 3. Jh. während besonders schwerer Christenverfolgungen die Gebeine der Apostel Petrus und Paulus gebracht, um sie vor Entweihung zu schützen. An diesem Ort (vgl. Text A, Z. 14: *iuxta vestigia apostolorum*) wurde auch der heilige Sebastian bestattet. Nach dem Ende der Christenverfolgungen brachte man die sterblichen Überreste der beiden Apostel wieder in ihre ursprünglichen Gräber und errichtete darüber prächtige Basiliken: *San Pietro* (Petersdom) und *San Paolo Fuori le Mura* („Sankt Paul vor den Mauern"). Die Gedenkstätte des heiligen Sebastian befindet sich bis heute an der Via Appia.

Der Ort, an dem sich diese Grabanlage befindet, wurde ursprünglich einfach *ad catacumbas* („bei der Talsenke") genannt. Diese Bezeichnung „Katakomben" wurde später auf alle derartigen Grabanlagen übertragen (es gibt allein in Rom mehr als 60 Katakomben!). Entgegen der weitverbreiteten Ansicht waren Katakomben nie geheime Zufluchtsorte der Christen, sondern nur Grabanlagen und Gedenkorte. Einige wenige römische Katakomben kann man heute besichtigen, darunter auch die Sebastianskatakombe.

6. DER HEILIGE BENEDIKT

A Benedikt kommt nach Montecassino

Gregor der Große, Liber Dialogorum 8 (gek.; 64 Wörter)

Eine der wichtigsten Persönlichkeiten für die Verbreitung des Christentums war Benedikt von Nursia. Der frühere Einsiedler soll im Jahr 529 in Montecassino (zwischen Rom und Neapel) das Mutterkloster der Benediktiner gegründet haben, das später zum Vorbild vieler weiterer Mönchsorden wurde:

**Castrum*, quod Casinum dicitur, in alti montis **latere* situm est. Ibi vetustissimum fanum fuit, in quo **ex* more antiquorum **gentilium* ab stulto rusticorum populo Apollo colebatur.

Ibi itaque vir Dei perveniens, contrivit **idolum* et subvertit aram atque in ipso templo Apollinis **oraculum* beati Martini (construxit). Ubi vero ara eiusdem Apollinis fuit, **oraculum* sancti construxit Iohannis, et multitudinem **circumquaque* **commorantem* praedicatione continua ad **fidem* vocabat.

castrum, -i: „befestigter Ort"
latus, -eris n.: „Seite", hier: „Abhang"
ex (+ Abl.): hier: „gemäß", „aufgrund"
gentiles, -ium m.: „die Heiden"
idolum, -i: „Götterbild"
oraculum, -i n.: „Gebetshaus", „Kapelle"
circumquaque: „ringsum", „in der Gegend"
commorantem = habitantem
fides, -ei f.: hier: „Glaube"

B Benedikt prophezeit König Totila seine Zukunft

Gregor der Große, Liber Dialogorum 15 (gek.; 128 Wörter)

Im Jahr 546 kommt der wegen seiner Grausamkeit gefürchtete Ostgotenkönig Totila nach Montecassino. Dort trifft er auf Benedikt, dem wegen seiner Wundertätigkeit bereits ein großer Ruf vorauseilt:

Tunc isdem Totila ad **Dei hominem* accessit. Quem cum longe sedentem cerneret, non ausus (est) accedere, sese in terram dedit. Cui **dum* **vir Dei* bis et ter diceret: „Surge", sed ipse ante eum **erigi* de terra non auderet, Benedictus, Iesu Christi Domini famulus, ipse **dignatus est* accedere ad regem **prostratum*. Quem de terra levavit, **de* suis actibus **increpavit*, atque in paucis sermonibus cuncta, quae illi **erant ventura*, praenuntiavit, dicens: „Multa mala facis, multa fecisti. Iam aliquando ab iniquitate **conpescere*! Et quidem Romam intrabis, mare transibis, novem annis regnabis, decimo morieris."

Quibus (verbis) auditis rex vehementer territus, **oratione petitā*, recessit, atque **ex* illo iam tempore minus crudelis fuit. Cum non multo post **Romam adiit*, ad Siciliam **perrexit*, anno autem regni sui decimo omnipotentis Dei iudicio regnum cum vitā **perdidit*.

homo/vir Dei: gemeint ist Benedikt
dum (+ Konj.) = cum (+ Konj.)
erigere 3: passiv: „sich erheben"
dignari 1: „es für würdig halten"
prostratus/a/um: „am Boden liegend"
increpare 1 (de): „tadeln (wegen)"
erant ventura: „bevorstand"
conpescere (Imperativ): „lass ab!"

orationem petere: „um ein Gebet bitten"
ex (+ Abl.): hier „seit"
Romam adiit: Totila soll Rom kurz darauf erobert haben und sich dabei gegenüber den Gefangenen auffallend mild verhalten haben.
pergere 3, perrexi: „aufbrechen"
perdidit = amisit

C Schlafordnung für Mönche

Regula Benedicti 22 (gek.; 78 Wörter)

Die Regula Benedicti ist die erste Mönchsregel des Abendlandes. Benedikt verfasste sie ursprünglich für seine eigene Klostergemeinschaft in Montecassino, im Mittelalter wurde sie zur Grundlage vieler anderer Ordensregeln (z.B. der Zisterzienser). Die Regel gibt sehr detaillierte Vorschriften für das Klosterleben – so unter anderem auch für die Nachtruhe der Mönche.

Singuli **per* singula **lecta* dormiant. Si potest fieri, omnes in uno loco dormiant; sin autem multitudo non sinit, **deni* aut **viceni* cum senioribus, qui **super* eos **solliciti* sint, pausent. Candela **iugiter* in eādem cellā ardeat usque mane.

Vestiti dormiant et **cultellos* suos ad latus suum non habeant, dum dormiunt, ne forte **per* somnum vulnerent dormientem.

Adulescentiores fratres **iuxta se* non habeant **lectos*, sed permixti cum senioribus.

Surgentes vero ad opus Dei **invicem* se moderate cohortentur propter **somnulentorum* **excusationes*.

per: hier: „in"
lectum, -i / **lectus**, -i: „Bett"
deni/ae/a: „je zehn"
viceni/ae/a: „je 20"
sollicitus/a/um (**super**): „besorgt (um)"
iugiter (Adv.): „ununterbrochen"
cultellus, -i: „Messer"

iuxta se: „nebeneinander"

invicem (Adv.): „gegenseitig"
somnulentus, -i: „Langschläfer"
excusatio, -onis f.: „Ausrede"

Wusstest du eigentlich …

… dass das Kloster Montecassino Schauplatz einer der schwersten Schlachten des Zweiten Weltkriegs war? Weil sie deutsche Soldaten im Kloster vermuteten, führten die Alliierten am 15. Februar 1944 einen dreistündigen Bombenangriff durch, bei dem das Kloster bis auf die Grundmauern zerstört wurde. In den folgenden Monaten tobte in den Ruinen zwischen der deutschen Wehrmacht und den alliierten Truppen (Briten, Amerikaner, Inder und Polen) ein blutiger Krieg um die Besetzung dieses strategisch wichtigen Punktes. Da die Deutschen die Kunstschätze und die Baupläne rechtzeitig in Sicherheit gebracht hatten, konnte die Abtei nach Kriegsende auf Kosten des italienischen Staates rekonstruiert werden. Heute ist das Kloster eine der wichtigsten Sehenswürdigkeiten Italiens – auch wenn nur mehr knapp 20 Mönche dort wohnen.

picturedesk.com/Scherl/SZ-Photo

Arbeitsaufgaben

A

1. Liste alle Pronomina auf, die im Text vorkommen, und gib an, um welche es sich handelt!
2. Finde im Text zu den folgenden alphabetisch aufgelisteten Fremd- bzw. Lehnwörtern jeweils ein sprachlich verwandtes lateinisches Wort (Nomen, Adjektiv, Verb oder Adverb) und zitiere dieses:

   a) Alt-Stimme, b) Antiquitäten, c) konstruieren, d) Moral, e) Predigt
3. Ergänze die folgenden Sätze dem Inhalt des Textes entsprechend:

Alamy Stock Photo/Achim Bednorz/Bildarchiv Monheim

Montecassino ist auf einem ____________________ gelegen, wo sich früher ein ____________________ befunden hatte. Als Benedikt dorthin kam, zerstörte er das ____________________ und den ____________. Außerdem errichtete er zwei ____________, die den Heiligen ____________ und ____________ geweiht wurden. Die Bewohner der Umgebung ermunterte er durch ____________ zum Glauben.

B

1. Gliedere den folgenden Satz des Textes in Hauptsatz (HS), Gliedsätze (GS) und satzwertige Konstruktionen (sK):

   Quem de terra levavit, de suis actibus increpavit, atque in paucis sermonibus cuncta, quae illi erant ventura, praenuntiavit, dicens: … (Z. 5 f.)
2. Trenne die folgenden Wörter in Präfix / Suffix und Grundwort und gib die im Kontext passende deutsche Bedeutung der einzelnen Elemente in Klammern an:

   a) *accessit* (Z. 1), b) *praenuntiavit* (Z. 6), c) *iniquitate* (Z. 7), d) *transibis* (Z. 8)

C

1. Liste alle im Text vorkommenden Präsens-Konjunktive auf und gib jeweils an, zu welcher Konjugation das Verbum gehört!
2. Überprüfe die Richtigkeit der Aussagen anhand des Textes!

a) Die Mönche sollen nach Möglichkeit in getrennten Räumen schlafen.	R	F
b) In der Nacht sollen die Kerzen ausgelöscht werden.	R	F
c) Aus Sicherheitsgründen sollen die Mönche auch im Bett ihr Messer bei sich tragen.	R	F
d) Zwischen den jüngeren Mönchen sollen immer ältere liegen.	R	F

Begegnung mit fremden Kulturen

1. MARCO POLO IN CHINA

Marco Polo stammte aus einer venezianischen Kaufmannsfamilie. Im Jahr 1271 brach er gemeinsam mit seinem Vater und seinem Onkel zu einer Reise in den Fernen Osten auf. In Peking kam er an den Hof des Mongolenherrschers Kublai Khan, des Enkels des Dschingis Khan (Khan bzw. Großkhan war der mongolische Herrschertitel). Er gewann das Vertrauen des Khan und war für ihn auch jahrelang als Gesandter tätig. In dieser Funktion bereiste er weite Gebiete des riesigen Mongolenreiches, das damals fast ganz Zentralasien umfasste.
Der Reisebericht des Marco Polo zählt zu den wichtigsten mittelalterliche Quellen über Asien (auch wenn von manchen Forschern bezweifelt wird, dass Marco Polo jemals in China war). Entstanden ist dieser Bericht nach der Rückkehr Marco Polos im Jahr 1295, ursprünglich in französischer Sprache. Schon bald entstanden Übersetzungen in weitere Sprachen, von denen die lateinische Version die meiste Bedeutung hatte.

A Die Stadt Quinsai (Hángzhōu) – das chinesische Venedig

Liber de consuetudinibus et condicionibus orientalium regionum 2,64 (gek.; 163 Wörter)

Quinsai est tam magna, ut maior (civitas) in orbe (esse) non **putetur*. Continet **circuitus* huius urbis **miliaria* circiter centum; pontes vero lapideos habet duodecim milia, eosque tam altos, ut naves magnae erecto **malo* **pertransire* possint. **Fundus* autem civitatis est in loco paludinoso, fere ut **Venetiae*; **unde*, si careret pontibus, de **vico* ad *vicum* perveniri non posset.

In hac civitate Quinsai sunt pulcherrimae et elegantissimae domus. Cives eius adorant **idola*; comedunt carnes equorum, canum et aliorum immundorum animalium. Omnes **plateae* civitatis lapidibus sunt **constratae*; **unde* fit, ut mundissima sit. Inveniuntur etiam in eā circiter tria milia thermarum, quibus homines pro abluendis corporibus utuntur. Nam **hoc unum* gens illa *studet*, ut sit munda corpore.

Familiae **putantur* esse in urbe Quinsai DC milia. Est etiam consuetudo in hac urbe et totā provinciā, ut **quilibet* **paterfamilias* scribat super ostium domus suae nomen suum et nomina uxoris atque totius familiae suae, sed etiam numerum equorum suorum. Per hunc modum **absque* magna difficultate sciri potest numerus hominum totius civitatis.

putatur/putantur (+ NCI): „man vermutet, dass …"
circuitus, -us: „Umfang"
miliarium, -i: „Meilenstein", „Meile"
malus, -i m.: „Mastbaum"
pertransire: „durchfahren"
fundus, -i: „Fundament"
Venetia, -ae: „Venedig"
unde = itaque
vicus, -i: „Stadtteil"
idolum, -i: „Götzenbild"
platea, -ae: „Platz"
constratus/a/um: „bedeckt", „gepflastert"
hoc unum studere: „sich darum ganz besonders bemühen"
qui-, quae-, quodlibet: „jeder"
paterfamilias: „Familienoberhaupt"
absque = sine

B Das chinesische Geld

Liber de consuetudinibus et condicionibus orientalium regionum 2,21 (gek.; 127 Wörter)

**Moneta* **Magni Cham* non fit de auro vel argento aut alio metallo, sed **corticem* accipiunt **medium* ab arbore **mori* et hunc **consolidant* atque in particulas varias et rotundas, magnas et parvas, **scindunt* atque regale imprimunt signum.

De hac itaque materiā iubet imperator in civitate **Cambalu* **cudi* immensam **vim* pecuniae, quae pro toto sufficit imperio; nullique sub poenā mortis in omnibus regnis et terris suis licet aliam **cudere* vel etiam expendere **monetam* aut illam recusare.

Mandat quoque nonnumquam Imperator his, qui in **Cambalu* **morantur*, ut (ii), qui aurum vel argentum aut lapides pretiosos habent, ea **quantocius* **officialibus* suis tradant et consuetam ab illis **monetam* **iuxta* illorum valorem recipiant. Hoc modo fit, ut mercatores et cives **indemnes serventur* et nihilominus rex omne aurum et argentum **corradens* maximum congreget thesaurum.

moneta, -ae: „Geld"
Magnus (-i) **Cham**: „Großkhan"
cortex (-icis) **medius** (-i): „innere Rinde", „Bast"
morum, -i: „Maulbeere"
consolidare 1: („festigen"), „trocknen"
scindere 3: „schneiden"
Cambalu: „Peking"
cudere 3: „prägen"
vis: hier: „Menge"
morari 1: „sich aufhalten"
quantocius (Adv.) = celerrime
officialis, -is m.: „Beamter"
iuxta (+ Akk.): „entsprechend"
indemnis servari: „straflos bleiben"
corradere 3: „zusammenkratzen"

Arbeitsaufgaben

A

1. Liste alle Konjunktive des ersten Absatzes auf und gib an, wie sie im jeweiligen Zusammenhang übersetzt werden.
2. Trenne die folgenden Wörter in Präfix / Suffix und Grundwort und gib die im Kontext passende deutsche Bedeutung der einzelnen Elemente in Klammern an:

   a) *immundorum* (Z. 7), b) *abluendis* (Z. 10), c) *difficultate* (Z. 15)
3. Wähle aus den gegebenen Möglichkeiten genau drei dem Text entsprechende Aussagen durch Ankreuzen aus!

   ☐ Der Umfang von Quinsai beträgt 1.000 Meilen.

   ☐ Die Stadt hat 12.000 steinerne Brücken.

   ☐ Schiffe können nur schlecht durch die Stadt fahren.

   ☐ Die Einwohner beten Bilder von Hunden an.

   ☐ Es gibt 3.000 Thermen in der Stadt.

   ☐ Über den Eingangstüren der Häuser kann man die Namen aller Bewohner lesen.

B

1. Finde im Text zu den folgenden alphabetisch aufgelisteten Fremd- bzw. Lehnwörtern jeweils ein sprachlich verwandtes lateinisches Wort (Substantiv, Adjektiv, Verb oder Adverb) und zitiere dieses:

   a) Parterre, b) Partikel, c) Rezept, d) Schindel, e) Tradition
2. Gib an, worauf sich die folgenden Textzitate beziehen!

   a) *hunc* (Z. 2), b) *illam* (Z. 8), c) *ea* (Z. 10), d) *illis* (Z. 11)
3. Gliedere den folgenden Satz aus dem Text (Z. 9–11) in Hauptsatz (HS), Gliedsätze (GS) und satzwertige Konstruktionen (sK):

   Mandat quoque nonnumquam Imperator his, qui in Cambalu morantur, ut (ii), qui aurum vel argentum aut lapides preciosos habent, ea quantocius officialibus suis tradant.
4. Wähle aus den gegebenen Möglichkeiten die richtige Übersetzung aus!

   a) *fit* (Z. 1) heißt übersetzt: ☐ „macht" ☐ „geschieht" ☐ „wird gemacht" ☐ „wird"

   b) *ut* (Z. 12) heißt übersetzt: ☐ „wie" ☐ „dass" ☐ „damit" ☐ „sodass"
5. Ergänze die folgenden Sätze dem Inhalt des Textes entsprechend:

   Das Geld des Großkhan wird aus ______________________ in der Stadt ______________________ hergestellt. Es ist strengstens verboten, ein anderes Geld ______________________ oder das Geld des Großkhan ______________________. Auch Edelmetalle müssen ______________________.

Wusstest du eigentlich …

… dass die Chinesen nicht nur das Papiergeld, sondern auch viele andere Dinge lange vor den Europäern verwendet haben? Auch Schießpulver, Kompass oder Buchdruck waren in China schon jahrhundertelang bekannt, bevor sie in Europa erfunden wurden. Übrigens sind auch die Spaghetti keine italienische Erfindung: Sie waren in China schon seit dem 2. Jahrtausend v. Chr. bekannt und sollen erst von Marco Polo nach Italien gebracht worden sein.

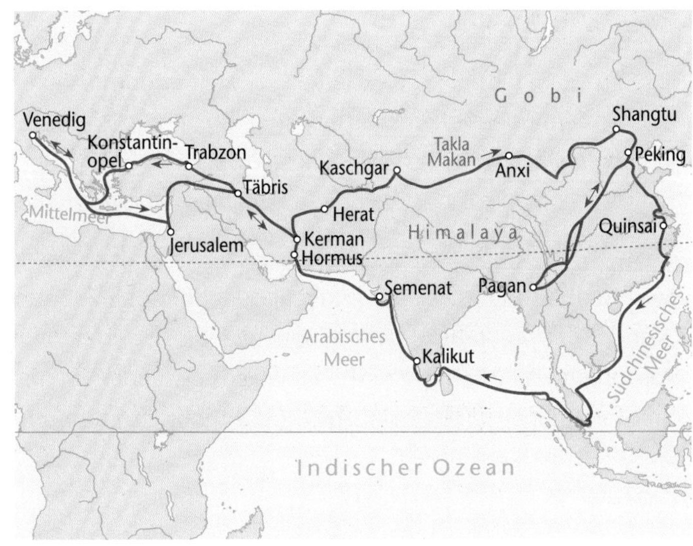

Reiseroute von Marco Polo (1271–1295)

2. DIE INDIOS SÜDAMERIKAS

Christoph Kolumbus gilt zwar als der Entdecker Amerikas (1492), benannt ist dieser Erdteil allerdings nach einem anderen Seefahrer, der wenige Jahre später hier an Land ging: Amerigo Vespucci. Im Gegensatz zu Columbus, der bis zu seinem Tod glaubte, in Ostasien gewesen zu sein, erkannte Vespucci schnell, dass er einen neuen Kontinent entdeckt hatte.

Vespucci unternahm mehrere Fahrten an die Ostküste Südamerikas. Über seine Eindrücke auf der dritten Fahrt (1501–1502) verfasste er einen italienischen Reisebericht, der in seiner lateinischen Fassung mit dem Titel „Mundus novus" in ganz Europa begeistert gelesen wurde.

A Ohrlöcher – schon bei den Indios in Mode *Vespucci, Mundus novus 5 (gek.; 119 Wörter)*

Omnes utriusque sexus incedunt nudi, nullam corporis partem *operientes; et ut ex ventre matris prodeunt, sic usque ad mortem vadunt. Corpora enim habent magna, *bene proportionata* et colore *declinantia* ad *rubedinem*. Quod eis accidere puto, quia nudi incedentes *tingantur* a sole.

Habent et comam *amplam* et nigram. Sunt in incessu et ludis agiles et venusta facie. Quam tamen ipsi sibi *destruunt*. Perforant enim sibi genas et labra et nares et aures.

Neque credas foramina illa esse parva aut *quod* unum solum habeant. Vidi enim nonnullos habentes in solā facie septem foramina. *Obturant* sibi haec foramina cum *petris* *caeruleis*, marmoreis, *cristallinis* et cum ossibus *candidissimis*. Et hic mos solus est virorum. Nam mulieres non perforant sibi faciem, sed aures solum.

operire 4: „bedecken"
bene proportionatus/a/um: „gut gebaut"
declinare 1: „neigen", „sich annähern"
rubedo, -inis f.: „Röte"
tingere 3: „färben" (Konjunktiv bleibt unübersetzt)
amplus/a/um: „voll", „dicht"
destruere 3: „verunstalten"
quod (+ Konj.): „dass"
obturare 1: „behängen"
petra, -ae: „Stein"
caeruleus/a/um: „blau"
cristallinus/a/um: „durchsichtig"
candidus/a/um: „hell"

B Die Indios als Kannibalen *Vespucci, Mundus novus 5 f. (gek.; 191 Wörter)*

Nullum habent templum et nullam tenent legem, neque sunt *idolatrae*. Quid *ultra* dicam? Vivunt *secundum* naturam. Non sunt inter eos mercatores neque *commercia rerum*.

Populi inter se bella gerunt sine arte, sine ordine. Seniores suis *contionibus* iuvenes ad bella *incendunt*, in quibus crudeliter se *mutuo* interficiunt. Et (eos), quos ex bello captivos ducunt, sui *victus* causa *occidendos* servant; nam alii alios et victores victos comedunt; et inter carnes humana (caro) est eis *communis* in cibis.

Iam visum est patrem comedisse filios et uxorem; et ego hominem *novi*, qui plus quam ex trecentis humanis corporibus edisse *vulgabatur*. Et item *steti* viginti septem dies in urbe quadam, ubi vidi per domos humanam carnem *salsam* *contignationibus* *suspensam*, uti apud nos *moris* est *lardum* *suspendere* et carnem suillam. Plus dico: Ipsi admirantur, cur nos non comedimus inimicos nostros et eorum carne non utimur in cibis; quam dicunt esse *saporosissimam*.

Eorum arma sunt arcus et sagittae; et quando properant ad bella, nullam sui *tutandi* *gratia* corporis partem operiunt: *adeo* sunt et in hoc bestiis similes. Nos, quantum potuimus, conati sumus eos dissuadere et ab his pravis moribus dimovere; qui et se eos *dimissuros* (esse) nobis promiserunt.

idolatra, -ae m.: „Götzenverehrer"
ultra (Adv.): „noch mehr"
secundum (+ Akk.): „gemäß", „nach"
commercia rerum: „Warenaustausch"
contio, -onis f.: „Rede"
incendere 3: hier: „anstacheln"
mutuo (Adv.): „gegenseitig"
victus, -us m.: „Nahrung"
occidendos (Gerundiv): „zum Töten"
communis/e: „überall üblich"
noscere 3, novi, notum: „kennenlernen"
vulgabatur = dicebatur (NCI)
steti = mansi
salsus/a/um: „gesalzen"
contignatio, -onis f.: „Dachbalken"
suspendere 3, -pendi, -pensum: „aufhängen"
moris est: „es ist Brauch"
lardum, -i: „Speck"
saporosus/a/um: „schmackhaft"
tutari 1: „schützen"
gratia (+ Gen.) = causa (+ Gen.)
adeo (Adv.): „so sehr"
dimittere 3, -misi, -missum: „aufgeben"

Arbeitsaufgaben

A

1. Liste sechs verschiedene lateinische Begriffe aus dem Wortfeld „Körperteile" auf, die im Text vorkommen!
2. Wähle aus den gegebenen Möglichkeiten die richtige Übersetzung aus!

   a) *quod* (Z. 3) heißt übersetzt: ☐ „weil" ☐ „welches" ☐ „dieses"

   b) *credas* (Z. 8) heißt übersetzt: ☐ „du glaubst" ☐ „du wirst glauben" ☐ „du sollst glauben"
3. Überprüfe die Richtigkeit der Aussagen anhand des Textes!

a) Manche sterben schon im Bauch der Mutter.	R	F
b) Sie haben ein hübsches Gesicht.	R	F
c) Sie durchbohren sich ihre Wangen.	R	F
d) In die gebohrten Löcher hängen sie Steine.	R	F
e) Frauen bohren sich mehr Löcher als Männer.	R	F

4. Versuche eine Zeichnung eines männlichen Indios anzufertigen, die dem Inhalt des Textes entspricht!

B

1. Finde im zweiten Absatz zwei Gegensatzpaare, die jeweils derselben Wortart angehören, und zitiere diese!
2. Finde im letzten Absatz ein Beispiel für ein Hyperbaton (→ S. 198) und zitiere dieses!
3. Gliedere den folgenden Satz aus dem Text (Z. 10–13) in Hauptsatz (HS), Gliedsätze (GS) und satzwertige Konstruktionen (sK):

   Et item steti viginti septem dies in urbe quadam, ubi vidi per domos humanam carnem salsam contignationibus suspensam, uti apud nos moris est lardum suspendere et carnem suillam.
4. Ergänze die folgenden Sätze dem Inhalt des Textes entsprechend:

   a) Die jungen Männer werden von ______________________ zum Krieg angestachelt.

   b) Die Gefangenen, die sie im Krieg machen, werden von ihnen ______________________.

   c) Vespucci sah in ihren Häusern ______________________.

   d) Im Kampf bedecken sie ______________________.

Wusstest du eigentlich …

… woher der Ausdruck „Kannibalismus" kommt? Als Christoph Kolumbus auf seiner ersten Entdeckungsfahrt 1492 auf der Karibikinsel Hispaniola gelandet war, bemerkt er die panische Angst der dort lebenden Menschen vor den sogenannten „Caniba", den furchteinflößenden Bewohnern der Nachbarinsel, die angeblich Menschenfleisch verzehrten. Wie alle seine Eindrücke notierte Kolumbus auch dieses Ereignis in seinem Bordbuch, das später veröffentlicht wurde. Natürlich stieß gerade die Begegnung mit Menschenfressern auf großes Interesse, und so wurde bald der Name des Volkes zu einem festen Begriff.

… dass die Entdeckungsreisenden den von ihnen entdeckten Gebieten oft eigenartige, aber dennoch bis heute unveränderte Namen gaben? So gab Vespucci etwa einer Bucht, die er am 1. Januar entdeckt hatte, den Namen „Rio de Janeiro" („Januar-Fluss"; er glaubte die Bucht sei die Mündung eines Flusses). Vespucci entdeckte auch den Amazonas; seinen Namen erhielt der Fluss allerdings erst 40 Jahre später von Francisco de Orellana, der den Lauf des Flusses erforschte und dabei auf sehr große, kräftig gebaute Kriegerinnen gestoßen sein soll – ganz ähnlich dem sagenhaften Volk der Amazonen, nach denen er den Fluss benannte.

3. DAS OSMANISCHE REICH

Ogier Ghiselin de Busbecq (1522–1592) stammte aus Lille (heutiges NO-Frankreich) und war für die Habsburger-Kaiser Karl V. und Ferdinand I. als Diplomat tätig. Im Jahr 1554, also 25 Jahre nach der ersten Belagerung Wiens durch die Osmanen, wurde er nach Istanbul geschickt, um zwischen den Habsburgern und dem osmanischen Sultan Süleyman einen Frieden auszuhandeln. Insgesamt hielt sich Busbecq in der Folge sieben Jahre als Gesandter der Habsburger in Istanbul auf und verfasste in dieser Zeit einen Reisebericht mit dem Titel „Legationis Turcicae Epistolae IV" (Vier Briefe von der türkischen Gesandtschaft). Darin berichtet er als erster Westeuropäer ausführlich über die Verhältnisse im Osmanischen Reich – und zwar weitgehend objektiv und vorurteilslos.

A Die Hagia Sophia *Busbequius, Legationis Turcicae Epistola Prima (gek.; 64 Wörter)*

Busbecqs Reise nach Istanbul dauerte insgesamt 27 Tage. Als er schließlich dort im Jänner 1555 ankommt, erfährt er, dass der Sultan gerade auf Kriegszug ist. Während Boten ausgesendet werden, um Süleyman von der Ankunft des kaiserlichen Gesandten zu verständigen, hat Busbecq Zeit für eine Stadtbesichtigung:

Interim, dum responsum exspectatur, **facultas* urbis Constantinopolis inspiciendae per otium fuit. Imprimis Divae Sophiae templum adire placuit. Tamen non nisi singulari beneficio sum admissus: **Turcae* sua templa **prophanari* credunt, si quis Christianus ingrediatur. Est ea **moles* magnifica et digna, **quae* spectetur – maximo cum **fornice* sive **hemisphaerio* in medio, quod a solo **impluvio* lucem habet. Ad huius templi formam omnia fere **Turcarum* templa sunt constructa.

facultas, -atis f.: „Gelegenheit"
Turcae, -arum m.: „die Türken"; heute korrekter: „die Osmanen"
prophanare 1: „entweihen"
moles, -is f.: „Bauwerk"
quae: hier = ut
fornix, -icis m.: „Gewölbe"
hemisphaerium, -i: „Halbkugel"
impluvium, -i: „Regenöffnung"

B Der Schleier als Schutz vor den Männern *Busbequius, Legationis Turcicae Epistola Tertia (gek., 83 Wörter)*

Besonderes Interesse erweckte bei Busbecq die Stellung der Frau bei den Osmanen:

Turcae, magis quam ulla alia gens, uxorum pudicitiae student. Itaque (eas) inclusas servant domi atque abdunt, ut vix solem aspiciant. Quodsi necessitas eas in publicum evocet, (eas) ita **pannis* tectas emittunt, ut **occurrentibus* merae **larvae* videantur.

(Uxoribus) ipsis quidem per **linteum* **copia* videndi viros est, (sed) viris nulla earum corporis pars ad conspectum patet. Est enim apud eos **recepta* opinio nullam mulierem, quam forma aut aetas commendet, a viro sine **potiundi libidine* ac sine mentis **labe* conspici posse. Ob id omnes habent **absconditas*.

pannus, -i: „Stoff"
occurrentibus (3.F. Pl.): „den Entgegenkommenden"
larva, -ae: „Gespenst"
linteum, -i: „Leinentuch"
copia, -ae: hier: „Möglichkeit"
receptus/a/um: „weit verbreitet"
potiundi libido (-inis f.): „sexuelle Gier"
labes, -is f.: „Befleckung"
absconditus/a/um: „versteckt"

C Frauen und Nebenfrauen *Busbequius, Legationis Turcicae Epistola Tertia (gek., 124 Wörter)*

Nulla lex vetat Turcas ad iustas uxores **pelices* assumere, quot velint. Neque ullum discrimen honoris (est) inter harum et illarum liberos, eodemque iure **censentur*. **Pelices* vero aut sibi emunt aut bello acquirunt. **Quarum* ubi *taedet*, nihil impedit, **quominus* (eas) in forum productas vendant.

Uxor iusta a concubinā solā dote **dignoscitur*. Servarum nulla dos est. **Dote dictā* veluti matres **familias* **in* reliquas mulieres totamque mariti domum **imperium* habent, sic tamen, ut mariti **optio* sit, cum qua nocte cubet. Quod cum uxori significaverit, illa imperat ancillae, ut ad eum **dormitum* eat, eaque paret. Una nox **singulis hebdomadibus, (nox)* **diei Veneris* apud eos festi, uxori reservatur. Ceterae noctes **eius arbitrii sunt*.

Divortia fiunt inter eos pluribus de causis, quas viris **comminisci* facile est. Mulieres **aegrius* a viris divortunt.

pelex, -icis f.: „Nebenfrau"
censére 2: hier: „behandeln"
Quarum taedet: „sie haben genug von ihnen" / **quominus** (+ Konj.): „dass"

dignoscere 3: „unterscheiden"
dotem dicere: „eine Mitgift festsetzen"
familias = familiae (alter Genetiv)
imperium, -i (in): „Macht (über ...)"
optio, -onis f.: „Wahl"
dormitum (Supinum): „um zu schlafen"
singulis hebdomadibus: „pro Woche"
dies Veneris: „Freitag"
eius arbitrii sunt: „bleiben seiner Wahl überlassen"
comminisci 3: „sich ausdenken"
aegrius (Adv.): „schwieriger"

Arbeitsaufgaben

A

1. Liste alle Stellen auf, an denen der Genetiv vor dem übergeordneten Nomen steht (Beispiel: *hostium rex* = „der König der Feinde")!
2. Wähle aus den gegebenen Möglichkeiten die richtige Übersetzung aus!

   a) *per otium* (Z. 2) heißt übersetzt: ☐ „für die Muße" ☐ „in Ruhe" ☐ „für die Freizeit"

   b) *quod* (Z. 6) heißt übersetzt: ☐ „die" ☐ „was" ☐ „weil"
3. Fasse den Inhalt des Textes mit eigenen Worten knapp und in ganzen Sätzen zusammen (insgesamt max. 70 Wörter)!

B

1. Trenne die folgenden Wörter in Präfix / Suffix und Grundwort und gib die im Kontext passende deutsche Bedeutung der einzelnen Elemente in Klammern an:

   a) *inclusas* (Z. 2), b) *abdunt* (Z. 2), c) *aspiciant* (Z. 2). d) *emittunt* (Z. 3)
2. Gliedere den folgenden Satz aus dem Text (Z. 6–8) in Hauptsatz (HS), Gliedsätze (GS) und satzwertige Konstruktionen (sK):

   Est enim apud eos recepta opinio nullam mulierem, quam forma aut aetas commendet, a viro sine potiundi libidine ac sine mentis labe conspici posse.
3. Ergänze die Sätze dem Inhalt des Textes entsprechend:

   a) Bei den Osmanen sperren die Männer ihre Frauen ein, sodass sie ______________________.

   b) Wenn die Frauen das Haus verlassen müssen, ______________________.

   c) Es herrscht bei den Osmanen die Meinung, dass Männer durch den Anblick von Frauen, die ____________ und ____________ sind, sexuell erregt werden.

C

1. Liste alle konjunktivischen Gliedsätze (= Gliedsätze, in denen der Konjunktiv nicht übersetzt werden muss bzw. darf) des Textes auf!
2. Finde im Text wenigstens vier Ausdrücke aus dem Wortfeld (→ S. 141) „Familie"!
3. Gib an, worauf sich die folgenden Textzitate des letzten Absatzes inhaltlich beziehen:

   a) *ad eum* (Z. 8), b) *ea(que)* (Z. 8), c) *apud eos* (Z. 9), d) *quas* (Z. 11)
4. Überprüfe die Richtigkeit der Aussagen anhand des Textes!

a) Nebenfrauen sind immer Kriegsgefangene.	R	F
b) Sie werden wieder verkauft, wenn der Ehemann genug von ihnen hat.	R	F
c) Den Freitag reserviert der Mann für die Ehefrau.	R	F
d) Frauen dürfen sich nicht scheiden lassen.	R	F

Wusstest du eigentlich …

… dass es im Islam viele verschiedene Formen der Verhüllung gibt?

Schaila
Rechteckiger und langer Schleier, der um den Kopf gewickelt und über die Schulter gelegt wird. Wird in verschiedenen Farben getragen.

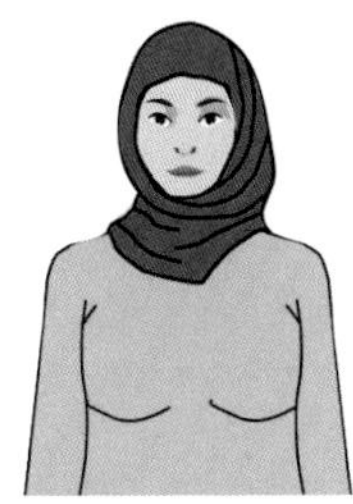

Hijab
Symbolisiert Religiosität und Weiblichkeit unter muslimischen Frauen. Wird in verschiedenen Farben getragen.

al-Amira
Zweiteiler. Ein Teil umhüllt den Kopf, der andere wird eng um die Schulter gelegt. Wird in verschiedenen Farben getragen.

Chimar
Mantelartiger Schleier, der bis zur Taille reicht. Wird in verschiedenen Farben getragen.

Tschador
Ganzkörperschleier. Unter ihm wird oft ein kleinerer Schleier getragen. Nur in Schwarz.

Nikab
Bedeckt vollständig das Gesicht. Wird zusammen mit einem langen Kleid („Abaja") getragen. Nur in Schwarz.

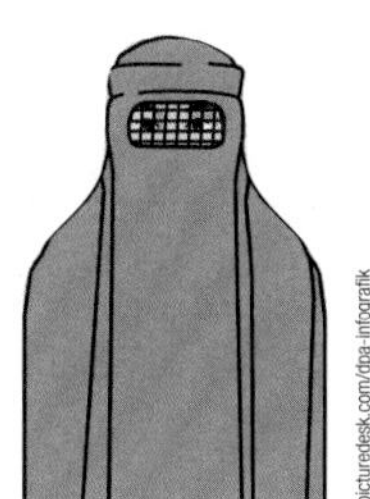

Burka
Ganzkörperschleier. Eine Art Gitter ermöglicht das Sehen nur nach vorne.

DEKLINATIONEN

A. Nomina (Substantiva)

		o-Dekl.		a-Dekl.	e-Dekl.	u-Dekl.
		m.	n.	f.	f.	m.
Singular	1.F.	*amicus*	*verbum*	*amica*	*res*	*casus*
	2.F.	*amici*	*verbi*	*amicae*	*rei*	*casus*
	3.F.	*amico*	*verbo*	*amicae*	*rei*	*casui*
	4.F.	*amicum*	*verbum*	*amicam*	*rem*	*casum*
	5.F.	*amice!*	*verbum!*	*amica!*	*res!*	*casus!*
	6.F.	*(ab) amico*	*verbo*	*(ab) amica*	*re*	*casu*
Plural	1./5.F.	*amici*	*verba*	*amicae*	*res*	*casus*
	2.F.	*amicorum*	*verborum*	*amicarum*	*rerum*	*casuum*
	3.F.	*amicis*	*verbis*	*amicis*	*rebus*	*casibus*
	4.F.	*amicos*	*verba*	*amicas*	*res*	*casus*
	6.F.	*(ab) amicis*	*verbis*	*(ab) amicis*	*rebus*	*casibus*

		3. Deklination				
		Konsonantenstämme		Mischstämme	i-Stämme	
		f.	n.	f.	f.	n.
Singular	1./5.F.	*vox*	*flumen*	*navis*	*turris*	*mare*
	2.F.	*vocis*	*fluminis*	*navis*	*turris*	*maris*
	3.F.	*voci*	*flumini*	*navi*	*turri*	*mari*
	4.F.	*vocem*	*flumen*	*navem*	*turrim*	*mare*
	6.F.	*voce*	*flumine*	*nave*	*turri*	*mari*
Plural	1./5.F.	*voces*	*flumina*	*naves*	*turres*	*maria*
	2.F.	*vocum*	*fluminum*	*navium*	*turrium*	*marium*
	3.F.	*vocibus*	*fluminibus*	*navibus*	*turribus*	*maribus*
	4.F.	*voces*	*flumina*	*naves*	*turres*	*maria*
	6.F.	*vocibus*	*fluminibus*	*navibus*	*turribus*	*maribus*

Geschlechtsregeln 3. Deklination

Konsonantenstämme	m.	*-er* ***(-eris)*** / *-or* ***(-oris)*** / *-os* ***(-oris)***
	f.	*-as* ***(-atis)*** / *-us* ***(-utis)*** / *-x* ***(-gis/-cis)*** / *-o* ***(-onis/-inis)***
	n.	*-us* ***(-oris/-eris)*** / *-men* ***(-minis)***
Mischstämme	f.	a) ***navis,-is*** (→ 1.= 2.F. Sg., „Gleichsilbler") b) ***urbs, pars*** (→ Endung mit zwei oder mehr Konsonanten)
i-Stämme	f.	***turris*** (Turm), ***sitis*** (Durst), ***vis*** (Kraft; Gewalt)
	n.	Wörter auf *-e* ***(mare)*** und *-al* ***(animal)***

B. Adjektiva

		a-/o-Deklination			3. Deklination*		
		m.	f.	n.	m.	f.	n.
Singular	1.F.	*bonus*	*bona*	*bonum*	*fortis*	*fortis*	*forte*
	2.F.	*boni*	*bonae*	*boni*	*fortis*	*fortis*	*fortis*
	3.F.	*bono*	*bonae*	*bono*	*forti*	*forti*	*forti*
	4.F.	*bonum*	*bonam*	*bonum*	*fortem*	*fortem*	*forte*
	5.F.	*bone!*	*bona!*	*bonum!*	*fortis!*	*fortis!*	*forte!*
	6.F.	*bono*	*bona*	*bono*	*forti*	*forti*	*forti*
Plural	1./5.F.	*boni*	*bonae*	*bona*	*fortes*	*fortes*	*fortia*
	2.F.	*bonorum*	*bonarum*	*bonorum*	*fortium*	*fortium*	*fortium*
	3.F.	*bonis*	*bonis*	*bonis*	*fortibus*	*fortibus*	*fortibus*
	4.F.	*bonos*	*bonas*	*bona*	*fortes*	*fortes*	*fortia*
	6.F.	*bonis*	*bonis*	*bonis*	*fortibus*	*fortibus*	*fortibus*

* Ebenso *atrox,-ocis* etc. (**eine** Endung im Nominativ) und *celer,-eris,-ere* etc. (**drei** Endungen im Nominativ)

		Pronominale Deklination		
		m.	f.	n.
Singular	1./5.F.	*totus*	*tota*	*totum*
	2.F.	*totius*	*totius*	*totius*
	3.F.	*toti*	*toti*	*toti*
	4.F.	*totum*	*totam*	*totum*
	6.F.	*toto*	*tota*	*toto*

ebenso wandeln ab:
solus („einzig")
unus („ein")
nullus („kein")
ullus („irgendein")
alter („der andere")

Steigerung

		Adjektiva der a-/o-Deklination			Adjektiva der 3. Deklination		
		m.	f.	n.	m.	f.	n.
Singular	1./5.F.	*clarior*	*clarior*	*clarius*	*fortior*	*fortior*	*fortius*
	2.F.	*clarioris*	*clarioris*	*clarioris*	*fortioris*	*fortioris*	*fortioris*
	3.F.	*clariori*	*clariori*	*clariori*	*fortiori*	*fortiori*	*fortiori*
	4.F.	*clariorem*	*clariorem*	*clarius*	*fortiorem*	*fortiorem*	*fortius*
	6.F.	*clariore*	*clariore*	*clariore*	*fortiore*	*fortiore*	*fortiore*
Plural	1./5.F.	*clariores*	*clariores*	*clariora*	*fortiores*	*fortiores*	*fortiora*
	2.F.	*clariorum*	*clariorum*	*clariorum*	*fortiorum*	*fortiorum*	*fortiorum*
	3.F.	*clarioribus*	*clarioribus*	*clarioribus*	*fortioribus*	*fortioribus*	*fortioribus*
	4.F.	*clariores*	*clariores*	*clariora*	*fortiores*	*fortiores*	*fortiora*
	6.F.	*clarioribus*	*clarioribus*	*clarioribus*	*fortioribus*	*fortioribus*	*fortioribus*

KONJUGATIONEN

A) Indikativ aktiv

		Präsens aktiv				
		a-Konj.	e-Konj.	kons. Konj.	Mischkonj.	i-Konj.
Singular	1.P.	*amo*	*moneo*	*mitto*	*capio*	*audio*
	2.P.	*amas*	*mones*	*mittis*	*capis*	*audis*
	3.P.	*amat*	*monet*	*mittit*	*capit*	*audit*
Plural	1.P.	*amamus*	*monemus*	*mittimus*	*capimus*	*audimus*
	2.P.	*amatis*	*monetis*	*mittitis*	*capitis*	*auditis*
	3.P.	*amant*	*monent*	*mittunt*	*capiunt*	*audiunt*

		Imperfekt aktiv				
		a-Konj.	e-Konj.	kons. Konj.	Mischkonj.	i-Konj.
Singular	1.P.	*amabam*	*monebam*	*mittebam*	*capiebam*	*audiebam*
	2.P.	*amabas*	*monebas*	*mittebas*	*capiebas*	*audiebas*
	3.P.	*amabat*	*monebat*	*mittebat*	*capiebat*	*audiebat*
Plural	1.P.	*amabamus*	*monebamus*	*mittebamus*	*capiebamus*	*audiebamus*
	2.P.	*amabatis*	*monebatis*	*mittebatis*	*capiebatis*	*audiebatis*
	3.P.	*amabant*	*monebant*	*mittebant*	*capiebant*	*audiebant*

		Futur aktiv				
		a-Konj.	e-Konj.	kons. Konj.	Mischkonj.	i-Konj.
Singular	1.P.	*amabo*	*monebo*	*mittam*	*capiam*	*audiam*
	2.P.	*amabis*	*monebis*	*mittes*	*capies*	*audies*
	3.P.	*amabit*	*monebit*	*mittet*	*capiet*	*audiet*
Plural	1.P.	*amabimus*	*monebimus*	*mittemus*	*capiemus*	*audiemus*
	2.P.	*amabitis*	*monebitis*	*mittetis*	*capietis*	*audietis*
	3.P.	*amabunt*	*monebunt*	*mittent*	*capient*	*audient*

		Perfekt aktiv				
		a-Konj.	e-Konj.	kons. Konj.	Mischkonj.	i-Konj.
Singular	1.P.	*amavi*	*monui*	*misi*	*cepi*	*audivi*
	2.P.	*amavisti*	*monuisti*	*misisti*	*cepisti*	*audivisti*
	3.P.	*amavit*	*monuit*	*misit*	*cepit*	*audivit*
Plural	1.P.	*amavimus*	*monuimus*	*misimus*	*cepimus*	*audivimus*
	2.P.	*amavistis*	*monuistis*	*misistis*	*cepistis*	*audivistis*
	3.P.	*amavérunt*	*monuérunt*	*misérunt*	*cepérunt*	*audivérunt*

		Plusquamperfekt aktiv				
		a-Konj.	e-Konj.	kons. Konj.	Mischkonj.	i-Konj.
Singular	1.P.	*amaveram*	*monueram*	*miseram*	*ceperam*	*audiveram*
	2.P.	*amaveras*	*monueras*	*miseras*	*ceperas*	*audiveras*
	3.P.	*amaverat*	*monuerat*	*miserat*	*ceperat*	*audiverat*
Plural	1.P.	*amaveramus*	*monueramus*	*miseramus*	*ceperamus*	*audiveramus*
	2.P.	*amaveratis*	*monueratis*	*miseratis*	*ceperatis*	*audiveratis*
	3.P.	*amáverant*	*monúerant*	*míserant*	*céperant*	*audíverant*

B) Indikativ passiv

		Präsens passiv				
		a-Konj.	e-Konj.	kons. Konj.	Mischkonj.	i-Konj.
Singular	1.P.	*amor*	*moneor*	*mittor*	*capior*	*audior*
	2.P.	*amaris*	*moneris*	*mítteris*	*cáperis*	*audiris*
	3.P.	*amatur*	*monetur*	*mittitur*	*capitur*	*auditur*
Plural	1.P.	*amamur*	*monemur*	*mittimur*	*capimur*	*audimur*
	2.P.	*amamini*	*monemini*	*mittimini*	*capimini*	*audimini*
	3.P.	*amantur*	*monentur*	*mittuntur*	*capiuntur*	*audiuntur*

		Imperfekt passiv				
		a-Konj.	e-Konj.	kons. Konj.	Mischkonj.	i-Konj.
Singular	1.P.	*amabar*	*monebar*	*mittebar*	*capiebar*	*audiebar*
	2.P.	*amabaris*	*monebaris*	*mittebaris*	*capiebaris*	*audiebaris*
	3.P.	*amabatur*	*monebatur*	*mittebatur*	*capiebatur*	*audiebatur*
Plural	1.P.	*amabamur*	*monebamur*	*mittebamur*	*capiebamur*	*audiebamur*
	2.P.	*amabamini*	*monebamini*	*mittebamini*	*capiebamini*	*audiebamini*
	3.P.	*amabantur*	*monebantur*	*mittebantur*	*capiebantur*	*audiebantur*

		Futur passiv				
		a-Konj.	e-Konj.	kons. Konj.	Mischkonj.	i-Konj.
Singular	1.P.	*amabor*	*monebor*	*mittar*	*capiar*	*audiar*
	2.P.	*amaberis*	*moneberis*	*mittéris*	*capieris*	*audieris*
	3.P.	*amabitur*	*monebitur*	*mittetur*	*capietur*	*audietur*
Plural	1.P.	*amabimur*	*monebimur*	*mittemur*	*capiemur*	*audiemur*
	2.P.	*amabimini*	*monebimini*	*mittemini*	*capiemini*	*audiemini*
	3.P.	*amabuntur*	*monebuntur*	*mittentur*	*capientur*	*audientur*

		Perfekt passiv*				
		a-Konj.	e-Konj.	kons. Konj.	Mischkonj.	i-Konj.
Singular	1.P.	*amatus sum*	*monitus sum*	*missus sum*	*captus sum*	*auditus sum*
	2.P.	*amatus es*	*monitus es*	*missus es*	*captus es*	*auditus es*
	3.P.	*amatus est*	*monitus est*	*missus est*	*captus est*	*auditus est*
Plural	1.P.	*amati sumus*	*moniti sumus*	*missi sumus*	*capti sumus*	*auditi sumus*
	2.P.	*amati estis*	*moniti estis*	*missi estis*	*capti estis*	*auditi estis*
	3.P.	*amati sunt*	*moniti sunt*	*missi sunt*	*capti sunt*	*auditi sunt*

		Plusquamperfekt passiv*				
		a-Konj.	e-Konj.	kons. Konj.	Mischkonj.	i-Konj.
Singular	1.P.	*amatus eram*	*monitus eram*	*missus eram*	*captus eram*	*auditus eram*
	2.P.	*amatus eras*	*monitus eras*	*missus eras*	*captus eras*	*auditus eras*
	3.P.	*amatus erat*	*monitus erat*	*missus erat*	*captus erat*	*auditus erat*
Plural	1.P.	*amati eramus*	*moniti eramus*	*missi eramus*	*capti eramus*	*auditi eramus*
	2.P.	*amati eratis*	*moniti eratis*	*missi eratis*	*capti eratis*	*auditi eratis*
	3.P.	*amati erant*	*moniti erant*	*missi erant*	*capti erant*	*auditi erant*

*) Bei allen zweiteiligen Verbformen wird das PPP an das Subjekt angepasst → Endung *-us/a/um* (Singular) bzw. *-i/ae/a* (Plural).

KONJUGATIONEN

C) Konjunktiv aktiv

		Konjunktiv Präsens aktiv				
		a-Konj.	e-Konj.	kons. Konj.	Mischkonj.	i-Konj.
Singular	1.P.	*amem*	*moneam*	*mittam*	*capiam*	*audiam*
	2.P.	*ames*	*moneas*	*mittas*	*capias*	*audias*
	3.P.	*amet*	*moneat*	*mittat*	*capiat*	*audiat*
Plural	1.P.	*amemus*	*moneamus*	*mittamus*	*capiamus*	*audiamus*
	2.P.	*ametis*	*moneatis*	*mittatis*	*capiatis*	*audiatis*
	3.P.	*ament*	*moneant*	*mittant*	*capiant*	*audiant*

		Konjunktiv Imperfekt aktiv				
		a-Konj.	e-Konj.	kons. Konj.	Mischkonj.	i-Konj.
Singular	1.P.	*amarem*	*monerem*	*mitterem*	*caperem*	*audirem*
	2.P.	*amares*	*moneres*	*mitteres*	*caperes*	*audires*
	3.P.	*amaret*	*moneret*	*mitteret*	*caperet*	*audiret*
Plural	1.P.	*amaremus*	*moneremus*	*mitteremus*	*caperemus*	*audiremus*
	2.P.	*amaretis*	*moneretis*	*mitteretis*	*caperetis*	*audiretis*
	3.P.	*amarent*	*monerent*	*mitterent*	*caperent*	*audirent*

		Konjunktiv Perfekt aktiv				
		a-Konj.	e-Konj.	kons. Konj.	Mischkonj.	i-Konj.
Singular	1.P.	*amaverim*	*monuerim*	*miserim*	*ceperim*	*audiverim*
	2.P.	*amaveris*	*monueris*	*miseris*	*ceperis*	*audiveris*
	3.P.	*amaverit*	*monuerit*	*miserit*	*ceperit*	*audiverit*
Plural	1.P.	*amaverimus*	*monuerimus*	*miserimus*	*ceperimus*	*audiverimus*
	2.P.	*amaveritis*	*monueritis*	*miseritis*	*ceperitis*	*audiveritis*
	3.P.	*amaverint*	*monuerint*	*miserint*	*ceperint*	*audiverint*

		Konjunktiv Plusquamperfekt aktiv				
		a-Konj.	e-Konj.	kons. Konj.	Mischkonj.	i-Konj.
Singular	1.P.	*amavissem*	*monuissem*	*misissem*	*cepissem*	*audivissem*
	2.P.	*amavisses*	*monuisses*	*misisses*	*cepisses*	*audivisses*
	3.P.	*amavisset*	*monuisset*	*misisset*	*cepisset*	*audivisset*
Plural	1.P.	*amavissemus*	*monuissemus*	*misissemus*	*cepissemus*	*audivissemus*
	2.P.	*amavissetis*	*monuissetis*	*misissetis*	*cepissetis*	*audivissetis*
	3.P.	*amavissent*	*monuissent*	*misissent*	*cepissent*	*audivissent*

D) Konjunktiv passiv

		Konjunktiv Präsens passiv				
		a-Konj.	e-Konj.	kons. Konj.	Mischkonj.	i-Konj.
Singular	1.P.	*amer*	*monear*	*mittar*	*capiar*	*audiar*
	2.P.	*ameris*	*monearis*	*mittaris*	*capiaris*	*audiaris*
	3.P.	*ametur*	*moneatur*	*mittatur*	*capiatur*	*audiatur*
Plural	1.P.	*amemur*	*moneamur*	*mittamur*	*capiamur*	*audiamur*
	2.P.	*amemini*	*moneamini*	*mittamini*	*capiamini*	*audiamini*
	3.P.	*amentur*	*moneantur*	*mittantur*	*capiantur*	*audiantur*

		Konjunktiv Imperfekt passiv				
		a-Konj.	e-Konj.	kons. Konj.	Mischkonj.	i-Konj.
Singular	1.P.	*amarer*	*monerer*	*mitterer*	*caperer*	*audirer*
	2.P.	*amareris*	*monereris*	*mittereris*	*capereris*	*audireris*
	3.P.	*amaretur*	*moneretur*	*mitteretur*	*caperetur*	*audiretur*
Plural	1.P.	*amaremur*	*moneremur*	*mitteremur*	*caperemur*	*audiremur*
	2.P.	*amaremini*	*moneremini*	*mitteremini*	*caperemini*	*audiremini*
	3.P.	*amarentur*	*monerentur*	*mitterentur*	*caperentur*	*audirentur*

		Konjunktiv Perfekt passiv*				
		a-Konj.	e-Konj.	kons. Konj.	Mischkonj.	i-Konj.
Singular	1.P.	*amatus sim*	*monitus sim*	*missus sim*	*captus sim*	*auditus sim*
	2.P.	*amatus sis*	*monitus sis*	*missus sis*	*captus sis*	*auditus sis*
	3.P.	*amatus sit*	*monitus sit*	*missus sit*	*captus sit*	*auditus sit*
Plural	1.P.	*amati simus*	*moniti simus*	*missi simus*	*capti simus*	*auditi simus*
	2.P.	*amati sitis*	*moniti sitis*	*missi sitis*	*capti sitis*	*auditi sitis*
	3.P.	*amati sint*	*moniti sint*	*missi sint*	*capti sint*	*auditi sint*

		Konjunktiv Plusquamperfekt passiv*				
		a-Konj.	e-Konj.	kons. Konj.	Mischkonj.	i-Konj.
Singular	1.P.	*amatus essem*	*monitus essem*	*missus essem*	*captus essem*	*auditus essem*
	2.P.	*amatus esses*	*monitus esses*	*missus esses*	*captus esses*	*auditus esses*
	3.P.	*amatus esset*	*monitus esset*	*missus esset*	*captus esset*	*auditus esset*
Plural	1.P.	*amati essemus*	*moniti essemus*	*missi essemus*	*capti essemus*	*auditi essemus*
	2.P.	*amati essetis*	*moniti essetis*	*missi essetis*	*capti essetis*	*auditi essetis*
	3.P.	*amati essent*	*moniti essent*	*missi essent*	*capti essent*	*auditi essent*

*) Bei allen zweiteiligen Verbformen wird das PPP an das Subjekt angepasst → Endung *-us/a/um* (Singular) bzw. *-i/ae/a* (Plural).

UNREGELMÄSSIGE VERBA

A) Indikativ

		Präsens aktiv				
		esse	*posse*	*ire*	*ferre*	*velle*
Singular	1.P.	*sum*	*possum*	*eo*	*fero*	*volo*
	2.P.	*es*	*potes*	*is*	*fers*	*vis*
	3.P.	*est*	*potest*	*it*	*fert*	*vult*
Plural	1.P.	*sumus*	*possumus*	*imus*	*ferimus*	*volumus*
	2.P.	*estis*	*potestis*	*itis*	*fertis*	*vultis*
	3.P.	*sunt*	*possunt*	*eunt*	*ferunt*	*volunt*

		Imperfekt aktiv				
		esse	*posse*	*ire*	*ferre*	*velle*
Singular	1.P.	*eram*	*poteram*	*ibam*	*ferebam*	*volebam*
	2.P.	*eras*	*poteras*	*ibas*	*ferebas*	*volebas*
	3.P.	*erat*	*poterat*	*ibat*	*ferebat*	*volebat*
Plural	1.P.	*eramus*	*poteramus*	*ibamus*	*ferebamus*	*volebamus*
	2.P.	*eratis*	*poteratis*	*ibatis*	*ferebatis*	*volebatis*
	3.P.	*erant*	*poterant*	*ibant*	*ferebant*	*volebant*

		Futur aktiv				
		esse	*posse*	*ire*	*ferre*	*velle*
Singular	1.P.	*ero*	*potero*	*ibo*	*feram*	*volam*
	2.P.	*eris*	*poteris*	*ibis*	*feres*	*voles*
	3.P.	*erit*	*poterit*	*ibit*	*feret*	*volet*
Plural	1.P.	*erimus*	*poterimus*	*ibimus*	*feremus*	*volemus*
	2.P.	*eritis*	*poteritis*	*ibitis*	*feretis*	*voletis*
	3.P.	*erunt*	*poterunt*	*ibunt*	*ferent*	*volent*

		Perfekt aktiv				
		esse	*posse*	*ire*	*ferre*	*velle*
Singular	1.P.	*fui*	*potui*	*ii*	*tuli*	*volui*
	2.P.	*fuisti*	*potuisti*	*isti*	*tulisti*	*voluisti*
	3.P.	*fuit*	*potuit*	*iit*	*tulit*	*voluit*
Plural	1.P.	*fuimus*	*potuimus*	*iimus*	*tulimus*	*voluimus*
	2.P.	*fuistis*	*potuistis*	*istis*	*tulistis*	*voluistis*
	3.P.	*fuérunt*	*potuérunt*	*iérunt*	*tulérunt*	*voluérunt*

		Plusquamperfekt aktiv				
		esse	*posse*	*ire*	*ferre*	*velle*
Singular	1.P.	*fueram*	*potueram*	*ieram*	*tuleram*	*volueram*
	2.P.	*fueras*	*potueras*	*ieras*	*tuleras*	*volueras*
	3.P.	*fuerat*	*potuerat*	*ierat*	*tulerat*	*voluerat*
Plural	1.P.	*fueramus*	*potueramus*	*ieramus*	*tuleramus*	*volueramus*
	2.P.	*fueratis*	*potueratis*	*ieratis*	*tuleratis*	*volueratis*
	3.P.	*fúerant*	*potúerant*	*íerant*	*túlerant*	*volúerant*

B) Konjunktiv

		Konjunktiv Präsens aktiv				
		esse	*posse*	*ire*	*ferre*	*velle*
Singular	1.P.	*sim*	*possim*	*eam*	*feram*	*velim*
	2.P.	*sis*	*possis*	*eas*	*feras*	*velis*
	3.P.	*sit*	*possit*	*eat*	*ferat*	*velit*
Plural	1.P.	*simus*	*possimus*	*eamus*	*feramus*	*velimus*
	2.P.	*sitis*	*possitis*	*eatis*	*feratis*	*velitis*
	3.P.	*sint*	*possint*	*eant*	*ferant*	*velint*

		Konjunktiv Imperfekt aktiv				
		esse	*posse*	*ire*	*ferre*	*velle*
Singular	1.P.	*essem*	*possem*	*irem*	*ferrem*	*vellem*
	2.P.	*esses*	*posses*	*ires*	*ferres*	*velles*
	3.P.	*esset*	*posset*	*iret*	*ferret*	*vellet*
Plural	1.P.	*essemus*	*possemus*	*iremus*	*ferremus*	*vellemus*
	2.P.	*essetis*	*possetis*	*iretis*	*ferretis*	*velletis*
	3.P.	*essent*	*possent*	*irent*	*ferrent*	*vellent*

		Konjunktiv Perfekt aktiv				
		esse	*posse*	*ire*	*ferre*	*velle*
Singular	1.P.	*fuerim*	*potuerim*	*ierim*	*tulerim*	*voluerim*
	2.P.	*fueris*	*potueris*	*ieris*	*tuleris*	*volueris*
	3.P.	*fuerit*	*potuerit*	*ierint*	*tulerit*	*voluerit*
Plural	1.P.	*fuerimus*	*potuerimus*	*ierimus*	*tulerimus*	*voluerimus*
	2.P.	*fueritis*	*potueritis*	*ieritis*	*tuleritis*	*volueritis*
	3.P.	*fuerint*	*potuerint*	*ierint*	*tulerint*	*voluerint*

		Konjunktiv Plusquamperfekt aktiv				
		esse	*posse*	*ire*	*ferre*	*velle*
Singular	1.P.	*fuissem*	*potuissem*	*issem*	*tulissem*	*voluissem*
	2.P.	*fuisses*	*potuisses*	*isses*	*tulisses*	*voluisses*
	3.P.	*fuisset*	*potuisset*	*isset*	*tulisset*	*voluisset*
Plural	1.P.	*fuissemus*	*potuissemus*	*issemus*	*tulissemus*	*voluissemus*
	2.P.	*fuissetis*	*potuissetis*	*issetis*	*tulissetis*	*voluissetis*
	3.P.	*fuissent*	*potuissent*	*issent*	*tulissent*	*voluissent*

C) Infinitive und Imperative

	Infinitive				
Präs. aktiv	*esse*	*posse*	*ire*	*ferre*	*velle*
Präs. pass.	---	---	*iri*	*ferri*	---
Perf. aktiv	*fuisse*	*potuisse*	*isse*	*tulisse*	*voluisse*
Perf. pass.	---	---	*itum esse*	*latum esse*	---
Futur aktiv	*futurum esse*	---	*iturum esse*	*laturum esse*	---
	Imperative				
Sg.	*es!*	---	*i!*	*fer!*	--- *(noli!)*
Pl.	*este!*	---	*ite!*	*ferte!*	--- *(nolite!)*

LATEINISCHE SPRICHWÖRTER UND REDEWENDUNGEN

Die lateinische Sprache begegnet dir, wie du sicher schon bemerkt hast, auch im Alltag auf Schritt und Tritt. Deshalb gibt's hier noch einmal einen Überblick über die häufigsten lateinischen Redensarten – so hast du für jede Gelegenheit den passenden Spruch auf Lager! (Bei allen Sprichwörtern, die in diesem Buch näher besprochen wurden, ist die jeweilige Lektion angegeben. Die Bedeutung der übrigen findest du mithilfe deiner Eltern oder eines Lexikons leicht heraus!)

Alea iacta est. (→ Lec. 20)*	
*Ave, Caesar, morituri te salutant!**	
Bella gerant alii, tu, felix Austria, nube! (→ Lec. 28)*	
Carpe diem!	
Cave canem! (→ Lec. 9)	
*Ceterum censeo Carthaginem esse delendam.**	
Citius, altius, fortius (→ Lec. 22)	
Cogito, ergo sum.	
De gustibus non est disputandum.	
De mortuis nil (= nihil) nisi bene!	
Domine, quo vadis? (→ Lec. 27)	
Errare humanum est.	
Et tu, Brute? (→ Lec. 19)	
Hannibal ante (ad) portas! (→ Lec. 10)	
*In dubio pro reo.**	
In vino veritas. (→ Lec. 24)	
Manus manum lavat.	
Mens sana in corpore sano. (→ Lec. 30)	
Noli me tangere! (→ Lec. 24)	
Noli turbare circulos meos! (→ Lec. 25)*	
Nomen est omen. (→ Lec. 9)	
Non scholae, sed vitae discimus. (→ Lec. 1)*	
Ora et labora! (→ Lec. 24)	
Pacta sunt servanda.	
*Panem et circenses.**	
*Pecunia non olet.**	
Per aspera ad astra.	
Per pedes.	
Plenus venter non studet libenter.	
Quod erat demonstrandum. = q.e.d.	
Quod licet Iovi, non licet bovi. (→ Lec. 11)	
Roma locuta, causa finita.	
*Si tacuisses, philosophus mansisses.**	
Urbi et orbi. (→ Lec. 10)	
Vare, redde mihi legiones (→ S. 158)*	
Veni, vidi, vici. (→ Lec. 7)*	
Viribus unitis. (→ Lec. 14)	

*) Die gekennzeichneten Sprichwörter sind als Hörgeschichten aufbereitet: *Medias In Res! 5–6 Hörgeschichten* (als MP3-CD oder PRO-Modul verfügbar).

DIE BEDEUTUNG LATEINISCHER VORSILBEN (PRÄFIXE)

Viele lateinische Präpositionen werden auch für die Bildung zusammengesetzter Wörter (besonders Verba) verwendet. Wenn du die Bedeutung dieser Vorsilben weißt, kannst du dir beim Vokabellernen viel Mühe ersparen, da sich die Bedeutungen solcher Komposita (= Zusammensetzungen) dann von selbst ergeben:

EXEMPLUM: *ire* = „gehen" → *ab-ire* = „weg-gehen", *ex-ire* = „hinaus-gehen", *ad-ire* = „hin-gehen" (etc.)

NOTA BENE!

Manche Vorsilben können sich auch verändern, indem sie sich an den nachfolgenden Buchstaben anpassen (→ **Assimilation**). Besonders oft ist das bei ***ad-*** der Fall, wie man z.B. gut beim Wort ***af**ferre* (aus ***ad-**ferre*) sieht: Perfekt ***at**tuli* (aus *ad-tuli*), PPP ***al**latum* (aus ***ad-**latum*).

NOTA BENE!

Gelegentlich ändert sich bei Komposita gegenüber dem Grundwort auch der Vokal (sog. **Vokalschwächung**):
Exempla: *facere* → *conficere*
tenere → *continere*
capere → *accipere*

Präfix	Bedeutung	Beispiele
ab- (a-/abs-)	„weg-"	abstinere; abire, abesse, abscedere*
ad- (ac-/af-/ap-)	„hin-", „heran-"	adducere, adire, advenire, accipere, appropinquare; adspicere, attrahere
ante-	„voran-"	anteire, anteponere
circum-	„herum-"	circumvenire; circumferre, circumfluere
con- (com-/co-)	„zusammen-", (Verstärkung)	convenire, coniungere, continere, convocare, concilium; conferre, coire, conclamare, componere
contra-	„gegen-"	contradicere
de-	„weg-", „herab-", „ab-"	deponere, desinere, deesse; desilire
dis- (di-)	„auseinander-", „weg-"	dividere, discordia; disputare, discedere, dimittere
ex- (e-)	„hinaus-"	exire, expellere, expugnare; eripere, explorare, excedere
in- (im-)	„hinein-" (bei Verben)	inire, includere; inducere, immittere
	„un-" (bei Adj./Nomen)	iniuria, improbus; inimicus, immortalis, ingratus, incredibilis, incertus
inter-	„(da)zwischen-"	interesse, interea; interregnum, intervenire
intro-	„hinein-"	introducere, introire
ne-	(Gegenteil)	neglegere; nescire, nefas, negotium
ob-	„entgegen-"	obviam, oppugnare; obire, offerre, opponere, occurrere
per-	„durch-"	pervenire; perferre, percurrere
	(Verstärkung): „sehr"	permagnus, permulti, perfacilis, perantiquus
post-	„(da)hinter-"	postea; postponere
prae-	„vor(an)-"	praeparare, praecurrere, praemittere, praeesse
pro-	„voran-"	procedere, progredi, prodere
re-	„zurück-"	reddere, redire, referre, relinquere, resistere; revenire, reverti
sub-	„(da)runter-"	subesse, subire
trans- (tra-)	„hinüber-"	tradere, traducere, transire; transportare, transferre

ire
ab-ire
ex-ire
ad-ire
Ich bin -FIX und fertig!

*) Unter den Beispielwörtern sind zuerst diejenigen aufgelistet, die in diesem Buch vorkommen; die übrigen, kleiner gedruckten, werden dir zwar unbekannt sein, du wirst ihre Bedeutung aber leicht erschließen können!

DIE BEDEUTUNG LATEINISCHER NACHSILBEN (SUFFIXE)

Ein Suffix ist eine Silbe, die hinten an einen Wortstamm angefügt ist und dem Wort eine bestimmte Bedeutung gibt.

Suffixe beim Nomen	Bedeutung	Beispiele
***-tor** (-toris)*	Täter (Nomen agentis)	*genitor* = „Erzeuger“, „Vater“ (vgl. Dok**tor**)
***-trix** (-tricis)*	Täterin	*genitrix* = „Erzeugerin“, „Mutter“
***-tudo** (-dinis)*	Eigenschaft (vgl. „-heit“)	*pulchritudo* = „Schönheit“ (vgl. Ampli**tude**)
***-tas** (-atis)* ***-tus** (-utis)*	Eigenschaft (vgl. „-keit“)	*crudelitas* = „Grausamkeit“ (vgl. Quali**tät**, Mobili**tät**) *virtus* = „Tapferkeit“
-ia/-itia	Eigenschaft, Zustand	*concordia, amicitia*
***-tio** (-ionis)*	Handlung (vgl. „-ung“)	*quaestio* = „Frage“ (vgl. Reak**tion**, Korrup**tion**)
-mentum/-trum	Mittel, Werkzeug	*instrumentum* (vgl. Medika**ment**, Funda**ment**)
-ulus, -olus, -ellus	Verkleinerung (Deminutiv; vgl. „-lein“, „-chen“)	*navicula* = „kleines Schiff“, „Schiffchen“ *filiolus* = „kleiner Sohn“, „Söhnlein“

Suffixe beim Adjektiv	Bedeutung	Beispiele
-ilis/-bilis	Fähigkeit (vgl. „-bar“, „-haft“, „-lich“)	*mirabilis* = „wunderbar“ (vgl. varia**bel**, sta**bil**)

DIE WICHTIGSTEN STILMITTEL

Alliteration (Stabreim):	Aufeinanderfolgende Wörter beginnen mit demselben Laut, z.B. *Manner mag man eben.*
Anapher:	Wiederholung desselben Wortes am Anfang aufeinander folgender Satzteile/Sätze, z.B. *Einfach gut, einfach schnell, einfach lecker.*
Antithese:	Betonte Gegenübergestellung von Gegensätzen, z.B. *schwarz – weiß, hell – dunkel, gut – böse*
Asyndeton:	Unverbundene Aneinanderreihung von Wörtern/Sätzen, z.B. *Veni, vidi, vici.*
Polysyndeton:	Aneinanderreihung von Wörtern/Sätzen immer mit „und“ (lat. *et, -que*), z.B. *Veni et vidi et vici.*
Ellipse:	Auslassung selbstverständlicher Wörter, z.B. *Dafür hat er die gelbe* (ergänze: *Karte) bekommen. Ende gut, alles gut.*
Hyperbaton (Sperrung):	Zusammengehörige Wörter sind voneinander getrennt: z.B. *Magno me metu liberabis.*
Chiasmus („Kreuzstellung“):	Spiegelbildliche Anordung einander entsprechender Wörter oder Wortgruppen (Abfolge ABBA), z.B. *Die Kunst ist lang, kurz ist das Leben.*
Parallelismus:	Parallele Anordnung einander entsprechender Wörter oder Wortgruppen (Abfolge ABAB), z.B. *Die Kunst ist lang, das Leben ist kurz.*
Klimax:	Stufenweise Steigerung, z.B. *Gut, besser, Gösser.*
Metapher:	Bildlicher Ausdruck, z.B. *Die Zeit läuft mir davon.*
Pleonasmus:	Eine Sache wird doppelt ausgedrückt, z.B. *der weiße Schimmel, eine tote Leiche.*
Rhetorische Frage:	Frage, auf die keine Antwort erwartet wird, da sie klar ist, z.B. *Wie kann man nur so blöd sein?*
Trikolon:	Dreigliedriger Ausdruck, z.B. *Verliebt, verlobt, verheiratet.*

STAMMFORMEN DER VERBA, LEC. 1–13*

ascendere, ascendo 3	ascendi	besteigen, hinaufsteigen
audére, audeo 2	(ausus sum)	wagen
cadere, cado 3	cécidi	fallen
capere, capio M	cepi	fassen, fangen, nehmen
accipere, accipio M	accepi	erhalten, aufnehmen, annehmen
coniungere 3, coniungo	coniunxi	verbinden, vereinigen
conspicere, conspicio M	conspexi	erblicken
constituere, constituo 3	constitui	beschließen, festsetzen
contendere, contendo 3	contendi	eilen; kämpfen
cupere, cupio M	cupivi	wünschen, begehren
dare, do 1	dedi	geben
delére, deleo 2	delevi	zerstören
dicere, dico 3	dixi	sagen, nennen
ducere, duco 3	duxi	führen
esse, sum	fui	sein
posse, possum	potui	können
expellere, expello 3	expuli	vertreiben, verjagen
facere, facio M	feci	tun, machen
conficere, conficio M	confeci	ausführen, beenden
interficere, interficio M	interfeci	töten
fugere, fugio M	fugi	flüchten
gaudére, gaudeo 2	(gavisus sum)	sich freuen
gerere, gero 3	gessi	(Krieg) führen
iuvare, iuvo 1	iuvi	unterstützen, helfen
adiuvare, adiuvo 1	adiuvi	unterstützen, helfen
legere, lego 3	legi	lesen
ludere, ludo 3	lusi	spielen
manere, maneo 2	mansi	bleiben
mittere, mitto 3	misi	schicken
amittere, amitto 3	amisi	verlieren
committere, committo 3	commisi	begehen
neglegere, neglego 3	neglexi	missachten, ignorieren
occidere, occído 3	occídi	töten
petere, peto 3	petivi	anstreben; bitten
quaerere, quaero 3	quaesivi	suchen; fragen
rapere, rapio M	rapui	rauben
relinquere, relinquo 3	reliqui	verlassen, zurücklassen
resistere, resisto 3	restiti	sich widersetzen
respondére, respondeo 2	respondi	antworten
ridére, rideo 2	risi	lachen
sedére, sedeo 2	sedi	sitzen
solére, soleo 2	(solitus sum)	gewohnt sein, pflegen
solvere, solvo 3	solvi	(auf)lösen; büßen
tangere, tango 3	tetigi	berühren
venire, venio 4	veni	kommen
invenire, invenio 4	inveni	finden; erfinden
vidére, video 2	vidi	sehen
vincere, vinco 3	vici	siegen, besiegen

*) Nicht angeführt sind die Verba der *a-/e-/i*-Konjugation mit regelmäßiger Perfektstammbildung.

STAMMFORMEN DER VERBA INKL. PPP, LEC. 1–30

Diese Liste umfasst alle in *Medias In Res!* vorkommenden Verba mit unregelmäßiger Perfektbildung. Die **fett** gedruckten Wörter kommen in den Lektionen 1–19 vor, d. h. diese solltest du ab Lec. 19 beherrschen. Die vollständigen Stammformen der Vokabel von Lec. 20–30 musst du im Vokabelverzeichnis jeweils mitlernen, für den Gesamtüberblick und zum Wiederholen sind sie aber auch in dieser Liste (nicht fett gedruckt) angeführt.
Geordnet sind die Verba hier nach der Art der Perfektbildung. Innerhalb dieser Kategorien sind die Verba nach den Konjugationsklassen aufgelistet: *a*-Konjugation (1), *e*-Konjugation (2), konsonantische Konjugation (3), Mischkonjugation (M), *i*-Konjugation (4).

			Perfekt auf -v-		Lec.
☐	**delére 2**	**delevi**	**deletum**	**zerstören**	9
☐	flére 2	flevi	fletum	weinen	15
☐	**cognoscere 3**	**cognovi**	**cognitum**	**erfahren**	16
☐	**petere 3**	**petivi**	**petitum**	**anstreben; bitten**	13
☐	**quaerere 3**	**quaesivi**	**quaesitum**	**suchen; fragen**	12
☐	decernere 3	decrevi	decretum	beschließen	21
☐	**cupere M**	**cupivi**	**cupitum**	**wünschen**	13

			Perfekt mit -u-		
☐	**docére 2**	**docui**	**doctum**	**lehren, unterrichten**	2
☐	tenére 2	tenui	---	halten	22
☐	**continere 2**	**continui**	**contentum**	**zusammenhalten, enthalten**	16
☐	abstinere 2	abstinui	---	sich fernhalten	22
☐	obtinere 2	obtinui	obtentum	innehaben, besitzen	22
☐	**statuere 3**	**statui**	**statutum**	**beschließen, aufstellen**	19
☐	**constituere 3**	**constitui**	**constitutum**	**beschließen, festsetzen**	9
☐	ponere 3	posui	positum	legen, stellen	20
☐	deponere 3	deposui	depositum	ablegen	22
☐	metuere 3	metui	---	fürchten	29
☐	consulere 3	consului	consultum	befragen	29
☐	**rapere M**	**rapui**	**raptum**	**rauben**	7
☐	aperire 4	aperui	apertum	öffnen	23

			Perfekt mit -x-		
☐	augére 2	auxi	auctum	vergrößern, steigern	20
☐	**dicere 3**	**dixi**	**dictum**	**sagen; nennen**	7
☐	**ducere 3**	**duxi**	**ductum**	**führen**	10
☐	adducere 3	adduxi	adductum	hinführen, veranlassen	29
☐	traducere 3	traduxi	traductum	hinüberführen	28
☐	**(legere 3)**	**legi (!)**	**lectum**	**lesen**	7
☐	**intellegere 3**	**intellexi**	**intellectum**	**erkennen, einsehen**	14
☐	**neglegere 3**	**neglexi**	**neglectum**	**missachten, ignorieren**	13
☐	iungere 3	iunxi	iunctum	verbinden	21
☐	**coniungere 3**	**coniunxi**	**coniunctum**	**verbinden**	13
☐	trahere 3	traxi	tractum	ziehen	22
☐	tegere 3	texi	tectum	bedecken	30
☐	**vivere 3**	**vixi**	---	**leben**	19
☐	**conspicere M**	**conspexi**	**conspectum**	**erblicken**	11

			Perfekt mit -s-		
☐	ardére 2	arsi	---	brennen	24
☐	**iubére 2**	**iussi**	**iussum**	**befehlen; lassen**	17
☐	**manére 2**	**mansi**	**mansum**	**bleiben**	5
☐	**persuadére 2**	**persuasi**	**persuasum**	überreden; überzeugen	19
☐	**ridére 2**	**risi**	**risum**	**lachen**	1
☐	cedere 3	cessi	cessum	weichen, weggehen	20
☐	claudere 3	clausi	clausum	einschließen, schließen	20

includere 3	inclusi	inclusum	einschließen	23
dividere 3	divisi	divisum	teilen, trennen	28
gerere 3	gessi	gestum	(aus)führen	7
laedere 3	laesi	laesum	verletzen	25
ludere 3	lusi	lusum	spielen	11
mittere 3	misi	missum	schicken	7
amittere 3	amisi	amissum	verlieren	10
committere 3	commisi	commissum	begehen	8
promittere 3	promisi	promissum	versprechen	24
premere 3	pressi	pressum	drücken; bedrängen	29
scribere 3	scripsi	scriptum	schreiben	29
sumere 3	sumpsi	sumptum	nehmen	25
consumere 3	consumpsi	consumptum	vernichten; verbrauchen	23

Perfekt mit -e-

agere 3	egi	actum	tun	16
cogere 3	coegi	coactum	(ver)sammeln; zwingen	17
consídere 3	consedi	---	sich niedersetzen	15
capere M	cepi	captum	fassen, ergreifen, fangen	7
accipere M	accepi	acceptum	erhalten, aufnehmen	9
incipere M	coepi (!)	coeptum (!)	beginnen	18
recipere M	recepi	receptum	aufnehmen	16
facere M	feci	factum	machen	8
afficere M	affeci	affectum	versehen (mit), erfüllen	17
conficere M	confeci	confectum	ausführen, beenden	11
interficere M	interfeci	interfectum	töten	12
iacere M	ieci	iactum	werfen, schleudern	21

Perfekt wie Präsens

iuvare 1	iuvi	iutum	unterstützen, helfen	12
adiuvare 1	adiuvi	adiutum	unterstützen, helfen	7
favére 2	favi	fautum	begünstigen, bevorzugen	23
movére 2	movi	motum	bewegen	15
commovere 2	commovi	commotum	bewegen, veranlassen	27
respondére 2	respondi	responsum	antworten	1
sedére 2	sedi	sessum	sitzen	1
possidére 2	possedi	possessum	besitzen	30
vidére 2	vidi	visum	sehen	3
ascendere 3	ascendi	ascensum	hinaufsteigen, besteigen	9
bibere 3	bibi	---	trinken	14
comprehendere 3	comprehendi	comprehensum	ergreifen; erfassen	17
contendere 3	contendi	contentum	eilen; kämpfen	7
defendere 3	defendi	defensum	verteidigen	19
incendere 3	incendi	incensum	anzünden	22
legere 3	legi	lectum	lesen	7
deligere 3	delegi	delectum	auswählen	21
metuere 3	metui	---	fürchten	29
solvere 3	solvi	solutum	lösen, auflösen	13
vertere 3	verti	versum	wenden	15
animadvertere 3	animadverti	animadversum	bemerken	20
fugere M	fugi	---	flüchten	9
venire 4	veni	ventum	kommen	7
advenire 4	adveni	adventum	hinkommen, ankommen	18
circumvenire 4	circumveni	circumventum	umzingeln	18
invenire 4	inveni	inventum	finden; erfinden	12
convenire 4	conveni	conventum	zusammenkommen	20
pervenire 4	perveni	perventum	kommen, gelangen	25

	Verdoppelung der Stammsilbe („Reduplikationsperfekt")			
dare 1	**dedi**	**datum**	**geben**	12
reddere 3	**reddidi**	**redditum**	**zurückgeben**	14
tradere 3	**tradidi**	**traditum**	**ausliefern; überliefern**	18
condere 3	condidi	conditum	gründen	26
credere 3	credidi	creditum	glauben	24
stare 1	**steti**	**statum**	**stehen**	14
constat 1	constitit	---	es steht fest	25
canere 3	**cécini**	---	**singen**	15
cadere 3	**cécidi**	---	**fallen**	13
accidere 3	accidi	---	geschehen	28
caedere 3	cecídi	caesum	(fällen =) töten	22
occidere 3	**occidi**	**occisum**	**töten**	10
discere 3	**didici**	---	**lernen**	16
pellere 3	pepuli	pulsum	schlagen, stoßen	29
expellere 3	**expuli**	**expulsum**	**vertreiben, verjagen**	8
resistere 3	**restiti**	---	**Widerstand leisten**	8
exsistere 3	exstiti	---	entstehen	26
tangere 3	**tetigi**	**tactum**	**berühren**	11

	Sonstige Verba			
desinere 3	**desii**	---	**aufhören, ablassen**	15
relinquere 3	**reliqui**	**relictum**	**verlassen, zurücklassen**	7
vincere 3	**vici**	**victum**	**siegen, besiegen**	10

	Unregelmäßige Verba			
esse	fui	---	sein	6
adesse	**adfui**	---	**da sein, anwesend sein**	19
deesse	defui	---	fehlen	28
interesse	interfui	---	beiwohnen, teilnehmen	22
posse	**potui**	---	**können**	6
prodesse	profui	---	nützen	25
ire	ii	itum	gehen	17
adire	**adii**	**aditum**	**hingehen; angreifen**	17
exire	**exii**	**exitum**	**hinausgehen**	17
inire	inii	initum	hineingehen, betreten	25
interire	interii	interitum	untergehen, sterben	24
redire	redii	reditum	zurückkehren	23
transire	transii	transitum	überqueren, hinübergehen	28
ferre	**tuli**	**latum**	**tragen, bringen**	17
auferre	abstuli	ablatum	wegtragen, wegnehmen	20
referre	rettuli	relatum	zurückbringen; berichten	27
tollere (!)	sustuli	sublatum	aufheben, erheben	24
velle	volui	---	wollen	24
nolle	nolui	---	nicht wollen	24

	Semideponentia			
audere 2	ausus sum	---	wagen	10
gaudére 2	gavisus sum	---	sich freuen	1
solére 2	solitus sum	---	gewohnt sein, pflegen	11

	Deponentia (inkl. regelmäßige Bildung)			
hortari 1	hortatus sum	---	auffordern, ermuntern	30
vereri 2	veritus sum	---	fürchten; sich scheuen	30
loqui 3	locutus sum	---	sprechen	30
sequi 3	secutus sum	---	folgen	30
queri M	questus sum	---	klagen	30
pati M	passus sum	---	ertragen, erdulden	30

Vocabularium

A		
4	a, ab (+ Abl.)	von
22	abstinere 2,-ui,-tentum (+ Abl.)	(sich) fernhalten (von)
12	ac (= atque)	und
28	accidere 3, accidi	geschehen
9	accipere M,-cepi,-ceptum	erhalten, aufnehmen, annehmen
26	accusare 1,-avi,-atum	anklagen
18	acer/acris/acre	heftig; spitz, scharf
3	ad (+ Akk.)	zu, an, bei
29	adducere 3,-duxi,-ductum	hinführen; veranlassen
16	adductus 3	veranlasst
19	adesse, adfui, (adfuturus)	da sein, anwesend sein
28	adhuc	bis jetzt, bisher
17	adire,-ii,-itum	hingehen; angreifen; sich wenden (an)
7	adiuvare 1,-iuvi,-iutum	unterstützen, helfen
12	adulescens,-entis m.	junger Mann
18	advenire 4,-veni,-ventum	hinkommen, ankommen
6	aedificare 1,-avi,-atum	(er)bauen
3	aedificium,-i n.	Gebäude
28	aestas,-atis f.	Sommer
18	aetas,-atis f.	Alter; Zeitalter, Zeit
17	afficere M,-feci,-fectum (+ Abl.)	versehen (mit), erfüllen (mit)
16	ager, agri m.	Feld; Pl.: Gebiet(e)
16	agere 3, egi, actum	tun
25	gratias agere	danken
16	diem agere	den Tag verbringen
4	alienus 3	fremd
4	alius/a/ud	ein anderer
4	alius – alius	der eine – der andere
30	alter/era/erum	der andere (von zweien)
30	alter – alter	der eine – der andere
22	altus 3	hoch; tief
3	ambulare 1,-avi,-atum	gehen, spazieren
1	amica,-ae f.	Freundin
18	amicitia,-ae f.	Freundschaft
1	amicus,-i m.	Freund
10	amittere 3,-misi,-missum	verlieren
2	amare 1,-avi,-atum	lieben
13	amor,-oris m.	Liebe
20	animadvertere 3,-verti,-versum	bemerken, wahrnehmen
15	animal,-alis n.	Tier; Lebewesen
5	animus,-i m.	Sinn, Geist; Mut
5	in animo habere	vorhaben
6	annus,-i m.	Jahr
2	ante (+ Akk.)	vor
20	antea	vorher, früher
17	antiquus 3	alt
23	aperire 4, aperui, apertum	öffnen
22	Apollo,-inis m.	Apoll(o)
23	apparere 2, apparui	erscheinen
26	appellare 1,-avi,-atum	nennen; rufen
6	appropinquare 1,-avi,-atum	sich nähern
7	apud (+ Akk.)	bei
5	aqua,-ae f.	Wasser
14	arbor,-oris f.	Baum
24	ardere 2, arsi, (arsurus)	brennen
7	arma,-orum n. (Pl.)	Waffen
13	ars, artis f.	Kunst; Technik
13	artificium,-i n.	Kunstwerk
23	arx, arcis f.	Burg
9	ascendere 3,-scendi,-scensum	hinaufsteigen, besteigen
18	at	aber
12	atque (= ac)	und
16	atrox,-ocis	wild, grässlich
26	auctor,-oris m.	Autor; Urheber, Anstifter
18	auctoritas,-atis f.	Ansehen, Einfluss
10	audere 2, ausus sum	wagen
7	audire 4,-ivi,-itum	hören
20	auferre, abstuli, ablatum	wegtragen, wegnehmen
20	augere 2, auxi, auctum	vergrößern, steigern, vermehren
22	aurum,-i n.	Gold
18	aut	oder
6	autem (nachgestellt)	aber
6	auxilium,-i n.	Hilfe
B		
7	bellum,-i n.	Krieg
4	bene (Adv.)	gut
30	beneficium,-i n.	Wohltat
14	bibere 3, bibi	trinken
1	bonus 3	gut
16	brevis/e	kurz
C		
13	cadere 3, cécidi, (casurus)	fallen
22	caedere 3, cecídi, caesum	(fällen), töten
19	caedes,-is f.	Ermordung, Mord
13	caelum,-i n.	Himmel
18	Caesar, Caesaris m.	Cäsar
28	campus,-i m.	Feld
15	canere 3, cecini	singen, besingen
9	canis,-is m.	Hund
7	capere M, cepi, captum	fassen, ergreifen, fangen; nehmen
12	caput, capitis n.	Kopf; Haupt
9	carere 2,-ui, (-iturus) (+ Abl.)	frei sein (von ...), nicht haben
15	carmen,-inis n.	Lied
8	castra,-orum n. (Pl.)	Lager
13	casus,-us m.	Fall; Zufall; Unglück(sfall)
29	causa,-ae f.	Grund, Ursache
20	cedere 3, cessi, cessum	weggehen, weichen
23	celebrare 1,-avi,-atum	feiern
16	celer/eris/ere	schnell
14	cena,-ae f.	Mahl, Mahlzeit
8	centum	hundert
21	certare 1,-avi,-atum	streiten, wetteifern
3	certe (Adv.)	sicherlich
9	ceteri/ae/a (Pl.)	die übrigen
26	Christiani,-orum m. (Pl.)	Christen
18	circumvenire 4,-veni,-ventum	umzingeln
29	civilis/e	bürgerlich, Bürger-
19	civis,-is m.	Bürger
18	civitas,-atis f.	Stamm; Gemeinde; Staat
20	clades,-is f.	Niederlage
9	clam	heimlich
1	clamare 1,-avi,-atum	rufen, schreien
9	clamor,-oris m.	Geschrei, Lärm
3	clarus 3	berühmt; hell
20	classis,-is f.	Flotte
20	claudere 3, clausi, clausum	einschließen, schließen
18	coepi	(siehe: incipio)
17	cogere 3, coegi, coactum	(ver)sammeln; zwingen
2	cogitare 1,-avi,-atum	denken
16	cognoscere 3, cognovi, cognitum	erfahren, erkennen; kennenlernen
8	committere 3,-misi,-missum	begehen; beginnen
27	commovere 2,-movi,-motum	bewegen; veranlassen
22	complures/a (Pl.)	mehrere
17	comprehendere 3,-endi,-ensum	ergreifen; erfassen
18	concilium,-i n.	Versammlung
26	condere 3,-didi,-ditum	gründen
15	condicio,-onis f.	Bedingung
11	conficere M,-feci,-fectum	ausführen, beenden
13	coniungere 3,-iunxi,-iunctum	verbinden; vereinigen
15	considere 3,-sedi,-sessum	sich niedersetzen

Vocabularium

7	consilium,-i n.	Plan; Rat, Beschluss
11	conspicere M,-spexi,-spectum	erblicken
25	constat, constitit (+ ACI)	es steht fest (dass)
9	constituere 3,-ui,-utum	beschließen, festsetzen
17	consul,-ulis m.	Konsul
29	consulere 3,-sului,-sultum	befragen, um Rat fragen
23	consumere 3,-sumpsi,-sumptum	vernichten, verbrauchen
7	contendere 3,-tendi,-tentum	eilen; kämpfen
16	continere 2,-tinui,-tentum	zusammenhalten; enthalten
14	contra (+ Akk.)	gegen
21	controversia,-ae f.	Auseinandersetzung, Streit
20	convenire 4,-veni,-ventum	zusammenkommen
17	convocare 1,-avi,-atum	zusammenrufen
4;10	copia,-ae f.	Menge, Vorrat; Pl.: Truppen
11	corpus,-oris n.	Körper
24	credere 3,-didi,-ditum	glauben
26	crimen,-inis n.	Verbrechen; Vorwurf
16	crudelis/e	grausam
16	crux, crucis f.	Kreuz
9	cui	wem
8	culpa,-ae f.	Schuld
27	cultus,-us m.	Verehrung
4	cum (+ Abl.)	mit
14	cum (+ Ind.)	wenn, sooft, als
23	cum (+ Konj.)	als; weil; obwohl
15	cuncti/ae/a (Pl.)	alle
13	cupere M, cupivi, cupitum	wünschen, begehren
16	cupiditas,-atis f.	Begierde, Gier
26	cupidus 3 (+ Gen.)	gierig (nach)
1	cur	warum
12	cura,-ae f.	Sorge
20	custos,-odis m.	Wächter
D		
12	dare 1, dedi, datum	geben
4	de (+ Abl.)	über, von (... herab)
3	dea,-ae f.	Göttin
12	debere 2,-ui,-itum	müssen
8	decem	zehn
21	decernere 3,-crevi,-cretum	beschließen
8	decimus 3	der zehnte
28	desse,-fui, (defuturus)	fehlen
19	defendere 3,-fendi,-fensum	verteidigen
6	deinde	dann
5	delectare 1,-avi,-atum	(jemanden) erfreuen
9	delere 2, delevi, deletum	zerstören
21	deligere 3,-legi,-lectum	auswählen
13	denique	schließlich
22	deponere 3,-posui,-positum	ablegen
15	desinere 3, desii, desitum	aufhören, ablassen
3	deus,-i m.	Gott
6	di(i) = dei	Götter
7	dicere 3, dixi, dictum	sagen; nennen
27	dicitur / dicuntur (+ Inf.)	er/sie soll(en); man sagt, dass ...
19	dictator,-oris m.	Diktator
13	dies,-ei m.	Tag
16	difficilis/e	schwierig
27	dignus 3 (+ Abl.)	würdig
25	diligens,-entis	sorgfältig, genau
16	discere 3, didici	lernen
1	discipula,-ae f.	Schülerin
1	discipulus,-i m.	Schüler
21	discordia,-ae f.	Zwietracht, Streit
1	diu	lange
21	dives,-itis	reich
28	dividere 3,-visi,-visum	teilen, trennen
28	divinus 3	göttlich
17	divitiae,-arum f. (Pl.)	Reichtum
2	docere 2, docui, doctum	lehren, unterrichten

15	dolere 2, dolui	trauern, Schmerz empfinden
15	dolor,-oris m.	Schmerz
27	dominus,-i m.	Herr
15	domus,-us f.	Haus
7	domi	zu Hause
7	domum	nach Hause
4	donare 1,-avi,-atum	schenken
20	donum,-i n.	Geschenk
8	dormire 4,-ivi,-itum	schlafen
27	dubitare 1,-avi,-atum (de)	zögern; zweifeln (an)
10	ducere 3, duxi, ductum	führen
25	dulcis/e	süß
7	dum (+ Präs.)	während
6;8	duo, duae, duo	zwei
6	duodecim	zwölf
E		
4	e, ex (+ Abl.)	aus, von
28	ecce	siehe
5	ego	ich
11	eius	dessen, deren
21	eiusmodi	derartig
20	enim (nachgestellt)	denn, nämlich
21	eo (Adv.)	dorthin
11	eorum	deren
28	eques,-itis m.	Reiter, Ritter
22	equus,-i m.	Pferd
24	errare 1,-avi,-atum	(sich) irren
6	esse, fui, (futurus)	sein
1	et	und
15	et – et	sowohl – als auch
2	etiam	auch, sogar
23	etsi	wenn auch, obwohl
8	exemplum,-i n.	Beispiel
16	exercere 2,-ui,-itum	trainieren, üben
16	exercitus,-us m.	Heer
17	exilium,-i n.	Exil, Verbannung
17	exire,-ii,-itum	hinausgehen
25	exitus,-us m.	Ausgang; Ende; Tod
8	expellere 3,-puli,-pulsum	vertreiben, verjagen
9	expugnare 1,-avi,-atum	erobern
26	exsistere 3,-stiti	entstehen
2	exspectare 1,-avi,-atum	erwarten
29	extra (+ Akk.)	außerhalb
F		
8;10	facere M, feci, factum	tun, machen
15	iter facere	reisen, marschieren
19	facilis/e	leicht
14	facinus,-oris n.	Tat, Untat
26	fama,-ae f.	Gerücht; Ruf
14	fames,-is f.	Hunger
8	familia,-ae f.	Familie
23	favere 2, favi, fautum (+ Dat.)	begünstigen, bevorzugen
28	felix,-icis	glücklich, erfolgreich
4	femina,-ae f.	Frau
17	fere	ungefähr; fast
17	ferre, tuli, latum	tragen, bringen; ertragen
28	fessus 3	erschöpft, müde
21	fides,-ei f.	Treue, Vertrauen
6	filia,-ae f.	Tochter
6	filius,-i m.	Sohn
20	finis,-is m.	Ende, Grenze; Pl.: Gebiet(e)
23	firmus 3	stark
23	flamma,-ae f.	Flamme
15	flere 2, flevi, fletum	(be)weinen
9	flumen,-inis n.	Fluss
25	forte (Adv.)	zufällig
16	fortis/e	tapfer
21	fortitudo,-inis f.	Tapferkeit

28	fortuna,-ae f.	Glück, Schicksal
3	forum,-i n.	Forum (Marktplatz)
22	frater,-tris m.	Bruder
25	frons, frontis f.	Stirn
18	frumentum,-i n.	Getreide
15	frustra	vergeblich
27	fuga,-ae f.	Flucht
9	fugere M, fugi (+ Akk.)	flüchten/fliehen (vor)
19	futurus 3	zukünftig
G		
9	Galli,-orum m. (Pl.)	die Gallier
18	Gallia,-ae f.	Gallien
1	gaudere 2 (+ Abl.), gavisus sum	sich freuen (über)
4	gaudium,-i n.	Freude
20	gaudio esse	Freude bereiten
28	gens, gentis f.	Volk
14	genus,-eris n.	Geschlecht; Art
7	gerere 3, gessi, gestum	(aus)führen
7	bellum gerere	Krieg führen
16	gladiator,-oris m.	Gladiator
4	gladius,-i m.	Schwert
9	gloria,-ae f.	Ruhm, Ehre
5	Graeci,-orum m. (Pl.)	Griechen
2	Graecus 3	griechisch
21	Graecia,-ae f.	Griechenland
25	gratia,-ae f.	Dank
25	gratias agere	danken
6	gratus 3	dankbar; lieb, angenehm
26	gravis/e	schwer; schwerwiegend
H		
2	habere 2,-ui,-itum	haben
7	habitare 1,-avi,-atum	(be)wohnen
1	hic (Adv.)	hier
14	hic, haec, hoc	dieser, diese, dieses
30	hiems, hiemis f.	Winter
29	hodie	heute
9	homo,-inis m.	Mensch
18	honestus 3	ehrenhaft, ehrenvoll
10	honor,-oris m.	Ehre, Ansehen
8	hora,-ae f.	Stunde
30	hortari 1, hortatus sum	auffordern, ermuntern
10	hostis,-is m.	Feind
30	humanus 3	menschlich
I		
21	iacere M, ieci, iactum	werfen, schleudern
2	iam	schon
3	ibi	dort
11	idem, eadem, idem	derselbe, dieselbe, dasselbe
25	ignis,-is m.	Feuer
15	ignotus 3	unbekannt
15	ille, illa, illud	jener, jene, jenes
11	imperare 1,-avi,-atum	befehlen
10	imperator,-oris m.	Feldherr; Kaiser
22	imperium,-i n.	Befehl; Herrschaft; Reich
14	improbus 3	schlecht, böse
5	in (+ Abl.)	in, auf; bei (Frage: wo?)
5	in (+ Akk.)	in, nach, gegen (Frage: wohin?)
22	incendere 3,-cendi,-censum	anzünden
26	incendium,-i n.	Brand
18	incipere M, coepi, coeptum	beginnen, anfangen
23	includere 3,-clusi,-clusum	einschließen
17	incola,-ae m.	Bewohner, Einwohner
24	inde	von da an; von dort
20	ingens,-entis	riesig, gewaltig
25	inire,-ii,-itum	hineingehen, betreten
7	iniuria,-ae f.	Unrecht
5	inquit	er/sie sagt(e)
11	insula,-ae f.	Insel

14	intellegere 3,-lexi,-lectum	erkennen, einsehen
7	inter (+ Akk.)	zwischen
23	interea	inzwischen
22	interesse,-fui	beiwohnen, teilnehmen (an)
12	interficere M,-feci,-fectum	töten
24	interire,-ii,-itum	untergehen, sterben
1	interrogare 1,-avi,-atum	fragen
23	intra (+ Akk.)	innerhalb
2	intrare 1,-avi,-atum	eintreten, betreten
12	invenire 4,-veni,-ventum	finden; erfinden
14	invitare 1,-avi,-atum	einladen
15	ipse, ipsa, ipsum	(er, sie, es) selbst
22	ira,-ae f.	Zorn
2	iratus 3	zornig, erzürnt
17	ire, ii, itum	gehen
11	is, ea, id	dieser/e/es; er, sie, es
19	iste, ista, istud	dieser/e/es da
5	ita	so
1	itaque	deshalb, daher
15	iter, itineris n.	Weg; Reise
15	iter facere	reisen, marschieren
5	iterum	wieder
17	iubere 2, iussi, iussum (+ Akk.)	befehlen; lassen
21	iudicare 1,-avi,-atum	urteilen; richten
17	iudicium,-i n.	Urteil
21	iungere 3, iunxi, iunctum	verbinden
9	Iuno,-onis f.	Juno
11	Iuppiter, Iovis m.	Jupiter
17	ius, iuris n.	Recht
11	iussum,-i n.	Befehl
26	iussu	auf Befehl
17	iustitia,-ae f.	Gerechtigkeit
12	iuvare 1, iuvi, iutum	unterstützen, helfen
17	iuvenis,-is m.	junger Mann
L		
1	laborare 1,-avi,-atum	arbeiten
27	lacrima,-ae f.	Träne
25	laedere 3, laesi, laesum	verletzen
1	laetus 3	froh; fröhlich
2	Latinus 3	lateinisch
16	latus 3	weit, breit
1	laudare 1,-avi,-atum	loben
7	legere 3, legi, lectum	lesen
18	legio,-onis f.	Legion
19	lex, legis f.	Gesetz
1	libenter (Adv.)	gern
2	liber, libri m.	Buch
10	liberare 1,-avi,-atum	befreien
6	liberi,-orum m. (Pl.)	Kinder
19	libertas,-atis f.	Freiheit
5	licet 2,-uit	es ist erlaubt, möglich
2	lingua,-ae f.	Sprache; Zunge
17	littera,-ae f.	Buchstabe; Pl.: Wissenschaft; Brief
11	litus,-oris n.	Küste, Strand
11	locus,-i m.	Ort, Stelle
15	longus 3	lang
30	loqui 3, locutus sum	sprechen
11	ludere 3, lusi, lusum	spielen
15	lux, lucis f.	Licht
M		
22	magis	mehr
2	magister,-tri m.	Lehrer
6	magnificus 3	großartig, prächtig
26	magnitudo,-inis f.	Größe
1	magnus 3	groß
19	maior, maius	größer
1	malus 3	schlecht

Vocabularium

21	mandare 1,-avi,-atum	anvertrauen
5	manere 2, mansi, mansum	bleiben
13	manus,-us f.	Hand
10	mare,-is n.	Meer
21	maritus,-i m.	Gatte, Ehemann
15	matrimonium,-i n.	Ehe
15	in matrimonium ducere	heiraten
8	maxime	am meisten, sehr
19	maximus 3	der größte, sehr groß
12	medius 3	der mittlere; in der Mitte
12	medio in labyrintho	mitten im Labyrinth
19	melior, melius	besser
30	mens, mentis f.	Geist, Sinn
13	meridies,-ei m.	Mittag
29	metuere 3, metui	(sich) fürchten
13	metus,-us m.	Furcht, Angst
1	meus 3	mein
9	miles,-itis m.	Soldat
30	militaris/e	militärisch, Militär-
8	mille (Pl.: milia,-ium)	tausend
5	minime	keineswegs
19	minimus 3	der kleinste
19	minor, minus	kleiner
28	miraculum,-i n.	Wunder
12	miser/era/erum	arm, elend; unglücklich
30	misericordia,-ae f.	Mitleid
7	mittere 3, misi, missum	schicken
12	modus,-i m.	Art, Weise
22	moenia,-ium n. (Pl.)	(Stadt-)Mauern
2	monere 2,-ui,-itum	ermahnen
11	mons, montis m.	Berg
3	monstrare 1,-avi,-atum	zeigen
14	mors, mortis f.	Tod
13	mortuus 3	gestorben, tot
19	mos, moris m.	Sitte, Brauch
15	movere 2, movi, motum	bewegen; beeindrucken
11	mox	bald
20	mulier,-eris f.	Frau
3	multi/ae/a (Pl.)	viele
11	multitudo,-inis f.	Menge
3	multum	viel
27	mundus,-i m.	Welt
N		
7	nam	denn, nämlich
4	narrare 1,-avi,-atum	erzählen
16	natio,-onis f.	Volk
14	natura,-ae f.	Natur
16	natus 3 (+ Abl.)	geboren, abstammend
12	navigare 1,-avi,-atum	segeln, mit dem Schiff fahren
10	navis,-is f.	Schiff
3	-ne	(Fragepartikel, unübersetzt)
22	ne (+ Konj.)	dass/damit nicht; (im HS:) nicht
10	ne … quidem	nicht einmal …
4	nec (= neque)	und nicht, auch nicht
4	necare 1,-avi,-atum	töten
7	necesse est	es ist notwendig
13	neglegere 3,-lexi,-lectum	missachten, ignorieren
12	nemo	niemand
4	neque (= nec)	und nicht
8	neque – neque (= nec – nec)	weder – noch
12	nihil	nichts
12	nihil nisi	nichts außer
8;12	nisi	wenn nicht, (nach Verneinung:) außer
16	nobilis/e	vornehm; adelig
17	nobilitas,-atis f.	Adel
24	nolle, nolui	nicht wollen

9	nomen,-inis n.	Name
1	non	nicht
8	non iam	nicht mehr
2	non solum – sed etiam	nicht nur – sondern auch
5	nonne?	nicht (in der Frage)
6	nonnulli/ae/a (Pl.)	einige
8	nonus 3	der neunte
5	nos	wir; uns
5	noster/tra/trum	unser
29	notus 3	bekannt
8	novem	neun
4	novus 3	neu
9	nox, noctis f.	Nacht
30	nudus 3	nackt
8	nullus 3	kein
5	num	etwa
26	numerus,-i m.	Zahl, Anzahl
23	numquam	niemals
1	nunc	jetzt, nun
29	nuntiare 1,-avi,-atum	melden
7	nuntius,-i m.	Bote; Nachricht
O		
22	obtinere 2,-tinui,-tentum	innehaben, besitzen
27	obviam	entgegen
21	occasio,-onis f.	Gelegenheit
10	occidere 3,-cidi,-cisum	töten
9	occupare 1,-avi,-atum	besetzen
8	octavus 3	der achte
8	octo	acht
2	oculus,-i m.	Auge
15	olim	einst
18	omnis/e	jeder, ganz; Pl.: alle
6	oppidum,-i n.	Stadt
9	oppugnare 1,-avi,-atum	bestürmen, belagern
19	optimus 3	der beste
13	opus,-eris n.	Werk
29	oraculum,-i n.	Orakel(spruch)
24	orare 1,-avi,-atum	beten, (er)bitten
17	oratio,-onis f.	Rede
17	orator,-oris m.	Redner
26	ornare 1,-avi,-atum	schmücken
5	otium,-i n.	Freizeit, Erholung, Muße
P		
14	paene	fast, beinahe
7	parare 1,-avi,-atum	(vor)bereiten; erwerben
12	paratus 3	bereit
12	parentes,-um m. (Pl.)	Eltern
8	parere 2,-ui, (-iturus)	gehorchen
10	pars, partis f.	Teil
6	parvus 3	klein
12	pater,-tris m.	Vater
30	pati M, passus sum	ertragen; erleiden
10	patria,-ae f.	Heimat
18	pauci/ae/a (Pl.)	wenige
6	paulo post	wenig später
30	pauper,-eris	arm
10	pax, pacis f.	Friede
19	peior, peius	schlechter
29	pellere 3, pepuli, pulsum	schlagen, stoßen
1	pensum,-i n.	Aufgabe
3	per (+ Akk.)	durch
12	periculum,-i n.	Gefahr
19	perpetuus 3	ununterbrochen, ewig
19	persuadere 2,-suasi,-suasum (+ Dat.)	überreden; überzeugen
25	pervenire 4,-veni,-ventum	kommen, gelangen
19	pessimus 3	der schlechteste
13	petere 3, petivi, petitum	aufsuchen, anstreben
13	petere a (+ Abl)	bitten

4	placere 2,-ui,-itum	gefallen
29	plebs, plebis f.	(niedriges) Volk
25	plenus 3	voll
19	plures/a (Pl.)	mehr, mehrere
19	plurimi/ae/a (Pl.)	die meisten, sehr viele
19	plus	mehr
14	poena,-ae f.	Strafe
25	poeta,-ae m.	Dichter
20	ponere 3, posui, positum	legen, stellen
29	pons, pontis m.	Brücke
7	populus,-i m.	Volk
10	porta,-ae f.	Tor
6	portare 1,-avi,-atum	tragen, bringen
6	posse, potui	können
30	possidere 2,-sedi,-sessum	besitzen
3	post (+ Akk.)	nach; hinter
6	post (nach Abl.)	später
26	postea	später
25	posterus 3	folgend, nachfolgend
15	postquam (+ Perf.)	nachdem
4	postremo	schließlich
25	postulare 1,-avi,-atum	fordern
19	potestas,-atis f.	Macht
(4)	prae (+ Abl.)	vor
24	praebere 2,-ui,-itum	bieten, anbieten, geben
21	praemium,-i n.	Belohnung, Preis
21	praeter (+ Akk.)	außer
21	praeterea	außerdem
22	preces,-um f. (Pl.)	Bitten
29	premere 3, pressi, pressum	drücken; bedrängen
11	primo	zuerst
8	primus 3	der erste
26	princeps,-cipis (Adj./Nomen)	der erste / Prinzeps, Kaiser
18	prior, prius	der frühere
17	priusquam	bevor
26	privatus 3	privat
4	pro (+ Abl.)	für
25	prodesse, profui, (-futurus)	nützen
18	proelium,-i n.	Schlacht
10	prohibere 2,-ui,-itum	ab-, fernhalten, (ver)hindern
24	promittere 3,-misi,-missum	versprechen
29	prope (+ Akk.)	nahe bei
5	properare 1,-avi,-atum	eilen
17	provincia,-ae f.	Provinz
27	proximus 3	der nächste
18	prudens,-entis	klug
14	prudentia,-ae f.	Klugheit
26	publicus 3	öffentlich
2	puella,-ae f.	Mädchen
2	puer,-eri m.	Bub
10	pugna,-ae f.	Kampf
4	pugnare 1,-avi,-atum	kämpfen
2	pulcher/chra/chrum	schön
11	pulchritudo,-inis f.	Schönheit
14	punire 4,-ivi,-itum	bestrafen
22	putare 1,-avi,-atum	glauben; halten für
Q		
12	quaerere 3, quaesivi,-situm	suchen; (+ ex/a:) fragen
29	qua de causa	deshalb; weshalb
2	quam (fragend)	wie
18	quam (nach Komparativ)	als
9	quamquam	obwohl
8	quartus 3	der vierte
26	quasi	gleichsam (als), wie
8	quattuor	vier
3	-que	und
9	quem?	wen?
30	queri 3, questus sum	klagen
12	qui, quae, quod (rel.)	welcher?, der; dieser

21	quia	weil
14	quidam, quaedam, quoddam	ein (gewisser), Pl.: einige
19	quidem	zwar, freilich
10	ne … quidem	nicht einmal …
8	quinque	fünf
8	quintus 3	der fünfte
2	quis?, quid?	wer?, was?
5	quis nostrum? / vestrum?	wer von uns? / euch?
30	quisquis, quidquid	wer auch immer, was auch immer
27	quo	wohin
2	quod	weil; dass; (relativ:) was
12	quomodo	wie
5	quoque (nachgestellt)	auch
R		
7	rapere M, rapui, raptum	rauben
16	recipere M,-cepi,-ceptum	aufnehmen
16	se recipere	sich zurückziehen
14	reddere 3,-didi,-ditum	zurückgeben
23	redire,-ii,-itum	zurückkehren
27	referre, rettuli, relatum	zurückbringen; berichten
15	regina,-ae f.	Königin
6	regnare 1,-avi,-atum	herrschen, regieren
20	regnum,-i n.	(König-)Reich; Herrschaft
7	relinquere 3,-liqui,-lictum	verlassen, zurücklassen
30	reliquus 3	übrig
27	repente	plötzlich
13	res, rei f.	Sache
17	res publica f.	Staat
8	resistere 3,-stiti	sich widersetzen, Widerstand leisten
1	respondere 2,-spondi,-sponsum	antworten
11	rex, regis m.	König
1	ridere 2, risi, risum	lachen
28	rogare 1,-avi,-atum	bitten, fragen
3	Roma,-ae f.	Rom
17	Romae (Lokativ)	in Rom
3	Romanus 3	römisch
4	Romani,-orum m. (Pl.)	die Römer
S		
9	sacer/cra/crum	heilig, geweiht
1	saepe	oft
27	salus,-utis f.	Heil, Rettung; Gruß
2	salve! / salvete!	sei(d) gegrüßt!
27	sanctus 3	heilig
30	sanus 3	gesund; vernünftig
14	saxum,-i n.	Fels
14	scelus,-eris n.	Verbrechen
1	schola,-ae f.	Schule
24	scientia,-ae f.	Wissen, Kenntnis
11	scire 4, scivi, scitum	wissen
29	scribere 3, scripsi, scriptum	schreiben
5	se	sich (im ACI: dass er/sie)
2	secum	mit sich, bei sich
8	secundus 3	der zweite
1	sed	aber; sondern
1	sedere 2, sedi, sessum	sitzen
1	semper	immer
17	senator,-oris m.	Senator
16	senatus,-us m.	Senat
8	septem	sieben
8	septimus 3	der siebente
30	sequi 3, secutus sum (+ Akk.)	folgen
20	serva,-ae f.	Sklavin
9	servare 1,-avi,-atum	retten, bewahren
30	servire 4,-ivi,-itum	dienen
18	servitus,-utis f.	Sklaverei
8	servus,-i m.	Sklave
21	seu – seu (= sive – sive)	sei es (dass) – sei es (dass)

6	sex	sechs
8	sextus 3	der sechste
4	si	wenn, falls
27	sic	so
29	signum,-i n.	Zeichen
30	similis/e	ähnlich
4	sine (+ Abl.)	ohne
14	sitis,-is f.	Durst
21	sive – sive	sei es (dass) – sei es (dass)
17	socius,-i m.	Gefährte
13	sol, solis m.	Sonne
11	solere 2, solitus sum	gewohnt sein, pflegen
3	solum	nur
8	solus 3	allein
13	solvere 3, solvi, solutum	(auf)lösen
14	poenas solvere	eine Strafe verbüßen
3	spectaculum,-i n.	Schauspiel
2	spectare 1,-avi,-atum	anschauen, betrachten
24	sperare 1,-avi,-atum	hoffen, erhoffen
28	spes,-ei f.	Hoffnung
17	sponte (suā)	freiwillig
14	stare 1, steti, statum	stehen
9	statim	sofort, sogleich
3	statua,-ae f.	Statue
19	statuere 3, statui, statutum	beschließen; aufstellen
17	studere 2,-ui (+ Dat.)	sich bemühen (um), streben (nach)
29	studium,-i n.	Eifer; Begeisterung
5	sub (+ Abl.)	unter (Frage: wo?)
5	sub (+ Akk.)	unter (Frage: wohin?)
7	subito	plötzlich
25	sumere 3, sumpsi, sumptum	nehmen
10	summus 3	der höchste, sehr hoch
14	summo in monte	auf der Spitze des Berges
4	superare 1,-avi,-atum	besiegen, übertreffen
4	suus 3	sein, ihr
T		
24	tacere 2,-ui, (taciturus)	schweigen
3	tam	so
6	tamen	dennoch, trotzdem
25	tandem	endlich, schließlich
11	tangere 3, tetigi, tactum	berühren
11	taurus,-i m.	Stier
30	tegere 3, texi, tectum	bedecken
3	templum,-i n.	Tempel
16	tempus,-oris n.	Zeit
22	tenere 2,-ui	halten
4	terra,-ae f.	Land, Erde
5	terrere 2,-ui,-itum	(jemanden) erschrecken
8	tertius 3	der dritte
3	theatrum,-i n.	Theater
9	timere 2,-ui	(sich) fürchten
10	timor,-oris m.	Furcht, Angst
7	tolerare 1,-avi,-atum	ertragen
24	tollere 3, sustuli, sublatum	(auf)heben; erheben
18	totus 3	ganz
18	tradere 3,-didi,-ditum	ausliefern; überliefern
18	se tradere	sich ergeben
28	traducere 3,-duxi,-ductum	hinüberführen
22	trahere 3, traxi, tractum	ziehen

6	trans (+ Akk.)	über, jenseits von
28	transire, -ii, -itum	überqueren, hinübergehen
8	tres, tria	drei
21	Troia,-ae f.	Troja
22	Troiani,-orum m. (Pl.)	die Trojaner
23	Troianus 3	trojanisch
5	tu	du
1	tum (= tunc)	dann, damals
10	turris,-is f.	Turm
2	tuus 3	dein
U		
2;18	ubi	wo; sobald
23	Ulixes,-is m.	Odysseus
28	ullus 3	(irgend)ein
18	ultimus 3	letzter
23	universi/ae/a (Pl.)	alle (gemeinsam)
8	unus 3	ein(s), einzig
10	urbs, urbis f.	(Haupt-)Stadt
26	usque ad (+ Akk.)	bis zu
24	usus,-us m.	Nutzen, Gebrauch
24	usui esse	nützlich sein
7	ut (+ Ind.)	wie; als
22	ut (+ Konj.)	dass, damit, sodass
29	uterque, utraque, utrumque	jeder von beiden, beide
15	uxor,-oris f.	Gattin
V		
27	vadere 3, –	gehen
16	varius 3	verschieden
26	vastare 1,-avi,-atum	verwüsten
24	velle, volui	wollen
7	venire 4, veni, ventum	kommen
21	Venus,-eris f.	Venus
2	verbum,-i n.	Wort
30	vereri 2, veritus sum	fürchten; sich scheuen
24	veritas,-atis f.	Wahrheit
25	vero	aber
15	vertere 3, verti, versum	wenden, drehen
24	verus 3	wahr, echt
5	vester/tra/trum	euer
30	vestis,-is f.	Kleidung
3	via,-ae f.	Weg, Straße
29	victor,-oris m.	Sieger; siegreich
23	victoria,-ae f.	Sieg
3	videre 2, vidi, visum	sehen
27	videri 2 (+ Inf.)	scheinen
10	vincere 3, vici, victum	(be)siegen
23	vinum,-i n.	Wein
3	vir, viri m.	Mann
14	vires,-ium f. (Pl.)	Kräfte
11	virgo,-inis f.	Mädchen, Jungfrau
10	virtus,-utis f.	Tapferkeit, Tugend
14	vis, vim, vi f.	Kraft, Gewalt
4	vita,-ae f.	Leben
19	vivere 3, vixi, (victurus)	leben
28	vix	kaum
11	vocare 1,-avi,-atum	rufen; nennen
5	vos	ihr; euch
9	vox, vocis f.	Stimme
19	vulnus,-eris n.	Wunde

Grammatikregister

Register

Sach- und Personenregister